DAS PSYCHOLOGIEBUCH

VOM SCHAMANISMUS ZUR AKTUELLEN NEUROWISSENSCHAFT
250 MEILENSTEINE IN DER GESCHICHTE DER PSYCHOLOGIE

DAS PSYCHOLOGIEBUCH

WADE E. PICKREN

VORWORT VON
PHILIP G. ZIMBARDO

Librero

Titel der Originalausgabe: *The Psychology Book*

Postbus 72, 5330 AB Kerkdriel, Niederlande

Diese ausgabe entstand in Zusammenarbeit mit sterling Publishing co., inc.,
1166 avenue of the americas 17th Floor, New York, NY 10036

Für die deutsche Ausgabe:
Vitataal, Feerwerd
Übersetzung: Jeannette Berg, Anne Döbel, Rio Holländer/Vitataal
Layout: Elixyz Desk Top Publishing, Groningen

Printed in India

ISBN: 978-94-6359-520-9

„Wir sind aus solchem Stoff wie Träume sind, und unser kleines Leben ist von einem Schlaf umringt.“

– William Shakespeare, *Der Sturm* (ca. 1611)

Inhalt

Vorwort

„Der Geist ist eine Welt für sich, in der die Hölle zum Himmel und der Himmel zur Hölle werden kann.“

– John Milton, *Das verlorene Paradies* (1667)

Vor über 40 Jahren habe ich ein Experiment durchgeführt, das mich immer noch fasziniert. Die Frage lautete: „Unter welchen Umständen macht das Böse sich breit?“ Ich habe gesehen, wie die Teilnehmer in einem einfachen Rollenspiel in einem fingierten Gefängnis im Keller der Stanford University bereitwillig Gräueltaten begingen. Als ich das drastische Verhalten und die psychologischen Veränderungen dieser überwiegend weißen jungen Männer aus guten Verhältnissen sah, die ihre willkürliche Aufgabe als Gefangener oder Gefängniswärter erfüllten, musste ich das ursprünglich für zwei Wochen angesetzte Experiment auf sechs Tage beschränken. Es illustrierte auf dramatische Weise den überwältigenden Einfluss situationsbedingter Umstände auf individuelle Charakterzüge. Ganz ähnlich wie Stanley Milgrams frühere Experimente, in denen die Mehrheit erwachsener Bürger überredet werden konnte, einer unrechtmäßigen Autorität Folge zu leisten.

Die Misshandlungen in Abu Ghraib einige Jahrzehnte später (2004) haben dem Stanford-Experiment zusätzliche Gültigkeit verliehen. In meinem Buch *Der Luzifer-Effekt* (2007) vergleiche ich diese beiden Situationen, um die psychologische Dynamik extremer Machtungleichgewichte zu beleuchten. Dazu gehören Deindividuation, Autoritätsgehorsam, Selbstrechtfertigung, Rationalisierung und Entmenschlichung. Gerade letztere spielt bei der Transformation von einem gewöhnlichen Individuum in einen gleichgültigen oder mutwilligen Peiniger eine wesentliche Rolle. Ich wollte nicht nur die Kräfte begreifen, die das aktive Böse hervorrufen, sondern auch die Kräfte von Menschen und Situationen, die zu Passivität, öffentlicher Apathie und Gleichgültigkeit gegenüber dem Leiden Anderer führen (z. B. der Zuschauereffekt in Not- oder Mobbingsituationen).

Ich habe einen großen Teil meiner Laufbahn dem Studium der Psychologie des Bösen gewidmet. Dabei stieß ich auf die Macht der Gesamtsituation, die Vom System des Bösen und seinen Kräften hervorgebracht wird. Ich bin im Ghetto der South Bronx aufgewachsen, in den Jahren der Großen Depression. Das hat meine Lebensphilosophie und meine Prioritäten geprägt. Das Überleben auf der Straße erforderte kluge Strategien: Wer hatte Macht? Welche Vor- und Nachteile brachte dies für mich selbst mit sich? Wen musste ich meiden, wer musste mir wohlgesonnen sein? Ich musste anhand von subtilen Beobachtungen herausfinden, ob es besser war zu bleiben, Fersengeld zu geben oder gegenseitige Verpflichtungen einzugehen. Für mich als mageres, kränkliches Jüngelchen war es vor allem wichtig herauszufinden, wie ich mich von einem passiven Mitläufer zu einem dynamischen Anführer entwickeln konnte. Ich beobachtete beide Typen eingehend und machte mir ihr Verhalten und ihren Stil zu eigen. Danach war es für mich kinderleicht, immer der Anführer, Kapitän oder gewählte Vorsitzende (selbst von der American Psychological Association) zu sein.

In jener Zeit lebten im Ghetto Menschen ohne Besitz. Ein Kind wurde entweder Opfer oder Täter. Kinder, die anständig schienen, taten am Ende furchtbare Dinge. Animiert wurden sie von älteren Jungen: Diese verlangten von ihnen, Geld zu stehlen, Drogen oder sogar ihren Körper zu verkaufen. Der Unterschied zwischen meinen Freunden und denen, die die Grenzen überschritten, war folgender: Wer das Gute über Bord warf, stammte aus gebrochenen Familien, in denen der Vater größtenteils abwesend war.

Selbst die „guten" Kinder nahmen an einem Einweihungsritual auf der 151 East Street teil. Wir mussten im Tante-Emma-Laden etwas klauen, waghalsigen Unsinn ausfressen und Menschen einschüchtern. Wir waren uns keiner Schuld bewusst – wir gehorchten lediglich dem Anführer und verhielten uns gemäß den Normen der Bande. Auf diese Erfahrungen gründet sich mein Interesse an korrumpierender Macht und Autorität sowie mein Antrieb, dem öffentlich Widerstand entgegenzusetzen. Widerstand auch gegen die politischen Kräfte, die uns in die überflüssigen und moralisch verwerflichen Kriege gegen Vietnam und Irak gezogen haben.

Der Historiker Wade Pickren, mein ehemaliger Kollege bei der American Psychological Association, hat in seiner Studie über Geist und Verhalten eine bemerkenswerte Sammlung historischer Meilensteine zusammengetragen. Sie bietet dem Leser einen breiteren und bedeutungsvollen Kontext zu den Ereignissen, die vor über 40 Jahren in jenem Keller in Stanford stattgefunden haben. Dieses besondere Buch gibt Einblick in die historischen Rahmenbedingungen, unter denen sich das menschliche Dasein entwickeln konnte. Bereits in prähistorischen Zeiten versuchten Menschen, sich selbst und einander besser zu verstehen. Barbarische Menschen wähnte man vom Teufel besessen oder erklärte sich ihre Neigung durch ein Ungleichgewicht der Körpersäfte oder durch eine dissoziale Persönlichkeitsstörung. Im 20. Jhd. wurden aggressive Impulse mit psychosozialen Komplexen oder Überaktivität in der Amygdala erklärt. Gewalt ist zweifelsohne die Folge einer komplexen Interaktion biologischer und psychologischer Umweltfaktoren. Forschungen haben auch ergeben, dass direkte, situationsbedingte Kräfte beim Entstehen von Verhalten in einem bestimmten Kontext eine wesentlich größere Rolle spielen als wir bisher angenommen haben.

Eine der wichtigsten Schlussfolgerungen des Stanford-Gefängnisexperiments lautet: Die eindringliche und doch subtile Macht von Situationsvariablen kann den individuellen Willen zum Widerstand überwältigen. Die Macht liegt im System – dem Komplex starker Kräfte, der Situationen schafft. Die meisten Psychologen ignorieren jedoch die tieferen Quellen systemischer Macht die den politischen, wirtschaftlichen, religiösen, historischen und kulturellen Matrices innewohnen. Diese Matrices definieren Situationen und verleihen ihnen einen legitimen oder illegitimen Status. Für eine umfassende Begriffsdefinition des Bösen sollten wir uns nicht nur auf die „faulen Äpfel" konzentrieren, sondern herausfinden, wie die „faulen Kisten" aussehen, in denen die „guten Äpfel" zuweilen landen. Wir sollten definieren, wer die Erzeuger dieser „faulen Kisten" ist. Um die Dynamik menschlichen Verhaltens vollständig erfassen zu können, müssen wir darum Reichweite und Grenzen persönlicher Macht, situationsbedingter Macht und systemischer Macht begreifen.

Psychologie hat sich die Erforschung des menschlichen Geistes nicht per se zum Ziel gesetzt, sondern um auch die Lebensqualität auf individuellem und gesellschaftlichem Niveau zu verbessern. Dazu braucht es weitreichende Kenntnisse der biologischen Mechanismen, die sich hinter mentalen

Störungen und Abweichungen verbergen. Unser Wissen über das Gehirn hat sich in den vergangenen 100 Jahren erheblich erweitert. Da wir aber über gut 100 Milliarden individuelle Nervenzellen in Großhirnrinde und Kleinhirn verfügen, ist das Gehirn viel komplizierter zu erfassen als alles andere im Universum. Präsident Obama unterstützt die BRAIN Initiative – sie wird die wesentlichen Verbindungen zwischen den verschiedenen Gehirnaktivitäten und den damit verbundenen psychologischen Folgen samt den entsprechenden Verhaltensweisen beleuchten. Unser Wissen über dieses faszinierende Organ wird jedoch nie vollständig sein.

Die Neurowissenschaften haben für erhebliche und detaillierte Informationen zur Funktion des Gehirns gesorgt. Es gibt jedoch Grenzen, was die Gehirnwissenschaft über menschliches Leben und die Erfahrung des Menschseins aussagen können. Die Sozialpsychologie sieht über den Tellerrand hinaus und beobachtet die Interaktion von Individuen in kulturellen Bezugssystemen. Veränderung oder Vermeidung unerwünschten Verhaltens von Individuen oder Gruppen erfordert Verständnis der Stärken, Tugenden und Verletzlichkeiten, die in einer bestimmten Situation eingebracht werden. Dazu müssen wir uns den Komplex der situationsbedingten Kräfte genauer ansehen, die in bestimmten Verhaltenskontexten wirken. Darunter fallen auch kulturelle Verpflichtungen, die für Außenstehende zuweilen nicht offensichtlich sind. Eine Veränderung oder mögliche Vermeidung in diesem Bereich kann mehr Einfluss auf die Verringerung von unerwünschten Reaktionen haben als Eingriffe, die ausschließlich auf die Veränderung des Menschen in der jeweiligen Situation abzielen.

Die meisten Lösungen für soziale Probleme konzentrieren sich auf die Veränderung der Person – durch Erziehung, Propaganda, Therapie, Strafe, Folter, Gefängnis oder Exil. Diese Maßnahmen haben selten den gewünschten Effekt, wenn das eigentliche Übel in der Situation oder im System begründet liegt – oder wenn individuelle Reaktionsstile nicht korrespondieren, etwa weil eine Partei langfristig, die andere aber kurzfristig plant. Darum bin ich beispielsweise von Einrichtungen wie dem öffentlichen Gesundheitswesen überzeugt. Es strebt Prävention in der Bevölkerung an – im Gegensatz zur herkömmlichen Herangehensweise, die nur auf die Heilung bestehender, individueller Beschwerden abzielt. Sollen Verhaltensänderungen und situationsbedingte Veränderungen nicht nur vorübergehend und illusionär sein, müssen wir uns der wirklichen Macht des Systems bewusst werden, die sich immer hinter dem Schleier der Geheimhaltung verbirgt. Dazu müssen die entsprechenden Regeln und Vorschriften tiefgreifend ergründet werden.

Was mir an der modernen Psychologie so gut gefällt, sind ihr Bandbreite und ihre Tiefe. In diesem Rahmen entwickeln wir neue Methoden und Verfahren, mit denen die Geheimnisse von Geist und Gehirn sowie das Verhalten von Individuen, Gruppen und Gesellschaften in ganz unterschiedlichen Kulturen und Generationen entschlüsselt werden können.

Dr. Philip G. Zimbardo
Emeritierter Professor für Psychologie,
Stanford University

Einleitung

Der große Gedächtnisforscher Hermann Ebbinghaus (1850-1909) wird häufig damit zitiert, Psychologie habe zwar eine lange Vergangenheit, aber eine kurze Geschichte. Menschen denken tatsächlich schon seit ewigen Zeiten über die Ideen und Praktiken nach, die wir heute „Psychologie“ nennen. Aber erst in den vergangenen 150 Jahren wurden diese Ideen auch wissenschaftlich überprüft. Die moderne Psychologie ist zugleich Wissenschaft und Fach geworden. Sie will den Menschen helfen, ein besseres Leben zu leben und mit den Anforderungen der modernen Gesellschaft umgehen zu können. Diese Dualität macht sie zu einem spannenden und lohnenden Thema, das sämtliche Bereiche des alltäglichen Lebens berührt.

Die Sichtweise der Psychologie

Psychologen widmen sich Themen, die fürs tägliche Leben eine wichtige und praktische Rolle spielen: kindliche Entwicklung, Entscheidungsfindung, Arbeit, Schlaf, Altern und Gesundheit. Sie haben viele Theorien zur Funktionsweise des Geistes entwickelt – von Freuds Energiemodell bis hin zum Computermodell des Nobelpreisträgers Herbert Simon. Ein wesentlicher Aspekt der Arbeit von Psychologen ist auch die Entwicklung von Therapien, die Menschen mit psychischen Problemen helfen.

Die moderne psychologische Wissenschaft und Praxis haben sich in Europa und Nordamerika am schnellsten entwickelt. Ihre Wurzeln finden sich jedoch in den Geschichtsbüchern überall auf der Welt. In diesem Buch wird beschrieben, wie Denker zu allen Zeiten und an allen Orten zum Verständnis des Menschen beigetragen haben. Tausende von Jahren waren psychologische Prinzipien eng mit Religion, Philosophie, Medizin und anderen Denksystemen wie zum Beispiel Astrologie und Astronomie verbunden. In jeder Kultur gab es Menschen, die über Seele, Geist und Verhalten schrieben und die geistige Störungen zu verstehen versuchten. Ungeschulte und selbst ungebildete Menschen machten Praktiken populär, die sich auf den Körper richteten, um sich selbst und andere zu verstehen: Handlesen, Physiognomie und Phrenologie.

Das Psychologiebuch erläutert psychologische Konzepte aus Gegenwart sowie Vergangenheit und stellt die Menschen hinter diesen Konzepten vor. Die Psychologie von Mensch und Tier hat einige der ganz großen Denker fasziniert. Wir werden untersuchen, was sie zu sagen und zu schreiben hatten. Der amerikanische Philosoph und Psychologe William James schrieb einst an einen Freund: „Psychologie ist ein grässliches Thema. Alles, was man gerne wüsste, fällt nicht in ihr Gebiet.“ James schrieb dies aus Verzweiflung, nachdem er sich 12 Jahre mit *The Principles of Psychology* (1890) beschäftigt hatte. Heute wird es als bestes Buch auf diesem Gebiet betrachtet. James leistete bis zu seinem Tod im Jahr 1910 wichtige Beiträge zu seinem Fachgebiet. Seine Bemerkung kann auch als Seufzer über die Komplexität der Psychologie aufgefasst werden. Wie können wir jemals etwas so Vielschichtiges wie das menschliche Denken und Verhalten verstehen?

Psychologie ist eine der komplexesten Wissenschaften und Berufspraktiken. Oft sieht es so aus, als wäre alles nur eine Frage des gesunden Menschenverstands. Wer jedoch genauer hinsieht, stellt festt: Unter der Oberfläche verbirgt sich eine Disziplin voll von subtilem und facettenreichem Wissen. Zur Verdeutlichung ein Beispiel aus der kognitiven Psychologie: In den 1970er Jahren haben sich die israelischen Psychologen Daniel Kahneman und Amos Tversky gefragt, warum Menschen manchmal Entscheidungen treffen, die nicht rationell sind oder nicht zu ihrem Vorteil gereichen. Sie haben entdeckt, dass Menschen, die im Zustand von Unsicherheit eine Entscheidung treffen müssen – sie wurden beispielsweise gefragt, ob mehr Menschen bei Auto- oder Flugzeugunglücken sterben – sich eines geistigen Schleichwegs oder der Heuristik bedienen. Ausschlaggebend ist dabei, ob man sich das Problem problemlos ausdenken kann (Verfügbarkeitsheuristik) oder ob die Annahme mit einer bestimmten Situation vergleichbar ist, auch wenn das nicht der Fall. Dies wird als Repräsentativitätsheuristik bezeichnet. Kahneman und Tversky wiesen nach, dass Menschen nicht immer und bei einer Entscheidungsfindung fast nie rational vorgehen. Sigmund Freud hatte bereits ein Jahrhundert zuvor behauptet, Menschen seien keine rationalen Wesen. Er basierte seine Argumente jedoch auf ganz andere Aspekte. In diesem Buch werden viele Fragen zu Rationalität und Emotionalität sowie die damit verbundenen Konsequenzen diskutiert.

Wie hängen die vielen menschlichen Verhaltensweisen zusammen, die nicht nur für unser persönliches Überleben eine Rolle spielen, sondern auch für die Spezies Mensch als solche? Freud setzt sich in seinen Schriften umfassend mit der Sexualität auseinander und kommt zu dem Schluss, Sex sei die basalste Triebfeder im Leben. Unsere Persönlichkeit wird bereits sehr früh dadurch geformt, wie wir mit dem Spannungsfeld zwischen Genuss und sozialen Vorschriften umzugehen lernen. Freud war nicht der einzige, der über den Platz nachdachte, den Sex im Leben einnimmt und darüber, wie der starke Sexualtrieb des Menschen zu verstehen ist. In manchen Gesellschaften wird Sexualität öffentlich gefeiert, in anderen ist sie tabu. Vor Kurzem haben Evolutionspsychologen die These aufgestellt, dass das Muster für sexuelle Anziehung zwischen Mann und Frau in unserer fernen, evolutionären Vergangenheit angelegt wurde. Andere Psychologen behaupten, dass die Anziehungskraft aus sozialen Aspekten besteht. Was wir begehrenswert finden, ist ein Produkt unserer Umgebung.

Unsere heutige Welt wird vor allem von Fragen zu unserer Persönlichkeit dominiert: Wer bin ich? Wie kann ich mich selbst besser verstehen, damit ich in Beziehungen, im Beruf und in anderen Bereichen erfolgreicher sein kann? Menschen suchen bereits seit Tausenden von Jahren nach Antworten auf diese Fragen. Im alten Mesopotamien, Ägypten und den islamischen Ländern des Mittelalters wurden beim Versuch, sich selbst und den Anderen zu begreifen, die Tierkreiszeichen geschaffen. Auch Handlesen und Zahlensymbolik sind uralte Strategien, um menschliches Verhalten zu verstehen, vorzerzusagen und zu beeinflussen. Der menschliche Körper wurde dazu ebenfalls häufig herangezogen. Über die Physiognomie und die Form des Gesichts sollte der Charakter ergründet werden. In der Phrenologie wurden Charakter und Eigenschaften einer Person anhand der Schädelform bestimmt. Solche körperorientierten Theorien gibt es auch heute noch: Angesehene Entwicklungspsychologen wie Jerome Kagan und Nathan Fox behaupten, dass es typische körperliche Unterschiede zwischen schüchternen und nicht-schüchternen Kindern gibt. Im 20. Jhd. entwickelten Psychologen neue Methoden der Datenerhebung wie Interviews, Fragebögen oder physiologische Tests. Die so gewonnenen Daten konnten statistisch ausgewertet werden. Dies führte zu einer augenscheinlich wissenschaftlicheren Herangehensweise an die Persönlichkeitstheorie. Ältere Theorien wie die von Sigmund Freud und Carl Jung haben jedoch ihre Anziehungskraft noch nicht verloren. In diesem Buch werden zahlreiche historische Theorien über Persönlichkeit vorgestellt.

Die Vielfalt menschlicher Erfahrungen, die uns auf den folgenden Seiten begegnen, ist atemberaubend und intellektuell anregend. Da die Psychologie mit so gut wie jedem anderen Aspekt des Lebens verbunden ist, können hier nicht alle Themen behandelt werden. Wir präsentieren bemerkenswerte, wichtige und witzige Meilensteine. Alle Konzepte über Beziehungen (Liebe, Sex, Freundschaft, Hass) sind in diesem Buch vertreten. Besprochen wird auch die menschliche Entwicklung von der Wiege bis zur Bahre. Persönlichkeit ist oft an geistige Gesundheit bzw. Geisteskrankheit gebunden. Wir sehen uns an, welche neuen Erkenntnisse in diesem Bereich gewonnen wurden. In den vergangenen zwei Jahrzehnten ist auch das Glück zu einem Forschungsprojekt geworden. Wir zeigen, dass diese aktuelle Entwicklung ihre Wurzeln in zahlreichen alten Ideen hat. Psychologie umfasst auch die Gehirnfoschung. Seit dem 19. Jhd. haben Wissenschaftler enorme Fortschritte gemacht, um die Art und Weise zu begreifen, in der das Gehirn das Verhalten beeinflusst und sich andererseits durch unsere Erfahrungen verändert. Neurowissenschaftler haben neue Technologien genutzt, um basale psychische Prozesse wie z. B. Gedächtnisbildung zu erklären oder um nachzuweisen, wie psychotrope Medikamente gegen Depressionen und Spannungen wirken.

Chronologie

Das Psychologiebuch ist chronologisch geordnet; es präsentiert die Themen nach dem Zeitpunkt ihrer Veröffentlichung. Bei besonders frühen Beiträgen kann der genaue Zeitpunkt nicht immer angegeben werden. In den meisten Fällen wissen wir jedoch, in welchem Jahr eine Theorie oder ein Buch präsentiert wurde oder ein Ereignis stattfand. Im Zweifelsfall wird das am häufigsten genannte Datum angegeben.

Dank

Ich möchte mich bei den vielen Wissenschaftlern bedanken, die mir beim Schreiben dieses Buches geholfen haben. Zahlreiche Wissenschaftshistoriker haben meine Ansichten über die Psychologiegeschichte beeinflusst. Die Mitglieder der International Society for the History of Behavioral and Social Sciences (Cheiron), das Forum for History of Human Science und die Society for the History of Psychology haben sich theoretisch wie praktisch in viele Zweige vertieft. Dies mündete in die aktuelle Psychologie. Besonderer Dank gilt Alexandra Rutherford, die mir mit ihrer Hilfe und ihrem umfassenden Wissen geholfen hat, dieses Buch zu schreiben.

ca. 10 000 v. Chr.

Schamanismus

Henri Ellenberger (1905-1993), **Sudhir Kakar** (geb. 1938)

Der Sensationsfund stammt aus einer Grotte in Israel: Dort lagen, geborgen in einer Gruft, die 12 000 Jahre alten Reste eines weiblichen Skeletts. Dass sich daneben auch 70 Stück Schildpatt fanden, lässt auf schamanische Praktiken schließen – die somit auf die Zeit um 10 000 v. Chr. zurückgehen. In Geschichtsbüchern wird die „Heilkunde" von analphabetischen oder wenig entwickelten Gesellschaften nicht ernst genommen. Der Psychiatriehistoriker Henri Ellenberger und der indische Psychoanalytiker Sudhir Kakar haben jedoch nachgewiesen, dass diese Praktiken damals psychisch und physisch lindernde Wirkung auf Kranke hatten.

Schamanische Praktiken waren die ersten Formen von Psychotherapie und hatten Erfolg, da sie im Weltbild der jeweiligen Gemeinschaft verankert waren. Zwei Beispiele: In vielen analphabetischen Gesellschaften ging man davon aus, dass bei Krankheit die Seele den Körper verließ oder gestohlen wurde. Der Schamane musste diese Seele wiederfinden und dem Körper zurückgeben. In Sibirien kann der Schamane zu diesem Zweck ins Land der Geister reisen. Dort verhandelt er mit den Geistern, bietet ihnen Geschenke an oder kämpft mit ihnen um die Seele, um sie danach dem Körper zurückzugeben. In Lateinamerika hat jemand, der an *susto* („Angst") leidet, als Folge der Angst oder aufgrund eines bösen Fluchs seine Seele verloren. Der *curandero* führt dann eine öffentliche Heilungszeremonie aus, bei der eine Nacht lang eine besondere Mischung aus Getreide und Blumen in die Kleidung des Patienten gesteckt wird. Der *curandero* markiert außerdem eine Spur aus Getreide und Blumen, damit der Geist den Weg zurück zum Körper finden kann.

Die Parallele zwischen diesen Praktiken und der modernen Psychotherapie besteht darin, dass versucht wird, das Verlorene des Menschen wiederzufinden. Heute sagen wir, dass jemand verfremdet ist oder seinen Verstand verloren hat. Die Aufgabe des Heilers besteht darin, Möglichkeiten zu finden, Verlorenes wiederzufinden.

SIEHE AUCH Psychoanalyse (1899), Kulturgebundene Syndrome (1904), Jungianische Psychologie (1913), *Die Entdeckung des Unbewussten* (1970)

Schamane während einer Heilungszeremonie, Australien, 2012.

ca. 6500 v.Chr.

Trepanation

Es gibt Hinweise, dass bereits in der Jungsteinzeit Trepanationen (Schädelbohrungen) vorgenommen wurden. Dass diese Praxis uralt ist, beweist ein Schädel, der 1860 in Peru gefunden wurde. Die Europäer bezweifelten damals jedoch, dass die einheimische Bevölkerung in der Lage gewesen ist, ein solches Verfahren anzuwenden. In den darauf folgenden 20 Jahren fanden sich immer mehr Beweise, dass diese Bohrungen bereits in ferner Vergangenheit gang und gäbe waren. Von den 120 prähistorischen Schädeln aus einem Gräberfeld in Nordostfrankreich, die auf die Zeit um 6500 v. Chr. datiert wurden, hatten 40 Exemplare Trepanationslöcher. Die Gründe dafür waren jedoch nicht mehr zu rekonstruieren.

In altgriechischen medizinischen Texten werden Trepanationen ebenfalls erwähnt. Man wandte sie bei Kopfwunden an. Im Römischen Reich war das Schädelbohren laut dem römischen Arzt, Chirurgen und Philosophen Galen (200 n.Chr.) die Standardbehandlung, um den Druck aufs Gehirn zu verringern oder Knochenfragmente aus einer Wunde zu entfernen. Nach der Entdeckung des durchbohrten Schädels in Peru wurden immer mehr solcher Exemplare in Mittel- und Südamerika gefunden.

Im Europa der Frühmoderne war Trepanation ein gebräuchlicher chirurgischer Eingriff zur Behandlung von Kopfwunden. Die Praxis wurde mit feinerem Werkzeug bis ins 19. Jhd. hinein und im Allgemeinen zu Hause durchgeführt. Sie wird übrigens heute noch ausgeübt – jedoch unter anderem Namen. Damit werden Blutungen unter der Schädeldecke behandelt. Wir wissen nicht genau, warum in prähistorischen Zeiten Trepanationen durchgeführt wurden. Forschungen haben ergeben, dass Schädelbohrungen möglicherweise zur Behandlung von Geisteskrankheiten eingesetzt wurden. Quellen aus dem 12. Jhd. belegen, dass diese Praxis für die Behandlung von manischen Depressionen empfohlen wird.

Sollte es tatsächlich zu physischen Eingriffen bei Geisteskrankheiten gekommen sein, sind sie als Vorbote von Aderlass und Reinigungen zu betrachten, die in der Frühmoderne zur Behandlung von Wahnsinn eingesetzt wurden.

SIEHE AUCH Psychochirurgie (1935)

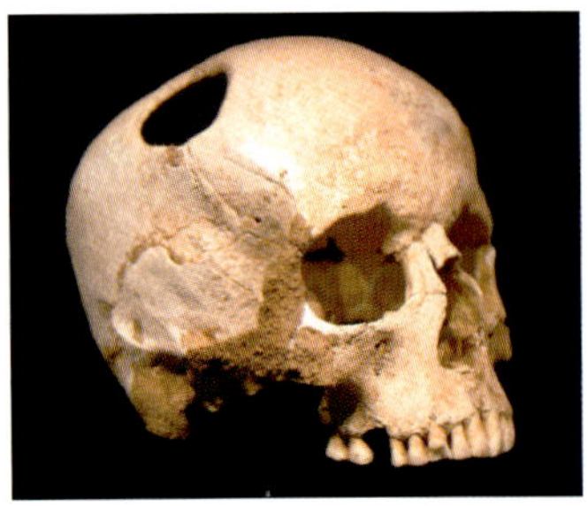

OBEN: *Schädel eines Mädchens, das eine Trepanation überlebte (3500 v.Chr.)* RECHTS: *Trepanation war ein verbreitetes Verfahren im Jahr 1494 als Hieronymus Bosch* Das Steinschneiden *malte.*

ca. 5000 v. Chr.

Handlesen

Der Ursprung des Handlesens (Chiromantie) ist zwar nicht bekannt; tatsächlich aber zählt diese Praxis zu den ältesten Techniken, den Körper zu „lesen“, um sich selbst und andere zu begreifen. Der Glaube ans Handlesen entstand in einer Zeit, in der ein holistisches Weltbild vorherrschte: Jeder Mensch war Teil eines Lebenszyklus‘, der nicht nur die spirituelle Welt und den physischen Kosmos umfasste, sondern auch die Gemeinschaft, zu der der Mensch gehörte. Aus dieser Sicht ist es nur logisch anzunehmen, dass am Körper Anzeichen dieser Verbindungen zu finden sind. Es ist nicht bekannt, wann das Handlesen entstand. Es wird spekuliert, dass der Ursprung im alten China oder Indien liegt. Historische Hinweise finden sich allerdings nur für das alte Griechenland und Indien. Doch es kann als sicher gelten, dass die Technik schon in prähistorischer Zeit zum Einsatz kam. Die Hand ist eine Metapher für die gesamte Person und verrät ihren spirituellen, psychischen und physischen Zustand. Mit dem Handlesen kann man also den Charakter einer Person ergründen und sogar deren Schicksal voraussagen. Auf einer höheren Ebene vermittelt die Hand zwischen den spirituellen und physischen Aspekten des Universums und dem Platz, den die Menschheit darin einnimmt. Der physische Zustand der Hand – Flecken, Linien, Falten, Farben – ist mit den Planeten, Sternen und Zahlen verbunden. Jedes Merkmal hat eine eigene Bedeutung. Die Interpretationen für die linke und rechte Hand sind unterschiedlich.

Darüber hinaus entwickelten sich die Hände zu einem wichtigen psychischen Hilfsmittel fürs Gedächtnis. Jeder Teil der Hand hatte eine gesonderte Gedächtnisfunktion und förderte einen bestimmten Bereich des Gedächtnisses. Meistens gab es eine Ordnung an diesen Stellen, damit die Assoziationen zwischen dem Ort und der gewünschten Erinnerung entstehen konnten.

Die historische Bedeutung des Handlesens liegt darin, dass es Menschen die Möglichkeit gab, die Welt und ihren Platz darin zu verstehen. Die Hand und die damit verbundenen Interpretationen dienten als Pforte zur spirituellen Welt und verwiesen auch auf den Charakter einer Person. Dies ist zwar streng genommen noch keine Psychologie, sie fungierte jedoch als Vorläufer der Psychologie der individuellen Unterschiede.

SIEHE AUCH Physiognomie (1775), Die Phrenologie erobert Amerika (1832), Körperbautypen (1925)

Die Wahrsagerin – ein Werk des französischen Malers *Charles-André van Loo (18. Jhd.).*

ca. 700 v. Chr.

Astropsychologie

Claudius Ptolemäus (90-168), **Carl Gustav Jung** (1875-1961)

Die Vorstellung, dass menschliches Verhalten vom Kosmos beeinflusst wird, geht mindestens bis ins dritte Jahrtausend vor Christus zurück. Abbildungen auf Steinzylindern aus jener Zeit spiegeln die Aktivitäten der Götter anhand der Konstellationen wider. Im Laufe der Jahrhunderte kamen Theorien über kosmische Einflüsse immer mehr in Umlauf. Sie waren oft mit metaphysischen, religiösen und philosophischen Systemen verbunden.

Im 7. Jhd. v. Chr. entstand in Babylonien ein System, das die Bewegung der Sonne zwischen den zwölf Konstellationen beschrieb, die der Tierkreis im Laufe eines Jahres umfasst. Ein Beispiel ist der Tierkreis von Dendera aus dem Hathor-Tempel im ptolemäischen Ägypten. Er stammt aus dem 1. Jhd. v. Chr. Die babylonische Astrologie wurde von den Ägyptern, Griechen, Römern und Indern übernommen und angepasst. Jedes Sternbild wurde von einem Tier symbolisiert und stand für die Konstellation der Sterne und Planeten, die Ereignisse und Schicksale zu dem Zeitpunkt beeinflusste, an dem das Sternbild im Aszendent stand. Astrologie wurde viele Jahrtausende lang als technische Wissenschaft betrachtet, die für Wetter, Politik, Alchemie und Heilkunde ausschlaggebend war. Die Größe des Himmels war mit der kleinen Welt des Individuums verbunden: „Wie im Himmel, so auf Erden". Da die Erde vom Himmel geleitet wurde, bedeutete das auch, dass die Gesundheit vom Einfluss des Tierkreises abhing und sich dieser auf spezifische Teile des Körpers auswirkte.

In jener Zeit wurde die Astrologie nicht zur Ergründung von Gesundheit und Schicksal genutzt, sondern auch zur Beschreibung der individuellen Persönlichkeit. Als Standardwerk der aufstrebenden Astropsychologie galten die *Tetrabiblos* („Vier Bücher") des alexandrinischen Gelehrten Ptolemäus (2. Jhd. n.Chr.). Darin wurden die Positionen und Bewegungen von Sonne, Mond und Planeten mit psychischen Motiven verknüpft. Der Geburtsaszendent war ausschlaggebend für den Charakter. Schütze als Geburtsaszendent bedeutete, dass dieser Mensch wahrscheinlich philosophisch angehaucht war sowie eine Vorliebe für Wissen und Reisen hatte. Im 20. Jhd. integrierte der Schweizer Psychologe Carl Jung die Astropsychologie in seine Theorie der **Archetypen**. Er betrachtete den Tierkreis als Abbildung unseres kollektiven Unbewussten.

SIEHE AUCH Projektive Tests (1921), Archetypen (1934), Thematischer Apperzeptionstest (1935), Minnesota Multiphasic Personality Inventory (1940)

*Karte der ptolemäischen Kosmographie mit Tierkreiszeichen aus der „*Harmonia Macrocosmica*" von Andreas Cellarius (1660).*

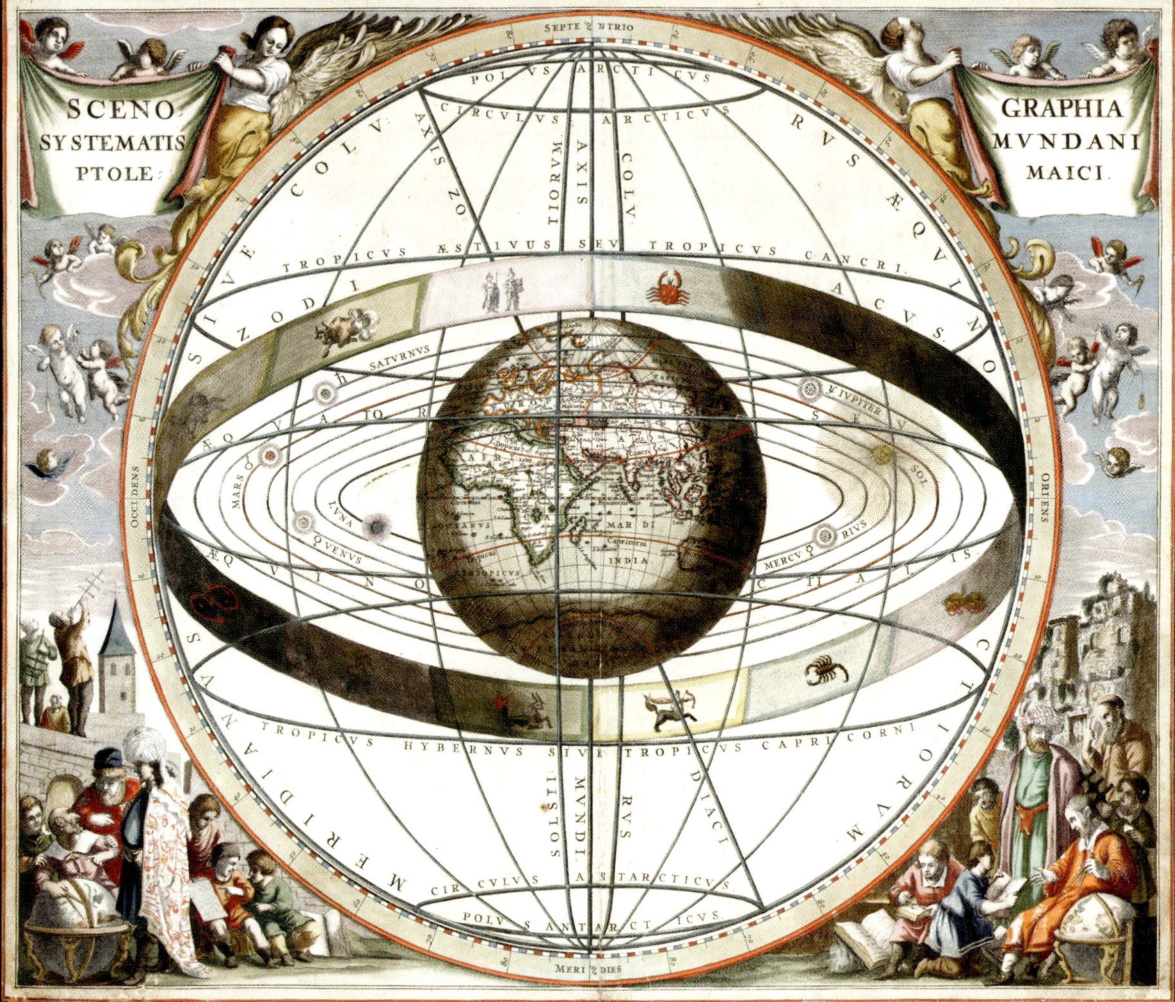
SCENO
SYSTEMATIS
PTOLE:
GRAPHIA
MVNDANI
MAICI.
SEPTE NTRIO
MERI DIES
OCCIDENS
ORIENS
POLVS ARCTICVS
CIRCVLVS ARCTICVS
TROPICVS ÆSTIVVS SEV TROPICVS CANCRI.
TROPICVS HYBERNVS SIVE TROPICVS CAPRICORNI
CIRCVLVS ANTARCTICVS
POLVS ANTARCTICVS
SATVRNVS
IVPITER
MARS
LVNA
VENVS
MERCVRIVS
SOL
MAR DI
INDIA
Capricorni

Buddhas Vier Edle Wahrheiten

Siddhartha Gautama (ca. 563-ca. 483 v.Chr.)

Laut Überlieferung wuchs Buddha in Wohlstand auf und führte ein privilegiertes Leben. Als junger Mann wurde Siddhartha Gautama drei Mal mit dem Leiden der Welt konfrontiert. Zunächst traf er einen Kranken in einem Nachbarort. Danach begegnete er einem alten Mann und beim dritten Mal sah er, wie Menschen einen Toten zu Grabe trugen. Diese Begegnungen berührten ihn sehr und führten zur Erkenntnis, dass Wohlstand und Privilegien kaum Schutz vor Leiden boten. Mit 29 Jahren verließ Gautama sein Elternhaus und wurde ein Bettelmönch. Sechs Jahre studierte er bei Gurus und stellte schließlich fest, dass die strenge Schmerz-Askese, der er sich unterwarf, nicht viel gegen das Leiden ausrichten konnte, geschweige denn zur Erleuchtung führte. Mit 35 Jahren entschied er sich, über alle Aspekte der menschlichen Existenz zu meditieren. Er saß unter einer Pappelfeige (Bodhi-Baum), als er seine Erleuchtung erfuhr und zum Buddha wurde. Die Menschheit brauchte, so seine Einsicht, die Disziplin des „mittleren Pfads" zwischen Luxus und Askese.

Als Buddha lehrte er, dass es drei Grundmerkmale der Existenz gibt: (1) Alles ist flüchtig und verändert sich kontinuierlich. (2) Es gibt kein Ich oder eine sterbliche Seele. (3) Leiden und Unfrieden sind der Kern der Existenz. Er lehrte, dass wir Menschen die Vier Edlen Wahrheiten akzeptieren müssten, wenn wir das Leiden überwinden wollen. Die erste Wahrheit ist, dass es Leiden gibt. Die zweite Wahrheit ist, dass das Verlangen die Quelle allen Leidens ist. Die dritte Wahrheit ist, dass wir das Leiden beenden können, wenn wir das Verlangen überwinden. Die vierte Wahrheit ist, dass der Edle Achtfache Pfad (der Mittlere Weg) zur Erleuchtung führt.

Die Lehre Buddhas und seiner späteren Anhänger umfasst die Art und Weise, in der „der Mittlere Weg" befolgt werden muss. Die buddhistische Psychologie hat Meditation und Achtsamkeit in unser tägliches Leben und in die Psychotherapie gebracht. Buddhistische Psychologie beschäftigt sich mit Einsicht, persönlicher Veränderung und der tieferen Erkenntnis der Wirklichkeit. Ihr Versprechen auf persönliche und soziale Befreiung macht sie so attraktiv.

SIEHE AUCH Biopsychosoziales Gesundheitsmodell (1977)

Buddhas auf Sri Lanka.

Konfuzianische Psychologie

Konfuzius (551-479 v.Chr.)

Kong Fu Zi („Meister Kong"), im Westen als Konfuzius bekannt, erfüllte in seinem Leben eine Menge Rollen: Er war Diplomat, Lehrer und Philosoph. Um 500 v.Chr. wurde er ein wichtiger politischer Berater. Seine Lehre der Menschlichkeit bot ein Modell zu Lebensführung, Pflichtauffassung und Behandlung anderer Menschen.

Die fünf in Beziehung stehenden Aspekte des Konfuzianismus' sind: Schicksal, Geist, Ethik für gewöhnliche Menschen, Selbstkultivierung und Ethik für Gelehrte. Konfuzius erklärte, dass wir alle das Schicksal von Geburt, Altern, Krankheit und Tod teilen. Trotzdem tragen wir die Verantwortung zu moralischem Handeln gegenüber unserem Mitmenschen. Das konfuzianische Modell des Geistes umfasst zwei Aspekte: den Geist der Einsicht, unter den auch die kognitiven Leistungen des Menschen fallen, und den Geist der Güte, nämlich unsere Ethik bzw. unser Gewissen.

Ethik für gewöhnliche Menschen fordert jeden von uns auf, unseren Nächsten mit Güte oder Wohlwollen zu begegnen und tugendhaft zu handeln. Dazu gehört auch der Respekt vor jeder Person, vor allem vor denjenigen, die höher auf der sozialen Leiter stehen. Auf diese Weise sind Anstand und ein reibungsloses soziales Gefüge garantiert. Güte, Tugend und Anstand sind die Säulen der Menschlichkeit, die ein Abbild der Lehre des Himmels sein soll. Durch Selbstkultivierung entwickeln wir uns zu Menschen mit tiefverwurzeltem moralischem Charakter und bewegen uns in Richtung der drei Tugenden Weisheit, Güte und Mut.

Seit dem Ende der kulturellen Revolution Mitte der 1970er Jahre hat sich die Psychologie in China schnel entwickelt. Innerhalb der chinesischen Akademie der Wissenschaften erfährt sie eine hohe Wertschätzung. Die konfuzianische empirische Tradition wurde fortgesetzt. Sie beweist, dass zwischenmenschliche Verbundenheit, Holismus, ein dialektisches Selbstkonzept, Beziehungsharmonie und Verantwortung für das eigene Ansehen besondere Ausdrucksformen der chinesischen Persönlichkeit sind.

SIEHE AUCH Die „Big Five" (Persönlichkeitsdimensionen) (1949), Moralische Entwicklung (1958)

Statue von Konfuzius am Konfuziustempel in Shanghai/China.

ca. 350 v.Chr.

Aristoteles‘ *De anima (Über die Seele)*

Aristoteles (384-322 v.Chr.)

In seinem großen Werk *Über die Seele* (300 v.Chr.) präsentiert Aristoteles Kenntnisse, die nicht nur auf Dialog und Spekulation beruhen, sondern auf Erfahrung. Sein Ausgangspunkt: Unser Verständnis der menschlichen Psychologie hängt vom Wissen über den Körper und dessen Physiologie ab. Dabei werden Emotionen und Empfindungen ausdrücklich erwähnt. In gewisser Weise postulierte Aristoteles damit die Möglichkeit einer physiologischen Psychologie.

Laut Aristoteles sind Seele und Psyche das vitale Prinzip, mit dem sich die lebende von der nicht-lebenden Welt unterscheidet. Alle lebenden Dinge haben eine Seele. Es gibt verschiedene Sorten von Seelen. Pflanzen befinden sich auf dem niedrigsten Niveau und haben eine vegetative Seele. Tiere haben eine sensible Seele, mit der sie ihre Umgebung wahrnehmen, Schmerz meiden und Genuss suchen. Menschen befinden sich auf dem höchsten Niveau und haben eine rationale Seele, die die vegetative und sensible Seele umfasst. Sie hat als zusätzliche Komponente den Geist – das Denk- und Argumentationsvermögen.

Für Aristoteles beginnt Wissen mit der Wahrnehmung. Wissen basiert auf den Informationen unserer Sinne. Dauern diese Beobachtungen an, entsteht das Gedächtnis. Dies geschieht im passiven Geist, der unser Allgemeinwissen speichert. Er verfügt über potentielles Wissen, das vom aktiven Geist durch mentale Operationen oder Vernunft bearbeitet werden muss. So entsteht wirkliches und allgemeingültiges Wissen. Der aktive Geist ist reiner Gedanke und bei allen Menschen gleich.

Ein Beispiel der Funktionsweise des aktiven Geistes ist das Heranziehen früherer Erfahrungen oder Informationen. Dieser Prozess wird von den Prinzipien von Ähnlichkeit, Kontrast und Zusammenhang gesteuert. Wenn wir uns an ein Ereignis oder Objekt erinnern, kann dies Erinnerungen an ähnliche, entgegengesetzte oder fast gleichzeitig aufgetretene Objekte oder Ereignisse hervorrufen. Diese Prinzipien der assoziativen Erinnerung gelten auch heute noch.

SIEHE AUCH Kurzzeitgedächtnis (1956), Ebenen der Informationsverarbeitung (1972)

Statue von Aristoteles in seinem Geburtsort Stageira/Griechenland.

ca. 350 v.Chr.

Asklepios und die Heilkunst

Asklepios, der Gott der Heilkunde, war eine wichtige Figur in der griechischen Mythologie. In manchen Geschichten ist er ein Mann, in anderen ein Gott. Sein Vater Apollo wurde ebenfalls mit der Heilkunde assoziiert. Seine Mutter war die Sterbliche Koronis. Sie starb bei seiner Geburt oder durch Nachhelfen seitens Apollo. Asklepios wurde vom Kentaur Chiron erzogen, der sein heilkundliches Wissen und Können an Asklepios weitergab.

Asklepios kannte sich in der Chirurgie sowie mit Medikamenten, Zaubertränken und Beschwörungsformeln aus. Von der Göttin Athene erhielt er einen machtvollen Zaubertrank aus Gorgonen-Blut. Diese mythischen Wesen hatten Haare aus Schlangen. Jeder, der sie ansah, verwandelte sich in einen Stein. Der Zaubertrank hatte nicht nur Heilkräfte, mit denen sich Tote zum Leben erwecken ließen, sondern konnte auch tödlich sein.

Aufgrund seines Wissens und seiner Fähigkeiten wurde Asklepios gerühmt und verehrt. Er wählte einen Stab mit einer sich windenden Schlange als Symbol für die Dualität der ärztlichen Arbeit: Leben und Tod, Krankheit und Gesundheit. Um 350 v.Chr. begannen seine Anhänger mit dem Asklepios-Kult und gründeten Behandlungszentren, die so genannten *Asclepia*.

Wer sich dort behandeln ließ, musste sich erst einer Reinigung unterziehen und Wasser aus einem geweihten Brunnen trinken. Danach schlief der Patient mehrere Nächte in spezieller Kleidung in einem unterirdischen Zimmer. Dort erläuterte Asklepios dann die Behandlung, gab den Orakeltraum preis oder brachte Heilung durch den Traum selbst.

Der Asklepios-Kult war ein historisches Band zwischen Spiritualität, Religion und Heilkunde. Die Heilkunst wurde als geweiht betrachtet, die Praktiken waren geheim und wurden vom Vater an den Sohn weitergegeben. Diese Heilkunst war samt ihrer Traumtherapie ebenfalls eine frühe Form der psychischen Behandlung und somit ein Vorläufer der modernen psychologischen Heilkunde.

SIEHE AUCH Jungianische Psychologie (1913), Mind-Body Medizin (1993)

Tempel von Asklepios in der Villa Borghese, Rom.

ΑΣΚΛΗΠΙΩΙ · ΣΩΤΗΡΙ

Bhagavad Gita

„Hinduismus" ist ein Sammelbegriff, mit dem die Briten verschiedene, miteinander verwandte Glaubensrichtungen und Glaubensausübungen in Indien bezeichneten. Hinduistische Psychologie ist keine Disziplin nach westlichen Maßstäben, sondern eine Mischung psychologischer Prinzipien und Ausübungsformen hinduistischer Traditionen.

Dem Hinduismus liegt eine Reihe uralter Texte zu Grunde: die Veden, die Upanishaden und die Puranas. Zu den „moderneren" Texten gehört das *Mahabharata* (200 v.Chr). Eins der bekanntesten Epen daraus ist die „Bhagavad Gita". Wir behandeln hier nur einige Prinzipien aus diesen Texten und erfassen damit in keiner Weise den gesamten Reichtum des hinduistischen Denkens über Geist, Beziehungen und das Ich.

Drei *Gunas* bzw. Prinzipien wirken zusammen, alles im Universum zu erschaffen. Es sind *Tamas* (Trägheit, Dunkelheit, Chaos), *Rajas* (Ruhelosigkeit, Bewegung, Energie) und *Sattva* (Klarheit, Güte, Harmonie). Alle drei sind erforderlich. *Sattva* wird jedoch als spirituelles Element betrachtet, um das *Guna* zu kultivieren und das Gleichgewicht zu wahren, damit alle drei Elemente zusammen wirken können. Ziel der Ausübung dieser Prinzipien (Yoga) ist die Beruhigung des Geistes, damit sich Erleuchtung einstellen und Bewusstsein bilden können.

Wenn wir Selbstkontrolle und richtiges Handeln erlernen sowie Yoga ausüben, können wir unser Bewusstsein verändern. Nutzlose Gedanken und Gewohnheiten werden in positive, konstruktive Gedanken und Handlungen transformiert. Es gibt mehrere Yogaformen mit einem jeweils spezifischen Schwerpunkt: Bewegung, Gesang, Hingabe oder Erkenntnis.

Diese Ausübungsformen zielen auf psychisches Wachstum ab, das sich laut dem Hinduismus in vier Lebensabschnitten vollzieht: Schüler, Familienoberhaupt, Einsiedler und Asket. Jedes Stadium hat seine eigenen Lektionen auf dem Weg zur Erleuchtung. Da ist es ganz normal, sich für einen Guru zu entscheiden, der den Weg der Selbstentwicklung mit Anleitungen begleitet.

SIEHE AUCH Transpersonale Psychologie (1968)

Holzskulptur von Ganesha, dem Gott des Intellekts und der Weisheit, Panipat/Indien.

ca. 160 n.Chr.

Humoralpathologie

Hippokrates (460-370 v.Chr.), **Galen** (131-200 n.Chr.)

Die Humoralpathologie geht vom richtigen Gleichgewicht zwischen Gesundheit und Persönlichkeit aus. Sie ähnelt anderen Balancetheorien wie der traditionellen chinesischen Heilkunde, der ayurvedischen Heilkunst und dem Unani. Die Humoralpathologie stammt vom griechischen Arzt Hippokrates (400 v.Chr.). Sie geht vom Gleichgewicht der vier Lebenssäfte aus (Blut, Phlegma = Schleim, gelbe und schwarze Galle), das Voraussetzung für einen gesunden Körper ist. Der römische Arzt, Chirurg und Philosoph Galen von Pergamon erweiterte diese Theorie mit der Beschreibung der Persönlichkeiten in *De Temperamentis* (160 n.Chr.). Bei der sanguinischen Persönlichkeit ist Blut der vorherrschende Saft. Der phlegmatische Typ ist ruhig und nicht-emotional. Der cholerische Typ ist durch die heißen, trockenen Eigenschaften der gelben Galle wütend. Der melancholische Typ ist niedergeschlagen. Die ideale Persönlichkeit besteht aus einer guten Mischung dieser *Humores*.

Für Hippokrates, Galen und spätere Anhänger der Humoral- und Balancetheorien waren physische Gesundheit und individuelle Persönlichkeit mit dem allgemeinen Lebenszyklus verbunden, der auch Sterne, Planeten, politische Atmosphäre, Gemeinschaftsleben, Essgewohnheiten und das Klima einschloss. Diese Facetten hatten wesentliche Auswirkungen auf Gesundheit und Schicksal. Physische und psychische Krankheiten waren Folge einer humoralen Disharmonie. Somit musste ein Arzt seinen Patienten gut genug kennen, um ihm unter Berücksichtigung astrologischer, klimatologischer, sozialer und angeborener Faktoren eine individuell passende Behandlung angedeihen zu lassen. Die Humoralpathologie gibt es immer noch. Nun wird der Begriff „Temperament" verwendet. Persönlichkeitstheorien wie die von Carl Jung haben zur humoralen Tradition beigetragen, vor allem der **Myers-Briggs-Typenindikator**, dem Jungs Werk zu Grunde liegt. Mit dem Aufkommen der modernen Biomedizin wurde die humorale Herangehensweise abgewertet. Gegen Ende des 20. Jhd. erfuhren psychologische Faktoren bei der Suche nach passenden Behandlungsformen erneut Beachtung.

SIEHE AUCH Bedlam (1357), Jungianische Psychologie (1913), Myers-Briggs-Typenindikator (1943)

Der anatomische Mensch der *Gebrüder Van Limburg (Anfang 15. Jhd.). Vier Inschriften beschreiben die Eigenschaften eines jeden Zeichens entsprechend der vier Zustände (heiß, kalt, nass, trocken), die vier Temperamente (cholerisch, melancholisch, sanguinisch, phlegmatisch) und die vier Windrichtungen: Widder, Löwe und Schütze sind warm und trocken, cholerisch, maskulin, östlich (links oben); Stier, Jungfrau und Steinbock sind kalt und trocken, melancholisch, feminin, westlich (rechts oben); Zwilling, Wassermann und Waage sind heiß und feucht, sanguinisch, maskulin, südlich (links unten); Krebs, Skorpion und Fische sind kalt und nass, phlegmatisch, feminin, nördlich (rechts unten).*

Aries. leo. sagittarius. sunt
calida et sicca collerica
masculina. Orientalia.
Taurus. virgo. capricornus.
sunt frigida et sicca melanco
lica feminina. Occidentalia.
Gemini. aquarius.
libra. sunt calida et
humida masculina
sanguinea. meridionalia.
Cancer. scor
pius. pisces.
sunt frigida et humi
da flemmatica femini
na. Septentrionalia.

ca. 900 n.Chr.

Nahrung für Körper und Seele

Abu Zayd Ahmad ibn Sahl al-Balkhi (ca. 850-934 n.Chr.)

Im Goldenen Zeitalter der islamischen Philosophie und Wissenschaft (zwischen dem 8. Jhd. und der Eroberung von Bagdad durch die Mongolen im Jahr 1258) schrieb Abu Zayd al-Balkhi eine Abhandlung über Verständnis und Behandlung von Geisteskrankheiten und Depressionen. Er erläuterte eine rationale therapeutische Herangehensweise an Neurosen, die zum Teil Vorläufer der modernen kognitiven Therapien ist. Er erwähnt drei Komponenten geistiger Gesundheit, die im Koran stehen: *Nafs* (Psyche), *Qalb* (Herz) und *'Aql* (Geist). Für die geistige Gesundheit ist es wichtig, dass sich diese Elemente im Gleichgewicht befinden.

Al-Balkhi's *Nahrung für Körper und Seele* (*Masalih al-Abdan wa al-Anfus*) behandelt folgende Themen: Die Bedeutung der Gesunderhaltung der *Nafs* – Vorbeugung von Geisteskrankheit durch geistige Hygiene, Wiedergewinnung der geistigen Gesundheit bei psychischen Problemen, psychische Symptome und ihre Klassifizierung, Umgang mit Wut, Umgang mit Angst und Panik, Behandlung von Niedergeschlagenheit und Depression, Umgang mit Obsessionen und negativen inneren Stimmen. Al-Balkhi teilt Neurosen in vier Kategorien ein: Angst und Spannung, Wut und Aggression, Betrübnis, Niedergeschlagenheit und Zwangsvorstellungen. Am meisten hat er über Depressionen (*Al-huzn*) geschrieben. Sie könnten die Folge des Verlusts eines geliebten Menschen, von persönlichem Besitz und des Nicht-Erreichens von Zielen und Erfolgen sein. Die Therapie basiert auf der Kultivierung von kognitiver Leistung, um den depressiven Gedanken entgegenzuwirken. Da die Behandlung im Rahmen einer religiösen Tradition stattfindet, empfiehlt Al-Balkhi auch das Aufsagen des Korans. Dies ist eine wesentliche Vorbedingung für die Gesundung.

Al-Balkhi hat auch über die Beziehung zwischen physischer Gesundheit und psychischem Wohlbefinden geschrieben. Er beschrieb die Interaktion der beiden Komponenten bei psychosomatischen Störungen, die durch das richtige Gleichgewicht zwischen Körper und Geist sowie positive Gedanken oder Erinnerungen vermieden werden können. Kognitive Therapie und Einsicht in psychosomatische Störungen entwickelten sich in der medizinisch-psychologischen Tradition des Westens erst im 20. Jhd. Dass Al-Balkhi darüber bereits 1000 Jahre früher schrieb, ist bemerkenswert.

SIEHE AUCH *Kanon der Medizin* (1025), Psychosomatik (1939), Kognitive Therapie (1955)

Rechte Hälfte einer doppelseitigen Illustration des Falls von Bagdad im Jahr 1258 (14. Jhd.). Aus Rashid-al-Din Hamadanis Kompendium der Chroniken.

1025

Kanon der Medizin

Avicenna (980-1037)

Abu Ali al-Hussein ibn Abdullah ibn Sina – im Westen als Avicenna bekannt – war einer der führenden Philosophen der islamischen Tradition und ein fachkundiger Arz. Er schrieb zahlreiche Bücher über Probleme der Metaphysik, Ontologie, Erkenntnistheorie und Psychologie und hatte über Thomas von Aquin großen Einfluss auf die westliche Philosophie. Avicennas Meisterwerk, der *Kanon der Medizin* (1025), galt in Europa und der arabischen Welt bis ins 17. Jhd. hinein als medizinisches Standardwerk.

Avicenna, Sohn eines persischen Steuerbeamten, hatte schon in jungen Jahren ein bemerkenswertes Gedächtnis und einen besonderen Intellekt. Mit 16 Jahren war er bereits praktizierender Arzt. Später arbeitete er als Richter, Lehrer, politischer Verwalter sowie als Arzt und Wesir an verschiedenen Höfen. Es stellt sich die Frage, wie er obendrein als Gelehrter noch so produktiv sein konnte. In seiner Autobiographie behauptete er, dass er bei militärischen Feldzügen selbst auf dem Rücken seines Pferdes viele Weisheiten aufschrieb.

Im Rahmen der Psychologie entwickelte Avicenna das Gedankenexperiment vom schwebenden Menschen. Dies war ein Mittel zur Erforschung des Selbstbewusstseins: Wir stellen uns vor, dass wir ohne jeglichen Kontakt mit unseren Sinnen in der Luft schweben. Laut Avicenna müssten wir dann trotzdem noch wissen, dass wir existieren. Seine Schlussfolgerung: Ein solches Selbstbewusstsein verweist darauf, dass die Seele oder das Ich vom Körper getrennt ist.

Buch 1 des *Kanon der Medizin* handelt von der Interaktion zwischen Geist und Körper. Avicenna ist ein Vertreter der vier *Humores* und geht von vier interagierenden Temperamenten aus. Mentale und emotionale Gewohnheiten beeinflussen unsere physische Gesundheit. Der Körper wiederum beeinflusst auch den Geist und die Gefühle. Leibesübungen haben darum einen günstigen Effekt auf die mentale und emotionale Gesundheit. Avicenna war damit ein Vorreiter einiger Prinzipien der modernen Gesundheitspsychologie.

SIEHE AUCH Psychosomatik (1939), Psychoneuroimmunologie (1975), Biopsychosoziales Gesundheitsmodell (1977), Mind-Body Medizin (1993)

Diese Seite aus Avicennas Kanon der Medizin *aus einem Exemplar des 14. Jhd. beschreibt innere Organe, Schädel und Knochen.*

وراء القشرة الثالثة فهو اسلم وان كان وراء الثالثة فهو اصعب • واما في المه فما كان وجعه اشد
يسيرا وهو زائل عن الثقب • ووراء القشرة الاولى وما دونه يسيره
وحدثها ولونها وراء القشرة الثالثة على نفس الثقب الحدقه
والسواد بعه اصناف احدها ان ينتو ا

امراض القرنيه

كناش

السبب	العلامة	الاستفراغ	التدبير الملكي	الدواء السهل الوجود	الامزاج	الاسنان	الازمان	البلدان
اجزاء في القرنية من قبل قروح العلة او بثر قروح ...	ان يرى فيها راس الثلاثة او الطبقة او العنبية او الملتحم السواد	بالفصد اسكان البدن ممتليا	بدء بالسائح واما ما العفص و...	يبدأ بما في الرواند يقطعه رصاص ... المحرق	الحارة	الشباب	الصيف	الحارة
بكشف ... او صداع ...	ان يرى ... وبدءها ... قروح القرنيه وقد احتيل محفورا	تنوكه	اسيا والادواء ... بالسا... المحرق	يبدأ بالكحل والصدر والمحرق	الرطب	الصبيان	الربيع	الجنوبية
وجع متقدم ... نصعد ... صداع وصداع ...	نفسه الطرفه ... كحلاه ...	تيوص السعسي والسكر	يبدأ بالمار ... الفضة	الاشياف الاحمر	الرطبة	الصبيان والشيوخ	الربيع	الجنوبية
... صداع او صداع	السلاخ ... عرض القرنية	بالفصدان حمست العين	اشياف الابار	كحل الاصفهاني	الحارة	الشباب	الصيف	الحارة

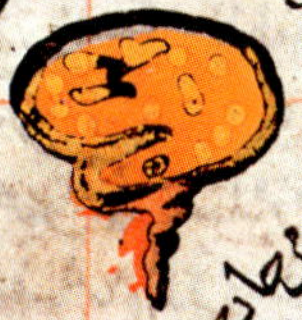

سوهم من راه انه بترو العرق بينهما ان السو يكون لعسه فان كانت العين كحلا او سهلا او ورق
السو يسمى العنبي تشبه العنبه • والثالث ان يعلو السوحي بصال هدب العسل • والرابع يسمى
والساض ان الساض يعرض عن الشر الذي في عمق القرنيه

1357

Bedlam

1357 wurden die ersten „Verrückten" ins Londoner Bethlem Hospital aufgenommen. Im Laufe des darauf folgenden Jahrhunderts spezialisierte sich das Hospital auf die Pflege von Geisteskranken. Bis ins 18. Jhd. hinein war das Bethlem Hospital die einzige psychiatrische Einrichtung in England.

Vor dem 17. Jhd. wurden Geisteskranke meistens zu Hause von der eigenen Familie gepflegt oder man ließ sie draußen umherirren. Wurde jemand eingeliefert – und das passierte auf dem europäischen Festland erst sehr viel später – erfolgten auf Basis der **Humoralpathologie** entsprechende Behandlungen. Die Gesundheit wurde von den vier *Humores* bzw. den vier Körpersäften bestimmt: Blut, Schleim, schwarze Galle und gelbe Galle. Wenn einer dieser Faktoren überhand nahm, entstand der Wahnsinn, der sich durch Gefühls- und Verhaltensstörungen auszeichnete. Die Behandlung – Aderlass, kalte Bäder, Spülungen, Einsatz von Blutegeln – zielte darauf ab, die Säfte wieder zu harmonisieren. Im Allgemeinen wurden Wahnsinnige gar nicht behandelt. Sie waren schlicht ein Teil der Gesellschaft.

Im 16. Jhd. war das Bethlem Hospital zu einer Stätte des Schreckens geworden. Die englische Abkürzung „Bedlam" entwickelte sich zu einem Synonym für „Ort von Chaos und Tumult". Laut John Strypes A *Survey of the Cities of London and Westminster* (1720) beschränkte sich die Zulassung Anfang des 17. Jhd. auf Patienten, die „wildes Zeug redeten und genesen konnten oder andernfalls geneigt sind, sich selbst oder anderen zu schaden und arm sind". Im 18. Jhd. wurde es sehr beliebt, einen Ausflug zum Bedlam zu machen und sich für einen Penny die Verrückten anzusehen.

Unter dem Einfluss neuer Auffassungen über Geisteskrankheit änderte sich das Pflegemodell von Bedlam. Im Zeitalter der Aufklärung vertraten einige bedeutende Denker die Auffassung, dass der Wahnsinn Folge des Verlusts des Verstands war und keine Disharmonie der Körpersäfte darstellte.

SIEHE AUCH Moralische Behandlung (1788), Antipsychotika (1952)

Das Irrenhaus, *Szene aus* A Rake's Progress, *einer Reihe von Gemälden von William Hogarth, die den Untergang des spielsüchtigen Tom Rakewell (1732) beschreibt.*

1489

Da Vinci über Neurowissenschaft

Leonardo da Vinci (1452-1519)

Leonardo da Vinci wird als einer der größten Künstler aller Zeiten betrachtet. Seine *Mona Lisa* (1503-1506) und *Das letzte Abendmahl* (1495-1498) gehören zu den berühmtesten Kunstwerken der Geschichte. Da Vinci war auch Erfinder und Ingenieur. Er konstruierte Flugmaschinen, Bewässerungssysteme und Waffen, die ihrer Zeit weit voraus waren. Das Gleiche gilt für seine Architekturzeichnungen und Stadtplanungsentwürfe. Seine Arbeiten über das Gehirn und die damit verbundene Psychologie sind weniger bekannt.

Da Vinci wollte die Grundlagen erforschen, wie Körper und Geist funktionieren und dieses Wissen in seine Arbeiten einfließen zu lassen. In seinen frühen Anatomiezeichnungen (1489) skizzierte er die Gehirnstrukturen, den Teil, an dem die Sinneseindrücke zusamment treffen (*Senso Comune*). Dort befanden sich seiner Auffassung nach der Platz der Seele und der Ursprung des Urteilsvermögens. Einige Jahre später injizierte er als erster Wachs in Körperöffnungen und -hohlräume, um so genaue Modelle für seine Zeichnungen zu bekommen. Da Vinci beschrieb ferner, wie Phantasie, Einbildung und Wissen mit bestimmten Gehirnregionen verbunden waren.

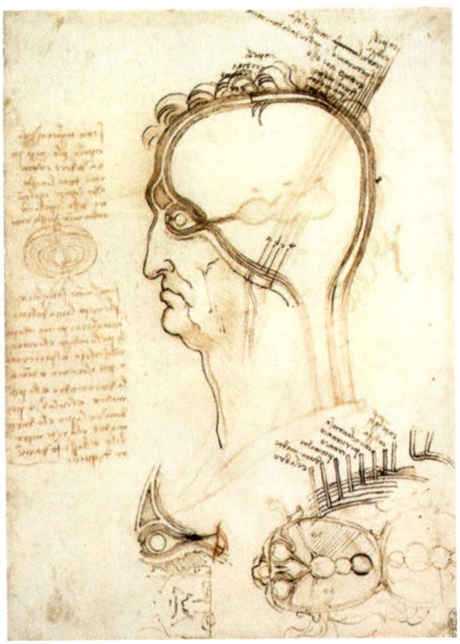

Da Vincis Studien der Sinnesphysiologie waren bemerkenswert. Es überrascht niemanden, dass er dem Sehvermögen größte Bedeutung beimaß. Er betrachtete die Augen als das Fenster der Seele. In seinen zu Lebzeiten nicht veröffentlichten Notizen fanden sich Studien von Licht, Augen und visuellen Perzeptionsmechanismen. Er war einer der ersten, die behaupteten, dass das Sehen eine Frage des Lichts ist, das über die Augen zum Gehirn geleitet wird. Auch seine Studien zu Geruchs- und Tastsinn waren seiner Zeit weit voraus.

Der Maler der rätselhaften *Mona Lisa* war ein genauer Beobachter der Welt, des Körpers und der Seele – ein Wissenschaftskünstler eben.

SIEHE AUCH *Cerebri Anatome* (1664), Lokalisierung der Gehirnfunktionen (1861), Gehirnbilder (1924)

OBEN: *An dieser Zeichnung vergleicht Da Vinci den menschlichen Schädel mit einer Zwiebel.* RECHTS: Mona Lisa *(ca. 1503-1506), Ölmalerei auf Holz. Da Vincis Meisterwerke zeichnen sich durch die gleiche Präzision und Rätselhaftigkeit aus wie seine Zeichnungen des Nervensystems.*

1506

„Psychologie“ als Begriff

Marko Marulić (1450–1524)

Menschen machen sich seit Jahrtausenden Gedanken über psychologische Fragen. Psychologie im modernen Sinne des Worts wurde erst 1506 ein Begriff: Der aus dem heutigen Kroatien stammende Gelehrte Marko Marulić führte ihn damals in seinen Moralstudien *De institutione bene vivendi per exempla sanctorum* ein. 1524 erschien das Wort im Titel seines Buchs *Psichiologia de ratione animae humanae*. In den 200 Jahren danach tauchte es auch in wissenschaftlichen und populären Texten auf. Psychologie wurde zu einem wissenschaftlich-professionellen Begriff für Vorstellungen von der Seele und dem Wesen des Menschen. Dieser Entwicklung lagen theologische und philosophische Traditionen zugrunde.

Im 16. und 17. Jhd. verwiesen deutsche Gelehrte wie Philipp Melanchthon, Johannes Thomas Freigius, Rudolf Goclenius und Otto Casmann in ihren Veröffentlichungen auf die Psychologie bzw. *Psychologia*. Melanchthons Buch *Commentarius de anima* (1540) handelt von der menschlichen Natur und psychologischen Funktionen. Es sollte, so schrieb er einem Freund, „Professoren und Studenten beim Erwerb wissenschaftlicher Erkenntnisse auf diesem Gebiet helfen“. Melanchthon wählte eine philosophische Herangehensweise an die Psychologie. Andere verwendeten den Begriff Psychologie in einem breiteren Zusammenhang. 1588 wurde beispielweise in Paris ein Werk veröffentlicht mit dem Titel *Psychologie: Das Buch über die Wirklichkeit von Geistern und das Wissen über irrende Seelen, Gespenster, Wunder und seltsame Erscheinungen*.

Der führende deutsche Philosoph und Gelehrte Christian Wolff unterschied in seiner *Psychologia empirica* (1732) und *Psychologia rationalis* (1734) zwischen zwei psychologischen Forschungsmethoden. Er definierte Psychologie als „Wissenschaft der Seele“. Sein Werk leistete einen wichtigen Beitrag zur späteren Transformation der Psychologie zur Wissenschaft.

Der Philosoph und Schriftsteller Denis Diderot machte den Begriff bekannt, indem er die *Psychologie* in einem Essay zu diesem Thema in seine berühmte *Encyclopédie* (1751-1772) aufnahm. Anfang des 19. Jhd. fand der Begriff *Psychology* auch Einzug in amerikanische Lehrbücher.

SIEHE AUCH Ist Psychologie eine Naturwissenschaft? (1781), Experimentelle Psychologie (1874)

Seufzerbrücke, Universität Oxford. In Oxford und Cambridge gab es die ersten frühen Psychologiestudien. Berühmte Absolventen sind John Locke, John Wilkins und Thomas Willis.

GE

1517

Das protestantische Ich

Martin Luther (1483-1546)

Als der katholische Mönch Martin Luther 1517 seine 95 Thesen verfasste, in denen er die Praktiken der katholischen Kirche verurteilte, läutete er damit weitreichende Veränderungen ein. Sie bezogen sich sowohl auf religiöse Praktiken als auch auf den Begriff der menschlichen Identität. Der Mensch stand nun als Individuum allein vor Gott. Das Individuum konnte sich nur über den Glauben rechtfertigen. Die Beziehung zu Gott wurde in persönlichen Begriffen definiert. Im Katholizismus war die Kirche die Rettung und die individuelle Identität integraler Teil der kollektiven Identität der Kirchengemeinde, der man angehörte.

Luther wollte in erster Linie die unlauteren Praktiken der Kirche anprangern. Die damit verbundenen Konsequenzen hatten jedoch eine viel größere Reichweite. Die Implikationen der Reformation haben zu einem neuen Selbstbild beigetragen. Der entstehende protestantische Glauben fordert von seinen Anhängern, sich aufs Innere sowie auf spirituelle Praktiken zu konzentrieren. Die Betonung der privaten Beziehung zu Gott machte es notwendig, den eigenen Gedanken und Gefühlen Aufmerksamkeit zu schenken. Dies stärkte das Konzept der Subjektivität. Das alltägliche Leben bekam eine neue Bedeutung, da der Glaube genauso gut durch die Art und Weise ausgedrückt wurde, in der Geschäfte und Alltag bewältigt wurden wie durch die Anzahl der Kirchenbesuche. Handbücher mit Verhaltensregeln und Tagebücher sollten Christen bei der Pflege ihrer persönlichen Beziehung zu Gott helfen.

Diese Handbücher waren sehr beliebt und standen voll mit Sprüchen, die als Leitfaden für die spirituelle Reflexion galten. Sie halfen auch bei der Beurteilung des individuellen, spirituellen Fortschritts. Handbücher und Tagebücher halfen dem Gläubigen, auf sein Inneres zu achten. Sie sollten auch die Selbstkontrolle über sündige Gedanken und Triebe stärken. Der Schwerpunkt auf die Pflege der persönlichen Beziehung zu Gott förderte auch Introspektion, Aufmerksamkeit fürs Innere und Gefühl der Subjektivität. Diese Aspekte haben den Weg für die moderne Psychologie gebahnt, in der die Individualität im Vordergrund steht.

SIEHE AUCH Montaignes *Essays* (1580), *Leviathan* (1651), Tabula rasa (1690), Der persönliche Brief und der Roman (1719), *Theorie der ethischen Gefühle* (1759), *Der Aufbau des Organismus* (Geist und Körper) (1939)

Christus liest in seinem Buch, *eine Illustration des englischen Dichters und Radierers William Blake in einer Ausgabe von John Bunyans* Eines Christen Reise nach der seligen Ewigkeit *(1678) aus dem 19. Jhd. Diese christliche Monumental-Allegorie spornte frisch alphabetisierte Christen dazu an, sich auf ihr Inneres zu konzentrieren und trug auf diese Weise dazu bei, eine Vorstellung eines psychologischen Ichs zu entwickeln.*

1538

De anima et vita libri tres

Juan Luis Vives (1492-1540)

Der spanische Philosoph und Psychologe Juan Luis Vives war mit vielen großen Denkern und anderen bedeutenden Persönlichkeiten der Spätrenaissance befreundet. Zu seinem Freundeskreis gehörten Erasmus und Thomas More. Auch war er mit König Heinrich VIII. und dessen erster Frau Katharina von Aragón befreundet.

Vives wurde in Valencia in eine jüdische Familie geboren, die sich unter dem Zwang der Inquisition zum Christentum bekehrte. Er besuchte christliche Schulen. Mit 17 Jahren zog er nach Paris. Nach dem Studium der freien Künste verließ er die Universität nach drei Jahren, weil er das permanente Gezänk zwischen den bürgerlichen und kirchlichen Autoritäten verabscheute.

Vives zog in die Niederlande, die damals die progressivste und liberalste Gesellschaft in Europa war. Er verbrachte einige Jahre an der Universität von Löwen. Die Freiheit von Denken und Handeln, die ihm dort begegnete, fördert die Entwicklung seiner eigenen Philosophie über die Funktionsweise von Geist und Gefühlen. Er freundete sich mit dem Gelehrten Erasmus an und gehörte zu einem großen Kreis humanistischer Philosophen und Denker aus ganz Westeuropa. Er zog nach Oxford um, wo er von 1523 bis 1528 als Dozent arbeitete. 1528 kehrte er in die Niederlande zurück und blieb dort bis zu seinem Tod.

Vives' großes philosophisches und psychologisches Werk war *De anima et vita libri tres* (1538). Darin erörtert er seine Theorie über den Einfluss der Gefühle auf unser Denken und unsere Gesundheit. Er war einer der ersten, die erkannten, dass Persönlichkeit bzw. Temperament von der Makro-Umgebung (Klima, Geographie) und der Mikro-Umgebung (direkter familiärer Kontext, Freunde und andere) beeinflusst wurde. Er vertrat die Auffassung, dass Gefühle auch bei der Entstehung unseres Erinnerungsvermögens eine Rolle spielen. Vives war außerdem ein Bildungspionier. Bildung für alle betrachtete er als notwendige Voraussetzung für eine gesunde Gesellschaft.

Vives wird für seinen Einfluss auf die Schriften von Descartes und John Locke sowie seine wichtigen Beiträge zum Begriff der Interaktion zwischen Gefühlen und Erinnerungsvermögen gerühmt.

SIEHE AUCH Körper-Geist-Dualismus (1637), Tabula rasa (1690)

Anonymes Porträt von Juan Luis Vives.

ausis Corrupt. Ar.
ritate fidei Cath.

1580

Montaignes *Essays*

Michel de Montaigne (1533-1592)

„Ich selbst bin Gegenstand meines Buches", erklärte Michel de Montaigne in der Einleitung zu seinen gesammelten Essays. Das war seinerzeit eine ungewöhnliche Aussage, denn die meisten Texte handelten von theologischen oder wissenschaftlichen Themen oder einer Kombination dieser Disziplinen. Montaigne jedoch machte sein Leben zum Thema. „In diesem Bereich bin ich der gelehrteste Mensch auf Erden." Diese Sichtweise machte Montaigne zum Vorläufer der modernen Idee von persönlicher Identität.

Die moderne Psychologie geht von einem persönlichen Gefühl von Identität und einem inneren Privatleben aus. Das war nicht immer so. Die Vorstellung des Ichs im Zentrum unserer Welt hat sich durch Veränderungen in Philosophie, Medizin, Religion und täglicher Praxis langsam entwickelt. Montaignes *Essays* (1580) waren ein wichtiger früher Beitrag zu dieser Entwicklung.

Montaigne hat den Essay als literarische Form erfunden. Er war ideal, um seine Erfahrungen zu beschreiben. Warum diese neue Form? Montaigne war Rechtsanwalt, legte seine Arbeit jedoch mit 38 Jahren nieder. In jener Zeit gab es heftige Konflikte zwischen Katholiken und den neuen Protestanten. Länder führten Krieg über religiöse Fragen, überall gab es religiöse Verfolgungen. Montaigne schlussfolgerte, dass die Ansprüche, die von religionsbasiertem Wissen samt den damit verbundenen Sicherheiten ausgingen, nur zu noch mehr Konflikten und Blutvergießen führten. Er war skeptisch gegenüber Regierungen, Gewohnheiten und der vermeintlichen Überlegenheit des Menschen über die Tiere. Er wies darauf hin, dass sich die menschliche Erfahrung kontinuierlich verändert und somit auch das Wissen.

Montaigne entwickelte den Essay, um seine eigene, sich verändernde Erfahrung zu beschreiben. Damit ermutigte er auch andere, die eigenen Erfahrungen als gültige Interpretationen der Welt zu betrachten.

SIEHE AUCH Körper-Geist-Dualismus (1637), *Leviathan* (1651), Tabula rasa (1690), Der persönliche Brief und der Roman (1719), *Theorie der ethischen Gefühle* (1759)

OBEN: *Anonymes Portrait von Michel de Montaigne.* RECHTS: *Titelseite einer Ausgabe von Montaignes* Essays *aus dem Jahr 1595.*

ESSAIS
DE
MICHEL SEIGNEVR
DE MONTAIGNE.

~~Cinquiesme edition, augmentée d'un troisiesme liure et de six cens additions aux deux premiers~~

Sixieme edition
Viresque acquirit eundo

A PARIS,
Chez ABEL L'ANGELIER,
au premier pillier de la grand
Salle du Palais.
Auec Priuilege du Roy.
1588.

1621

Die Anatomie der Melancholie

Robert Burton (1577-1640)

Der große englische Gelehrte, Erzähler und Kaffeeliebhaber Samuel Johnson bemerkte einst, dass Robert Burtons Abhandlung über die Melancholie das einzige Buch sei, für das er freiwillig früher aufstehen würde. Der Autor arbeitete in Oxford und führte ein zurückgezogenes Leben und widmete sich seinen Studien. Abgesehen von einigen frühen Gedichten und Dramen, arbeitete Burton im Wesentlichen an der *Anatomie der Melancholie*, die 1621 zum ersten Mal erschien und sechs Ausgaben hatte. Burton war ein scharfsinniger Beobachter des Lebens im England des frühen 17. Jhd. Melancholie war damals in Mode. Auch er selbst rang mit Gefühlen der Verzweiflung.

Die Anatomie der Melancholie ist wichtig, da sie sowohl Zukunftsvision als auch Rückblick ist. Burton zog die Klassiker heran, zitierte Aristoteles und bediente sich der **Humoralpathologie**, derzufolge Melancholie die Folge eines Überschusses an schwarzer Galle ist. Hinzu kommen alle möglichen zeitgenössischen Quellen – philosophische, alchemistische und literarische Werke. Das Buch verweist bereits auf spätere Jahrhunderte, in denen Melancholie ein Zeichen von Kreativität und Genialität war sowie auf die moderne Zeit, in der die Klassifizierung psychischer Störungen eine wichtige Rolle spielt und die Debatte über geschlechtsspezifische Unterschiede eine Selbstverständlichkeit ist.

Das Buch wirft Fragen über das Wesen der Melancholie auf. Ist Melancholie ein veralteter Begriff für „Depression"? Ist eine Depression rein biologischer Natur oder kommt es darauf an, wie der kulturelle Kontext den Begriff definiert und wie Stimmungsschwankungen ausgedrückt werden?

SIEHE AUCH Humoralpathologie (160 n.Chr.), Amerikanische Klassifizierung psychischer Störungen (1918), Antidepressiva (1957)

Melencolia I *des deutschen Renaissancemalers Albrecht Dürer (1514). Melancholie wird hier als Teil des künstlerischen Temperaments aufgefasst.*

MELENCOLIA I
16 3 2 13
5 10 11 8
9 6 7 12
4 15 14 1

1637

Körper-Geist-Dualismus

René Descartes (1596-1650)

Im 17. Jhd. entwickelte sich ein neues Verständnis der natürlichen Welt, das auch den Menschen und seine Fähigkeiten als den Naturgesetzen unterworfen betrachtete. Die Schriften des französischen Philosophen René Descartes und sein *Discours de la méthode* (*Abhandlung über die Methode*, 1637) waren die Inspirationsquelle.

Als Philosoph wollte Descartes bei seiner Suche nach einem natürlichen Begriff von Geist und Körper der Kirche treu bleiben. Im Katholizismus untersteht der Geist dem direkten Einfluss Gottes. Die Seele ist vom Körper getrennt und ist nicht Teil der Natur. Um einem Konflikt aus dem Weg zu gehen, besann sich Descartes auf einen Körper-Geist-Dualismus, bei dem bestimmte mentale Funktionen als Eigenschaften des Körpers und nicht der Seele betrachtet werden konnten. Wenn Erinnerungsvermögen, Wahrnehmung, Phantasie, Träume und Gefühle körperliche Prozesse waren, konnten sie auch untersucht und und als Teil der natürlichen Ordnung verstanden werden.

Descartes griff auf frühere Entdeckungen in der Medizin zurück – auf William Harveys Beschreibung des Herzens als eine Pumpe (1628) sowie auf handwerkliche, mechanische Objekte. Dazu zählten auch die Objekte in den Hofgärten außerhalb von Paris. Dort wurden Statuen mit hydraulischem Druck bewegt, sobald Besucher auf verborgene Platten traten. Es sah dann so aus, als würden sich die Statuen von selbst bewegen. Descartes verwendete das Prinzip der mechanischen Bewegung als Modell für unser Verständnis des Erinnerungsvermögens sowie von Träumen und anderen mentalen Aktionen, ohne sich dabei auf die göttliche Vorsehung zu verlassen. Er stellte sich vor, dass Geist und Körper über die Epiphyse im Gehirn interagierten. Das Gehirn empfängt Körpereindrücke und bringt den Körper in Bewegung. So blieb die Seele der Sitz der Vernunft und zugleich zugänglich für den göttlichen Einfluss.

Diese Sichtweise passte zur Lehre der Kirche und auch zur neuen mechanistischen Philosophie. Mit der Theorie von Geist und Körper hinterließ Descartes ein Erbe, das spätere Denker inspirierte, den Menschen nicht als Teil der übernatürlichen, sondern der natürlichen Ordnung zu betrachten.

SIEHE AUCH Tabula rasa (1690), *L'homme machine* (1747)

Beispiel eines Automatten. *Descartes wollte damit illustrieren, dass auch der Körper mechanische Bewegungen ausführt (Centre International de la Mécanique d'Art, CIMA).*

1651

Leviathan

Thomas Hobbes (1588-1679)

Der englische Philosoph Thomas Hobbes war einer der Vorreiter der individuellen Psychologie. Seine Bücher, allen voran *Leviathan* (1651), handelten von einer Gesellschaft selbstbewusster und egozentrischer Menschen. Hobbes sah den dominierenden Individualismus unserer Zeit voraus und förderte ihn möglicherweise sogar. Er ist auf jeden Fall eine wichtige Vorbedingung für Psychologie. Wie kam es eigentlich, dass sich Hobbes auf das Individuum konzentrierte?

In der Neueren Geschichte war der Platz des Menschen in der Natur ein äußerst wichtiges Thema, das Philosophen, Theologen und das gebildete Publikum beschäftigte. In jener Zeit entstand infolge wichtiger gesellschaftlicher Veränderungen die heutige psychologische Empfindsamkeit. Hobbes schrieb sein Werk in einer Zeit anhaltender Kriege, in der tradierte religiöse Wahrheiten und die herrschende Politik auf immer neue Proben gestellt wurden. Neue wissenschaftliche Entwicklungen schufen einen menschlichen Rahmen für das Wissen über die natürliche Welt. Die göttliche Macht lenkte nicht mehr alles. Außerdem sorgte die massenhafte Abwanderung der Landbevölkerung in die Städte für erhebliche soziale Veränderungen.

Hobbes schlug auf Grundlage der Idee, dass alles Leben materiell und nicht spirituell oder metaphysisch ist, einen neuen Gesellschaftsvertrag vor. Dadurch brauchte man nicht länger an Engel und Geister zu glauben. Er erklärte das Leben als materialistisch: „Was ist das Herz, wenn nicht eine Quelle? Was sind die Nerven, wenn nicht Stränge?“ Es gibt nur das Physische und unsere Taten werden von materiellen Ursachen bestimmt. Da wir alle aus diesem Holz geschnitzt sind, haben wir eine gemeinsame Basis für den Aufbau einer besseren Gesellschaft. Wir tun dies jedoch aus Eigeninteresse. Um unsere egoistischen Triebe unter Kontrolle zu halten, plädierte Hobbes für eine starke Regierung. Ohne einen starken Führer – Hobbes nennt ihn „Leviathan“ – wird unser Leben in einem Krieg von allen gegen alle enden. Das Leben wäre dann – so seine berühmten Worte – eine einsame, arme, scheußliche, gewaltsame und kurze Angelegenheit.

SIEHE AUCH Das protestantische Ich (1517), Montaignes *Essays* (1580)

Titelseite von Leviathan *von Thomas Hobbes (1651).*

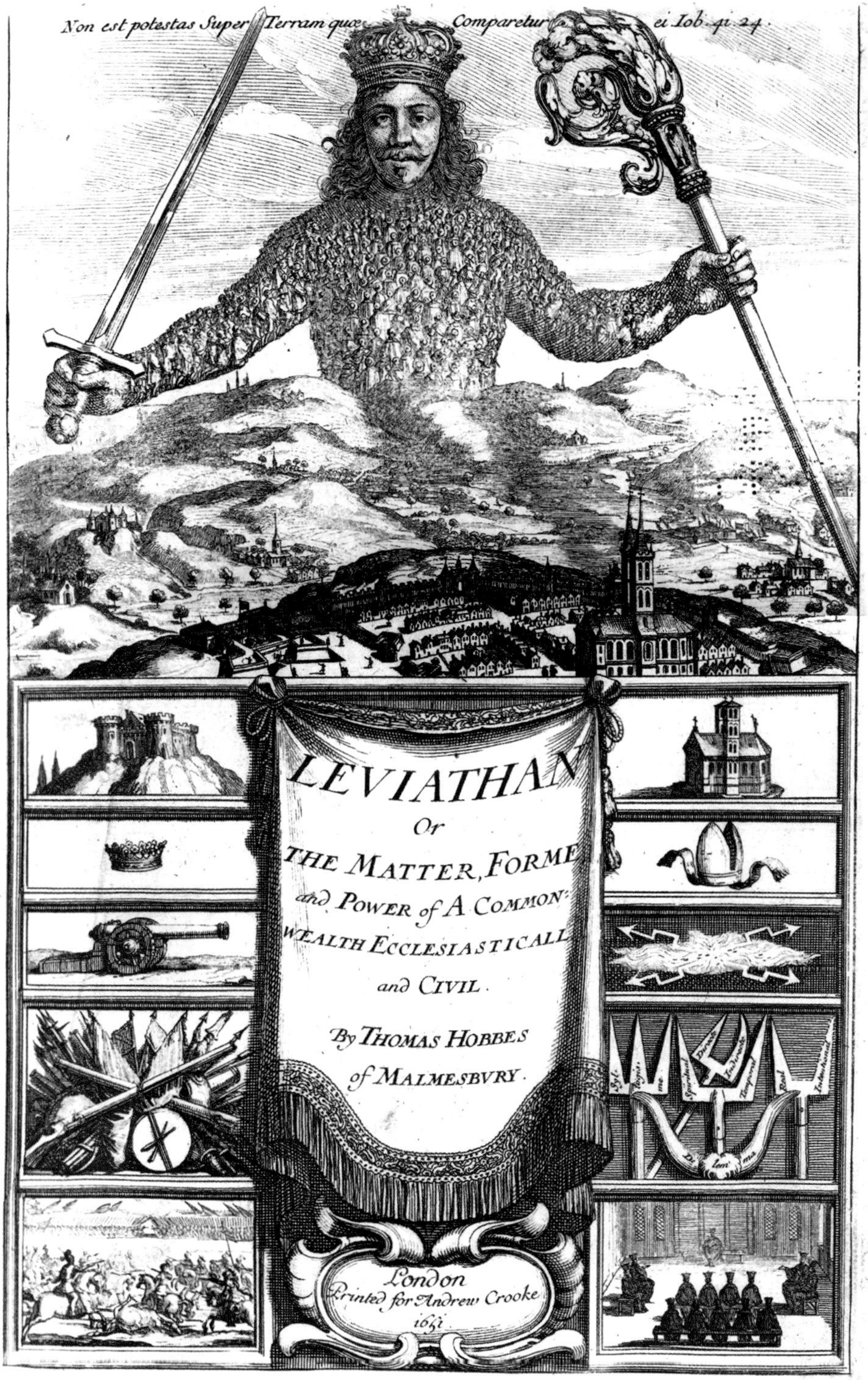
Non est potestas Super Terram quæ Comparetur ei Iob. 41. 24.
LEVIATHAN
Or
THE MATTER, FORME
and POWER of A COMMON-
WEALTH ECCLESIASTICALL
and CIVIL.
By THOMAS HOBBES
of MALMESBURY.
London
Printed for Andrew Crooke
1651

1664

Cerebri anatome

Thomas Willis (1621-1675)

Mit seinem Kompendium *Cerebri anatome* („Anatomie des Gehirns") legte der Arzt und Professor für Naturgeschichte Thomas Willis das Fundament für die moderne Neurologie und Psychiatrie. In diesem Werk führte er auch den Begriff „Neurologie" ein. Er wollte die geheimen Orte des menschlichen Geists erschließen, zitierte ihn ein Freund. Die Schriften über das Gehirn im normalen und pathologischen Zustand waren seinerzeit sehr einflussreich und lenkten die Erforschung des Gehirns in Richtung unserer heutigen Erkenntnisse. Ein Jahr nach der Veröffentlichung in englischer Sprache erschienen 1664 vier lateinische Ausgaben, in den Jahren danach weitere fünf. Tatsächlich war das Buch eine Koproduktion von Willis und einigen Kollegen, u. a. dem berühmten Architekten Sir Christopher Wren, von dem auch die Radierungen für das Buch stammen.

Willis wurde an der Christ Church in Oxford ausgebildet und blieb dort bis zu seinem Umzug nach London im Jahr 1667. Er engagierte sich insbesondere für die neu aufkommende experimentelle Philosophie. Chemie und Blut waren Willis' Spezialgebiete. Um 1660 verschob sich sein Interesse hin zur Neuroanatomie und Neurologie.

Auch sein neues Interessengebiet erschloss er sich durch sorgfältige Beobachtung und umfangreiche Studien. Willis betrachtete das Gehirn „als den Hauptsitz der rationalen Seele im Menschen (...) und als Hauptmotor der animalischen Maschine". Er zog bei der Arbeit an *Cerebri anatome* Christopher Wren und andere Gelehrte hinzu. In diesem Buch wählte er das Format der vergleichenden Anatomie, das der Arzt und Anatom William Harvey in seinem Werk über den Blutkreislauf eingeführt hatte. Willis verwendete Beispiele von Wirbeltieren und wirbellosen Tieren, um seine Schlussfolgerungen zur Anatomie des Gehirns und der zugehörigen Funktionen zu untermauern. Er zog dazu auch zahlreiche Fallgeschichten von Patienten sowie Autopsien heran. Neben der Neuroanatomie beschrieb und illustrierte das Buch ferner die Gehirn- und Rückenmarknerven sowie das vegetative Nervensystem. Zusammen mit der Beschreibung von Hirnleistungsstörungen in der *Pathologiae cerebri* (1667) stellte *Cerebri anatome* das erste Übersichtswerk über Gehirn und Nervensystem in Europa dar Nervensystem.

SIEHE AUCH Körper-Geist-Dualismus (1637), Lokalisierung der Gehirnfunktionen (1861), Spiegelneuronen (1992)

Diese anatomische Zeichnung aus Anatomie de l'Homme *(1831-1854) zeigt einen Querschnitt durch das Gehirn.*

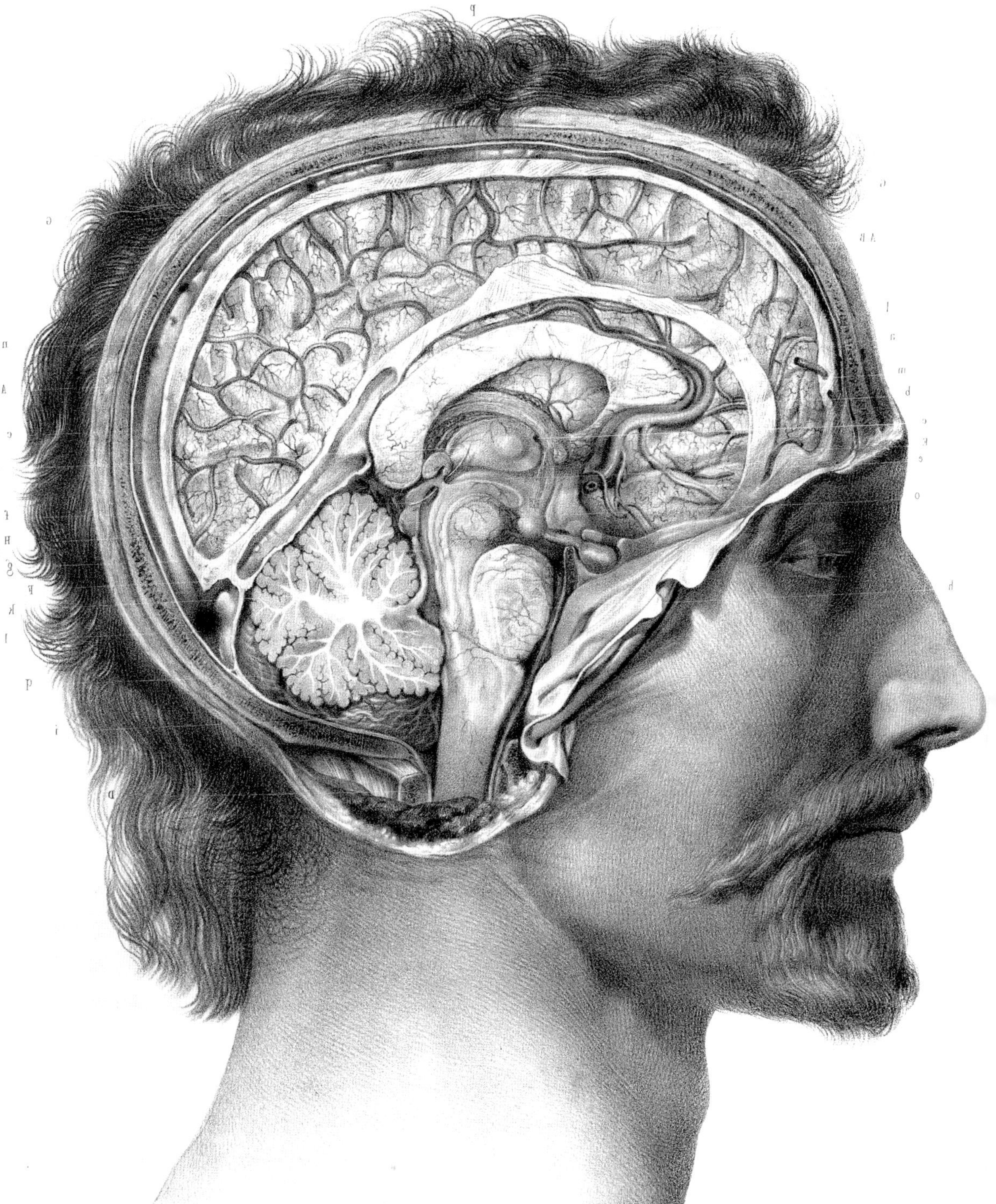

1690

Tabula rasa

John Locke (1632-1704)

Wie erlangen wir Wissen? Für den englischen Philosophen John Locke war dies eine fundamentale Frage. Seine Antwort lautete: „Durch menschliche Erfahrung." In seinem Hauptwerk „*An Essay Concerning Human Understanding*" (1690) verwarf Locke die Vorstellung angeborener Ideen und behauptete, dass alle Einsichten durch Erfahrung entstehen. Bei der Geburt ist der Geist eine *tabula rasa* („ein unbeschriebenes Blatt"), auf die Sinneserfahrungen eingraviert werden. Der Inhalt besteht aus den Erkenntnissen, die diesen Erfahrungen entspringen. Wissen ist somit eine Angelegenheit des Geistes, der Erfahrungen und Ideen aus der materiellen Welt sammelt. Locke beschrieb eine Methode, die zeigte, wie einfache Vorstellungen durch Assoziation komplex werden können. Damit schuf er die Grundlage für die empirische Philosophie und die neue Wissenschaft der Psychologie.

Was motivierte Locke zu einer solch neuen und radikalen Sichtweise? Als er zehn Jahre alt war, führten religiöse und politische Streitigkeiten zwischen König und Parlament zu einem Bürgerkrieg. Fast 20 Jahre lang bestimmten dieser Krieg und seine Folgen den Alltag. Locke suchte nach einer besseren und konfliktfreien Grundlage für eine Gesellschaft, in der Menschen klare und deutliche Vorstellungen entwickeln konnten, die sich nicht an politischen oder religiösen Extremen orientierten.

Das Thema ist so aktuell wie nie. Lockes Ideen entfachten eine bis heute andauernde Debatte zur Frage „**Gene oder Umwelt**". Ferner sorgten sie dafür, dass menschliches Verhalten im Rahmen der Naturgesetze betrachtet werden konnte anstatt es als von Gott gesteuert aufzufassen. Damit wurde die Wissenschaft der Psychologie überhaupt erst möglich.

SIEHE AUCH *Theorie der ethischen Gefühle* (1759), Gene oder Umwelt (1874), Behaviorismus (1913), Angereicherte Umgebung (1961), Das Stanford-Gefängnisexperiment (1971)

Christ Church, Universität Oxford, wo Locke studierte und in seiner frühen Karriere auch als Dozent tätig war.

1719

Der persönliche Brief und der Roman

Daniel Defoe (1660-1731), **Samuel Richardson** (1689-1761), **Henry Fielding** (1707-1754)

Seit Tausenden von Jahren schreiben Menschen Briefe und erzählen sich Geschichten. Zu Beginn des 18. Jhd. erschienen zwei neue Formen von geschriebener Kommunikation, die die in ganz Europa aufkommende Idee eines eigenen Ichs und eines Privatlebens reflektierten und verstärkten. Die eine Form war eine neue Art des persönlichen Briefs, die andere eine neue Form des für die Öffentlichkeit bestimmten Vergnügens. Beide Genres belegen ein breit zugenommenes Bildungsniveau.

Durch Migration und Arbeit lebten Familienmitglieder häufig geographisch weit voneinander entfernt. Dadurch bekamen Briefe als Mittel zum Ausdruck persönlicher Erfahrungen, Gefühle und intimer Gedanken eine neue Bedeutung. Diese Form der persönlichen Kommunikation war dazu gedacht, gegenüber Familie und Freunden Nähe und Verbundenheit zu demonstrieren. Briefe waren ein Medium, das immer persönlicher und intimer wurde und mit dem die eigene Individualität ausgedrückt werden konnte.

In der ersten Hälfte des 18. Jhd. erschien in England der Roman als neue literarische Form. Daniel Defoe, ein früherer Kaufmann und Pamphletschreiber, schrieb 1719 im Gefängnis den ersten Roman: *Robinson Crusoe*. Dort saß er, weil er Schulden hatte. Einige Jahre später folgten *Pamela* (1740) von Samuel Richardson und *Tom Jones* (1749) von Henry Fielding.

Der Roman reflektierte die neue Bedeutung des persönlichen Lebens und des Alltags. Darin hatten die Figuren gewöhnliche Namen. Thema war das alltägliche Leben: die Sorgen und das Glück konkreter Menschen in konkreter Situationen. Deren Gedanken und Gefühle standen im Vordergrund, damit der Leser seine eigenen Gedanken und Gefühle im Text wiedererkennen konnte. Das sorgte dafür, dass das Gewöhnliche, Alltägliche und Subjektive größere Aufmerksamkeit bekam.

SIEHE AUCH Das protestantische Ich (1517), Montaignes *Essays* (1580), *Theorie der ethischen Gefühle* (1759)

„Robinson Crusoe inspiziert die Insel" – eine Illustration von Alexander Frank Lydon in einer Ausgabe von Robinson Crusoe *aus dem Jahr 1865.*

1747

L'homme machine

Julien Offray de La Mettrie (1709-1751)

René Descartes fand, dass Geist und Körper getrennt aufzufassen seien. Der Geist ist immateriell, die Vernunft verdanken wir dem göttlichen Einfluss. Seele oder Geist können nicht auf etwas Materielles reduziert oder in mechanischen Begriffen erklärt werden. Descartes behauptete auch, dass scheinbar mentale Funktionen wie Erinnerungsvermögen, Wahrnehmung, Phantasie, Träume und Gefühle faktisch Eigenschaften des Körpers waren und somit zu den Naturgesetzen gehörten und nicht dem göttlichen Einfluss gehorchten. Dies ist die Grundlage des **Körper-Geist-Dualismus**.

Im Sog des cartesianischen Dualismus' behaupteten andere Philosophen, dass alle mentalen Funktionen körperlichen Mechanismen entstammen und somit in Begriffen von natürlichen, physischen Prozessen erklärt werden konnten. In seinem herausfordernden Buch *L'homme machine* (*Der Mensch als Maschine*, 1747) bot der französische Militärchirurg Julien Offray de La Mettrie eine radikale Erklärung. La Mettrie hatte ein rein materialistisches Bild des Menschen, das die menschliche Natur der physischen Natur gleichstellte. Diese Tatsache war für ihn implizit in Descartes' Argumentation enthalten. Tiere und Menschen mussten darum in mechanistischen oder materialistischen Begriffen erfasst werden.

La Mettrie entwickelte seine materialistische Erklärung des Geists als Folge seiner Beobachtungen während eines heftigen Fieberanfalls. Daraus schloss er, dass Veränderungen in Gehirn und Nervensystem Veränderungen in den psychologischen Prozessen hervorrufen. Er verwarf die Trennung von Seele (Geist) und Körper. Er schlussfolgerte, dass mentale Kapazitäten der Physiologie des Körpers entspringen. Mettries Werk und das von Descartes spielten eine wichtige Rolle für die Abkehr von älteren Konzepten, die den Menschen an die Spitze der Schöpfung stellten („knapp unter den Engeln"), in Richtung der modernen Auffassung vom Menschen, der unter die Naturgesetze fällt.

SIEHE AUCH Körper-Geist-Dualismus (1637), *Über die Entstehung der Arten* (1859)

Detail aus Der Flötenspieler, *ein* Automaton *des italienischen Erfinders Innocenzo Manzetti aus dem Jahr* 1849.

1759

Theorie der ethischen Gefühle

Adam Smith (1723-1790)

Wann entstand die moderne Idee des eigenen Ichs mit einem umfassenden, psychologischen Innenleben? Neben der wissenschaftlichen Revolution, der protestantischen Reformation, den Veränderungen im Familienleben und der neuen Naturauffassung ist auch die „kommerzielle Gesellschaft" ein wichtiger Katalysator – darin werden Menschen und ihre Beziehungen durch Interaktionen auf dem Markt definiert und durch das, was sie herstellen, kaufen oder verkaufen.

Wie vermittelte die kommerzielle Gesellschaft den Menschen das Gefühl eines besonderen Innenlebens? Der schottische Philosoph Adam Smith versuchte es in seinen Büchern *Theorie der ethischen Gefühle* (1759) und *Der Wohlstand der Nationen* (1776) mit folgendem Ansatz: Die kommerzielle Gesellschaft schafft durch Güteraustausch gegenseitige Verpflichtungen. Arbeit kann gegen Güter eingetauscht werden, die wiederum durch die Arbeit anderer hergestellt werden. Diese Gesellschaft besteht aus Individuen, die motiviert werden, ihre eigenen materiellen Interessen wahrzunehmen. Warum führt dies nicht zu ständigem Chaos?

In kommerziellen, kapitalistischen Gesellschaften muss das Individuum die Konsequenzen des eigenen Handelns berücksichtigen. Wenn Preis und Transaktion einmal vereinbart sind, kann die Nichtlieferung bzw. der Nichteingang von Gütern künftige Beziehungen in Gefahr bringen. Das Gewissen spielt laut Smith eine entscheidende Rolle in gleichwertigen kommerziellen Interaktionen zwischen Menschen. Das Gewissen ist eine psychische Angelegenheit und erfordert das Bewusstsein eines Ichs. Dies wiederum verstärkt Subjektivität und Selbstregulierung: das, was Smith „die unsichtbare Hand" nennt. Er denkt, dass wir aus Eigeninteresse handeln, jedoch auch an andere denken müssen. Dies ist das moralische Empfinden, das eine Gesellschaft möglich macht. Trotz der negativen Aspekte der kapitalistischen Gesellschaft hat das Aufkommen des Markts auch zur Idee des eigenen Ichs beigetragen.

SIEHE AUCH Das protestantische Ich (1517)

Ausschnitt einer sehr alten Kasse mit Tasten und prädezimalen Werten. Sie wurde im 19. Jhd. erfunden. Mit dem Aufkommen der kommerziellen Gesellschaft waren diese Geräte weitverbreitet, genauso wie die Idee des eigenen Ichs.

1762

Rousseaus Edler Wilder

Jean-Jacques Rousseau (1712-1778)

Der französisch-schweizerische Philosoph Jean-Jacques Rousseau stellte sich u.a. anhand von Reiseberichten aus Nord- und Südamerika vor, wie der prä-gesellschaftliche Mensch gewesen sein muss. Ein Mensch, der in nobler Einfachheit lebte, Kinder, die von Natur aus gut waren, aber von der Gesellschaft verdorben würden: „Was für ein Elend könnte es für ein freies Wesen mit einem friedlichen Herzen und gesunden Körper geben?" Laut Rousseau sollte menschliches Verhalten besser von Gefühlen als vom Verstand gesteuert werden. Mit dieser Betonung der Subjektivität war er der Romantik weit voraus.

Rousseau ging vom Ursprünglichen und Guten im Menschen aus. In *Vom Gesellschaftsvertrag oder Prinzipien des Staatsrechtes* (1762) geht er davon aus, dass Menschen zwar auf ihr eigenes Wohlbefinden konzentriert sind, sie aber nicht möchten, dass der Mitmensch leidet. Das Gefühl für den Mitmenschen ermöglicht das soziale Leben, wenngleich das soziale Leben nicht harmoniert mit der Freiheit des Individuums.

Wir haben von Natur aus einen guten Charakter, müssen jedoch in einer Gesellschaft leben. Damit war für Rousseau die Erziehung der einzige Weg, den verderblichen sozialen Einfluss zu minimieren und unsere Art zu perfektionieren. Er sprach sich für eine an der Entwicklung von Kindern orientierte Erziehung aus. In seinem Roman *Emile oder über die Erziehung* (1762) teilte er die menschliche Entwicklung in drei Phasen mit besonderen altersspezifischen Merkmalen ein. Er verwarf die Unterrichtspraktiken seiner Zeit, das „Pauken", und plädierte für einen an der kindlichen Neugier orientierten Unterricht, der die mentale und moralische Entwicklung des Kindes fördert.

Aus Rousseaus Unterrichtsmodell spricht die Psychologie. Es beeinflusste die Pädagogische Psychologie des 19. und 20. Jhd. vertreten durch Johann Pestalozzi, Friedrich Fröbel, Lew Wygotski und Jerome Bruner.

SIEHE AUCH Victor von Aveyron (1801), Kindergarten (1840), Casa dei Bambini (1907)

OBEN: *Radierung von Rousseau (1833).* RECHTS: *Statue von Rousseau in Genf.*

1766

Mesmerismus

Franz Anton Mesmer (1734-1805)

Wie alle anderen Theoretiker seiner Zeit hatte auch der deutsche Arzt Franz Mesmer die Vorstellung, dass die Sterne und Planeten das menschliche Leben sowie die Gesundheit kontinuierlich beeinflussten. In seiner Doktorarbeit aus dem Jahr 1766 behauptete Mesmer, dass Krankheit die Folge eines nachteiligen planetarischen Einflusses auf die Körpersäfte sei. Heilung versprach die durch animalischen Magnetismus eingeleitete Wiederherstellung des Gleichgewichts. Mesmer verfeinerte seine Behandlungstechniken immer weiter. Seine Patienten hielten magnetisierte Eisenstäbe fest. Sein Ruf eilte ihm voraus und er fing an zu glauben, dass er seinen eignen animalischen Magnetismus nutzen könne, um alle Gegenstände zu magnetisieren (Pflanzen, Bücher, Kleidung, usw.). Die Gegenstände hätten auch noch aus großer Entfernung heilende Kräfte für den Patienten. Später dachte er sogar, dass eine Berührung oder ein Blick von ihm ausreichte, um Gleichgewicht und Heilung zu bringen.

Nachdem Mesmer in Wien nach der Behandlung eines begabten blinden Mädchens in Ungnade gefallen war, zog er 1777 nach Paris. Er behandelte reiche Damen, u. a. Marie Antoinette. Er führte in einem gesonderten Zimmer unter sanfter Musik Gruppenbehandlungen durch: Die Patienten saßen dort und hielten Eisenstäbe fest. Mesmer schritt in einem Purpur-Gewand durchs Zimmer und berührte die Patienten sanft. Dies sorgte für Geschrei, Zuckungen und Ohnmachtsanfälle. Zahlreiche Patienten behaupteten, sie seien so geheilt worden. Nachdem eine Kommission des Königs (zu der auch der damalige amerikanische Botschafter Benjamin Franklin gehörte) zu dem Schluss kam, dass jeglicher Effekt nur in der Phantasie des Patienten stattfand, wurde Mesmer erneut vom medizinischen Establishment verstoßen.

Wenngleich umstritten, so lebten Mesmers Ideen doch weiter. Im 19. Jhd. wurden sie verfeinert. Daraus entwickelten sich Hypnotismus und neue Theorien des Unbewussten, die den Weg für Freuds **Psychoanalyse** freimachten.

SIEHE AUCH Physiognomie (1775), Die Phrenologie erobert Amerika (1832), Psychoanalyse (1899)

Auf diesem Kirlianfoto sind die elektrischen Randentladungen eines Zeigefingers zu sehen.

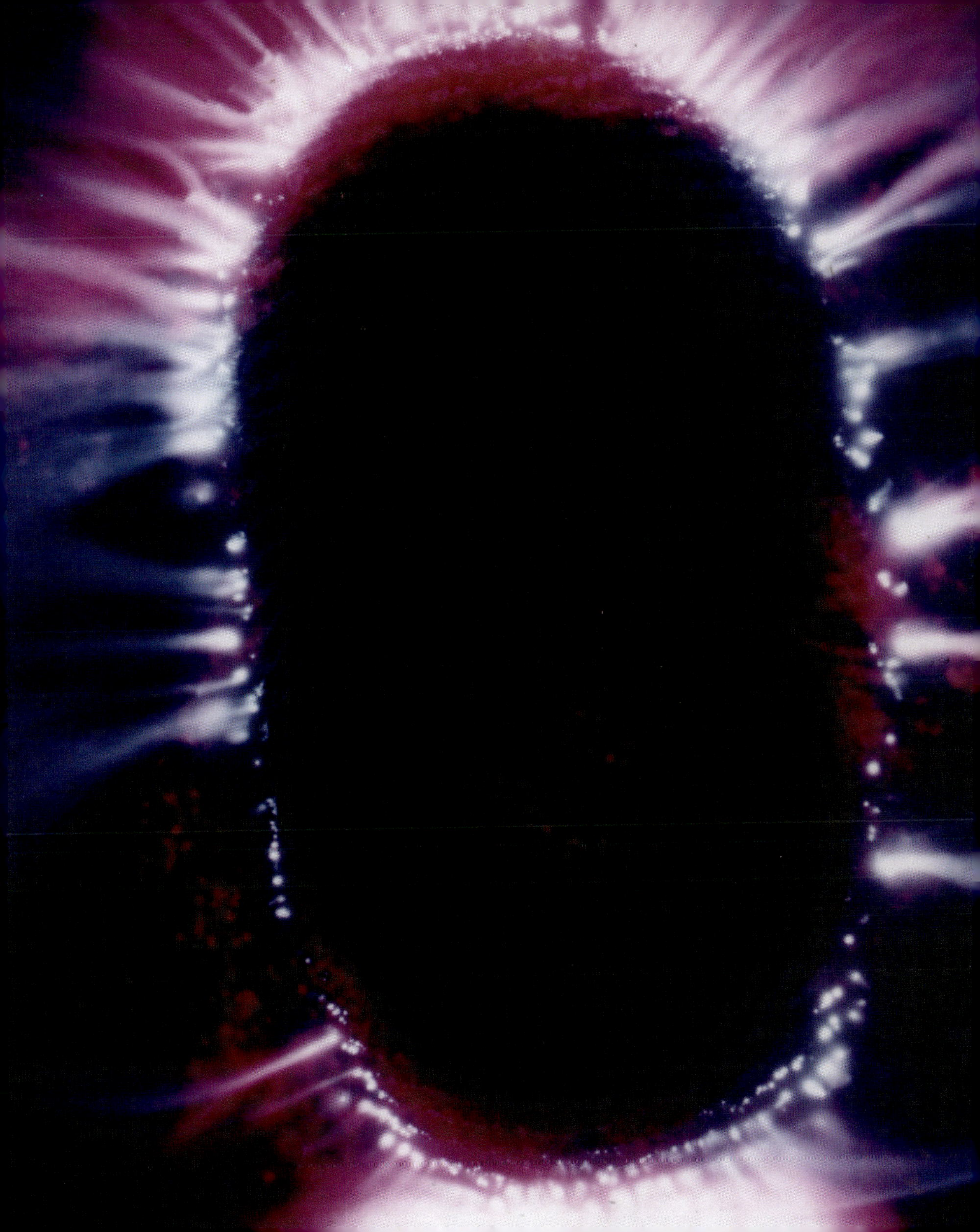

1775

Physiognomie

Johann Kaspar Lavater (1741-1801)

Physiognomie zählt zu den vielen Versuchen, „den Körper zu lesen", um sich selbst oder andere zu begreifen. Nachdem die Wissenschaft im Westen immer mehr natürliche Phänomene erklären konnte, ging das Vertrauen in nichtwissenschaftliche Praktiken zurück. Ganz verschwand es jedoch nicht. Wer keinen Zugang zu Unterricht oder Wissenschaft hatte, dem blieben diese Praktiken als eine Möglichkeit, die Welt zu erklären. Das geschah auch während der Industriellen Revolution, als sich das ländliche Dorfleben in ein Großstadtleben mit Fabrikarbeit veränderte.

Die Physiognomie ist ein uraltes System, um den menschlichen Charakter zu begreifen. Sie wurde gegen Ende des 18. Jhd. vom Schweizer Prediger Johann Kaspar Lavater aufgefrischt und populär gemacht. Er schuf ein System, das das äußere Erscheinungsbild mit Charaktereigenschaften verband. Lavater veröffentlichte sein physiognomisches System in vier reich illustrierten Bänden (1775-1778), die über ein Jahrhundert lang aufgelegt wurden. Jeder konnte die Illustrationen heranziehen, um das sein eigenes Wesen und seine Gefühle zu ergründen. Später wurden diese Aspekte als „Persönlichkeit" und „Intelligenz" bezeichnet.

Laut Lavater konnten Menschen mit seinem System nicht nur sich selbst verstehen, sondern auch ihre Mitmenschen. Dies förderte den Umgang miteinander. Da die Physiognomie auf das Innere ausgerichtet war, kam ihr die Rolle einer Alltags-Psychologie zu. Dies bereitete die Gesellschaft auf die wissenschaftliche Psychologie vor.

Physiognomie sprach Menschen aller Schichten an – von Immanuel Kant über die Schriftstellerin Jane Austin bis hin zur breiten Masse der Analphabeten. Für Romanschreiber diente die physiognomische Sprache als Stütze zur Erklärung ihrer Figuren. Zwar wurden Physiognomie und Phrenologie direkt zur Beweisführung verwendet, dass bestimmte ethnische Gruppen anderen überlegen seien. Zugleich schufen sie auch die psychologische Sprache, mit der das eigene Befinden sowie die Gefühle, Parallelen und Unterschiede zu anderen in Worte gefasst werden konnte.

SIEHE AUCH Handlesen (5000 v.Chr.), Die Phrenologie erobert Amerika (1832), Körperbautypen (1925)

LINKS: *Radierung von Johann Kaspar Lavater.* RECHTS: *Schattenriss-Methode aus Lavaters* Von der Physiognomik *(1789). Der Schattenriss war eine Möglichkeit zur Untersuchung der Gesichtszüge, die für die Bestimmung des physiognomischen Charakters eine entscheidende Rolle spielten.*

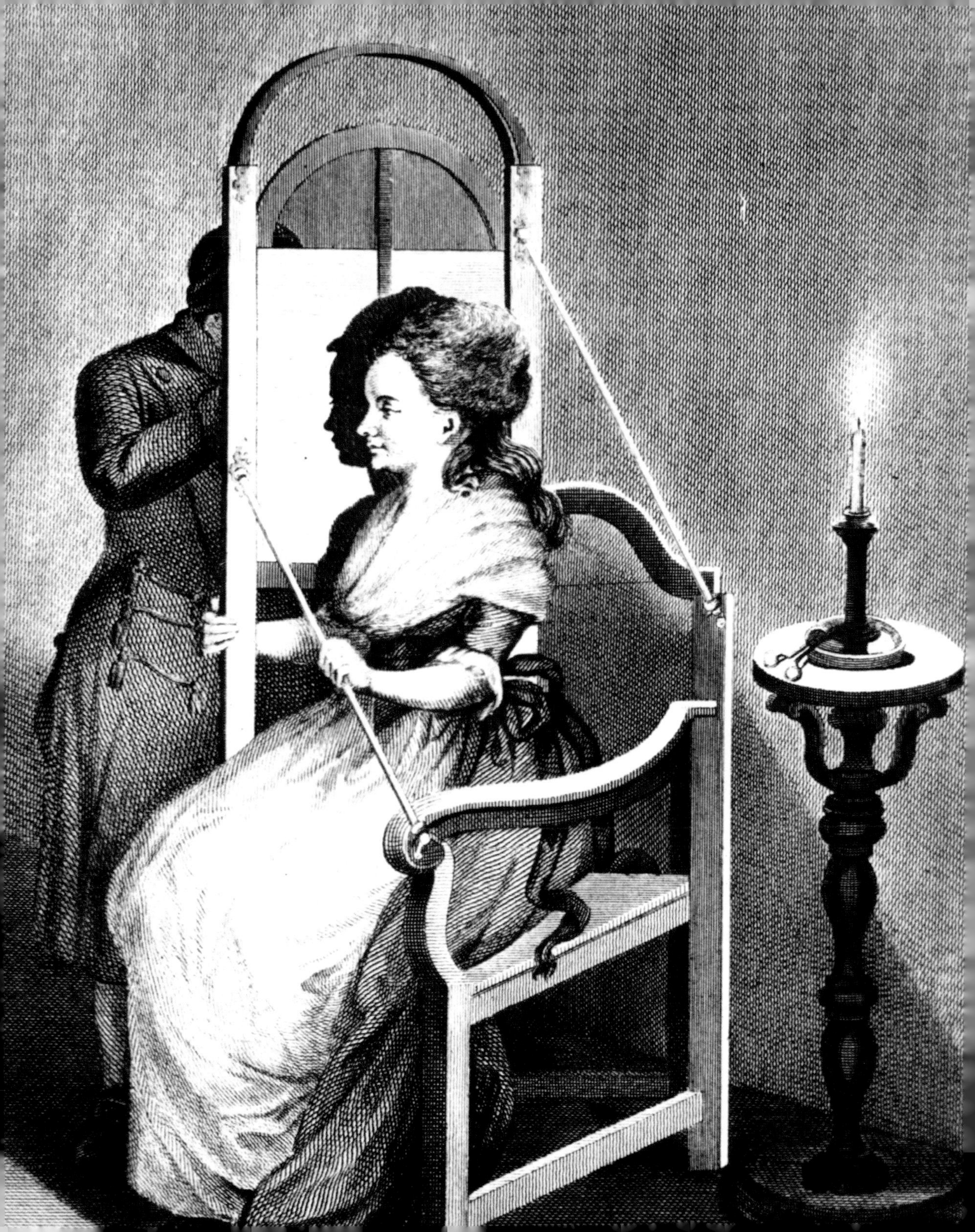

1781

Ist die Psychologie eine Naturwissenschaft?

Immanuel Kant (1724-1804)

Wenngleich er sein ganzes Leben in der ostpreußischen Stadt Königsberg (dem heutigen Kaliningrad) verbracht hat, wird Immanuel Kant gern als der bedeutendste Vertreter der abendländischen Philosophie betrachtet. Kant stellte die Psychologie mit seiner These, dass der Geist nicht in gleicher Weise wie andere Themen durch wissenschaftliche Studien erschlossen werden konnte, vor eine große Herausforderung.

Kants These provozierte Wissenschaftler, die den Geist experimentell erforschen wollten. Sie mussten sich mit Kants Theorie, wie wir die Welt erkennen, auseinandersetzten. In seiner *Kritik der reinen Vernunft* (1781) teilt Kant die Wirklichkeit in zwei getrennte Bereiche ein: Die Welt der Ideen und die Welt der Phänomene. Die erste ist extern und besteht aus Objekten in reinem Zustand – die Dinge an sich -, die unabhängig von menschlicher Erfahrung existieren. Wenn unser Geist sie wahrnimmt, werden sie zu Phänomenen transformiert, die unser Geist für uns kategorisiert.

Das ist der Kern von Kants Herausforderung: Seine Position impliziert einen aktiven und keinen passiven Geist. Der Geist verwendet bei der Strukturierung unserer Erfahrung zwölf a priori-Regeln, um die Phänomene zu organisieren. Nicht, weil die Welt auch so organisiert ist, sondern weil der Geist auf diese Weise funktioniert, um die Erfahrung der Welt zu strukturieren.

Warum schließt dieser Standpunkt eine psychologische Naturwissenschaft aus? Weil, so Kant, mentale Prozesse zwar eine zeitliche, aber keine räumliche Dimension haben – die Funktionsweise des Geistes kann nämlich nicht mathematisch ausgedrückt werden. Und weil Mathematik ein Merkmal der echten Naturwissenschaft ist, kann Psychologie nicht in diese Kategorie fallen. Psychologie kann nur eine historische und beschreibende Disziplin sein. Vor dem Ende des 19. Jhd. nahmen Wissenschaftler Kants Herausforderung an: Sie glaubten, dass sie eine Methode gefunden hatten, um den Geist in Aktion auf experimentelle Weise zu messen.

SIEHE AUCH Wahrnehmbarkeitsschwelle (1834), Sinnesphysiologie (1867), Mentale Chronometrie (1879)

Statue von Immanuel Kant, in Kaliningrad/Russland.

KANT

1788

Moralische Behandlung

William Tuke (1732-1822), **Philippe Pinel** (1745-1826), **Vincenzo Chiarugi** (1759-1820)

Während der Aufklärung veränderten sich Menschen in Europa in logisch denkende Wesen. Geisteskrankheit war nun Folge des Verlusts der Vernunft und nicht länger ein Ungleichgewicht der Körpersäfte. Auch deren Behandlung änderte sich grundlegend: An Stelle von Aderlass und Purgieren wurde nun versucht, dem Patienten seine Vernunft zurückzugeben. Man nannte dies die „moralische Behandlung".

1788 begann der Arzt Vincenzo Chiarugi in Italien mit einer neuen Methode. Anstatt mit Ketten und Gewalt beruhigte er seine Patienten mit Valium. Der französische Arzt Philippe Pinel wurde 1792 Direktor des Bicêtre Hospitals in Paris. Dort entwickelte er anhand der Ideen der Aufklärung neue, humane Behandlungsmethoden. Er war davon überzeugt, den Verstand damit heilen zu können. Die Patienten wurden aus ihren Ketten befreit und mit Respekt und Würde erfolgreich behandelt.

Gleichzeitig eröffneten englische Quäker das York Retreat. Sie waren besorgt über die Behandlung ihrer Mitglieder, die an mentalen Störungen litten. Unter Leitung von William Tuke wurde die Einrichtung aus der Idee heraus geleitet, dass Geisteskrankheiten mit der richtigen Behandlung geheilt werden konnten. Das Personal war wohlwollend und bot den Patienten persönliche Pflege und die Gelegenheit, nützliche Aufgaben zur Wiedererlangung ihrer Gesundheit zu verrichten.

In Amerika begannen die „Irrenärzte" (die Vorläufer von Psychiatern) auch mit moralischer Behandlung und neuen Einschränkungsformen – z. B. dem Gitterbett, in dem der Patient in seiner Bewegungsfreiheit eingeschränkt war und still liegen bleiben musste. Der Patient sollte damit beruhigt werden und wieder zu Verstand kommen.

In den Jahren um 1830 galt die moralische Behandlung in den meisten amerikanischen Einrichtungen als Standardheilmethode. Solange der Patientenkreis klein blieb, konnten damit Erfolge verbucht werden. Im 19. Jhd. kamen immer mehr Patienten. Gleichzeitig nahm die finanzielle und gesellschaftliche Unterstützung ab. Am Ende des 19. Jhd. sahen die meisten Einrichtungen aus wie „Lagerhallen für Irre".

SIEHE AUCH Bedlam (1357), Antipsychotika (1952)

Seite aus An Inquiry into the Effects of Ardent Spirits upon the Human Body and Mind *(1812) von Benjamin Rush. Rush war einer der Unterzeichner des Unabhängigkeitsvertrags und ein Pionier der moralischen Behandlung in den USA.*

A MORAL AND PHYSICAL THERMOMETER.

A scale of the progress of Temperance and Intemperance.—Liquors with effects in their usual order.

TEMPERANCE.

70	*Water,*	Health and Wealth.
60	*Milk and Water,*	Serenity of Mind, Reputation, Long Life, and Happiness.
50	*Small Beer,*	
40	*Cider and Perry,*	Cheerfulness, Strength, and Nourishment, when taken only in small quantities, and at meals.
30	*Wine,*	
20	*Porter,*	
10	*Strong Beer,*	
0		

INTEMPERANCE.

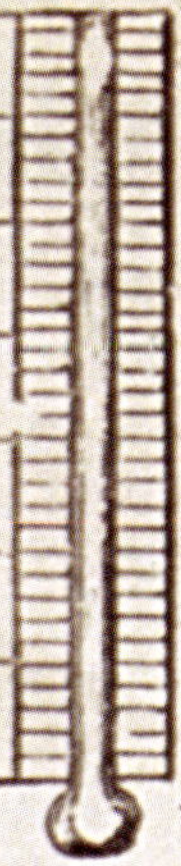

		VICES.	DISEASES.	PUNISHMENTS.
0				
10	*Punch,*	Idleness,	Sickness,	Debt.
20	*Toddy and Egg Rum,*	Gaming, Peevishness, Quarrelling,	Tremors of the hands in the morning, puking, bloatedness,	Jail.
30	*Grog—Brandy and Water,*	Fighting, Horse Racing,	Inflamed eyes, red nose and face,	Black Eyes, and Rags.
40	*Flip and Shrub,*	Lying and Swearing,	Sore and swelled legs, jaundice,	Hospital or Poor House.
50	*Bitters infused in Spirits and Cordials.*	Stealing and Swindling,	Pains in the hands, burning in the hands, and feet,	Bridewell.
60	*Drams of Gin, Brandy, and Rum, in the morning,*	Perjury,	Dropsy, Epilepsy,	State Prison.
70	*The same morning and evening,*	Burglary,	Melancholy, palsy, appoplexy	do. for Life.
	The same during day and night,	Murder,	Madness, Depair,	GALLOWS.

1801

Victor von Aveyron

Jean-Marc-Gaspard Itard (1774-1838)

An einem kalten Januartag des Jahres 1800 erschien ein nackter Junge bibbernd auf einem Bauernhof in Südfrankreich. Er war vielleicht 12 Jahre alt, konnte aber nicht sprechen, wusste sich nicht zu benehmen und erkannte sein eigenes Spiegelbild nicht. Schnell war klar, dass er viele Jahre allein im Wald gelebt haben musste, vermutlich ab seinem 5. Lebensjahr. Man nannte das verwilderte Kind Victor. Schnell wurde es zum Studienobjekt, an dem das Wesen des „Edlen Wilden" und die Rolle der Erziehung im Zivilisationsprozess erforschen ließ.

Victor wurde zu Experten nach Paris gebracht. Einer von ihnen bezeichnete ihn als „geborenen Idioten". Dann nahm sich der Arzt Jean-Marc-Gaspard Itard des Jungen an. Itard war Direktor des Nationalen Instituts für Taubstumme und zweifelte die gestellte Diagnose an. Er glaubte, dass Victors Benehmen einen sozialen Hintergrund hatte und mit entsprechender Sozialisierung und Erziehung verändert werden konnte. Victor wurde somit ein Test für das, was Erziehung vermag.

Itard und sein Assistent bemühten sich fünf Jahre lang, Victor das Sprechen und zivilisierte Sitten beizubringen. Er lernte, zubereitete Mahlzeiten zu essen, sich ordentlich zu kleiden und sich zu waschen. Sprechen hat er nie gelernt. Itard hatte entdeckt, was später im Experiment nachgewiesen wurde: Es gibt eine kritische Periode für das Erlernen von Sprache. Sobald sie ungenutzt verstreicht, wird es sehr schwierig, der Sprache mächtig zu werden.

Konzeptuell standen Itard und Victor vor einer neuen Herangehensweise zur Erforschung der menschlichen Entwicklung. Itard schrieb 1801 und 1806 zwei Berichte über Victor. Wenngleich er zugeben musste, dass sein Versuch, Victor zu unterrichten, fehlgeschlagen war, wurden seine systematischen Methoden vom französischen Bildungsminister unterstützt. Er pries Itards Berichte als neuen wissenschaftlichen Ansatz, mit dem sich die kindliche Entwicklung erforschen und nützliche Hinweise auf deren positive Beeinflussung gewinnen lasse.

SIEHE AUCH Rousseaus Edler Wilder (1762), Kindergarten (1840), Casa dei Bambini (1907)

Eine Bronzeskulptur aus dem 13. Jhd. der Kapitolinischen Wölfin, die die Zwillinge und Gründer Roms, Romulus und Remus, säugt.

IN CAPITOLIO P

1811

Das Bell-Magendie-Gesetz

Charles Bell (1774-1842), **François Magendie** (1783-1855)

Kann menschliche Intelligenz in naturgesetzlichen Begriffen erfasst werden anstatt sie als Folge göttlichen Einflusses zu interpretieren? Diese Frage beschäftigte viele Gelehrte des 19. Jhd. In jener Zeit war das Experiment die gängige Methode zur Wahrheitsfindung. Das Labor war der Ort, an dem diese Wahrheit entdeckt wurde.

Der Unterschied zwischen sensorischen und motorischen Nerven wurde 1811 vom schottischen Anatom Charles Bell entdeckt und 1822 vom französischen Physiologen François Magendie bestätigt. Damit konnten die psychologischen Implikationen von Nervensystemfunktionen experimentell erforscht werden. Bell und Magendie wiesen darauf hin, dass jeder Sinnesnerv für eine Sinnesmodalität wie Sehen, Hören oder Fühlen steht. Der deutsche Physiologe Johannes Müller bezog sich auf das Bell-Magendie-Gesetz, um sein Gesetz der spezifischen Sinnesenergien zu formulieren. Forscher, die mit diesem Konzept arbeiteten, konnten anhand eines mechanistischen Modells die Funktionsweise des menschlichen Nervensystems ausarbeiten und die Rolle erforschen, die sie in unserem Denken und Handeln spielt.

Die wissenschaftlichen Implikationen des experimentellen Unterschieds zwischen zwei Nerventypen finden sich in den Reflexstudien. Der englische Physiologe Marshall Hall nutzte die Unterscheidung zwischen sensorischen und motorischen Nerven, um eine spezifische Verbindung zwischen lokalen Nervenbewegungen und Verhalten nachzuweisen. Dazu zog er Reflexe heran, die mit höheren mentalen Prozessen nichts zu tun haben. Das stellte die mentalistischen Konzepte vom menschlichen Verhalten infrage. Gemäßg dieser Auffassungen, die auch Descartes teilte, waren Gehirn und Seele das Gleiche. Experimente waren also überflüssig, da menschliches Verhalten von der Seele aus gesteuert würde. Halls Forschung implizierte, dass zumindest einige Verhaltensaspekte an Reize und Reaktionen auf physiologischer Ebene gebunden waren. Damit konnten die Experimente durchaus Zusammenhänge zwischen Gehirnfunktion und Verhalten verdeutlichen.

SIEHE AUCH Lokalisierung der Gehirnfunktionen (1861), Sinnesphysiologie (1867)

Diese Zeichnung aus Sir Charles Bells Über die Arterien *zeigt „die häufigste und regelrechte Verteilung der Verzweigungen der Halsschlagader".*

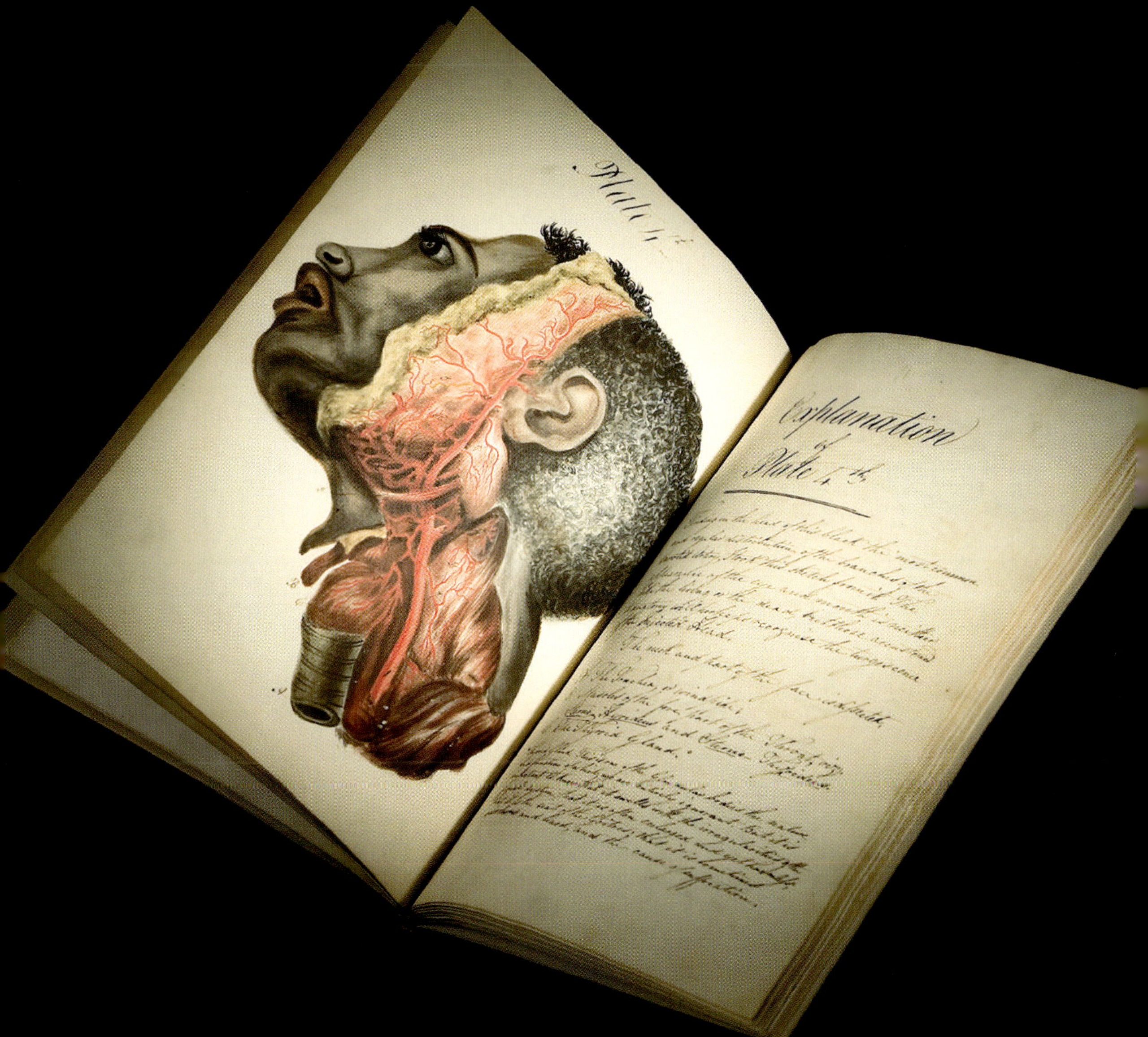
Plate 1st
Explanation of Plate 1st

1832

Die Phrenologie erobert Amerika

Franz Joseph Gall (1758-1828), **Johann Spurzheim** (1776-1832), **Orson Fowler** (1809-1887), **Lorenzo Fowler** (1811-1896), **Samuel Wells** (1820-1875)

Der Wiener Arzt Franz Joseph Gall entwickelte die Phrenologie, mit der die Form des Schädels mit der Gehirnstruktur in Verbindung gebracht wurden. 1832 präsentierte Galls Student Johann Spurzheim die Phrenologie in Amerika. Sie wurde dort sehr populär, weil in jener Zeit großen Wert darauf legten, an sich zu arbeiten. Die Öffentlichkeit fand, dass Persönlichkeit und Charakter nicht nur wissenschaftlich unter die Lupe genommen werden sollten, sondern dass die Umsetzung dieser Studien auch zur Weiterentwicklung der Persönlichkeit dienen sollte. Orson und Lorenzo Fowler haben die Popularität der Phrenologie in Amerika in bare Münze umgesetzt. Ende der 1830er Jahre eröffneten sie mit ihrem Schwager Samuel Wells Phrenologiekliniken in New York, Boston und Philadelphia. Dort wurden auf speziellen Wunsch phrenologische Untersuchungen an Klienten vorgenommen: Eltern erhofften sich davon, die Verhaltensprobleme ihrer Kinder in den Griff zu bekommen. Und Verlobte wollten wissen, ob. Es gab auch rundreisende Phrenologen, die Räume mieteten, um den begierigen Klienten ihre Künste vorzuführen.

Die Fowler-Brüder und andere Phrenologen boten individuelle Beratung und veröffentlichten eine Reihe, die wir heute Selbsthilfebücher nennen würden: *Phrenology and Physiology Explained and Applied to Education and Self-Improvement*, *The Phrenological Self-Instructor* und *How to Read Character: A New Illustrated Handbook of Phrenology and Physiognomy*. Es gab sogar Pläne für eine phrenologische Charakteranalyse mit einem Selbsttest an einem Gerät, in das man Münzen einwarf.

Trotz der Popularität der Phrenologie und der Bemühungen der Fowlers, sie zu legitimieren, wurde ihr wissenschaftlicher Wert stets infrage gestellt. Wohl hat die Phrenologie die Amerikaner auf die klinische Psychologie vorbereitet, mit allen Tests und Therapien, die das Leben der Menschen und den Umgang miteinander verbessern sollten.

SIEHE AUCH Handlesen (5000 v.Chr.), Physiognomie (1775), Lokalisierung der Gehirnfunktionen (1861), Eugenetik und Intelligenz (1912)

OBEN: *Ausgabe des* American Phrenological Journal *aus dem Jahr 1848, Herausgeber Fowlers & Wells, New York.*
RECHTS: Der rundreisende Phrenologe in den White Mountains – *„Ja, Fräulein, sie haben einen bemerkenswerten Kopf". Holzradierung nach einer Skizze von Joseph Becker (1882).*

1834

Wahrnehmbarkeitsschwelle

Ernst Weber (1795-1878), **Gustav Fechner** (1801-1878)

Viele Gelehrte des 18. und 19. Jhd. dachten, es sei unmöglich, den Geist wissenschaftlich zu erforschen. Der Grund: Die mentalen Prozesse konnten nicht in mathematischen Begriffen ausgedrückt werden. 1834 unternahm der deutsche Physiologe Ernst Weber eine Studie zum Tastsinn. Sie führte ihn zu der Frage, inwieweit der Mensch in der Lage ist, Unterschiede in Sinneseindrücken zu erkennen. Er schlussfolgerte anhand der Erfassung von Variationen in Gewicht und Temperatur, dass solche Unterschiede mathematisch umschrieben werden konnten. Er entdeckte, dass das zweite Vergleichsgewicht zwar proportional, aber nicht absolut, schwerer sein musste als das Original, wenn es vom ersten Gewicht unterscheidbar sein sollte. Die für einen spürbaren Unterschied erforderliche Menge musste für alle Sinne in einem bestimmten Verhältnis zum ursprünglichen Reiz stehen. Weber berechnete dieses Verhältnis und präsentierte die so genannte Diferentielle Wahrnehmbarkeitsschwelle bzw. den eben noch bemerkbaren Unterschied JND („Just-Noticeable Difference"). Die Wahrnehmbarkeitsschwelle für die Differenz in Gewicht war stets eine Menge, die einem 30-stel des schweren Gewichts entsprach.

1850 wies der deutsche Philosoph Gustav Fechner in einem Experiment die gesetzmäßige Beziehung zwischen der physischen und psychischen Welt nach. Seine experimentelle Herangehensweise an dieses Thema wurde als Psychophysik bekannt. Aufbauend auf Webers Idee und der JND stellte Fechner die These auf, dass die JND bei jedem Sinn ein konstanter Bruchteil sein musste, der als Messeinheit für die subjektiv erfahrene Intensität des Reizes verwendet werden konnte. Fechner ging von der niedrigsten Reizintensität aus und zeichnete dann jede darauffolgende JND auf. Dadurch entdeckte er ein mathematisches Gesetz, mit dem er die Beziehung zwischen der physischen Welt und unserer subjektiven Wahrnehmung dieser Welt beschreiben und voraussagen konnte. Weber und Fechner bewiesen, dass psychologische Phänomene quantitativ beschrieben werden können.

SIEHE AUCH Sinnesphysiologie (1867), Experimentelle Psychologie (1874), Mentale Chronometrie (1879)

Die Forschung von Gustav Fechner (oben) bewies, dass die JND als logarithmische und nicht lineare Funktion dargestellt wird – wie in dieser Abbildung aus Gustav Theodor Fechner *von Johannes Emil Kuntze zu sehen ist (1892).*

1835

Moralischer Wahnsinn (Psychopathie)

Philippe Pinel (1745-1826), **James C. Prichard** (1786-1848), **Hervey Cleckley** (1903-1984), **Robert Hare** (geb. 1934)

In den 1790er Jahren beschrieb der bekannte französische Arzt Philippe Pinel eine ungewöhnliche Sorte Patienten, denen er ab und zu im Pariser Hôpital de la Salpêtrière begegnete. Sie zeigten abweichendes Verhalten, jedoch keine Anzeichen von intellektueller Beschränktheit. Diese Männer waren weder psychotisch noch schizophren. 1835 erfand der englische Psychiater James Prichard dafür den Begriff „moralischer Wahnsinn". Auch er sah, dass die Männer keine kognitiven Schwächen hatten und nicht an Wahnbildern litten. Ihr Wahnsinn drückte sich einzig in ihrem Verhalten aus. Sie schienen gleichgültig gegenüber normalen Gefühlen und den Konventionen der Gesellschaft zu sein.

In der Mitte des 20. Jhd. bezeichnete der amerikanische Psychiater Hervey Cleckley diesen Zustand als „Psychopathie". Sein Buch *The Mask of Sanity* (1941) bietet faszinierende, schauerliche Berichte über Männer, die sehr charmant und gleichzeitig gewissenlos und unmoralisch sind. Der Psychopath trägt eine „Maske geistiger Gesundheit" und gibt sich normal, zuvorkommend und herzlich. Sein Verhalten kann jedoch völlig destruktiv sein. Das Buch feuerte die allgemeine Phantasie an. Das Phänomen der Psychopathie war Inspiration für Filme wie *Wenn der Postmann zweimal klingelt*, *Psycho* und *Das Schweigen der Lämmer*.

Der kanadische Psychologe Robert Hare entwickelte zu Diagnosezwecken eine Checkliste für Psychopathie (1980). Zu den 20 Punkten der Liste gehören Promiskuität, Impulsivität, Unfähigkeit zu Reue, oberflächlicher Charme, pathologisches Lügen und die Weigerung, Verantwortung für die eigenen Taten zu übernehmen.

Die Störung wird in der offiziellen Klassifizierung der American Psychiatric Association – dem Handbuch *Diagnostic and Statistical Manual of Mental Disorders* (DSM) – als „antisoziale Persönlichkeitsstörung" bezeichnet. Sie umfasst Hinterhältigkeit, Aggressivität, Unfähigkeit zu Reue und Treue sowie Gleichgültigkeit gegenüber den Rechten anderer Menschen. Die Diagnose „Psychopathie" hat sich als bestes Vorhersagemittel für vorsätzliche Gewalt gegenüber Dritten bewährt.

SIEHE AUCH Bedlam (1357), Schizophrenie (1908), Amerikanische Klassifizierung psychischer Störungen (1918)

Abbildung aus Albert Molls Handbook of Sexology *(1921) eines der berüchtigtsten Psychopaten der Geschichte: Graf Gilles de Montmorency-Laval, Baron de Rais, einem Serienkindermörder, der 1440 aufgehängt wurde.*

1838

Münchhausen-Syndrom

Hector Gavin (1815-1855), **Richard Asher** (1912-1969)

Ein gut gekleideter junger Mann erscheint in der Notaufnahme des Klinikums einer großen Stadt. Er klagt über heftige Magenbeschwerden. Untersuchungen ergeben, dass er eine giftige Substanz im Magen hat. Im Krankenhaus erzählt er den Schwestern und anderen Patienten ausführlich über frühere Krankheiten. Eine der Schwestern erkennt den Mann aus einem anderen Krankenhaus. Es stellt sich heraus, dass er sich selbst vergiftet hat. Dies ist nicht das erste Mal, dass er mit selbst verursachten Problemen vorstellig wird. Er leidet am Münchhausen-Syndrom, einer Störung die nach Hieronymus Carl Friedrich Freiherr von Münchhausen benannt ist: Der deutsche Kavallerie-Offizier war dafür bekannt, dass er seine militärischen Abenteuer und Heldentaten in schönster Übertreibung zum Besten gab. Der schottische Arzt Hector Gavin, der später für seine Arbeit zur Förderung der Volksgesundheit berühmt wurde, beschrieb 1838 als erster die Symptome dieser Störung. Der britische Arzt Richard Asher gab ihr 1951 ihren heutigen Namen.

Das Münchhausen-Syndrom zeigt Ähnlichkeiten mit den Konversionsstörungen. Die Patienten verfügen meistens über umfassendes medizinisches Wissen, haben häufig in einem Krankenhaus gearbeitet und sind oft schon lange in therapeutischer Behandlung bei verschiedenen Ärzten gewesen. Um nicht erkannt zu werden, suchen sie unterschiedliche Krankenhäuser auf. Menschen mit dieser Störung treibt ein Verlangen nach Aufmerksamkeit von Medizinern und allen damit verbundenen Vorteilen: spezielle Pflege und viel Rücksichtnahme. Im Gegensatz zu jenen, die an Hypochondrie oder anderen somatoformen Störungen leiden, führen Münchhausen-Patienten ihre somatischen Symptome bewusst und zielgerichtet herbei.

Eine gefährliche Variante ist das Münchhausen-Stellvertreter-Syndrom, bei dem der Patient (in den meisten Fällen eine Betreuungsperson) eine Störung bei einer anderen Person auslöst. Ein Elternteil kann beispielsweise einem Kind ein Medikament oder etwas Ansteckendes verabreichen und dann Hilfe rufen. In manchen Fällen kann ein Elternteil Symptome einer psychischen Störung bei einem Kind verursachen. Tatsächlich sucht dieser Elternteil Aufmerksamkeit für sich selbst und nicht für die vermeintlich kranke Person.

SIEHE AUCH Amerikanische Klassifizierung psychischer Störungen (1918), Psychosomatik (1939)

Baron von Münchhausens Kanonenritt, *gemalt von August von Wille (1872).*

1840

Kindergarten

Friedrich W.A. Fröbel (1782-1852)

Am Kind orientierte Unterrichtsideale haben ihren Ursprung in den Schriften des Philosophen Jean-Jacques Rousseau (18. Jhd.). Ihnen liegt die Idee zu Grunde, dass Kinder über einen angeborenen Impuls verfügen, der sie von selbst zum Lernen drängt führt. Die Rolle der Lehrkräfte sei die eines Gärtners: nämlich Kinder so zu hüten, dass das Wachstum auf natürliche Weise stattfinden kann. Der *Kindergarten* war eine Erfindung von Fröbel. Er hat diesen Begriff maßgeblich geprägt.

Fröbel war ein einsames Kind. Seine Mutter starb als er noch klein war, sein Vater war ein vielbeschäftigter evangelisch-lutherischer Pfarrer. Fröbel entwickelte schon früh seine Liebe zur Natur und glaubte, dass die Natur die Einheit und gegenseitige Verbundenheit aller Dinge ausdrückte.

Als junger Mann entschied sich Fröbel, sein Leben dem Unterricht zu widmen. Unter Einfluss des Schweizer Pädagogen Johann Pestalozzi wollte er Umstände schaffen, in denen Kinder spielen, singen, forschen und anhand von Aktivitäten lernen konnten.

1837 eröffnete Fröbel mit zwei Freunden eine „Pflege-, Spiel- und Beschäftigungsanstalt" im Teilstaat Thüringen. Ab 1840 nannte er sie „Kindergarten". Um die Kinder zu ermuntern, kreierte er eine Reihe von Spielzeugen bzw. „Geschenken", die seine Philosophie widerspiegelten. Eines davon war ein Ball, der die Einheit der Natur und die Vollkommenheit des Menschen symbolisierte. Es gab auch geometrische Klötze mit Mustern, die den Kindern die Beziehung zwischen dem Ganzen und seinen Teilen beibringen sollten. Mit diesen Aktivitäten und Materialien wollte Fröbel die Schule zu einem Ort machen, an dem ein Kind sich bei natürlich verlaufendem Unterricht entwickeln konnte.

Seltsamerweise war der Kindergarten in Deutschland weniger erfolgreich als in anderen Teilen der Welt. Gegen Ende des 19. Jhd. jedoch standen diese Vorschulen in vielen Ländern in voller Blüte.

SIEHE AUCH Rousseaus Edler Wilder (1762), Casa dei Bambini (1907)

Drei lesende Mädchen, *Öl auf Leinwand, des deutschen Malers Walter Firle* (1859-1929).

1843

Können Maschinen denken?

Charles Babbage (1791-1871), **Gräfin Ada Lovelace** (1815-1852)

1747 sorgte der französische Arzt und Philosoph Julien Offray de La Mettrie mit seinem Buch ***L'homme machine*** (*Der Mensch als Maschine*) für Aufsehen. Etwa ein Jahrhundert später entwarf der Brite Charles Babbage eine mechanische Rechenmaschine, die er „Analytical Engine" nannte. Damit legte er den Grundstein für die Beschäftigung mit Kognition, computern und künstlicher Intelligenz Mitte des 20. Jhd.

Babbage hoffte, mit den Maschinen das menschliche Rechenvermögen zu verbessern. Sein erstes Gerät, die „Difference Engine", musste automatisch mathematische Tabellen erstellen und gemäß der Methoden der finiten Differenzen ausdrucken. Später entwarf Babbage eine komplexe Maschine, die allgemeine Berechnungen anstellte. Dies machte ihn zu einem Pionier der Computerentwicklung. Die Analytical Engine verwendete Lochkarten zum Antrieb einer mechanischen Rechenmaschine, die wiederum den Input von früheren Berechnungen verwenden konnte. Babbage experimentierte damit bis zu seinem Tod.

Ada Lovelace war die Tochter des Dichters Lord Byron. Sie war eine begnadete Mathematikerin und mit Babbage befreundet. Ihr wichtigster Beitrag zum modernen Computer waren die Aufzeichnungen einer Lesung des italienischen Ingenieurs Luigi Menabrea über die Analytical Engine. Lovelace veröffentliche sie 1843 und untersuchte das Potenzial der Maschine. Nicht nur für die Verarbeitung von Zahlen, sondern für alles, was in abstrakter Form wiedergegeben werden konnte (u. a. Tonhöhen). Sie nahm an, dass die Maschine auch umfangreiche Musikstücke komponieren könnte. Zu echter Kreativität, meinte sie, waren die Maschinen jedoch nicht in der Lage. Sie konnten lediglich Programme ausführen. Dies wurde als „der Einwand der Lady Lovelace" bekannt.

Die Analytical Engine hatte bereits einige Merkmale des modernen Computers: Programmierbarkeit, Speicherkapazität und einen zentralen Prozessor. Babbages Maschine wurde nie fertiggestellt. Dennoch war sie der Vorläufer des modernen Computers und diente auch späteren Wissenschaftlern als Inspirationsquelle. Andere Aspekte boten die Grundlage für die moderne Kognitionswissenschaft und für Studien zu künstlicher Intelligenz.

SIEHE AUCH Turingmaschine (1937), Kybernetik (1943), Der Logic Theorist (1956)

Porträt von Gräfin Ada Lovelace *(1836) von Margaret Sarah Carpenter, Öl auf Leinwand.*

1848

Der seltsame Fall des Phineas Gage

Phineas Gage (1823-1860)

Bei Sprengarbeiten zur Erweiterung des amerikanischen Eisenbahnnetzes brachte eine nicht ganz gelungene Explosion neue Erkenntnisse über den Zusammenhang zwischen dem Gehirn eines individuellen Menschen und seiner Persönlichkeit. 1848 war ein Vorarbeiter der Rutland & Burlington Railraod, Phineas Cage, mit der Verlegung von Gleisen in der Nähe von Cavendisch/Vermont beschäftigt. Beim Hantieren mit Dynamit schlug eine Eisenstange Funken und löste eine unkontrollierte Explosion aus. Die einen Meter lange Stange durchbohrte Gages Schädel und fiel 30 Meter weiter zu Boden. Die Stange bohrte sich durch die Stirn und zerstörte große Teile des Frontalhirns. Von dort aus werden Verhalten, motorische Fähigkeiten und Problemlösungen gesteuert. Gage erblindete am linken Auge.

Trotz der ernsten Verletzungen überlebte Gage den Unfall. Er verlor nicht sofort das Bewusstsein und konnte noch die Treppe hoch zu seinem Hotelzimmer laufen. Nachdem die Wunde gereinigt war, sagte er, er werde wohl in einigen Tagen wieder arbeiten können. Da sein Zustand sich allmählich verschlechterte, blieb er dann doch im Bett. Nachdem er zu Hause in New Hampshire wieder gesund geworden war, versuchte er vergeblich seinen alten Job zurückzubekommen. Er arbeitete eine Zeit lang als Stallknecht und lebte anschließend acht Jahre in Chile. Gage entwickelte Epilepsie und kehrte todkrank in seine Heimat zurück.

Gage bekam seinen alten Job nicht mehr zurück, weil seine Persönlichkeit sich verändert hatte. Als Vorarbeiter war er besonnen, zuverlässig und ausgeglichen. Nach dem Unfall galt er als impulsiv, kindisch und jähzornig. Auch seine Intelligenz war deutlich gemindert. Die Folgen von Gages Unfall waren die ersten unumstößlichen Anzeichen, dass es eine enge Verbindung zwischen dem Frontalhirn und der Persönlichkeit gibt.

SIEHE AUCH Lokalisierung der Gehirnfunktionen (1861), Split-Brain-Studien (1962)

OBEN: *Foto von Phineas Gage (1823-1860) mit der Eisenstange, die ihn verwundete.* RECHTS: *„Recovery from the passage of an iron bar through the head", Teil 2, S. 346, aus einer Veröffentlichung der Massachusetts Medical Society (1868).*

Fig. 1.

View of the tamping iron, and front view of the cranium, showing their *comparative* size.

Fig. 2.

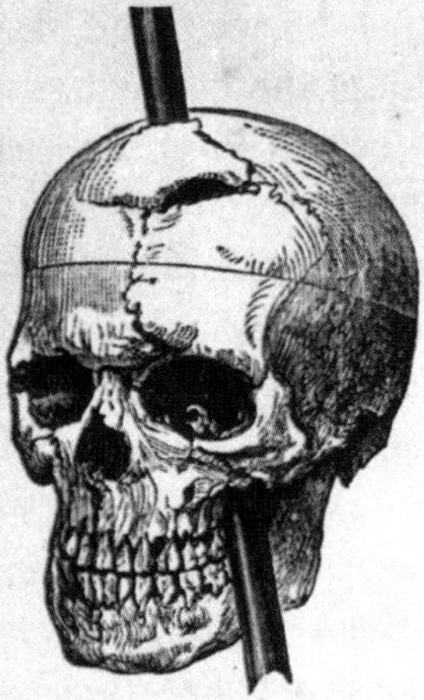

Front and lateral view of the cranium, representing the direction in which the iron traversed its cavity; the present appearance of the line of fracture, and also the large anterior fragment of the frontal bone, which was entirely detached, replaced, and partially re-united.

Fig. 3.

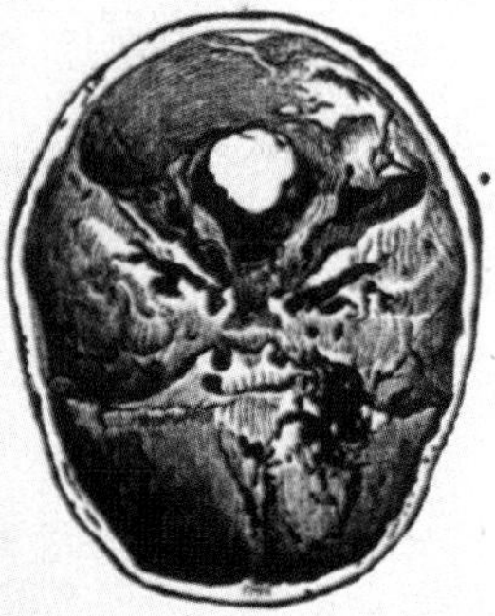

View of the base of the skull from within; the orifice caused by the passage of the iron having been partially closed by the deposit of new bone.

1851

La folie circulaire

Jean-Pierre Falret (1794-1870), **Emil Kraepelin** (1856-1926)

Es war schon seit Jahrhunderten kein Geheimnis mehr, dass Menschen extreme Stimmungsschwankungen haben können. Robert Burton beschrieb sie 1621 in *The Anatomy of Melancholy*. Der französische Arzt Jean-Pierre Falret vom Hôpital de la Salpêtrière nannte sie *La folie circulaire* („zirkuläres Irresein"). 1893 benannte der Psychiater und Vater der modernen Klassifizierungsschemen, Emil Kraepelin, das zirkuläre Irresein in „manisch-depressive Psychose" um. In der fünften Ausgabe der *Diagnostic and Statistical Manual of Mental Disorders* (DSM-5) der American Psychiatric Association wird die Krankheit als „bipolare Störung" bezeichnet.

Wie alle diese Beschreibungen vermuten lassen, umfasst die Diagnose Symptome von Depression und Manie. Ein depressiver Patient mit manischen Phasen bekommt die Diagnose „bipolare Störung". Man geht bei einer manisch-depressiven Erkrankung davon aus, dass sich diese Phasen nach dem ersten Auftreten kontinuierlich wiederholen. Unter dem Begriff Depression kann man sich noch etwas vorstellen. Was aber ist eine Manie? Die Symptome sind meist extrem und gehen mit dem Verlust der Realität oder mit einer Psychose einher. Die Stimmung ist dann himmelhochjauchzend und euphorisch. Um eine verlässliche Diagnose zu stellen, muss diese Phase mindestens eine Woche lang andauern. Eine Manie kann mit überdurchschnittlicher Reizbarkeit oder auch mit Neigungen zur Gewalt einhergehen. Hinzu kommen gelegentlich Größenwahn, eine extreme Zielstrebigkeit und Gedankenströme, die die Dimension von Sturmfluten erreichen. Das Schlafbedürfnis ist in vielen Fällen gering.

Im Laufe der Geschichte wurde Kreativität mit manischer Depressivität in Zusammenhang gebracht. Viele Musiker, Maler, Architekten und Schriftsteller litten an dieser Störung. Sie haben selbst Zeugnis darüber abgelegt, dass ihre intensivsten Momente der Kreativität in manischen Phasen auftraten. Berühmte Beispiele von manisch-depressiven Künstlern sind der Dichter Lord Byron, die Schriftstellerin Virginia Woolf, Sängerin Rosemary Clooney.

SIEHE AUCH Schizophrenie (1908), Antipsychotika (1952)

OBEN: *Foto des Dichters Charles Baudelaire (1863), der manisch-depressiv gewesen sein soll.* RECHTS: *Dieses Detail aus* Die Allegorie mit Venus und Cupido *(1546) des italienischen Malers Bronzino zeigt eine alte Frau, die sich – von Eifersucht gequält – die Haare rauft.*

Mind-Cure

Phineas P. Quimby (1802-1866)

Ende des 19. Jhd. formierte sich eine neue Selbsthilfebewegung, die unter dem Namen „New Thought" bzw. „Mind Cure" verschieene Praktiken und Vorstellungen über Gesundheit vereinte. Ihr Gründer war der Geistheiler Phineas P. Quimby, ein ehemaliger Uhrmacher und Mesmerist. 1859 ließ sich Quimby in Portland nieder, wo er über die wichtigen Verbindungen zwischen Geist, Verhalten und Gesundheit schrieb und sprach. In Quimbys System von psychischer Heilung wurde ein intensiver Kontakt mit dem Patienten hergestellt, indem der Heiler die „falschen Vorstellungen" (über die Krankheit) sichtbar machte, die die eigentliche wahre Ursache der Krankheit war. Die Behandlung bestand aus der Korrektur dieser falschen Vorstellungen. Gesundheit war eine Sache des „richtigen Denkens". Dies war eine der ersten psychologischen Therapien.

Quimbys System sprach Menschen aus allen sozialen Klassen und allen Bildungsschichten an. Mary Baker Eddy, eine ehemalige Patientin von Quimby, gründete 1866 die Christian Science. Zu Anfang des 20. Jhd. entwickelten immer mehr Menschen von Quimby beeinflusste Mind-Cure-Praktiken. Viele von ihnen hatten sich unter dem „New Thought" („Neugeist-Bewegung") zusammengefunden. Die Anziehungskraft war groß. Einige der New Thought-Bücher hatten Auflagen zwischen 600 000 und mehreren Millionen.

Der amerikanische Psychologe William James nannte die Bewegung „die Religion des gesunden Geistes". Millionen Amerikaner glaubten im Krankheitsfall an die Wichtigkeit der Verbindung zwischen Körper und Geist. Diesen Glauben verbanden viele mit spezieller Diät und Körperertüchtigung, die das körperliche und geistige Wohlbefinden fördern sollten. Ein gesunder Mensch hatte einen fitten Körper und einen ebensolchen Geist.

Im Laufe des 20. Jhd. mündete die Überzeugung der Körper-Geist-Verbindung in neue wissenschaftliche Herangehensweisen: **Psychosomatik**, Gesundheitspsychologie und Psychoneuroendokrinologie. Ebenso hielt sich das Interesse an Heilkräutern, Ernährung und körperlicher Bewegung.

SIEHE AUCH *The Principles of Psychology* (1890), Psychosomatik (1939), Biopsychosoziales Gesundheitsmodell (1977), Mind-Body Medicine (1993)

OBEN: *Lesezeichen der First Church of Divine Science in Cleveland, Anfang 20. Jhd.* RECHTS: *Mary Baker Eddy-Denkmal auf dem Friedhof Mount Auburn in Cambridge, Massachusetts. Eddy war eine Schülerin von Phineas P. Quimby. Sie arbeitete seine Prinzipien als erste Lernziele der Christian Science aus.*

AUTHOR OF SCIENCE AND HEALTH WITH

1859

Über die Entstehung der Arten

Charles Darwin (1809-1882)

Im September 1831 bewarb sich Charles Darwin bei Kapitän Robert FitzRoy von der *HMS Beagle* als naturwissenschaftlich gebildeter Begleiter für eine zwei Jahre dauernde Reise, auf der die kartographische Vermessung der Küste Südamerikas durchgeführt werden sollte. Als Forscher sammelte Darwin Proben und beschäftigte sich mit sorgfältigen Beobachtungen. Er füllte ein großes Tagebuch mit Tausenden von geologischen und zoologischen Daten. Die *Beagle* legte am 2. Oktober 1836 im englischen Falmouth an, fast fünf Jahre nachdem sie Plymouth Sound verlassen hatte. Die darauffolgenden Jahre beschäftigte sich Darwin mit der Auswertung seiner Daten und der Frage, wie Arten sich verändern. Er schöpfte aus vielen Quellen und kam zur Theorie der schrittweisen evolutionären Veränderung aufgrund natürlicher Selektion. Er teilte seine Theorie nur wenigen Freunden mit. 1858 wurde ihm bewusst, dass der britische Naturforscher Alfred Russel Wallace eine sehr ähnliche Theorie entwickelt hatte. Da Darwin durchaus an der Anerkennung seiner eigenen Arbeit interessiert war, veröffentlichte er 1859 seine Ideen in dem Buch *On the Origin of Species* (*Über die Entstehung der Arten*).

Wenngleich er fast alle seine Beispiele auf Beobachtungen an Tieren gründete, bezog Darwin auch den Menschen und dessen geistiges Leben in seine Betrachtungen mit ein. Er leistete vier wichtige Beiträge zur Entwicklung der Psychologie. Er bewies, dass Menschen ein Teil der Natur sind. Darum unterliegen wir – genau wie alle anderen Lebensformen auch – den Naturgesetzen. Außerdem wies er auf Funktion und Bedeutung eines Merkmals oder einer Fähigkeit hin: Was bedeutet es für uns? Wie beeinflusst es die Überlebenschancen? Ferner wies er nach, dass menschliche Fähigkeiten auf gewinnbringende Weise mit denen anderer Tiere verglichen werden konnten („Vergleichende Psychologie"). Dieser Vergleich fördert unser Verständnis der menschlichen Entwicklung. Dies wurde später „Entwicklungspsychologie" genannt. Schließlich betonte er die Rolle der natürlichen Selektion für die Vielfalt menschlicher Merkmale und Fähigkeiten.

SIEHE AUCH *The Principles of Psychology* (1890), Funktionale Psychologie (1896), Universelle Gesichtsausdrücke von Gefühlen (1971)

OBEN: *Porträt von Charles Darwin, Wasserfarbe, Ende der 1830er Jahre.* RECHTS: *Die Stufenleiter der Evolution, Abbildung aus dem British Natural History Museum.*

1861

Lokalisierung der Gehirnfunktionen

Paul Broca (1824-1880)

Im gesamten 19. Jhd. wüteten heftige Debatten über die Art von Seele, Geist und Gehirn. Waren mentale Funktionen einzig die Folge von Gehirnaktivität oder waren bestimmte Funktionen wie beispielsweise die Vernunft dem göttlichen Einfluss vorbehalten – wie es der französische Philosoph René Descartes zwei Jahrhunderte zuvor behauptet hatte? Im 19. Jhd. wandte sich eine neue Generation von Wissenschaftlern der klinischen Fallstudie und dem Laborexperiment zu, um ihre Argumente stützen zu können. Einer der umstrittensten Punkte war die Frage, ob mentale Funktionen zu lokalisieren sind. Mit anderen Worten: ob sie sich auf bestimmte Gehirnbereiche beschränkten. Franz Gall ging mit seiner Phrenologie (Erforschung der Schädelform) klar und deutlich davon aus, dass geistige Kapazitäten gänzlich dem Gehirn zuzuschreiben seien und dass bestimmte Züge in spezifischen Gehirnregionen angesiedelt waren. Galls Herangehensweise wurde von vielen als Gottesfrevel betrachtet. Mitte des 19. Jhd. mehrten sich jedoch die Hinweise darauf, dass zumindest einige geistige Funktionen lokalisiert werden konnten.

Zu diesen Funktionen zählte das Sprachvermögen. 1861 lieferte der junge französische Chirurg Paul Broca mit seiner sorgfältigen Untersuchung des Herrn Leborgne (Spitzname: Tan) den ersten konkreten Beweis. Tan hatte sein Sprachvermögen Jahre zuvor verloren. Einige Tage vor seinem Tod kam er in Brocas Obhut. Broca war klar, dass dieser Mann ihm die Chance bot, seine Theorie zu testen, dass das Sprachvermögen im Frontallappen angesiedelt war. Tatsächlich wurde bei der Autopsie eine Beschädigung im hinteren Teil des linken Frontallappens gefunden. Später wurden weitere Fälle von Sprachverlust bekannt, die sich lokalen Gehirnschäden zuordnen ließen. Diese Funde beendeten die Diskussion zwar nicht vollständig, sie lieferten aber Beweise für die Lokalisierung von Gehirnleistungen. Die Unfähigkeit zu sprechen hieß fortan „Broca-Aphasie".

Nach Broca erbrachten noch viele andere Wissenschaftler Beweise für lokalisierte Funktionen. Ende des 19. Jhd. konnte man die Gehirnforschung zweifelsfrei zu den Wissenschaften zählen und brauchte nicht mehr auf Philosophie oder Religion zurückzugreifen.

SIEHE AUCH Der seltsame Fall des Phineas Gage (1848), Split-Brain-Studien (1962)

In dieser Illustration wird der Parietallappen hervorgehoben, der für Orientierung, Sprache und Wahrnehmung wichtig sein sollte.

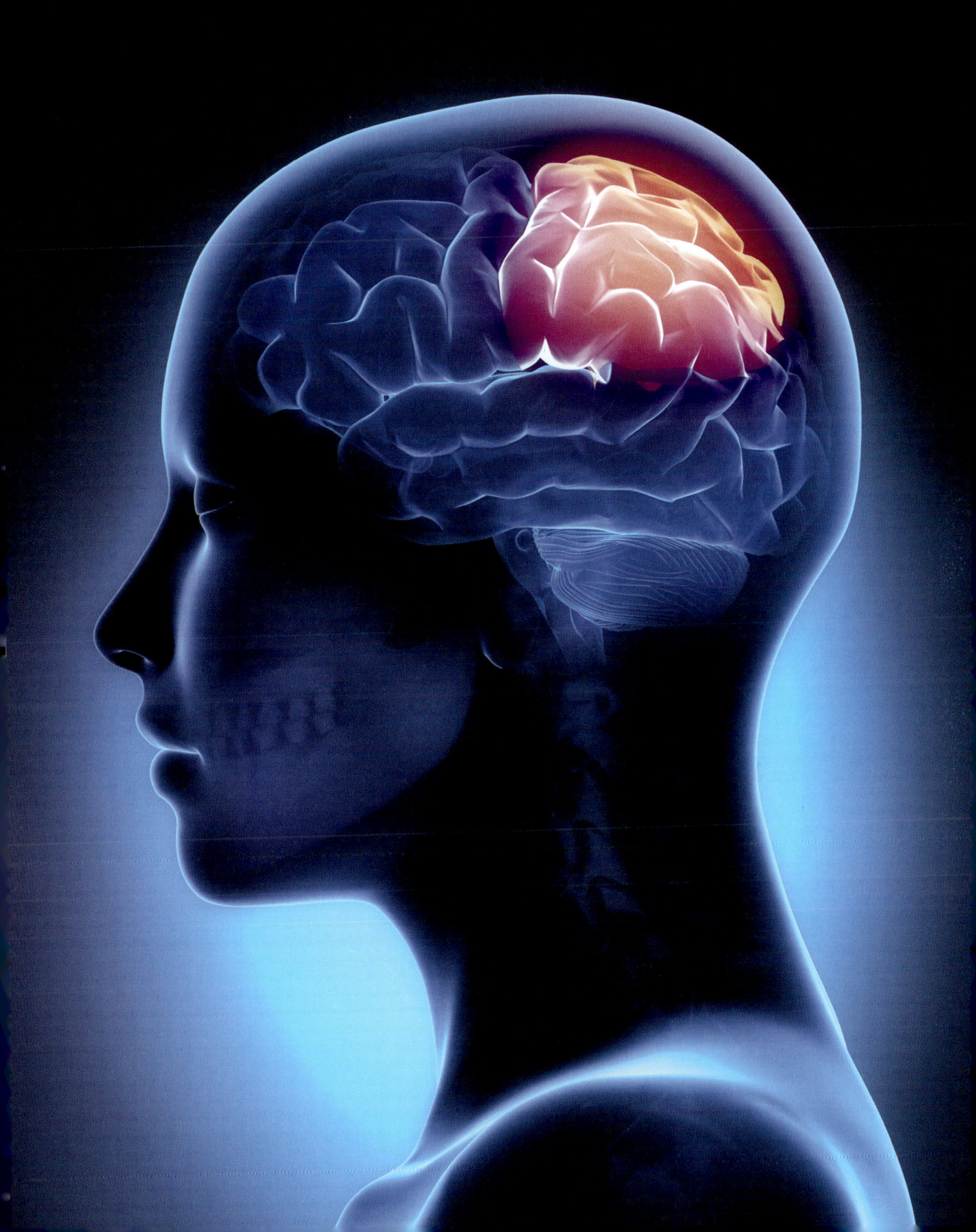

1866

Down-Syndrom

John Langdon Down (1828-1896)

Die häufigste Ursache für für eine geistige Behinderung sind drei Kopien des Chromosoms 21 anstatt der üblichen zwei. Die Krankheit heißt darum im Allgemeinen Trisomie-21. Warum sie auch Down-Syndrom genannt wird, ist eine interessante Geschichte.

In einer Zeit, in der geistige Behinderungen mit dem Begriff „Idiotie" beschrieben wurden, suchte der britische Arzt John Down eine brauchbare Klassifizierung, die auch eine bessere Versorgung und Pflege der Betroffenen möglich machte. Down war der Sohn eines Apothekers und es sah so aus, als würde er den gleichen Weg wie sein Vater einschlagen. Sein guter Notendurchschnitt brachte ihn an die medizinische Fakultät. Obwohl ihm zweifellos eine brillante Karriere in London offen stand, entschied er sich 1858 für die Stelle des Direktors am Royal Earlswood Asylum for Idiots. Dort wurde so gut wie überhaupt nicht auf die individuellen Fähigkeiten der Patienten geachtet. 1866 veröffentliche Down eine neue Klassifizierung von „Idiotie" auf Grundlage von „Rassen". Da viele der geistig behinderten Patienten in den Augen der Briten des 19. Jhd. in ihren Gesichtszügen Mongolen ähnelten, nannte Down dieses Krankheitsbild „Mongolismus". Fast 100 Jahre lang war die Bezeichnung „mongoloide" in der westlichen Welt gebräuchlich. Erst als eine Gruppe von Ärzten 1961 die führende medizinische Zeitschrift *The Lancet* mit der Bitte anschrieb, die Bezeichnung „Mongolismus" abzuschaffen, wurde der heutige Begriff „Down-Syndrom" eingeführt.

Downs Zeit in Earlswood zeugt von einer anderen Haltung gegenüber der Behandlung von geistig Behinderten. Die französischen Ärzte Jean-Étienne-Dominique Esquirol (1838) und Édouard Seguin (1844) vertraten die Auffassung, dass viele geistig Behinderte durchaus lernfähig waren. Solche Patienten sollten auf keinen Fall in Gefängnissen oder Armenhäusern leben. In den USA strebte die Reformerin Dorothea Dix Sonderunterricht für „Schwachsinnige" an.

Die Arbeit von Down, Seguin, Dix und anderen zeigt uns, dass das Leben von Menschen mit einer Behinderung immer noch verbessert werden kann.

SIEHE AUCH Moralische Behandlung (1788), Victor von Aveyron (1801)

Radierung aus dem Jahr 1854 von Edmund Evans (1826-1905) vom Royal Earlswood Asylum for Idiots in Surrey, wo Menschen mit Lernbehinderungen aufgenommen wurden. John Langdon Down wurde dort 1858 als medizinischer Direktor angestellt.

THE NEW ASYLUM FOR IDIOTS, AT EARLSWOOD COMMON, REDHILL, SURREY.

1867

Prosopagnosie

Antonio Quaglino (1817-1894), **Giambattista Borelli** (1813-1891)

Der französische Neurologe Jean-Martin Charcot hatte einen Patienten, der die Hand des Mannes schütteln wollte, der ihn angerempelt hatte. Dieser Mann war er selbst – in einem Spiegel. Die Unfähigkeit, Gesichter zu erkennen, ist eine sehr seltene Störung und gehört zu den Agnosien. Diesem Phänomen liegt nicht etwa eine Störung im Erkennen von Sinneseindrücken (Gesichtsblindheit) zugrunde, noch beruht sie auf einer geistigen Behinderung od einem Augenfehler. Die Patienten können perfekt sehen. Die Störung ist die Folge einer Verletzung im Bereich des Temporal- und Parietallappens. In jüngster Zeit wurden auch Patienten mit angeborener Gesichtsblindheit entdeckt. Dies verweist auf eine möglicherweise genetische Ursache.

Die Störung wurde 1847 zum ersten Mal in der medizinischen Literatur beschrieben, hatte aber noch keinen Namen. Der erste ausführliche Bericht erschien 1867. Verfasser waren die beiden italienischen Augenärzte Antonio Quaglino und Giambattista Borelli. Sie beschrieben in einer detaillierten Fallstudie einen Mann, der nach einem rechtsseitigen Schlaganfall weder Gesichter noch Einrichtungsgegenstände wiedererkennen konnte. Die Störung erhielt 1947 den Namen „Prosopagnosie" (Gesichtsblindheit). 1985 schrieb der Neurologe und Autor Oliver Sacks darüber sein faszinierendes Buch *Der Mann, der seine Frau mit einem Hut verwechselte*.

Bemerkenswerterweise bewirt die Störung nicht nur, dass menschliche Gesichter vergessen werden. Es gibt auch Berichte über Bauern, die ihre Kühe oder Schafe nicht mehr erkennen oder Vogelkundler, die verschiedene Vogelarten nicht mehr unterscheiden können.

Mittels bildgebender Verfahren wie der Magnetresonanztomographie lässt sich zeigen, dass es bei Affen und Menschen spezielle Neuronen (Nervenzellen) für die Gesichtserkennung gibt. Werden diese Zellen beschädigt, kann es zu Gesichtsblindheit kommen – wir erkennen uns im schlimmsten Fall selbst nicht mehr.

SIEHE AUCH Gehirnbilder (1924), Spiegelneuronen (1992)

Nackt vor dem Spiegel, *vom deutschen Maler Karl Piepho (1869-1920), Öl auf Leinwand.*

1867

Sinnesphysiologie

Hermann von Helmholtz (1821-1894)

Hermann von Helmholtz leistete bahnbrechende Beiträge zur Physik und Physiologie sowie zur Erforschung des Gehör- und Gesichtssinns. Sein wichtigster Beitrag zur Psychologie war die Messung der Geschwindigkeit eines Nervenimpulses. Damit konnte die geistige Aktivität über die so genannte „Reaktionszeitmethode" gemessen werden. Helmholtz wies auch nach, dass das Gesetz vom Erhalt der Energie nicht nur für die anorganische Welt gilt, sondern auch für lebende Organismen einschließlich des Menschen: Energie und Wärme, die ein Organismus verbraucht, entsprechen der Menge an Kalorien, die durch die aufgenommene Nahrung verfügbar ist. Dies führte zu der Vorstellung, dass Lebewesen einschließlich des Menschen wie Maschinen funktionieren, die verschiedene Energieformen ineinander umwandeln können.

Ein Meilenstein der Physiologie und Psychologie war Helmholtz' *Handbuch der physiologischen Optik* (1867), in dem er anhand seiner Experimente klar zwischen Sinneseindrücken und Sinneswahrnehmung unterschied. Sinneseindrücke sind nur die Rohdaten, die erst durch die Wahrnehmung Bedeutung erlangen. Wahrnehmung ist in diesem Fall ein psychologischer Prozess, der vom Gehirn, bestehendem Wissen und dem Kontext abhängt.

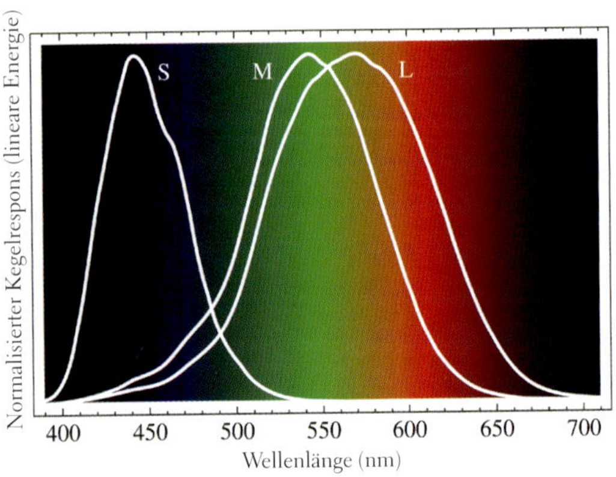

Helmholtz sprach auch von einer trichromatischen Theorie (Dreifarbensehen). Wie schon vor ihm der englische Wissenschaftler Edward Young, behhauptete auch Helmholtz, dass das Farbensehen auf der Reizung spezifischer Rezeptoren auf der Netzhaut basiert. Diese Rezeptoren werden heute „Zapfen" genannt. Die Theorie wurde nach den drei primären Rezeptortypen benannt: Rot, Grün und Blauviolett. Andere Farben ergeben sich aus dem Reiz einer dieser Rezeptoren. Wenn alle drei angesprochen werden, sehen wir Weiß. Helmholtz interessierte sich vor allem für das, was im menschlichen Gehirn passierte und weniger für die physischen Eigenschaften von Lichtwellen. Sein Werk brachte eine wesentliche Verbindung zwischen Physiologie und Psychologie zustande.

SIEHE AUCH Experimentelle Psychologie (1874), Mentale Chronometrie (1879)

OBEN: *Normalisierte Responsspektren der drei Varianten der Augenkegel auf monochrome Spektralreize, mit Wellenlänge in Nanometer.* RECHTS: *Statue von Hermann von Helmholtz, Humboldt Universität, Berlin.*

1871

Synästhesie

Gustav Theodor Fechner (1801-1887)

Bei der Synästhesie gehen die Sinne ineinander über, vergleichbar mit einem Haus, das Innen keine Mauern hat. Der Begriff beschreibt das Phänomen, dass Sinneseindrücke von einer Sinnesmodalität stets von Sinneseindrücken einer anderen Modalität begleitet werden. Es gibt Kombinationen von Ton-Farbe, Geruch-Farbe und Bewegung-Ton. Es gibt Menschen, die einen bestimmten Wochentag mit einer Person oder Farbe in Verbindung bringen. Die Möglichkeiten sind endlos. Der Neurowissenschaftler Richard Cytowic besprach den klassischen Fall eines Freundes, der Geschmack als Form wahrnahm und über die Mahlzeit sagte: „Das Huhn hat nicht genug Punkte! Es ist zu rund." Die häufigste Synästhesie ist Zahl-Farbe oder Buchstabe-Farbe. Die Ziffer 7 wird dabei als rot empfunden.

Die frühesten Untersuchungen über Synästhesie führte der deutsche Philosoph Gustav Fechner durch. 1871 veröffentlichte er eine Studie über 73 Menschen, die Buchstaben als Farben wahrnahmen. 1880 fand der Wissenschaftler Francis Galton heraus, dass Synästhesie in ganzen Familien vorkommt. Diese These wird von der aktuellen Forschung gestützt – den Studien von Ramachandran und Hubbard (2001) sowie Grossenbacher und Lovelace (2001). Frühe Psychologen wie Alfred Binet und Théodore Flournoy hatten bereits großes Interesse an der Synästhesie, das in den 1980er Jahren weiter zunahm.

Synästhesie ist sehr selten; das Phänomen betrifft schätzungsweise 1 unter 200 bis 2000 Menschen. Es tritt häufiger bei Künstlern, Dichtern, Musikern und Schriftstellern auf. Der Neurowissenschaftler V.S. Ramachandran formulierte es so: „Diese Menschen haben miteinander gemein, dass sie mühelos zwei scheinbar völlig unterschiedliche Bereiche verbinden können, um eine tief verborgene Einheit zu unterstreichen."

Eine Hypothese zur Ursache von Synästhesie postuliert eine Querverbindung im Gehirn. Die Synästhesie von Zahl-Farbe kann die Folge einer solchen Verbindung zwischen zwei benachbarten Regionen sein, von denen eine Zahlenfolgen und die andere Farbe verarbeitet. Viele prominente Neurowissenschaftler gehen davon aus, dass die eingehendere Erforschung der Synästhesie unser Verständnis von Gehirnfunktionen und menschliches Bewusstsein erheblich erweitern wird.

SIEHE AUCH Psychische Entladungen (1941), Neuroplastizität (1948)

Illustration von Tonarten-Farbassoziationen des russischen Komponisten Alexander Skrjabin.

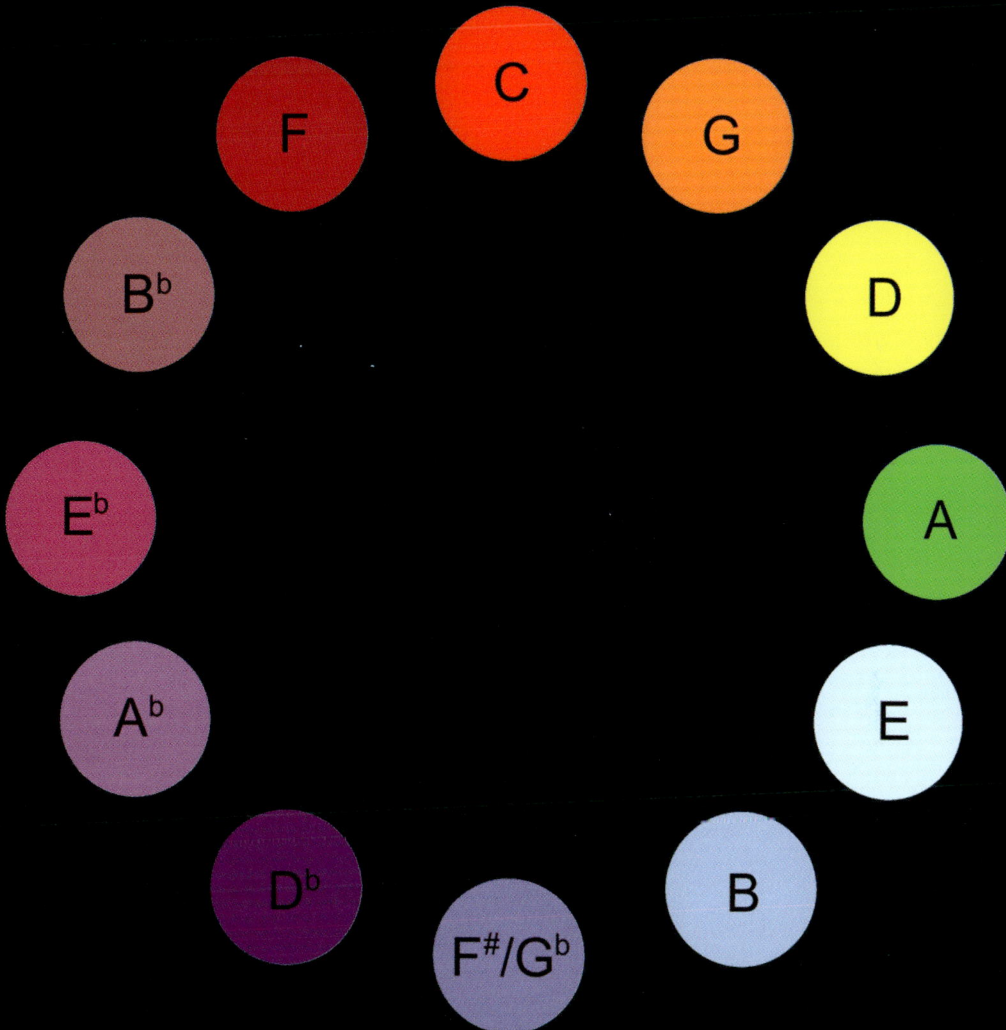
C
G
D
A
E
B
F#/Gb
Db
Ab
Eb
Bb
F

1872

Phantomschmerzen

Silas Weir Mitchell (1829-1914)

Viele Menschen empfinden Schmerzen an einem Körperteil, Auge, Arm oder Bein, selbst wenn ihnen dieses operativ entfernt wurde. Manche Patienen fühlen den Körperteil in einer bestimmten Haltung sehr deutlich – beispielsweise als geballte Faust oder einen am Ellenbogen gebogenen Arm. Andere erfahren, dass das Phantomteil kürzer ist als der restliche Teil.

1872 beschrieb der amerikanische Neurologe Silas Weir Mitchell als erster dieses Phänomen. Die Ursache blieb jedoch lange Zeit im Dunkeln. Erst in den vergangenen 30 Jahren haben wir neue Einsichten zur Organisation des Gehirns und der **Neuroplastizität** gewonnen, und so lässt sich nun auch das mysteriöse Phänomen der Phantomschmerzen erklären. Der aktuellen Forschung ist zu entnehmen, dass der somatosensorische Cortex, wo Tastreize verarbeitet werden, plastisch ist. Das bedeutet, dass diese Hirnregion durch neue Erfahrungen reorganisiert werden kann. Das belegt ein Experiment, bei dem man die Nervenbahn eines Affenfingers durchschnitt, so dass sie keine Impulse mehr zum Gehirn senden konnte. Dabei zeigt sich nicht nur, dass die somatosensible Stelle für diesen Finger nicht mehr zuständig war, sondern auch, dass sie für den Finger daneben sensibilisiert wurde. Im somatosensiblen Cortex ist der größte Teil der Nervenzellen auf empfindliche Körperteile wie Gesicht, Lippen und Hände gerichtet.

Diese Entdeckung hatte weitreichende Folgen für die Behandlung der Patienten. Der Neurowissenschaftler V.S. Ramachandran entwickelte eine einfache und doch effektive Lösung für Phantomschmerzen: die Spiegelbox, die dem Gehirn vorspiegelt, dass der noch vorhandene Körperteil der Phantomteil ist. Indem der bestehende Körperteil bewegt wird, kann der Patient die „erlernte Lähmung" des Phantomteils aufheben. Nach wiederholtem Gebrauch der Spiegelbox haben sich die entsprechenden Gehirnteile gemäß der so erfahrenen Sinneswahrnehmung reorganisiert. Ein großer Teil der Patienten mit Phantomschmerzen hat von dieser Technik profitiert.

SIEHE AUCH Neuroplastizität (1948)

Amputierte Opfer des Ersten Weltkriegs, Walter Reed Hospital, 1918.

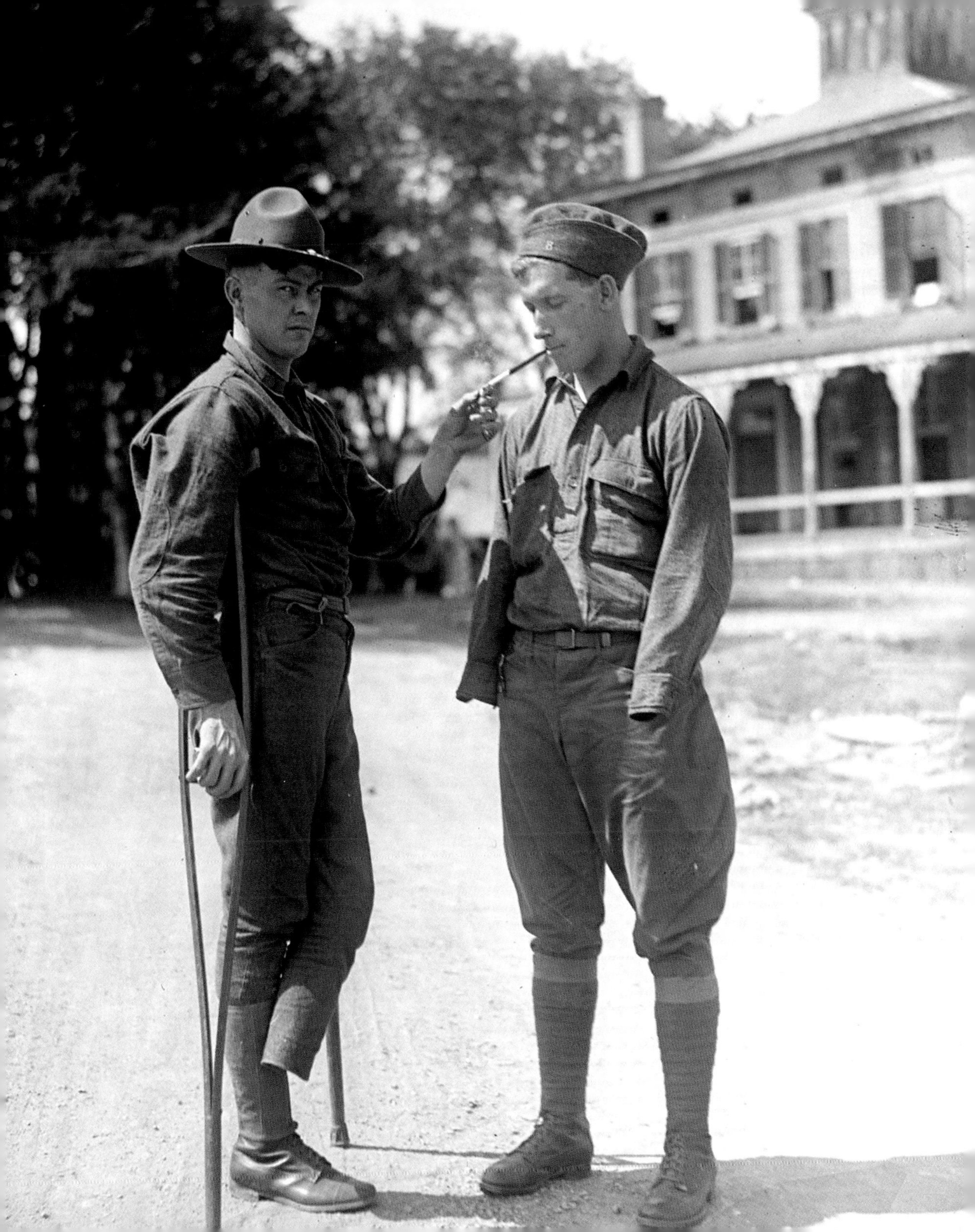

1874

Gene oder Umwelt

Francis Galton (1822-1911)

In *Hereditary Genius* (1869) behauptete der Wissenschaftler Sir Francis Galton, ein Cousin von Charles Darwin, dass Großartigkeit und Genie vor allem erblich sind. Galton ignorierte dabei den Einfluss der Umgebung mehr als dass er ihn leugnete. Der Schweizer Botaniker Alphonse Pyrame de Candolle widersprach Galton und präsentierte in seinem Buch *Histoire des sciences et des savants depuis deux siècles* (1873) statistische Beweise für die Bedeutung der Umgebungsfaktoren für die Entwicklung von Wissenschaftlern. Galton schlug 1874 mit *English Men of Science: Their Nature and Nurture* zurück und erklärte, dass „Anlage alles ist, was ein Mensch in diese Welt mitbringt. Umwelt ist jegliche Form von Einfluss, die nach seiner Geburt wirkt." Diese daraus entstandene Debatte über Gene oder Umwelt dauert auch heute noch an.

Die spätere Entwicklung von standardisierten Intelligenztests führte zu hitzigen Debatten über die Rolle, die Erbanlagen und Umgebung für die Intelligenz spielen. Studien aus den 1920/1930er Jahren lieferten erste Hinweise darauf, dass bei unterschiedlichen schulischen Leistungen zwischen weißen Kindern und Kindern von Minderheiten eher kulturelle, umgebungsabhängige und sprachliche Faktoren eine Rolle spielten als der angeborene Unterschied des Intellekts. Als weiße Waisenkinder im Rahmen einer Studie in eine Umgebung kamen, in der sie viel Aufmerksamkeit und Zuneigung bekamen, erzielten sie deutliche bessere Testergebnisse. Noch beeindruckender ist die Zwillingsforschung, die nachwies, dass die Erziehung von genetisch identischen Kindern in verschiedenen Umgebungen zu erheblichen Persönlichkeits- und Konstitutionsunterschieden führen kann.

Unterstützt von den Fortschritten von Neurowissenschaft und Erblichkeitsforschung, sind viele Psychologen im Hinblick auf Persönlichkeitsmerkmale, psychische Störungen und Intelligenz von der Bedeutung der Gene überzeugt. Die Diskussion über diese Standpunkte wird vermutlich unentschieden ausgehen.

SIEHE AUCH Psychologische Tests (1890), Militärische Intelligenztests und Rassismus (1921), Der Flynn-Effekt (1984)

Jede technologische Innovation bietet Wissenschaftlern und Psychologen die Möglichkeit, den Einfluss der Erziehung auf die Entwicklung eines Kindes immer wieder neu zu erforschen.

1874

Experimentelle Psychologie

Wilhelm Wundt (1832-1920)

Wilhelm Wundt wird als Vater der experimentellen Psychologie betrachtet. Er hinterließ ein vielseitiges Erbe. Seinen Status verdankt er einigen wichtigen intellektuellen und institutionellen „Premieren". 1874 veröffentlichte er das erste Studienbuch zur experimentellen Psychologie: *Grundzüge der physiologischen Psychologie*. Fünf Jahre später richtete er an der Universität Leipzig das erste Labor für psychologische Studien ein und bildete viele neue Psychologen aus.

Für die Entwicklung der Psychologie als experimentelle Disziplin stützte sich Wundt auf die Werke von Gustav Fechner, Hermann von Helmholtz und anderen (psycho-)physiologischen Forschern. Er verwendete für die Studie nach bewusster Erfahrung systematische, reproduzierbare Methoden. Wundt bediente sich komplizierter Geräte, um Reize von Subjekten standardisiert zu präsentieren. Diese Subjekte waren für die Beobachtung und bewusste Erfahrung dieser Reize trainiert.

Diese so genannte experimentelle Introspektion betrachtete Wundt als passende Methode zur Erforschung der Grundeigenschaften des normalen erwachsenen Geists und Gefühls sowie von Wahrnehmung und Aufmerksamkeit.

Danach wird Wundts Erbe komplexer. Er vertrat die Auffassung, dass höhere Funktionen (Denken, Sprache, Persönlichkeit, soziales Verhalten und Gewohnheiten) mit dieser experimentellen Methode nicht erforscht werden konnten. Für diesen Zweig seines Systems spezifizierte er vergleichende und historische Methoden mit naturalistischer Beobachtung und logischer Analyse. Dieser Teil der Psychologie lag ihm so am Herzen, dass er darüber zehn Bände mit dem Titel *Völkerpsychologie* herausbrachte. Er beschreibt darin, wie die Studie nach den Auswirkungen des kollektiven Lebens (Religion, Sprache, soziale Gepflogenheiten) Hinweise auf die höhere Funktion des Geistes geben kann. Dieser Aspekt von Wundts Werk wurde so gut wie nicht beachtet bis Historiker in den 1970er Jahren ihn ans Licht brachten. Wundt gründete somit nicht nur die empirische Psychologie, sondern beschrieb auch die Grenzen ihrer Methoden.

SIEHE AUCH Wahrnehmbarkeitsschwelle (1834), Sinnesphysiologie (1867), Mentale Chronometrie (1879)

Wilhelm Wundt und Kollegen im ersten Laboratorium für experimentelle Psychologie der Welt an der Universität Leipzig.

1877

Babybiographien

Charles Darwin (1809-1882), **Wilhelm Preyer** (1841-1897), **L. William Stern** (1871-1938)

Die Entwicklung von Kindern zu fähigen Erwachsenen hat Wissenschaftler lange fasziniert. Der Anfang der Entwicklungspsychologie könnte in den frühen Babybiographien des 19. Jhd. liegen. Die bekanntesten Biographien stammen von Charles Darwin sowie von den Physiologen und Psychologen Wilhelm Preyer und dem Psychologen William Stern. William „Doddy" Darwin wurde 1839 als Sohn von Charles und Emma Darwin geboren. Schon nach kurzer Zeit schrieb Vater Charles Darwin ein detailliertes Tagebuch über seinen Sohn. In der ersten Woche gähnte und streckte sich Doddy, am achten Tag runzelte er die Stirn. Sein Vater machte monatelang Notizen und beobachtete Entwicklung von Reflexen, Bewegung und Gefühlsausdrücken. Erst 1877 veröffentlichte er seinen Bericht über Doddys Entwicklung unter dem Titel „A Biographical Sketch of an Infant".

Kurz darauf veröffentlichte Wilhelm Preyer *Die Seele des Kindes* (1881) über die Entwicklung seines Sohnes Axel. William und Clara Stern brachten zwei biographische Studien über ihre Kinder heraus. Die Kinder Preyers und Sterns entwickelten sich auf typische Weise. Das machte ihre Fallstudien zu einem überzeugenden und präzisen Bericht der Entwicklung von Kindern.

In Amerika schrieb Millicent Shinn die erste Babybiografie. Sie war Herausgeberin der einzigen Literaturzeitschrift Kaliforniens. Das von ihr beschriebene Kind war ihre 1890 geborene Nichte Ruth. Die Aufzeichnungen waren so interessant, dass Shinn 1893 eingeladen wurde, auf der Weltausstellung in Chicago eine Rede zu halten. Darin plädierte sie für eine umfassende Kinderforschung, die in ihren Augen eine Grundbedingung darstellte, um Kindern optimalen Unterricht angedeihen zu lassen. Ihre Forschungen mündeten in eine Promotionsstudie. 1898 erhielt sie als erste Frau an der Universität von Kalifornien ihren Doktortitel. Diese Berichte aus dem 19. Jhd. waren sowohl populär als auch wissenschaftlich interessant. Sie sorgten für eine Reihe systematischer Beobachtungen, auf denen Entwicklungspsychologen des 20. Jhd. mit sorgfältig kontrollierten Studien aufbauen konnten.

SIEHE AUCH Psychosexuelle Entwicklung (1905), Bindungstheorie (1969), Die fremde Situation (1969), Ökosystemischer Ansatz (1979)

LINKS: *William Preyer.* RECHTS: *Wie Darwin, Preyer und die Sterns zeigten, können wir aus sorgfältigen Berichten eine Menge grundlegender Einsichten über die Entwicklung von Kindern erlangen.*

1879

Mentale Chronometrie

Wilhelm Wundt (1832-1920)

Im Bereich der **experimentellen Psychologie** waren Präzisionsmessungen geistiger Prozesse extrem wichtig. Das Präzisionsstreben mündete in Forschungsprogramme, die „Reaktionszeitexperimente" bzw. „mentale Chronometrie" genannt werden. Zu dieser Entwicklung trug die rätselhafte Tatsache bei, dass von Astronomen ausgeführte Beobachtungen gleicher Phänomene voneinander abwichen. Dies führte zu einer Untersuchung der physiologischen und psychologischen Unterschiede zwischen den Astronomen. Hermann von Helmholtz wies 1850 nach, dass mittels physiologischer Messungen die Geschwindigkeit von Nervenreizen erfasst werden kann. Für die Psychologie bedeutete dies, dass es vielleicht auch möglich war, die Geschwindigkeit von geistigen Aktionen zu messen.

Das vom Uhrmacher und Erfinder Matthias Hipp für militärische Ballistik entwickelte Hippsche Chronoskop wurde angepasst, um die subjektiv erfahrenen Unterschiede zwischen gleichzeitig präsentierten Reizen in Reaktionszeituntersuchungen zu messen. Wilhelm Wundt verwendete solche Experimente, um Zeit zu einem Thema der wissenschaftlichen Forschung zu machen. Mit dem Reaktionszeitexperiment konnte Wundt seine Forschung von der Sinnesphysiologie in Richtung eines Programms führen, das elementare Aspekte der psychologischen Erfahrung untersuchte. Er erhielt genügend Forschungsgelder, um damit 1879 das wissenschaftliche Psychologielabor an der Universität Leipzig einzurichten. Wundt wird oftmals „Vater der empirischen Psychologie" genannt.

Wundt war nicht der einzige, der präzise Messmethoden zur Erforschung basaler psychischer Phänomene einsetzte. Der italienische Psychologe Gabriele Buccola begann etwa zum Zeitpunkt der Eröffnung von Wundts Labor mit Reaktionszeitexperimenten, um die gestörten geistigen Prozesse von Verrückten zu verstehen. Die Möglichkeit, die Geschwindigkeit des Denkens zu begreifen, gab diesem neuen Bereich der Psychologie weitere Einsicht in die zunehmend technologisierte Welt.

SIEHE AUCH Wahrnehmbarkeitsschwelle (1834), Sinnesphysiologie (1867), Experimentelle Psychologie (1874)

OBEN: *Wundts Kontrollhammer zur Eichung des Hippschen Chronoskops (1895).* RECHTS: *Hermann von Helmholtz als junger Mann.*

1880

Anna O.

Josef Breuer (1842-1925), **Sigmund Freud** (1856-1939)

Die Vorstellung, dass Menschen ihre psychischen Spannungen in körperlichen Symptomen ausdrücken, bildet das Grundkonzept dessen, was wir heute „somatoforme Störung" nennen. Dies hat eine lange Geschichte, die mit dem Anfang der **Psychoanalyse** einhergeht. Im 19. Jhd. hatten Menschen, die an **Hysterie** litten, oft ungewöhnliche physische Symptome, wovon viele neurologisch unerklärlich waren. Patienten, die z. B. an der Handschuhanästhesie litten, hatten kein Gefühl im Handgelenk. Ein Arzt konnte hingegen keine neurologische Ursache dafür finden. Bereits zu Beginn ihrer geschäftlichen Beziehung besprach der Arzt Joseph Breuer den Fall Anna O. mit dem Neurologen Sigmund Freud. Breuer hatte die junge Frau, deren richtiger Name Bertha Pappenheim war, 1880 gegen eine Reihe von Symptomen behandelt, die bei ihr auftraten, als sie ihren sterbenden Vater pflegte.

Freuds und Breuers Studien über Anna O. bildeten eine der Grundlagen für die Theorie der „Konversion". Nach Freud war die Neigung zur Konversion typisch für hysterische Patienten. Eine Konversion tritt auf, wenn ein mentales Bild, ein Impuls oder ein Verlangen unvereinbar ist mit dem Teil unserer Psyche, den Freud das „Ego" nennt. Um den Stress zu meistern, wird die Emotion, die mit dem inakzeptablen Bild assoziiert wird, verdrängt und aus dem Bewusstsein verbannt. Die Energie bleibt jedoch und wird in eine sensomotorische Störung umgesetzt, die den inakzeptablen Inhalt symbolisiert und physisch ausdrückt. Dies löst, jedenfalls vorübergehend, den ursprünglichen psychologischen Konflikt auf.

Die Transformation findet nicht zufällig statt. Freud meinte, dass stets eine Körperfunktion gewählt wird, die in einer bestimmten Lebensphase eine wichtige Rolle spielt. Der Körperteil oder die Funktion hatte also eine spezifische symbolische Bedeutung.

Jahrelang war die Konversionsstörung eine häufig gestellte Diagnose. Das Konzept spielte eine wichtige theoretische Rolle bei der Entstehung der **Psychosomatik** in den 1930er Jahren. Das führte z. B. zu dem Gedanken, dass **Stress** und Sorgen ein Magengeschwür verursachen konnten. Seltsamerweise sank die Zahl der Diagnosen in den letzten 30 Jahren des 20. Jhd. sehr stark.

SIEHE AUCH Hysterie (1886), Psychoanalyse (1899), Psychosomatik (1939), Stress (1950)

Bertha Pappenheim 1882, im Alter von 22 Jahren.

1885

Syndrom von Gilles de la Tourette

Georges Gilles de la Tourette (1857-1904)

1884 wurde Georges Gilles de la Tourette, ein junger Arzt in Ausbildung am Hôpital de la Salpêtrière in Paris, vom leitenden Neurologen Jean-Martin Charcot beauftragt, unwillkürliche Bewegungsstörungen zu untersuchen. Es gab einige Berichte über solche Bewegungen, z. B. die „springenden Franzosen" aus Maine, eine Gruppe von Holzhackern, die um 1870 auf mysteriöse Weise eine übertriebene Schreckreaktion entwickelten.

Tourettes Bericht von 1885 enthielt neun Fälle, einschließlich des bekannten Falls der Gräfin von Dampierre: Diese Adelige machte seltsame unwillkürliche Bewegungen, zog Grimassen und hatte Ticks, die mit Fluchen und Schreien einhergingen. Das Phänomen begann im Allgemeinen zwischen dem sechsten und 16. Lebensjahr, zuerst mit Zuckungen im Gesicht und den Armen. Es trat vermehrt bei Männern auf. Neben diesen plötzlichen Bewegungen gab es zwei weitere typische Symptome: Die Betroffenen wiederholten zwanghaft Wörter und Phrasen während eines Gesprächs (Echolalie) sowie Bewegungen anderer Personen (Echopraxie). Ein letztes Symptom war eine ausgeprägte Fäkalsprache (Koprolalie). Dieses Symptom ist dank der vielen Hollywoodfilme einem breiten Publikum bekannt; zu Tourettes Zeiten war es kein notwendiges Symptom für die Diagnose.

Jahrelang hielt man das Syndrom für relativ selten. 1973 dachte man noch, dass es weltweit nur 500 Fälle gab. Nach eingehenderen Forschungen stellte sich jedoch heraus, dass 0,6 bis 0,8 % aller Kinder diese Krankheit haben. Seit Tourettes Zeit machte man verschiedene Ursachen dafür verantwortlich, z. B. **Hysterie**, erbliche Degeneration oder eine überforderte Mutter. Der Konsens heute ist, dass sowohl genetische als auch Umwelt-Faktoren an der Entstehung des Syndroms von Gilles de la Tourette beteiligt sind, obwohl kein spezifisches genetisches Element identifiziert wurde. Das Syndrom wird medikamentös und mit verschiedenen Verhaltenstherapien (meistens in Kombination) behandelt. Eine Heilung ist nicht möglich.

SIEHE AUCH Angst- und spannungslösende Medikamente (1950), Kognitive Therapie (1955)

OBEN: *Georges Gilles de la Tourette* (1870). RECHTS: Pilgerfahrt der Epileptiker nach St. Jans Molenbeek *(1642), Radierung von Hendrik Hondius d. Ä., basierend auf einer Zeichnung von Pieter Bruegel d. Ä. (ca. 1526-1569).*

Hondius sculp. 1642. Cum pr

1885

Multiple Persönlichkeitsstörung

Pierre Janet (1859-1947)

1885 beschrieb der junge Philosophiestudent und Dozent Pierre Janet im Rahmen seiner Dissertation erstmals den Fall von Léonie, einer Frau mit der ungewöhnlichen Fähigkeit, auf Entfernung hypnotisiert zu werden. Zudem wurde unter Hypnose deutlich, dass Léonie drei gesonderte Persönlichkeiten hatte. Eingehendere Versuche mit ihr und anderen Personen, die alle mehr als eine Persönlichkeit hatten, wurden in Janets Buch *L'automatisme psychologique* (1889) beschrieben. Das Buch erregte in medizinischen und psychologischen Kreisen viel Aufsehen. Janet schuf den Begriff „Dissoziation" für das Phänomen, dass ein Mensch eine gespaltene Persönlichkeit besitzt. Als Janets Werk in breiteren Kreisen bekannt wurde, meldeten sich auch andere Fälle von gespaltenen oder mehrfachen Persönlichkeiten.

1957 wurde in *The Three Faces of Eve* die Geschichte einer Amerikanerin verfilmt, die drei Persönlichkeiten besaß: Eve White, Eve Black und Jane, jeweils mit einem scheinbar eigenständigen Leben. Der Film brachte das Konzept der multiplen Persönlichkeit einer breiten Öffentlichkeit nahe. In den 1980er und 90er Jahren schien es so, als sei die Störung – sie hieß jetzt „dissoziative Identitätsstörung" (DIS) – weit verbreitet; zahlreiche Prominente gaben bekannt, selbst darunter zu leiden.

Für die Diagnose DIS muss jemand mindestens zwei oder mehr komplette Identitätssysteme aufweisen, wobei er meist für kurze Zeit vom einen zum anderen wechselt. Die Hauptpersönlichkeit ist am besten definiert, aber die anderen Identitäten können stark davon abweichen. Die Zahl der anderen Identitäten variiert von zwei bis 15. Zurzeit werden andere Identitäten nicht als komplett abgetrennte Persönlichkeiten aufgefasst, sondern als Wiedergabe von Konflikten, Gefühlen und Erinnerungen, die auf sehr stilisierte Art geäußert werden. Aber genau wie Léonie faszinieren uns diese Menschen, weil sie die Komplexität des Individuums aufzeigen.

SIEHE AUCH Psychoanalyse (1899), Projektive Tests (1921)

Poster für eine Aufführung von The Strange Case of Dr. Jekyll and Mr. Hyde *in den 1880er Jahren. Das Stück ist eine lebendige Darstellung der gespaltenen Persönlichkeit.*

DR. JEKYLL and MR. HYDE
THE TRANSFORMATION
"GREAT GOD! CAN IT BE!!"

1886

Hysterie

Jean-Martin Charcot (1825-1893), **Sigmund Freud** (1856-1939)

Die frühesten Beschreibungen dessen, was als Hysterie betrachtet werden kann, finden sich in altägyptischen Papyrusrollen (1900 v.Chr.). Die hippokratischen Traktate aus dem 5. Jhd. v.Chr. enthalten Passagen über Störungen an der *hystera* (Griechisch für „Gebärmutter"). Zu den Symptomen gehörte ein Gefühl des Erstickens durch eine aufsteigende Gebärmutter. Patientinnen waren durchweg Witwen, die keinen Geschlechtsverkehr mehr hatten.

Medizinische Autoren aus allen Jahrhunderten und Kulturen beschrieben vergleichbare Symptome und fügten weitere hinzu. Gegen Mitte bis Ende des 19. Jhd. fasste man die Hysterie als Nervenkrankheit auf und nannte sie „die große Neurose"; in Europa entstanden Hunderte von Theorien und Forschungen nach Ursachen und Behandlungen.

1862 wurde der Neurologe Jean-Martin Charcot Direktor des Hôpital de la Salpêtrière in Paris. Anfänglich dachte Charcot, dass Hysterie durch eine erbliche Veranlagung für Nervenkrankheiten verursacht wurde. Er lieferte ausführliche, umfassende Beschreibungen der Hysterie und fand ihre Existenz sogar in den harmlosesten Ausdrücken des täglichen Lebens. Auf seinem wöchentlichen Visiten entlockte er vor einem Publikum bei Patienten hysterische Anfälle, um diese anschließend wieder zu beruhigen. Er zog Ärzte und Forscher aus ganz Europa an, einschließlich Sigmund Freud.

Die Erfolglosigkeit der üblichen Therapien in jener Zeit führte zu Freuds Theorie und **Psychoanalyse**-Praxis. Nach seinem Studium bei Charcot im Winter von 1885-1886 kehrte er nach Wien zurück, wo er nach klinischen Forschungen die erblichen oder organischen Ursachen für Hysterie verwarf. Er entwickelte ein Modell, nach dem die Hysterie eine Konversion von psychischem Leid in körperliche Erscheinungen darstellte: Ticks, Zuckungen und Anfälle. In seiner Psychoanalyse legte er den Nachdruck auf die psychologische Ursache der hysterischen Symptome, die somit symbolisch waren für verdrängte psychische Erfahrungen. Psychoanalyse sollte diese verbotenen und traumatischen Erfahrungen ans Licht bringen und sie entkräften.

SIEHE AUCH Anna O. (1880), Psychoanalyse (1899), Shell shock (1915), Psychosomatik (1939), Stress (1950)

Klinische Lektion in Salpêtrière *(1887), ein Werk des französischen Malers André Brouillet, zeigt Charcot, der die hysterische Patientin Blanche Wittman hypnotisiert.*

1886

Experimentelle Hypnose

Joseph Delboeuf (1831-1896), **Clark Hull** (1884-1952), **Ernest Hilgard** (1904-2001), **Josephine Hilgard** (1906-1989)

Durch die Studien des belgischen Psychologen und Philosophen Joseph Delboeuf wurde die Hypnose ab dem Ende des 19. Jhd. zum Objekt wissenschaftlicher Forschungen. Delboeuf stand den Behauptungen von Kollegen wie Jean Martin Charot skeptisch gegenüber. 1886 machte er eigene Studien publik, in denen er eine Typologie von hypnotischen Testpersonen präsentierte. Das Werk des amerikanischen Psychologen Clark Hull jedoch, das zu seinem Buch *Hypnosis and Suggestibility* (1933) führte, legte das Fundament für die psychologische Forschung des 20. Jhd.

Hull, der vor allem wegen seiner Rolle in der Entwicklung des **Neobehaviorismus** bekannt ist, sah in der Hypnose ein Phänomen des normalen Bewusstseins, das bei jeder Person anders ist. Damit versuchte er Behauptungen zu entkräften, dass Hypnose jemanden in die Lage versetzen könnte, außergewöhnliche Taten zu vollbringen, die normalerweise über seine Kräfte gingen. Seine Untersuchungen bestätigten allerdings, dass jemand unter Hypnose schmerzfrei sein konnte (hypnotische Anästhesie) und sich an die Hypnose hinterher auch nicht mehr zu erinnern brauchte (posthypnotische Amnesie). Fast 100 Jahre zuvor berichteten James Braid in England und James Esdaile in Indien bereits vom effektiven Einsatz von hypnotischer Anästhesie bei Operationen.

Die experimentelle Erforschung der Hypnose wurde ab 1933 vorangetrieben, vor allem von Psychologen. Forscher sind sich im Detail nicht einig, aber im Allgemeinen stimmen alle überein, dass die Empfänglichkeit von Personen wesentlich zum Erfolg einer Hypnose beiträgt. Ernest und Josephine Hilgard entwickelten zusammen mit ihren Kollegen die ersten zuverlässigen Tests für Hypnoseempfänglichkeit. Josephine Hilgard entwickelte auch effektive Hypnosetechniken zur Schmerzlinderung bei Kindern während medizinischer Eingriffe. Forschungen belegen, dass hypnotisch empfängliche Personen sich in Romane oder Theaterstücke hineinversetzen können. Und dass Hypnose keine Form von Träumen oder Schlafen ist, auch wenn es Übereinstimmungen gibt.

SIEHE AUCH Mesmerismus (1766), Multiple Persönlichkeitsstörung (1885), Hysterie (1886)

Dieses Bild (1900) zeigt, wie ein Hypnotiseur eine Gruppe von Menschen seltsame Dinge tun lässt.

1886

Psychopathia sexualis

Richard von Krafft-Ebing (1840-1902)

Die Begriffe „Sadismus“ (Spaß an sexueller Gewalt) und „Masochismus (Spaß, sich sexueller Gewalt zu unterwerfen) hat der deutsche Psychiater Richard von Krafft-Ebing bekannt gemacht. Er schrieb in einer Zeit, in der man befürchtete, dass die großen Errungenschaften der deutschen Kultur verloren gehen würden. Als Ursache sah er die Degeneration an, die sich aus den erblichen Folgen unmoralischen Verhaltens ergab. Diese Ansicht teilte er mit vielen Kollegen und Ärzten, die damit der Eugenik des frühen 20. Jhd. den Boden bereiteten.

Am meisten beunruhigten Krafft-Ebing die sexuellen Pathologien, die immer öfter aufzutreten schienen. Er begann diese Pathologien zu katalogisieren und zu klassifizieren und illustrierte sie mit extrem lebendigen Beispielen, sodass sie den Lesern als Warnung und Abschreckung dienten. Möglicherweise hatten sie jedoch eher den gegenteiligen Effekt, indem sie die männlichen Phantasien über verbotete Sexualpraktiken anregten.

In über 200 Fallstudien erklärte Krafft-Ebing den Ursprung und den Verlauf von sexuellen Pathologien. Er unterteilte die Abnormitäten in übergeordnete Kategorien, z. B. exzessives Verlangen, unzureichendes sexuelles Verlangen und falsch orientiertes sexuelles Verlangen. Zur letzten Gruppe zählte er Homo- und Bisexualität. Einzigartig an seiner Auffassung über Homosexualität war, dass er ihren biologischen Ursprung herausstellte.

Nach der Veröffentlichung der ersten Ausgabe der *Psychopathia sexualis* im Jahr 1886 erhielt Krafft-Ebing Briefe von Personen, die nicht in einer Anstalt saßen, sondern beim Lesen des Buchs begriffen hatten, dass sie nicht die einzigen Sadisten oder Masochisten waren. Somit kann man sagen, dass Krafft-Ebings Klassifizierung von sexuellen Pathologien dazu beitrug, die modernen sexuellen Identitäten zu schaffen. Dank seiner Beschreibungen mutierten solche Neigungen von sündhaftem Verhalten zum natürlichen Bestandteil des menschlichen Sexualverhaltens.

SIEHE AUCH Die Kinsey Reports (1948-1953), Sexuelles Empfinden (1966), *Sexual Fluidity* (2008)

Als Krafft-Ebing die Begriffe „Sadismus“ und „Masochismus“ einführte, fanden diese sexuellen Praktiken bereits überall statt, oft jedoch heimlich.

1890

The Principles of Psychology

William James (1842-1910)

Trotz seines künstlerischen Temperaments gehorchte William James seinem Vater und wurde Arzt, jedoch ohne jemals eine Praxis zu führen. Nach einer existentiellen Krise wirkte er als Dozent in Harvard. Dort wurde er ein Pionier auf dem in Amerika neuen Gebiet der Psychologie und schrieb ein Buch, das sich als der einflussreichstes Werk seiner Zeit herausstellen sollte: *The Principles of Psychology*. Er arbeitete zwölf Jahre daran und nach der Veröffentlichung 1890 schrieb er einem Freund, dass „Psychologie ein grauenvolles Thema" sei.

In seinem Buch beschreibt James die Psychologie als die Wissenschaft des geistigen Lebens. Die wissenschaftliche Psychologie soll uns zeigen, dass die Entwicklung unseres Bewusstseins und unseres Geistes dazu dient, dass wir uns an die Welt anpassen und in ihr überleben. Was das Bewusstsein tut, sei deshalb wichtiger als was es ist oder umfasst.

Wie kann man den Geist am besten untersuchen? In Deutschland verwendeten die ersten Laborpsychologen feinmechanische Instrumente wie das Hippsche Chronoskop, um mentale Reaktionen zu messen. James lehnte diese Herangehensweise ab, da man seiner Meinung nach nicht die Komplexität des mentalen Lebens ergründen könne, indem man die Einzelteile addierte oder Reaktionsgeschwindigkeiten messe. James bot eine alternative Sichtweise auf das Bewusstsein. In einer gelungenen Metapher verglich er Bewusstsein mit einem sich stets ändernden Fluss. Jemand könne niemals zweimal in den gleichen Fluss steigen. Kein Instrument könne somit jemals diese Erfahrung einfangen.

James schrieb auch über Gewohnheiten, die er das „Schwungrad des Lebens" nannte. Er schlug eine Emotionstheorie vor, nach der Emotionen aus körperlichen Reaktionen hervorgehen. Diese Theorie ist heute als die James-Lange-Theorie bekannt (Carl Lange war ein dänischer Arzt, der unabhängig von James zur gleichen Zeit dieselbe Theorie entwickelte).

James hat die Entwicklung der amerikanischen Psychologie stark beeinflusst. Sein breites Interesse wird aus dem Nachruf in der *New York Times* ersichtlich: „William James verstorben; großer Psychologe und renommierter Philosoph wurde 68 Jahre alt. Lange Zeit war er Professor in Harvard, virtueller Vater der amerikanischen Psychologie und Befürworter des Pragmatismus."

SIEHE AUCH Mind-Cure (1859), Mentale Chronometrie (1879), Funktionale Psychologie (1896)

OBEN: *William James (1890).* RECHTS: *Der Tiber in Rom. James verwendete den Begriff „Bewusstseinsstrom" als Metapher für sich ständig verändernde mentale Prozesse.*

1890

Psychologische Tests

Alfred Binet (1857-1911), **James McKeen Cattell** (1860-1944), **William Stern** (1878-1931)

Eine der ersten großen praktischen Anwendungen der Psychologie war die Entwicklung von psychologischen Tests. 1890 dachte sich der amerikanische Psychologe James McKeen Cattell den Begriff „Intelligenztest" aus. Obwohl Cattells eigenes Testprogramm für Studenten an der Columbia University scheiterte, messen amerikanische Psychologen im 20. Jhd. den Tests eine zentrale Rolle bei. Der wichtigste Vorteil dieser Art von Tests bestand darin, dass sie eine exakte numerische Messung der Psyche leisten konnten. Da die Quantifizierung eines Objekts, sogar die unsichtbare Fähigkeit des Geistes, eine Garantie für Wissenschaft war, halfen diese Tests, ein oft skeptisches Publikum davon zu überzeugen, dass Psychologie Wissenschaft war.

Anfang des 20. Jhd. begannen Psychologen mit der Entwicklung von Tests. 1905 konstruierte Alfred Binet den ersten nützlichen Test zur Ermittlung von intellektuellen Fähigkeiten, den **Binet-Simon-Test**, der 1916 an amerikanische Verhältnisse angepasst und als der Stanford-Binet-Test bekannt wurde. Inzwischen hatte der deutsche Psychologe William Stern den Intelligenzquotienten (IQ) formuliert (geistiges Alter dividiert durch chronologisches Alter multipliziert mit 100). Seither sind Millionen von Menschen weltweit davon überzeugt, dass Intelligenz als Zahl ausgedrückt werden kann.

Aber mit psychologischen Tests konnte man mehr als nur die Intelligenz messen. In den 20er Jahren entstanden die ersten Tests zur Messung der Persönlichkeit. Die Wirtschaft schaltete Psychologen ein, die sich für die Auswahl von Personal liebend gerne Eignungstests ausdachten. Im Ersten Weltkrieg entwickelte ein Psychologe den ersten Test für geistige Störungen, das Woodworth Personal Data Sheet, mit einer Reihe von Fragen wie „Hielt man dich für einen ungezogenen Jungen?" und „Glaubst du, dass niemand dich versteht?" 30 Jahre später war der häufigste dieser Tests der **Minnesota Multiphasic Personality Inventory (MMPI)**.

In weniger als 50 Jahren waren psychologische Tests Big Business geworden. Weltweit war man der Ansicht, wie Cattell 1890 schrieb, dass „Personen (…) ihre Tests interessant finden würden und möglicherweise auch nützlich in Hinsicht auf Ausbildung, Lebensweise oder Hinweise auf Krankheiten."

SIEHE AUCH Binet-Simon-Test (1905), Projektive Tests (1921), Thematischer Apperzeptionstest (1935), Minnesota Multiphasic Personality Inventory (1940)

James McKeen Cattell dachte sich den Begriff „Intelligenztest" aus.

1892

American Psychological Association

G. Stanley Hall (1844-1924)

Bereits einige Jahre nach der Eröffnung des ersten Psychologielabors in Deutschland war die neue Disziplin schnell genug gewachsen, um 1892 die Gründung der American Psychological Association (APA) zu rechtfertigen. Die treibende Kraft dahinter war der Psychologe Stanley Hall: Er fand, die Zeit sei dafür reif, das Fachgebiet zu organisieren, wie man das auch für die Wirtschaft, Geschichte, Biologie und Politologie getan hatte. Die Psychologie wurde fortan immer wichtiger, um Menschen dabei zu helfen, in einer zunehmend komplexen Gesellschaft zurechtzukommen.

Mit nur 640 Vollmitgliedern im Jahre 1940 war die Zahl der APA-Mitglieder in den ersten 50 Jahren nur bescheiden gewachsen. 1926 war jedoch eine neue Art von Mitgliedern entstanden, ohne Stimmrecht, die so genannten „Partner". 1940 gab es bereits über 2000 Partner. Die meisten von ihnen befassten sich mit angewandter Psychologie – ein Trend, der sich nach dem Zweiten Weltkrieg fortsetzte und 1970 seinen Höhepunkt erreichte. Damals wurde schon gewitzelt, dass um 2010 jeder auf der Welt ein Psychologe wäre. 2010 hatte die APA über 150.000 Mitglieder und Partner.

Die der geistigen Gesundheit, klinischen Psychologie und Beratungstherapie gewidmeten Bereiche der Psychologie wuchsen am schnellsten und sind noch immer dominant. Seit dem Zweiten Weltkrieg ist die APA in einzelne Bereiche unterteilt, sodass Mitglieder sich einer spezialisierten Gruppe anschließen können. 1944 wurden 19 Unterabteilungen genehmigt, und seither wurden weitere 35 für Spezialbereiche wie Frauenpsychologie, Psychologiegeschichte, Psychopharmakologie gebildet. Aus historischer Sicht ist die Psychologie ein zu komplexes Wissens- und Praxisgebiet, das nicht allein von einer einzigen Herangehensweise aus vertreten werden kann.

SIEHE AUCH Experimentelle Psychologie (1874), Mentale Chronometrie (1879), Psychologische Tests (1890), Militärische Intelligenztests und Rassismus (1921)

OBEN: *Sigmund Freud, G. Stanley Hall, C.G. Jung, A.A. Brill, Ernest Jones und Sándor Ferenczi posieren vor der Clark University in Worcester, Massachusetts (1909).* RECHTS: *Jonas Clarkgebouw, Clark University (2007). Der reiche Industrielle Jonas Clark engagierte G. Stanley Hall, um eine Universität für die Arbeiterjugend aufzubauen. Stattdessen gründete dieser jedoch eine Forschungseinrichtung.*

CLARK
UNIVERSITY
1887

1896

Funktionale Psychologie

John Dewey (1859-1952)

Nur wenige Personen haben das amerikanische Leben und Denken so stark geprägt wie John Dewey. Sein Wirken war vor allem auf dem Gebiet der Philosophie, Psychologie und Pädagogik spürbar. In diesem kleinen Rahmen können wir nur zwei Aspekte seines Einflusses auf psychologische Themen anreißen.

Deweys Artikel „The Reflex Arc Concept in Psychology" hinterfragte die gängige Vorstellung, dass Reiz und Reaktion voneinander getrennt sind. Seiner Ansicht nach war diese Trennung falsch; sie konnten beide nur gemeinsam betrachtet werden, weil sie unabhängig von einander keine Bedeutung hätten. Damit gehört er zu den Pionieren einer funktionalen Psychologie, die den Einfluss des sozialen Kontextes auf unser Denken und Handeln betont. Dies stand im Widerspruch zu E.B. Titcheners Strukturalismus, der zweiten wichtigen Strömung jener Zeit. Strukturalisten richteten sich auf den Inhalt und die Struktur des Denkens und nicht auf Anwendungen.

In Chicago widmete sich Dewey der Pädagogik, einem seiner großen Interessensgebiete. Seine lange Karriere als Schulphilosoph und -psychologe ging unmittelbar aus seiner funktionalen Psychologie hervor, bei der der Schwerpunkt auf der Funktion oder Aktion des Geistes lag. Er wusste aus Erfahrung, dass die Standardpraktiken jener Zeit (Drillen und Büffeln) geisttötend für das Kind waren. Er plädierte für Lernen durch Erfahrung: Kinder lernen am meisten, indem sie Dinge tun. Schulung ist wichtig, aber ein Kind muss die Chance bekommen, nach den Anweisungen zu handeln. Zur Gewährleistung dessen muss eine Schule die Möglichkeiten bieten, ein Kind differenziert und kreativ beim Schulungsmaterial mit einzubeziehen. Genau wie Friedrich Fröbel, Maria Montessori und Lew Wygotski, glaubte Dewey an eine Schulungspsychologie, die sich das Motto „Übung macht den Meister" auf die Fahne geschrieben hatte.

SIEHE AUCH Kindergarten (1840), *The Principles of Psychology* (1890), Casa dei Bambini (1907), Zone der proximalen Entwicklung (1934)

OBEN: *E.B. Titchener, Anhänger des konkurrierenden Strukturalismus.* RECHTS: *John Dewey ist einer von nur zwei amerikanischen Psychologen, denen eine Briefmarke gewidmet wurde.*

JOHN DEWEY
UNITED
STATES
30 CENTS

1897

Ödipuskomplex

Sigmund Freud (1856-1939)

Sophokles' Drama *König Ödipus* (429 v.Chr.) erzählt von Ödipus, der nicht wissentlich seinen Vater, König Laios von Theben, tötet und seine Mutter, Königin Iokaste, heiratet. Ödipus wurde von seinen Eltern als Kind ausgesetzt, weil ein Orakel diese Ereignisse vorausgesagt hatte. Als junger Mann begegnet Ödipus unterwegs einem Mann, den er nicht als seinen Vater erkennt, und tötet ihn in einem Handgemenge. Dann löst er das Rätsel der Sphinx: „Es ist am Morgen vierfüßig, am Mittag zweifüßig, am Abend dreifüßig." (Antwort: Der Mensch). Dies verschafft ihm Zugang zu Theben und das Recht, die Königin zu heiraten, seine biologische Mutter. Die Entdeckung, dass die Prophezeiung sich tatsächlich erfüllt hat, setzt einige Ereignisse in Gang: Iokaste begeht Selbstmord und Ödipus sticht sich die Augen aus.

Als Sigmund Freud 1897 mit den Ergebnissen einer Selbstanalyse seiner Träume nach dem Tod seines Vaters im Jahr zuvor ringt, erkannte er, dass der Ödipus-Mythos eine fundamentale Wahrheit über die menschliche Psyche enthielt. Er erinnerte sich an einen Traum nach seines Vaters Tod: Er war zu spät zur Beerdigung erschienen, weil er beim Frisör saß. Nähere Analyse zeigte, dass Freud viele negative Gefühle für seinen Vater hatte, einschließlich den Wunsch, er solle sterben. Parallel zu diesen feindlichen Wünschen entdeckte Freud, dass er auch Träume hatte, die symbolisch waren für das Begehren seiner eigenen Mutter.

Auf Basis seiner Traumanalyse erkannte Freud, dass er nicht alleine da stand: Es gehört zur normalen Entwicklung, dass ein Kind den Elternteil des anderen Geschlechts besitzen und gleichzeitig den Elternteil des gleichen Geschlechts loswerden will. Freud nannte dieses Zusammenspiel von Impulsen und Wünschen den „Ödipuskomplex". Seiner Ansicht nach war das der kritische Punkt in der psychologischen Entwicklung, dessen Lösung die erwachsene Persönlichkeit bestimmt. Der Ödipuskomplex ist einer der Pfeiler der klassischen **Psychoanalyse** geblieben. Spätere Vertreter der analytischen Theorie haben indes andere kritische Momente in der psychologischen Entwicklung formuliert.

SIEHE AUCH Hysterie (1886), Psychoanalyse (1899), *Die Traumdeutung* (1900), Psychosexuelle Entwicklung (1905)

Ödipus löst das Rätsel der Sphinx *(1805), vom französischen Maler Jean Auguste Dominique Ingres.*

J. INGRES
1808

1898

Torres Strait Expedition

William Halse Rivers Rivers (1864-1922)

Gegen Ende des 19. Jhd. organisierte eine Gruppe von Männern mit Interesse an anthropologischen Fragen eine Expedition zu den Inseln der Torres-Straße (Torres Strait) zwischen Australien und Neuguinea. Sie nahmen auch den jungen Arzt und Psychologen William H.R. Rivers aus Cambridge mit.

Rivers hatte die Leitung über die psychologische Untersuchung der Inselbewohner. Er wählte zwei junge Kollegen als Assistenten: C.S. Myers, der später den Begriff „**Shell shock**" für Kriegesneurosen definierte und William McDougall. Gemeinsam prüften sie mithilfe eigens angefertigter Messgeräte das Sehvermögen, andere Sinne sowie motorische Fähigkeiten. Es wurden über 20 psychologische oder psychophysiologische Phänomene untersucht, u. a. Geruchsunterscheidung, Sehvermögen, Hörschwelle und Farbwahrnehmung. Dem Forschungsvorhaben lag die Annahme zugrunde, dass die Einwohner die westlichen Normen und Werte nicht genügend kannten und deshalb den Hypothesen der Studie unbefangen gegenüber standen. Rivers schrieb: „Die Menschen hier sind ausreichend zivilisiert, um uns alle Beobachtungen machen zu lassen, und sie stehen noch nah genug an ihrem primitiven Ursprung, um sehr interessant zu sein." Rivers und sein Team entdeckten jedoch, dass sie keine Selbstbeobachtung als Methode anwenden konnten, da dieses Konzept den Einwohnern völlig fremd war.

Anders als der Mythos der erhöhten Sinnesfähigkeiten des „Edlen Wilden" suggerierte, entdeckten die Psychologen, dass die meisten getesteten Fähigkeiten mit denen der Europäer vergleichbar waren. In der Studie zeigte sich ebenfalls, dass Psychologie die richtigen Methoden und Mittel hatte, um Kenntnisse zu testen und zu klären, die vorher auf Annahmen oder Traditionen der europäischen Überlegenheit basierten. Durch empirische Belege, dass ältere Behauptungen der rassischen Überlegenheit falsch waren, lenkten die Ergebnisse der Expedition den Blick auf die Bedeutung unterschiedlicher Umweltbedingungen. Das stellte sich als wesentlich bei den Rassen- und Intelligenzdebatten heraus, die in den 1920er und 1930er Jahren in der amerikanischen Psychologie geführt wurden.

SIEHE AUCH Kulturgebundene Syndrome (1904), Shell shock (1915)

OBEN: *Mitglieder der Torres Strait Expedition 1898 (v.l.n.r.): William H.R. Rivers, C.G. Seligman, Sidney Ray, Anthony Wilkin, Alfred C. Haddon (sitzend).* RECHTS: *Gesichtsmaske aus dem 19. Jhd. von einer Insel der Torres Strait, jetzt im Besitz des Reitberg Museums in der Schweiz.*

1898

Der Problemkäfig

Edward L. Thorndike (1874-1949)

Charles Darwins *Über die Entstehung der Arten* (1859) öffnete die Tür für die vergleichende Studie des Geistes von Menschen und Tieren. Darwin selbst schrieb das vermutlich erste Werk der modernen vergleichenden Psychologie: *Der Ausdruck der Gemütsbewegungen bei dem Menschen und den Tieren* (1872). Zehn Jahre später veröffentlichte Darwins Freund, der Biologe George Romanes, *Animal Intelligence*: Darin beschrieb er anhand von Anekdoten, wie Tiere denken. Er sammelte Beschreibungen von tierischem Verhalten, um Schlussfolgerungen über die Funktion des tierischen Geistes zu ziehen.

Gegen Ende des 19. Jhd. wurde die anekdotische Methode unbeliebt, vor allem bei amerikanischen experimentellen Psychologen. Edward Thorndikes 1898 veröffentlichte Experimente waren das Aus für anekdotische Berichte. Für seine Doktorarbeit führte Thorndike Versuche mit Katzen, Hunden und Küken in „Problemkäfigen" durch, um nachzuweisen, dass Tiere ausschließlich über die *Trial-and-Error*-Methode sowie durch Belohnung und Bestrafung lernen. Wenn ein Tier in einen Käfig gesetzt wird, zeigt es willkürliche Verhaltensweisen. Wenn es zufällig eine Tür öffnet, sich befreien kann und Nahrung erhält, wird es dieses Verhalten jedes Mal schneller wiederholen, wenn es in diesen Käfig gesetzt wird. Thorndike schlussfolgerte, dass Tiere nicht durch Beobachtung, Nachahmung oder Begründung lernen, sondern rein durch Assoziation. Außerdem verbindet das Tier die Idee oder die geistige Vorstellung, sich in einem Käfig zu befinden, nicht mit der geistigen Vorstellung einer Flucht. Das Tier korrelierte vielmehr einen Reiz (in einer bestimmten Lage im Käfig sitzen) und eine Reaktion (auf das Pedal drücken, um zu fliehen).

Thorndikes Schlussfolgerungen wurden nicht nur allseits anerkannt, sondern sein Werk lieferte auch eine Rechtfertigung dafür, Tiere zum Studium menschlicher Lernprozesse zu verwenden. Auf Basis von Darwins These vom tierischen Ursprung des Menschen waren Thorndikes Tiere analog zum Menschen: Dieselben Lernprinzipien gelten für alle Tiere.

SIEHE AUCH Behaviorismus (1913), *Rattus norvegicus* var. *albinus* (1929), Operante Konditionierung (1930)

Ein Eichhörnchen wird auf frischer Tat beim Plündern einer Futterstelle für Vögel erwischt. Wenn Eichhörnchen erst einmal die Assoziation zwischen solchen Stellen und der Aussicht auf Nahrung haben, gehen sie sehr weit – sogar durch einen komplizierten Hindernisparcours – um an ihre Belohnung zu kommen.

1899

Pelman-Methode

William Joseph Ennever (1869-1947)

William Joseph Ennever entwickelte 1899 die Pelman-Methode, eine Art Psychologie für den Hausgebrauch. Der Name ist dem Pelman Institut in London entlehnt, das wiederum nach dem britischen Psychologen Christopher Louis Pelman benannt war. Die Pelman-Methode war eine Technik zur Selbstverbesserung und wurde zum Symbol für das zunehmende Interesse der Briten an angewandter Psychologie zur Verbesserung des Lebensqualität.

„Praktische Psychologie" ist der Überbegriff, der meistens für die vielen Praktiken verwendet wurde, die in den ersten 40 Jahren des 20. Jhd. in Großbritannien beliebt wurden. Die praktische Psychologie war keine akademisch fundierte Wissenschaft und auch nicht kein medizinisches Fachgebiet. Das Attraktive an der Pelman-Methode und der praktischen Psychologie war gerade, dass jeder sie erlernen und mit viel Übung seine Lebensqualität drastisch verbessern konnte.

Psychologie als Disziplin und **Psychoanalyse** konnten sich in der ersten Hälfte des 20. Jhd. in Großbritannien nur langsam etablieren. Dagegen fielen die Pelman-Methode und ähnliche Praktiken auf fruchtbaren Boden. Die Pelman-Methode zielte darauf ab, die Effizienz kognitiver Prozesse durch mentales Training zu verbessern. Sie wurde zudem immer öfter als Mittel zur Selbstverbesserung betrachtet. Neben der Pelman-Methode entstanden weitere populäre Techniken. Die 1901 gegründete *Psycho-Therapeutic Society* begann mit alten Praktiken wie dem **Mesmerismus**, endete jedoch als Organisation zur Förderung psychischer Heilpraktiken.

Die praktische Psychologie gewann nach dem 1. Weltkrieg stark an Bedeutung. In den 1920er Jahren war die Bildung lokaler Clubs zur Förderung diverser Selbsthilfe-praktiken ein Trend. Schließlich waren es so viele, dass der nationale Verband von *Practical Psychology Clubs of Great Britain* gebildet wurde. Viele dieser Clubs gaben Zeitschriften heraus oder boten Fernunterricht an. So verbreitetn sich ihre Ansätze und entwickelten sich parallel zur professionellen Psychologie.

Die praktische Psychologie fand vor allem bei der Arbeiterklasse Anklang, die darin einen Weg zur sozialen Verbesserung sah. Die Professionalisierung der Psychologie nach 1945 führte zum Verschwinden der meisten dieser praktischen Methoden.

SIEHE AUCH Mesmerismus (1766), Die Phrenologie erobert Amerika (1832), Mind-Cure (1859)

OBEN: *Schriftsteller Sir Henry Rider Haggard (1856-1925) studierte der Pelman-Methode.* RECHTS: *Karikatur aus* Vanity Fair *(1900), von Robert Baden-Powell, Gründer der Pfadfinder und eifriger Verfechter der Pelman-Methode.*

Drawl

1899

Psychoanalyse

Sigmund Freud (1856-1939)

Sigmund Freud wurde in Wien von den damals führenden medizinischen Wissenschaftlern zum Neurologen ausgebildet. Er wies mit rationalen Mitteln nach, dass Menschen oft von irrationalen Trieben wie Sex, Wut und Angst gelenkt werden. Seine Ideen hatten Auswirkungen auf Literatur, Drama und Malerei sowie auf die klinischen Bereiche der Psychiatrie, Psychologie, Sozialarbeit und der Beratungstherapie.

Freud war ein ausgezeichneter Student mit einer großen intellektuellen Neugier, der sein Leben der Medizin widmen wollte. Er begriff sehr schnell die Bedeutung von Motivation und den dynamischen Charakter des menschlichen Verhaltens. Weil er ein großer Wissenschaftler werden wollte, untersuchte er sechs Jahre lang sehr sorgfältig das Nervensystem von Fischen und anderen Organismen. Nachdem er sich in Martha Bernays verliebt hatte, gründete er eine Praxis, um seine Familie unterhalten zu können.

Ein Stipendium in Paris bei dem berühmten Neurologen Jean-Martin Charcot führte ihn zu der Einsicht, dass Trauma eine Rolle bei **Hysterie** spielt, weil Ideen sich vom rationalen Denken abspalten. Nach seiner Rückkehr nach Wien hörte er von der Sprechtherapie, die sein Mentor Josef Breuer 1880 bei seiner Patientin **Anna O**. angewandt hatte. Freud verwendete dies alles, um seine ersten Prinzipien der **Psychoanalyse** zu formulieren. Er entwickelte die Techniken der Traumanalyse und freien Assoziation, um Zugang zum Unbewussten von Patienten zu bekommen. Er beschrieb auch als erster klinische Phänomene wie Verdrängung, Übertragung und Gegenübertragung, die das Fundament der psychoanalytischen Praxis schufen.

Bis zu seinem Tod arbeitete Freud an seiner Theorie und verfeinerte sie. Er machte sich Gedanken über die Entwicklung von Kindern, den Ursprung von Neurosen, die Rolle instinktiven Verhaltens und die Entstehung und Anwendung psychischer Abwehrmechanismen. Er schrieb über die Rolle der Religion, die er eine „Illusion" nannte, und erklärte, weshalb Zivilisation zu psychischen Konflikten führt. Sein theoretisches und klinisches Werk gilt als der größte Beitrag zur Schaffung der psychologischen Subjektivität im 20. Jhd.

SIEHE AUCH Hysterie (1886), Ödipuskomplex (1897), *Die Traumdeutung* (1900), Jungianische Psychologie (1913), Abwehrmechanismen (1936), Psychosomatik (1939)

Internationaler Psychoanalytischer Kongress, mit Sigmund Freud in der Mitte der zweiten Reihe, 1911.

1900

Die Traumdeutung

Sigmund Freud (1856-1939)

Die Grundprinzipien der **Psychoanalyse** wurden zwischen 1886 und 1900 von Sigmund Freud entwickelt. Am Ende dieser Periode veröffentlichte er sein wichtigstes Buch, *Die Traumdeutung*. Darin stellte er ein vollständig psychologisches – anstatt neurologisches – Modell des Geists vor. Obwohl Freud die meisten seiner Theorien ständig überarbeitete, hatte er die meisten seiner Hauptideen in Begriffen formuliert, die er später nicht mehr änderte oder revidierte.

Der unmittelbare Anlass für sein Buch war der Tod seines Vaters 1896, der ihn tief traf. Freud wurde depressiv und nach einigen Monaten beschloss er, zu tun als sei er selbst ein Patient und analysierte sich selbst mittels seiner Träume und freier Assoziation. Durch diese Selbstanalyse fand Freud in Träumen den „Königsweg ins Unbewusste“. Ausgehend von seiner Traumanalyse äußerte er die Vermutung, dass Träume zwei Bedeutungsebenen haben: den manifesten Inhalt (der oberflächlich ist und nicht die wirkliche psychische Bedeutung des Traums enthält) und den latenten Inhalt (die wirkliche Bedeutung in symbolischer Form). Freud sagte, dass Träume Wunscherfüllungen sind, deren latente Bedeutung wegen ihrer gesellschaftlich inakzeptablen Art verhüllt werden muss. Deswegen seien Träume vergleichbar mit Symptomen von **Hysterie**, da beide Symbole für Ideen oder Wünsche sind, die zu gefährlich sind, um sie im Alltag zu äußern. Das brachte Freud zu einer wichtigen Einsicht: Zuerst nahm er an, dass sexuelle Erfahrungen in der Kindheit seiner Patienten echt waren. Nun jedoch sah er ein, dass sie wahrscheinlich niemals stattgefunden hatten, sondern dass die Erinnerungen seiner Patienten in symbolischer Form ausgedrückte sexuelle Wünsche waren.

Freud wandte freie Assoziation an, um seine Träume nach dem Tod seines Vaters zu analysieren und entdeckte zu seinem Entsetzen viele dieser Wünsche in seinen eigenen Träumen. Von größter Bedeutung war seine Entdeckung des **Ödipuskomplexes**, ein Prinzip, das sich für sein späteres Werk als äußerst bedeutend erweisen sollte.

SIEHE AUCH Ödipuskomplex (1897), Psychoanalyse (1899), Psychosexuelle Entwicklung (1905), Jungianische Psychologie (1913), Abwehrmechanismen (1936)

Traum *(ca. 1905), vom katalanischen symbolistischen Maler Joan Brull.*

1902

Psychologie der Zeugenaussagen

L. William Stern (1871-1938)

Die Auffassungen darüber, wer sich für eine Zeugenaussage vor Gericht eignete, entwickelten sich parallel zur Ausformulierung von Gesetzen. Die längste Zeit in der Geschichte war es Frauen und Kindern verboten, vor Gericht auszusagen, da man sie nicht für glaubwürdig hielt. Auch viele andere Personen – Sklaven, Kriminelle und Arme – wurden zu unterschiedlichen Zeiten davon ausgeschlossen. Seit Anfang des 20. Jhd. spekulierten Psychologen jedoch über die Möglichkeit, Zeugenaussagen zu verbessern.

Der deutsche Psychologe William Stern führte als erster eine angewandte Studie über die Psychologie von Zeugenaussagen durch. Ende der 1870er Jahre waren in Deutschland die ersten Labors für **experimentelle Psychologie** gegründet worden und in den 1890er Jahren hatte man dort auch vollwertige Studien nach Methoden der angewandten Psychologie entwickelt. Als Stern 1902 sein Forschungsprogramm startete, wurden an Universitäten bereits die ersten Kurse über Recht und Psychologie angeboten. Die 1904 verfasste Dissertation von Max Wertheimer, der als der Vater der **Gestaltpsychologie** gilt, handelte z. B. vom Wahrheitsgehalt von Zeugenaussagen. In den USA wandte der deutsche Einwanderer Hugo Münsterberg die Psychologie erstmals 1908 in seiner Studie über Zeugenaussagen an.

Ein Problem der Psychologie von Zeugenaussagen ist die Diskrepanz zwischen Laboruntersuchungen, in denen viele Variablen kontrolliert werden können, und der Komplexität und den oft chaotischen Zuständen in realen Gerichtsverhandlungen. In den 1980er Jahren häuften sich jedoch in den USA die Untersuchungsergebnisse. Insbesondere Aussagen von Augenzeugen stellten sich als problematisch heraus. Auf der einen Seite haben Psychologen nicht nur die Expertise für eine bessere Vernehmung von Zeugen entwickelt, sondern auch Methoden, um zuverlässige Aussagen zu erhalten. Auf der anderen Seite haben Psychologen nachgewiesen, dass das Gedächtnis manipuliert werden kann und somit unzuverlässig ist, wie im Falle von Erinnerungsverfälschung.

SIEHE AUCH Der Lügendetektor (1913), Erinnern und Vergessen (1932), Fehlinformationseffekt (1994)

Naziverbrecher hören sich die Anklagen bei den Nürnberger Prozessen 1945 und 1946 an. Hermann Göring, der Hitler mit zur Macht verhalf, sitzt ganz links in der ersten Reihe.

1903

Psychotechnik

L. William Stern (1871-1938)

Mitte der 19er Jahre protestierten deutsche Telefonistinnen gegen das, was sie als den umfangreichen Einsatz von psychologischen Tests zur Regulierung nahezu sämtlicher Aspekte ihrer Arbeit betrachteten. Die Tests waren Teil der Bestrebungen, an europäischen und nordamerikanischen Arbeitsstätten die Rahmenbedingungen zu gestalten und die Produktivität zu erhöhen. In Europa wurden dieser Ansatz „Psychotechnik" genannt, während in den USA Begriffe wie *Industrial Psychology* und *Business Psychology* verwendet wurden. Das Wort „Psychotechnik" dachte sich 1903 der deutsche Psychologe William Stern aus. Anschließend machte es der Harvardprofessor Hugo Münsterberg durch sein Buch *Psychology and Industrial Efficiency* (1913) salonfähig.

Weshalb hatte die Psychotechnik Erfolg? Durch die bolschewistische Revolution in Russland (1917) befürchteten andere europäische Länder gesellschaftliche und politische Unruhen seitens der Arbeiterklasse. Außerdem mangelte es aufgrund der vielen Kriegsopfer im Ersten Weltkrieg an Arbeitskräften. Dazu kam, dass durch diesen Krieg die industrielle Infrastruktur in vielen europäischen Ländern stark beschädigt worden war. Dadurch entstand sowohl der Bedarf als auch die Möglichkeit alles auf rationaler Basis neu aufzubauen.

Die Psychotechnik fand in vielen europäischen Ländern, vor allem in Deutschland, großen Anklang als eine Form der angewandten Psychologie. Sie breitete sich nach dem Ersten Weltkrieg schnell aus, als Regierungen die Psychotechnik als Teil des Wiederaufbaus und zur Stabilisierung des Landes einzusetzen versuchten. Der Zweck war, Beschäftigung zur Routine zu machen, wodurch Stress, insbesondere für Frauen, verringert wurde. Mitte der 19er Jahre wuchs jedoch das Misstrauen, weil Psychotechnik vor allem Arbeitgeber begünstigte; hingegen befürchteten die Arbeitnehmer, dass die Ergebnisse benutzt würden, um sie auszubeuten. Dieses Gefühl, kontrolliert zu werden, hat Fritz Lang in seinem klassischen Film *Metropolis* (1927), zum Ausdruck gebracht.

SIEHE AUCH *Im Dutzend billiger* (1924), Hawthorne-Effekt (1927)

Diese Abbildung (1927) des deutschen Künstlers Fritz Kahn, auf der das Nervensystem mit einem elektronischen Alarmsystem verglichen wird und das Gehirn ein Büro ist, in dem Einkäufe sortiert werden, ist typisch für die Ideologie und die Praxis der Psychotechnik im frühen 20. Jhd.

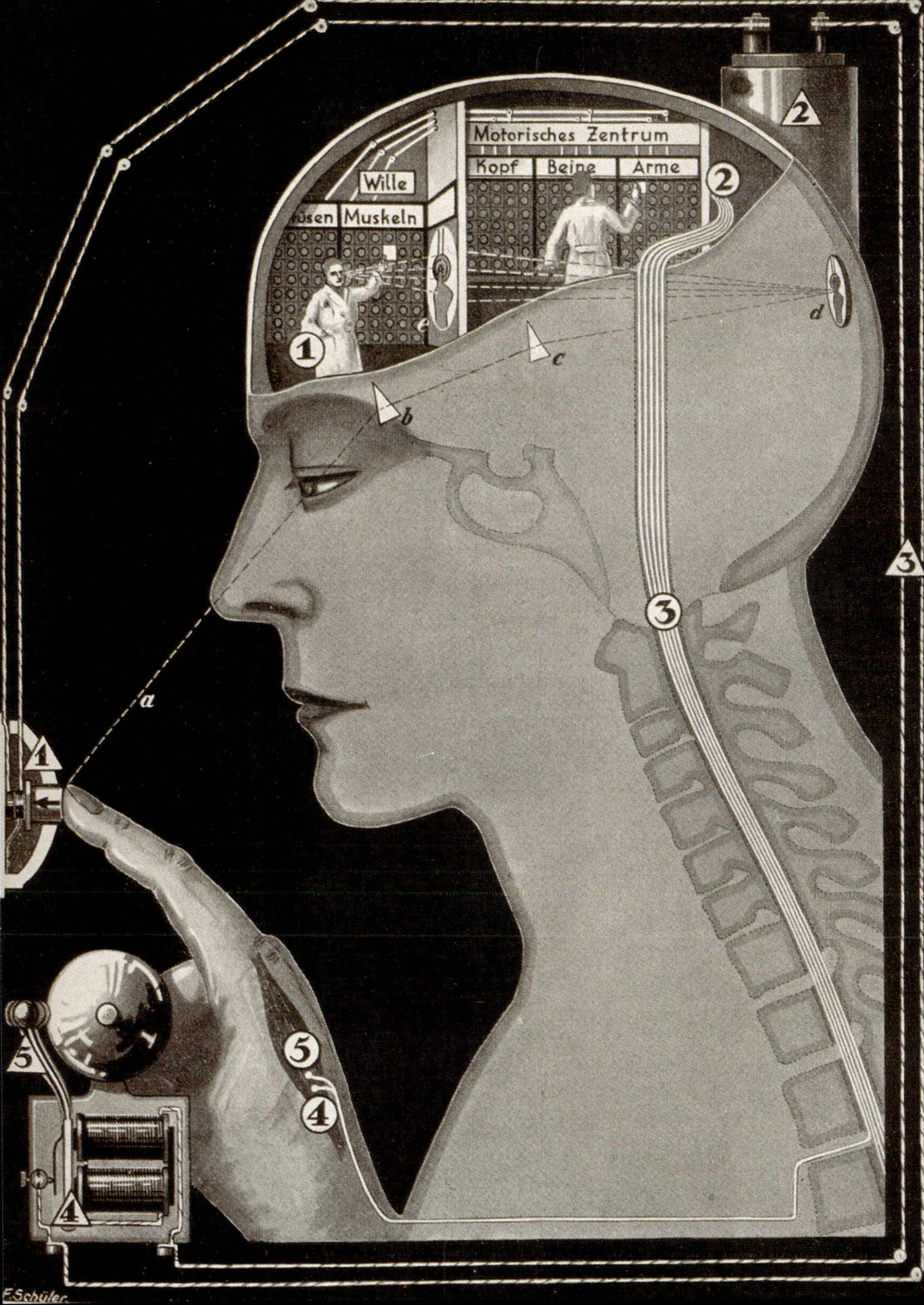

Motorisches Zentrum
Kopf
Beine
Arme
Wille
Muskeln
F. Schüler

1903

Klassische Konditionierung

Ivan Pawlow (1849-1936)

Der russische Physiologe Ivan Pawlow war der Ansicht, dass wissenschaftliche Studien über das Nervensystem und die Präsentation ihrer Ergebnisse objektiv, mechanistisch und materialistisch sein sollten. Pawlow wurde als Sohn eines Dorfpriesters in Zentralrussland geboren. Zunächst schien er in die Fußstapfen seines Vaters zu treten, aber ein wachsendes Interesse an der Wissenschaft führte ihn an die Universität von St. Petersburg, an der er mit einer physiologischen Arbeit promovierte.

1890 war Pawlow Leiter der Physiologieabteilung am akademischen Institut für experimentelle Medizin. Sein Fachbereich war die Erforschung des Verdauungssystems, wofür er 1904 den Nobelpreis bekam. Pawlow experimentierte vorzugsweise mit Hunden. Nach dem Verdauungssystem im Magen erforschte er die Speichelproduktion als notwendigen Bestandteil des Verdauungsprozesses. 1903 sah einer der Hundepfleger in seinem Labor, dass bei den Hunden der Speichelfluss bereits ausgelöst wurde, bevor sie zu fressen bekamen. Daraufhin beschloss Pawlow experimentell, den psychischen Prozess dieses Phänomens zu erforschen. Pawlow untersuchte, wie externe Reize manipuliert werden konnten, um Verhalten zu steuern. Sein berühmtestes Beispiel ist ein Versuch, der heute als „Klassische Konditionierung" bekannt ist: Wenn eine Klingel ertönt, sobald die Hunde zu fressen bekommen, werden sie so konditioniert, dass sie später allein aufgrund des Klingeltons geifern, selbst wenn sie nichts zu fressen bekommen. Nach Pawlow war die Konditionierung eine Frage von Prozessen im Nervensystem und nicht des Geistes. Wie ein Hund lernt, und somit auch Menschen und andere Tiere, war eine Frage der Assoziation, die anschließend zur Bildung von Assoziationsketten führte. Pawlow und sein Team untersuchten jahrelang die Auswirkungen dieses Lernmodells und auch die Frage, wie sie psychische Störungen erklären könnten.

SIEHE AUCH Experimentelle Neurose (1912), Behaviorismus (1913), *Rattus norvegicus* var. *albinus* (1929)

OBEN: *Ivan Pawlow in seinem Labor, 1922.* RECHTS: *Bronzestandbild von Pawlow und einem seiner Hunde, bei seinem Labor in Koltuschi, Russland.*

1904

Adoleszenz

G. Stanley Hall (1844-1924)

Die Schriften von Charles Darwin inspirierten die erste Generation neuer wissenschaftlicher Psychologen in den USA zu neuen Vorstellungen über die Kindesentwicklung. Sie erhofften sich von der Studie des Kindes Einblick in die geistige Evolution des *Homo sapiens*. G. Stanley Hall, einer der Begründer der amerikanischen wissenschaftlichen Psychologie, begriff die Evolution als Grundmodell für Kindesstudien, insbesondere die Rekapitulationstheorie: Die Idee, dass Ontogenese (individuelle Entwicklung) Phylogenese (Stammesentwicklung) rekapituliert, bzw., dass die Evolutions geschichte einer Art sich in der Entwicklung seiner Individuen wiederholt. So hat der menschliche Fötus in bestimmten Stadien Kiemen und einen Schwanzansatz. Nach der Geburt, so dachte man, könnte man die geistige Entwicklung der menschlichen Art durch sorgfältige Beobachtung des heranwachsenden Kindes verfolgen. Es gab auch wichtige gesellschaftliche Vorteile bei einer Untersuchung der Kinderjahre: In einer immer komplexer und vielschichtiger werdenden Gesellschaft konnten Kindesstudien Einblicke verschaffen, wie eine optimale Sozialordnung geschaffen werden könnte.

1904 veröffentlichte Hall eine bahnbrechende zweiteilige Studie, in der er ein neues Entwicklungsstadium beschrieb: die Adoleszenz. Er betrachtete diese Periode als ausschlaggebend für die Gesundheit einer Gesellschaft und meinte, dass sie Einblicke bot in die geistige Entwicklung der menschlichen Rasse. Die Implikationen für die menschliche Entwicklung zeigen sich im vollständigen Titel der Studie: *Adolescence: Its Psychology and Its Relations to Physiology, Anthropology, Sociology, Sex, Crime, Religion and Education*. Nach Hall war dies ein neues Stadium, das durch die Schulpflicht und die Abschaffung der Kinderarbeit entstanden war. Kinder in diesem Alter waren noch nicht erwachsen, sondern blieben abhängig, was sich in der Ruhelosigkeit und dem Stress eines reifenden Körpers und Geistes äußerte.

SIEHE AUCH Rousseaus Edler Wilde (1762), Babybiographien (1877), Zone der proximalen Entwicklung (1934), Ökosystemischer Ansatz (1979)

Vier Mädchen *(1912-1913), vom deutschen Expressionisten August Macke.*

1904

Kulturgebundene Syndrome

Emil Kraepelin (1856-1926), **Arthur Kleinman** (geb. 1941)

Können psychiatrische Störungen am besten in einem bestimmten kulturellen Kontext begriffen werden? Sind sie kulturgebunden? Wie es aussieht, können wir nicht mehr länger davon ausgehen, dass geistige und emotionale Störungen überall gleich erfahren werden oder dass Behandlungen ganz einfach von der einen Kultur auf die andere übertragen werden können. Man wusste seit Jahrhunderten von kulturellen Unterschieden in der Denkart, aber es war der Psychiater Emil Kraepelin, der 1904 darauf drängte diese Unterschiede zu berücksichtigen:

> Die Merkmale eines Volkes müssen sowohl in der Frequenz von Geisteskrankheiten als auch in der Art ihrer Manifestationen wiederzufinden sein (…), sodass vergleichende Psychiatrie es ermöglicht, einen Beitrag zum Verständnis pathologischer psychischer Prozesse zu leisten.

Die Feldarbeit von medizinischen Anthropologen war Anlass für Fragen über die Rolle von Kultur für Gesundheit und (geistige) Krankheiten. *Patients and Healers in the Context of Culture* (1980) des Psychiaters Arthur Kleinman war Anlass für die heutige Debatte über kulturgebundene Syndrome. Der Psychologe Anthony Marsella hat umfassend über Kultur und Depression geschrieben und darauf hingewiesen, dass sich Depression in vielen Kulturen im Körper äußert, mit Symptomen wie Rückenschmerzen und Magenproblemen.

In jüngerer Zeit haben Psychiater erkannt, dass es kulturell vorgeschriebene Arten gibt, wie man Störungen beschreiben kann, die psychopathologische Bedeutung haben. Zwei kulturgebundene Syndrome als Beispiel:

> **Koro** (Ost- und Südostasien): eine Episode plötzlicher und intensiver Anspannung, wobei der Penis oder in seltenen Fällen die Vulva und Brustwarzen der Frau sich in den Körper zurückziehen und zum Tode führen können.
>
> **Anorexia nervosa** (Nordamerika, Westeuropa): starke Einschränkung der Nahrungsaufnahme, geht einher mit einer krankhaften Angst, dick zu werden.

Diese Syndrome verweisen auf die wichtige Rolle, die kulturelle Überzeugungen und Gewohnheiten bei der Bestimmung von geistiger Gesundheit und Krankheit spielen.

SIEHE AUCH Torres Strait Expedition (1898), Amerikanische Klassifizierung psychischer Störungen (1918), Der goldene Käfig (1978)

Voodoo-Altar mit diversen Fetischen in Abomey, Benin. Westafrikanische Anhänger der Voodoo-Religion glauben, dass solche Gegenstände Verjüngungskräfte haben.

1905

Psychosexuelle Entwicklung

Sigmund Freud (1856-1939)

Laut Sigmund Freud war der Ödipuskomplex ein normaler Bestandteil der psychischen Entwicklung, bei dem das Kind nach dem Elternteil des anderen Geschlechts verlangt und sich den Tod des Elternteils des gleichen Geschlechts herbeiwünscht.

Auf Basis seines klinischen und theoretischen Werks meinte Freud, dass Kinder von ihrer Geburt an „polymorph pervers", d.h. in der Lage sind, Lust durch die Reizung von Körperteilen zu empfinden. Im Laufe der körperlichen und geistigen Entwicklung werden bestimmte Körperteile der Mittelpunkt der Lust. Diese erogenen Zonen ändern sich in jedem Stadium und sind mit einem bestimmten Körperteil verbunden, bei dem die Lust am intensivsten ist. Diese psychosexuellen Stadien sind oral, anal, phallisch, anschließend folgt eine Latenzzeit und schließlich das genitale Stadium.

Im oralen Stadium erfährt das Kind Genuss vor allem über den Mund. Zwischen dem zweiten und dritten Lebensjahr wird der Anus die erogene Zone, wobei sich die gesellschaftlich akzeptierte Lustempfindung auf die Kontrolle des Stuhlgangs begrenzt. In der phallischen Phase sind die eigenen Genitalien die Quelle des Lustempfindens. Das Verlangen nach Lust steigert sich und mündet schließlich in den Ödipuskonflikt. Wie man mit diesem Konflikt umgeht, hat entscheidenden Einfluss auf die spätere erwachsene Persönlichkeit. Die direkte und gleichzeitig immer mangelhafte Lösung des Konflikts entsteht, wenn das Kind sich mit dem Elternteil des gleichen Geschlechts identifiziert. Dann erfolgt die Latenzphase, in der wenig psychosexuelle Entwicklung stattfindet. Der Beginn der Pubertät geht mit dem genitalen Stadium einher, in der sich das Kind für die Genitalien des anderen Geschlechts interessiert. Schließlich erfüllt es die gesellschaftlichen Normen der Fortpflanzung innerhalb der Konventionen einer heterosexuellen Ehe.

Gemäß Freud können zu jedem Zeitpunkt in der psychosexuellen Entwicklung Dinge schiefgehen, mit schweren Folgen für den Erwachsenen. Es sei dann die schwierige Aufgabe der **Psychoanalyse**, die immer gegenwärtige Störung in der psychosexuellen Entwicklung zu lindern. Wie Freud schon sagte: Das Ziel der Psychoanalyse ist es, den Patienten vom Elend ins gewöhnliche Unglück zu führen.

SIEHE AUCH Hysterie (1886), Ödipuskomplex (1897), Psychoanalyse (1899), *Die Traumdeutung* (1900)

Trauernde Elektra *(1784), vom deutschen Maler Johann Heinrich Tischbein d. Ä. 1913 stellte Freuds Mitarbeiter Carl Jung den Elektrakomplex vor. Das weibliche Äquivalent des Ödipuskomplexes entsteht im dritten phallischen psychosexuellen Stadium und entlehnt seinen Namen einer Frau aus der griechischen Mythologie, die zusammen mit ihrem Bruder Orestes den Mord an ihrer Mutter Klytämnestra plante.*

1905

Binet-Simon-Test

Alfred Binet (1857-1911), **Théodore Simon** (1872-1961)

Zu Beginn des 20. Jhd. war Frankreich mit der industriellen Produktion seinem Erzfeind Deutschland gegenüber ins Hintertreffen geraten. Deshalb wurde Druck auf die Schulen ausgeübt, um Kinder besser auszubilden. Lehrer beschwerten sich jedoch, dass die Klassen zu groß waren und zu viele förderbedürftige Kinder zwischen solchen mit normalen Fähigkeiten saßen.

Zur Lösung dieses Problems wandte sich die Regierung an Alfred Binet, einen Psychologen, der viel mit Kindern arbeitete. Binets erster Versuch, Tests zu entwickeln, schlug fehl. Dann kam Théodore Simon hinzu. Jetzt konnten sie die Testergebnisse von Kindern mit durchschnittlichem Niveau mit jenen von weniger Begabten vergleichen.

Die wesentlichste Einsicht Binets war, dass beide Gruppen zwar die gleichen Tests machen konnten, aber dass die normalen Kinder sie in einem jüngeren Alter machen konnten als die förderbedürftigen Kinder. Mit dieser Einsicht entwickelten Binet und Simon 30 Aufgaben mit steigendem Schwierigkeitsgrad, von einfachen Aufgaben (Hand des Versuchsleiters schütteln) bis hin zu sehr komplexen Aufgaben, die sogar für die ältesten Kinder schwierig waren, z. B. das Definieren abstrakter Wörter. Kinder absolvierten diesen Test bis zu dem Punkt, an dem sie nicht mehr weiterkamen. Dieser Punkt hieß dann ihr „geistiges Niveau". Jedes Kind, das im Vergleich zu seinen Altersgenossen zwei oder mehr Jahre in seinen Leistungen zurücklag, wurde als „subnormal" bezeichnet und in eine Klasse gesetzt, die seinem geistigen Niveau entsprach.

Der Binet-Simon-Test aus dem Jahr 1905 wurde 1908 und 1911 überarbeitet und 1916 für die Anwendung in Amerika angepasst. Binet hielt übrigens an seiner Ansicht fest, dass Intelligenz keine feststehende Größe war und dass diese Art von Tests nicht dazu verwendet werden dürften, zukünftige Leistungen vorauszusagen. Sie seien lediglich Momentaufnahmen.

SIEHE AUCH Psychologische Tests (1890), Projektive Tests (1921), Thematischer Apperzeptionstest (1935), Minnesota Multiphasic Personality Inventory (1940)

OBEN: *Alfred Binet.* RECHTS: *Kollage aus Materialien des Stanford-Binet-Tests aus den 1930er Jahren.*

RECORD BOOKLET — Form L
FOR THE REVISED STANFORD-BINET SCALE
as described in Terman and Merrill's Measuring Intelligence
No.
Series
COPYRIGHT, 1937, BY LEWIS M. TERMAN AND MAUD A. MERRILL
Persons who, without authorization, reproduce the material in this Scale or any parts of it in any form whatever, whether typewritten, multigraphed, mimeographed, or printed, are violating the authors' copyright. No material contained herein, or modifications of it, may be used except by special arrangement with the publishers and the payment either of a permission fee or of a royalty on all copies distributed.
Name
Examiner
C.A.
Sex
Birthdate
Date
School
Grade
Parent
Birthplace
Occupation of father
Race

1906

Die Emmanuelbewegung

Elwood Worcester (1862-1940), **Samuel McComb** (1864-1938)

An einem nassen, kalten Novemberabend des Jahres 1906 kamen fast 200 Männer und Frauen in Bostons Emmanuelkirche zusammen, um Hilfe bei Problemen psychologischer oder medizinischer Natur zu bekommen. Vier Männer – zwei Ärzte und zwei Geistliche – sprachen über Themen der Heilpraktiken bis hin zu jüngsten psychologischen Studien über das Unbewusste. Der Pfarrer dieser Kirche, Elwood Worcester, lud die Anwesenden, die ihre moralischen oder psychischen Probleme besprechen wollten, ein, am nächsten Morgen wiederzukommen. Viele taten das, und die erste Vereinigung für Religion, Psychologie und Medizin in Amerika war geboren.

Die Emmanuelbewegung wurde von Worcester und seinem Assistenten Samuel McComb geleitet. Begleitet wurde sie anfangs von prominenten Ärzten aus Boston. Die Kirche bot gratis medizinische Untersuchungen und Erwachsenenkurse über Psychologie, Medizin, Gesundheit und Laienpsychotherapie an. Die Psychotherapie zog die meiste Aufmerksamkeit auf sich, sowohl positive als negative. Einige Ärzte und Psychologen in Boston boten bereits seit Jahren psychische Beratung an, aber außerhalb der Stadt war die Psychotherapie nicht bekannt. Der Erfolg der Bewegung in Boston führte zu der Nachfrage nach ähnlichen, von der Kirche organisierten Kliniken und Beratungszentren in anderen Städten.

Anfänglich übernahm Worcester selbst die Ausbildung der Amateurtherapeuten, die in der Klinik arbeiteten. Für das Training und die Therapie schöpfte man aus den psychologischen Studien in Boston und dem älteren Gedankengut des **Mind-Cure** und den mentalen Therapien. Dies war der Anfang der pastoralen Betreuung. Auch die Gründer der Anonymen Alkoholiker waren von der Sozialarbeit der Kirche beeinflusst. Der Erfolg und die Bekanntheit der Emmanuelbewegung bereitete die Amerikaner auch auf die einige Jahre später entstehende **Psychoanalyse** Sigmund Freuds vor.

SIEHE AUCH Mind-Cure (1859), *The Principles of Psychology* (1890), Psychoanalyse (1899), Kognitive Therapie (1955), Biopsychosoziales Gesundheitsmodell (1977)

Ein Priester bietet einem männlichen Patienten seelsorgerische Hilfe im St. Elizabeth's Hospital an. Pastorale Betreuung war eine der ersten modernen Anwendungsbereiche von psychologischen Therapien.

1907

Geburtenreihenfolge

Alfred Adler (1870-1937)

Weshalb unterscheiden sich Kinder aus der gleichen Familie in Hinsicht auf Persönlichkeit und intellektuelle Fähigkeiten so voneinander? Dies ist eine Frage, die Psychologen sich bereits seit über 100 Jahren stellen. Der Psychoanalytiker Alfred Adler sagt in seiner Theorie der Geburtenreihenfolge, dass Erstgeborene den Löwenanteil der elterlichen Aufmerksamkeit und Liebe erhalten. Bei der Geburt eines zweiten Kindes fühle das erste sich jedoch entthront, während das zweite an Minderwertigkeitsgefühlen leide. Das Letztgeborene kann dann wiederum von den Eltern vorgezogen werden. Adler postulierte, dass das Erstgeborene aufgrund seiner Verantwortung als Ältestes am schlechtesten dran war. Das mittlere Kind war psychologisch dann wahrscheinlich das stärkste. Untersuchungen, die anlässlich von Adlers Hypothese von 1907 durchgeführt wurden, bestätigten seine Behauptungen nicht.

Persönlichkeitstheoretiker haben nachgewiesen, dass früher geborene Kinder eher als die später geborenen versuchen, traditionelle Familienwerte zu erhalten. Der Wissenschaftshistoriker Frank Sulloway griff diesen Gedanken auf um die Auswirkungen der Geburtenreihenfolge auf Kreativität und Aufgeschlossenheit gegenüber Neuerungen näher zu untersuchen. In seinem Buch *Der Rebell der Familie* von 1996 stellt er die These auf er, dass Erstgeborene einen Vorteil vom Erhalt des Familienzusammenhangs haben. Spätere Kinder sind jedoch offener für neue Ideen und Praktiken und viele werden erfolgreich, indem sie mit Familientraditionen brechen. Charles Darwin ist ein gutes Beispiel für Sulloways Hypothese: Er was das fünfte von sechs Kindern.

Der Psychologe Robert Zajonc entwickelte ein Konfluenzmodell (Stellung in der Geschwisterreihe), das beinhaltet, dass bei jedem weiteren Kind die intellektuellen Ressourcen der Familie abnehmen.

Aus über einem Jahrhundert Forschung wird ersichtlich, dass Erstgeborene oft mehr erreichen als später geborene Kinder. Das will nicht heißen, dass durchweg nur Erstgeborene Erfolg haben. In Wirklichkeit wurden sowohl große Leistungen von Erstgeborenen wie auch von Personen erbracht, die als vierte oder zehnte geboren wurden.

SIEHE AUCH Babybiografien (1877), Psychosexuelle Entwicklung (1905)

Die Marx Brothers (von oben nach unten): Chico, Harpo, Groucho und Zeppo. Foto von Ralph F. Stitt (1931).

1907

Minderwertigkeitskomplex

Alfred Adler (1870-1937)

„Minderwertigkeitskomplex" ist der wahrscheinlich am häufigsten verwendete psychologische Begriff. Alfred Adler, der den Begriff einführte, wurde in Wien geboren und wuchs als schwächliches Kind mit zahlreichen Krankheiten auf, die ihn körperlich einschränkten. Er entwickelte eine starke Rivalität zu seinem älteren, körperlich stärkeren Bruder, die sein ganzes Leben anhielt. Zum Teil als Reaktion auf die Pflege, die ihm zuteil wurde und die ihm mehr als einmal das Leben rettete, beschloss er selbst Arzt zu werden.

Freuds ***Die Traumdeutung*** von 1900 wurde einige Jahre nachdem Adler seine Praxis eröffnet hatte, veröffentlicht. Das Buch inspirierte ihn und er verteidigte es öffentlich gegen die vielen Kritiker. Adler war einige Jahre lang Teil von Freuds engstem Kreis, verließ diesen jedoch, als er erkannte, dass seine theoretischen Diskrepanzen mit Freud eine Zusammenarbeit unmöglich machten. Während Freud die Sexualität als Haupt-Antriebskraft des Menschen ansah, meinte Adler, dass gesellschaftliche Belange und Macht am wichtigsten waren.

Adlers Konzept des Minderwertigkeitskomplexes entsprang seiner Studie nach der Organminderwertigkeit: Manche Körperorgane sind schwächer und anfälliger für Krankheiten als andere, aber durch Training können sie stark werden. In seinem Buch *Über den nervösen Charakter* (1907) dehnte Adler dieses Konzept auf psychologische Fähigkeiten aus und führte den Begriff „Minderwertigkeitskomplex" ein. Es behauptet, dass alle Kinder wegen ihrer geringen Körpergröße und des Mangels an Macht Minderwertigkeitsgefühle haben. Auf einem tiefen psychologischen Niveau versuche das Kind, diese Gefühle der Machtlosigkeit und Minderwertigkeit zu kompensieren. Während sie heranwachsen und im Erwachsenenalter suchen Menschen nach Möglichkeiten, Gefühle der Minderwertigkeit zu überwinden, und diese Motivation führt zu Leistungen. Schwerwiegende Minderwertigkeitsgefühle können jedoch nur schwer überwunden werden und behindern die Persönlichkeitsentwicklung. Um diesen Personen zu helfen, entwickelte Adler seine *Individualpsychologie*.

SIEHE AUCH Psychoanalyse (1899), Psychosomatik (1939)

Kinderspiele *(1560), vom flämischen Renaissancemaler Pieter Bruegel d.Ä. Laut dem Psychologen Alfred Adler sind kindliche Aktivitäten wie z. B. Scheingefechte die Quelle von Minderwertigkeitskomplexen, die ein Leben lang anhalten können.*

1907

Casa dei Bambini

Maria Montessori (1870-1952)

1896 besuchte eine attraktive und dynamische junge italienische Ärztin die Internationale Frauenkonferenz in Berlin, auf der sie eloquent über den Beitrag von Frauen bei der Förderung sozialer Hygiene und der Erfüllung von Bedürfnissen von – damals so genannten – „schwachsinnigen Kindern" sprach. Maria Montessori wurde weltberühmt als Verfechterin des Feminismus und Gründerin einer der immer noch beliebtesten Lehrmethoden der Welt.

Montessori begann ihre medizinische Ausbildung 1890 an der Universität La Sapienza in Rom. Zu dem Zeitpunkt gab es nur fünf Ärztinnen in Italien. Am Anfang ihrer Laufbahn arbeitete sie mit geistig behinderten Kindern, war jedoch schon bald eine international gefragte Sprecherin für feministische Belange über feministische Themen.

Anfang des 20. Jhd. konzentrierte sie sich auf den Schulunterricht. Sie wollte den Unterricht in Italien auf der neuen **experimentellen Psychologie** aufbauen, wie Alfred Binet das in Frankreich tat. 1906 wurde sie von einer Wohnungsbaugenossenschaft eingeladen, Unterrichtspläne für Schulen in den neuen Wohnkasernen in einer Arbeitergegend in Rom zu entwerfen. Diese Schulen wurden unter der Bezeichnung Case dei Bambini („Kinderhäuser") bekannt. Das erste Kinderhaus wurde im Januar 1907 mit Maria Montessori als Leiterin eröffnet. In den beiden folgenden Jahren entwickelte sie die so genannte Montessorimethode. Innerhalb von fünf Jahren war die Methode weltweit bekannt geworden und es wurden mehr als 200 Veröffentlichungen über diese Methode in mehrere Sprachen übersetzt.

Die Montessorimethode legt Wert darauf, Kindern in einem mit kindgerechten Möbeln bestückten Klassenraum die Freiheit zum Spielen zu geben und aus verschiedenen Unterrichtsmaterialien auszuwählen. Autonomie und Unabhängigkeit jedes Kindes müssen respektiert werden. Im Laufe der Zeit wurden einige Änderungen vorgenommen, aber der wesentliche Freiheitsgedanke, den Montessori einführte, ist in den Hunderttausenden von Schulen weltweit noch immer lebendig.

SIEHE AUCH Kindergarten (1840), Funktionale Psychologie (1896), Zone der proximalen Entwicklung (1934) Psychologischer Lebensraum (1935)

OBEN: *Maria Montessori, 1913.* RECHTS: *Das Edward Harden Mansion in Sleepy Hollow, New York, die erste Montessorischule in den USA.*

1908

Yerkes-Dodson-Gesetz

Robert M. Yerkes (1876-1956), **John D. Dodson** (1879-1955)

Eines der bekanntesten Prinzipien der modernen Psychologie ist nach dem Psychologen Robert M. Yerkes und dem Harvardstudenten John D. Dodson benannt. Laut der ersten Formulierung des Yerkes-Dodson-Gesetzes sind moderate Aktivationsniveaus für Lernfähigkeit und Gedächtnis am besten. Zunächst dachten die beiden, dass hohe Aktivationsniveaus die besten Ergebnisse liefern würden. Sie wandten einen schmerzhaften Schock zur Aktivierung (Motivierung) an und entdeckten, dass die Verstärkung der Intensität des Schocks zu höheren Lernniveaus führten. Sobald die Intensität jedoch über ein mäßiges Niveau hinausgeht, steht dies dem Lernen eher im Wege.

Seitdem Yerkes und Dodson von ihren überraschenden Ergebnissen 1908 berichteten, wurden Hunderte von Studien durchgeführt. Im Laufe des 20. Jhd. begann man das Wort „Reiz" statt „Motivation" zu verwenden, um die Wirkung des Gesetzes zu beschreiben, und die Niveaus wurden „optimal" anstatt „moderat" genannt. Das Gesetz wird jetzt als Bestandteil einer allgemeineren Reiztheorie betrachtet, deren Basisprinzip lautet, dass Leistung reizabhängig ist. Das Prinzip wurde im Zusammenhang mit athletischer Leistung, Stressreaktionen, Prüfungssituationen und in Dutzenden anderen Kontexten angewandt. Die Ergebnisse variierten: Was als moderates oder optimales Reizniveau gilt, ist oft je Aufgabe unterschiedlich. Das optimale Reizniveau für das Erlernen von schwierigem Stoff oder eines, das intensive Konzentration verlangt, ist niedriger als bei relativ einfachen oder langweiligen Aufgaben. Eine klinische Variante suggeriert, dass angespannte Personen in der Regel bessere Leistungen erbringen als nicht angespannte Personen, wenn der Test einfach ist, aber gerade schlechter, wenn dieser schwierig ist.

SIEHE AUCH Angst- und spannungslösende Medikamente (1950), Universelle Gesichtsausdrücke von Emotionen (1971)

OBEN: *Cartoon der Berliner Olympiade von 1936 über das Jahr 2000: die Fernsehtechnologie ist so weit fortgeschritten, dass die Zuschauer zuhause bleiben können, während das Radio über „drahtlose" Technologie ihren Beifall und Applaus über Lautsprecher in das Stadion sendet. Das Yerkes-Dodson-Gesetz besagt, dass Athleten für Spitzenleistungen hohe Reizniveaus benötigen.* RECHTS: *Klassenzimmer in der Mennonite Heritage Village in Steinbach, Kanada.*

1908

Schizophrenie

Paul Eugen Bleuler (1857-1939)

Was wir heute „Schizophrenie" nennen, ist bestimmt fast so alt wie die Menschheit, bekam jedoch erst 1908 ihre heutige Bezeichnung durch den Psychiater Eugen Bleuler. Bleuler führte damals das Schweizer Burghölzli, eine renommierte psychiatrische Klinik. 1898 wurde er Direktor der Klinik und arbeitete dort mit zahlreichen führenden Psychiatern, wie Carl Jung und Hermann zusammen. Bleuler war mit dem Begriff *Dementia praecox* nicht einverstanden, da er aus klinischer Erfahrung wusste, dass die Krankheit nicht mit typischen Demenzerscheinungen einherging und auch nicht immer in der Jugend in Erscheinung trat (was das Wort „praecox" suggeriert).

Schizophrenie kennzeichnet sich durch Wahnideen, Halluzinationen und wirre Gedanken. Man unterscheidet verschiedene Subtypen: katatonisch, desorganisiert, paranoid und undifferenziert. Jeder Subtyp hat seine eigenen charakteristischen Muster. So kann der paranoide Typus Verfolgungs- oder Größenwahn haben, wie ein Patient im folgenden Abschnitt aus Bleulers *Dementia praecox* erklärte: „Von innen ist es, als wäre ich Christus oder die Apostel. Es sind 26 Apostel auf dem Ölberg in meinen Armen." Es ist nicht unüblich, dass mehrere Patienten in der gleichen Klinik identische Wahnideen haben, wie die „drei Christusse von Ypsilianti". In einer Klinik bei Washington D.C. dachten zwei fast gleichaltrige Patienten beide, dass sie der eheliche Sohn von John F. Kennedy waren. Es ist ebenfalls üblich, dass Schizophreniepatienten sich Neologismen ausdenken oder bedeutungslose Wörter sagen. So kann der eine „botanisiert" sein, während der andere „abgeblaut" ist.

Trotz über 100 Jahren Forschung gibt es noch keine bekannte Ursache für Schizophrenie. Wahrscheinlich gibt es mehrere Ursachen. Studien an eineiigen Zwillingen lassen auf eine starke genetische Komponente schließen. In einem Bericht von 2012 wird darauf hingewiesen, dass mindestens fünf Störungen auf eine gemeinsame genetische Ursache zurückgehen: Schizophrenie, bipolare Störung, **Autismus**, schwere Depression und ADHS.

SIEHE AUCH Bedlam (1357), Amerikanische Klassifizierung psychischer Störungen (1918), Antipsychotika (1952)

OBEN: *Eugen Bleuler, ca. 1900.* RECHTS: Selbstporträt mit Strohhut *(Winter 1887/1988), von Vincent van Gogh, der an Schizophrenie oder einer bipolaren Störung gelitten haben soll. Er starb mit 37 Jahren an einer selbst beigebrachten Schusswunde.*

1909

Affen und Sprache

Lightner Witmer (1867-1956), **William H. Furness III** (1867-1920)

1909 gab ein zahmer Schimpanse namens Peter in Philadelphia eine beachtliche Vorstellung: Er erschien auf der Bühne und fuhr Rollschuh, Fahrrad, aß mit einer Gabel und rauchte eine Zigarette. Peter war ein geborener Affe, der einen Menschen aus sich gemacht hat, so die Werbung für die Show. Zwei Männer beobachteten den Auftritt ganz genau: der Psychologe Lightner Witmer und der berühmte Ethnograph William H. Furness III. Witmer hatte kurz zuvor eine psychologische Klinik gegründet, in der er unter anderem Kinder mit Sprech- und Sprachproblemen behandelte. Er fragte sich, ob man einem so intelligenten Affen wie Peter das Sprechen beibringen konnte. Peter kam nicht weiter als „Mama", aber Furness konnte einem Orang-Utan zwei Wörter beibringen: „Papa" und „Cup" (Tasse).

Verfechter der vergleichenden Psychologie und andere Naturwissenschaftler waren seit langem von der Frage fasziniert, ob Affen sprechen können und ob sie eine eigene Sprache haben. Um letztere Frage zu beantworten, dokumentierte der Forschungsreisende und Wissenschaftler Richard Garner Affen-Rufe in freier Wildbahn, die einer Art Kommunikation ähnelten. Garners Vermutungen wurden vom Psychologen Robert Yerkes unterstützt, der in den 1920er Jahren mindestens 32 wortartige Lautäußerungen identifizierte, die von zwei Schimpansen verwendet wurden.

In den 1930er Jahren zogen zwei Psychologen, Luella und Winthrop Kellogg, neben ihrem Sohn ein junges Schimpansenweibchen auf. Gua, wie sie es nannten, lernte zwar nicht sprechen, aber es begriff viele Wörter. 20 Jahre später kam das Schimpansenbaby Viki zu den Psychologen Keith und Catherine Hayes ins Haus. Viki wurde sieben Jahre alt und lernte ein paar Wörter: „Mama", „Papa" und „Cup" (Tasse). In den 1960er Jahren lernte der Schimpanse Washoe über 30 Zeichen korrekt einzusetzen, und er begriff noch viele mehr. Seitdem wurde eine Reihe von Methoden verwendet, um mittels einer Art Symbolsprache mit Affen zu kommunizieren.

SIEHE AUCH *Über die Entstehung der Arten* (1859), Spracherwerbsmechanismus (1965)

Foto eines Schimpansen, der auf einem Bett sitzt, telefoniert und eine Zigarre raucht.

1911

Psychologie der Musik

Carl Stumpf (1848-1936)

Im 19. Jhd. war Berlin das Zentrum des neuen deutschen Kolonialreichs, und hier fand die meiste Forschung nach Musik aus aller Welt statt. Als sich die modernen Disziplinen Anthropologie und Psychologie entwickelten, richteten sie sich beide auch auf die Erforschung von Musik und Kultur. Der Philosoph und Psychologe Carl Stumpf erklärte die Psychologie der Musik zu einem eigenständigen Fachbereich. Stumpf hatte bereits seine historische Studie über die auditive Wahrnehmung veröffentlicht, als er sich 1898 mit seiner Zeitschrift *Beiträge zur Akustik und Musikwissenschaft* der Erforschung der Musikethnologie zuwandte.

Sein Hauptwerk, *Die Anfänge der Musik* (1911), basierte auf über 20 Jahren Forschung über Psychologie, Musik und Kultur. Stumpf vermittelte eine Übersicht darüber, wie Musik entstand und besprach sowohl alle bestehenden Theorien über Musik als auch die Geschichte der Musikinstrumente. Der Kern seines Buchs war die interkulturelle Analyse der Musik aus aller Welt. Er wollte die grundlegenden psychologischen Prinzipien aufzeigen, wie musikalische Klänge aufgebaut werden. Das Buch wurde zum Fundament für die vergleichende Musikologie und ebnete den Weg für die moderne Disziplin der Musikethnologie.

Nach seiner Anstellung in Berlin begann Stumpf Beispiele von Musik aus der ganzen Welt zu sammeln, was in Anbetracht der damals verfügbaren Technik beachtlich war. 1900 gründete er das Berliner Phonogramm-Archiv für seine Sammlung von Edison-Zylindern (frühestes kommerzielles Aufnahmemedium), die er von Reisenden erworben hatte. Dies wurde eine der weltweit berühmtesten Musiksammlungen.

Als Forschungsfeld fand die Psychologie der Musik auch außerhalb Deutschlands Anklang. In Amerika entwickelte Carl Seashore ein umfangreiches Testprogramm für musikalische Veranlagung. Die „Seashore Measures of Musical Talent" wurde zum Standardtest für die Zulassung an vielen Konservatorien Amerikas.

SIEHE AUCH Gestaltpsychologie (1912), [B = f(P, E)] = Der Lebensraum (1936)

Das sogenannte Bologna-Porträt von W.A. Mozart, von einem unbekannten Künstler. Der Salzburger Komponist, der von 1756 bis 1791 lebte, ist nach wie vor einer der beliebtesten klassischen Komponisten.

AMADEO WOLFGANGO MOZART ACCAD. FILARMON: DI
DI VERONA

1912

Gestaltpsychologie

Max Wertheimer (1880-1943), **Kurt Koffka** (1886-1941), **Wolfgang Köhler** (1887-1967)

Ab etwa 1910 begann eine Gruppe von jungen Psychologen – Max Wertheimer, Kurt Koffka und Wolfgang Köhler – mit der Entwicklung der Gestalttheorie in der Psychologie. Ihr Schaffen fiel in eine Zeit, in der Persönlichkeit und nationale Einheit ein wichtiger Teil der Struktur des deutschen Lebens wurden. Sie nannten ihr Konzept „Gestalttheorie", obwohl auch öfter von „Gestaltpsychologie" die Rede ist. Wertheimer veröffentlichte seine Forschungsergebnisse über die Beobachtung von Bewegung, das sogenannte Phi-Phänomen, im Jahr 1912. Wahrgenommene Bewegung, so sagte er, sei eine *Gestalt* und nicht rückführbar auf individuelle Elemente und somit auch nicht erklärbar in Begriffen der Assoziation. Die intensive Erforschung der Beziehung zwischen dem Ganzen und seinen Teilen in Begriffen der Wahrnehmung und des Erkenntnisvermögens führte die Gestaltpsychologen weg von der Analyse der Bestandteile geistiger Strukturen und psychischer Prozesse.

Die Gestaltpsychologen entwickelten eine Herangehensweise, die den psychologischen Reichtum des Lebens ausdrückte. Wertheimer, seine Kollegen und ihre Studenten wandten ihre Beziehungsstudien auf die Wahrnehmung (wie die Beziehung zwischen Figur und Hintergrund), Sprache, symbolisches Denken und Erkenntnis auf eine Arte und Weise an, die zu neuen Interpretationen führten. Sie halfen durch ihre Forschungen bei der Lösung philosophischer Probleme, insbesondere bei Fragen der Erkenntnistheorie und Kognitionsforschung.

Das Gruppierungsgesetz gilt als bekanntester Beitrag der Gestalttheorie. Das allgemeinste Prinzip ist das Gesetz der Prägnanz: Es besagt, dass jedes Ganze ein möglichst einfaches Gebilde oder eine „Gute *Gestalt*" anstrebt. Spezifische Beispiele für das Prägnanzgesetz sind die Gesetz der Nähe, der Geschlossenheit, der Gleichartigkeit, der guten Fortsetzung und des gemeinsamen Schicksals. Alle Gestalttheoretiker flüchteten in der Nazizeit aus Deutschland in die USA, erreichten dort aber nie wieder vergleichbare Positionen. Ihr Einfluss auf die Sozialpsychologie und Kognitionspsychologie ist jedoch bis heute spürbar.

SIEHE AUCH Psychologie der Musik (1911), Psychologischer Lebensraum (1935), [B = f(P, E)] = Der Lebensraum (1936)

Max Wertheimer, Vater der Gestaltpsychologie, mit einem Tachistoskop, einem damals wichtigen Laborinstrument, um visuelle Reize von definierter Dauer darzustellen.

1912

Experimentelle Neurose

Maria Jerofejeva (1867-1925), **Natalja Shenger-Krestovnikova** (1875-1947)

In Ivan Pawlows Physiologielabor am Institut für Experimentelle Medizin in St. Petersburg herrschte zu Beginn des 20. Jhd. reges Treiben. Es war ein enormes Unternehmen mit Hunderten von Mitarbeitern in einer fabrikartigen Anlage. Pawlow demonstrierte, dass Hunde durch einen anderen Reiz als dem Nahrungsreiz auf die Ausscheidung von Speichel konditioniert werden konnten.

Nachdem das Paradigma der **klassischen Konditionierung** entwickelt worden war, ließ Pawlow seine Mitarbeiter mögliche Variationen untersuchen, zum Beispiel Störungen in der konditionierten Reaktion. Bei diesen Experimenten wurden die Hunde so konditioniert, dass sie bei der Präsentation einer Kreisfigur (die mit Nahrung gekoppelt war) anfingen Speichel zu produzieren, nicht jedoch bei einer Ellipse (auf die kein Futter folgte). Als die Konditionierung vollendet war, ließ man in aufeinanderfolgenden Tests die Ellipse immer mehr einem Kreis ähneln. Zuerst konnten die Hunde die beiden Reize noch unterscheiden. Der Speichelfluss trat nur beim Kreis auf. Je kleiner der Unterschied jedoch wurde, desto verwirrter wurden die Hunde. Sie bellten wiederholt und wurden aggressiv. Pawlow meinte, dass diese Ergebnisse auch Implikationen für psychische Störungen bei Menschen hätten.

Zwei Amerikaner, W.H. Gantt von der Johns Hopkins University und H.S. Liddell von der Cornell University griffen das Konzept der experimentellen Neurose auf. Sie beobachteten ähnliche Reaktionen bei zahlreichen Tieren wie Ziegen, Schafen, Schweinen, Kaninchen und Katzen. Gantt und Liddell schrieben beide umfassend über die Schlussfolgerungen, die sich daraus für psychische Störungen des Menschen ergeben. Die Psychosomatik war damals gerade im Kommen und viele meinten, dass es möglich sei, psychoanalytische Theorie und experimentelle Neurose mit einander zu verbinden, um somit psychosomatische Störungen zu erklären. Aus dieser Pionierstudie entstand das Forschungsgebiet, das unter der Bezeichnung „experimentelle Psychopathologie" bekannt ist. Einer der größten Befunde dabei war die Theorie der **erlernten Hilflosigkeit**.

SIEHE AUCH Klassische Konditionierung (1903), Erlernte Hilflosigkeit (1975)

H.S. Liddell erzeugte bei verschiedenen Tierarten eine experimentelle Neurose. Hier arbeitet er mit einer Ziege.

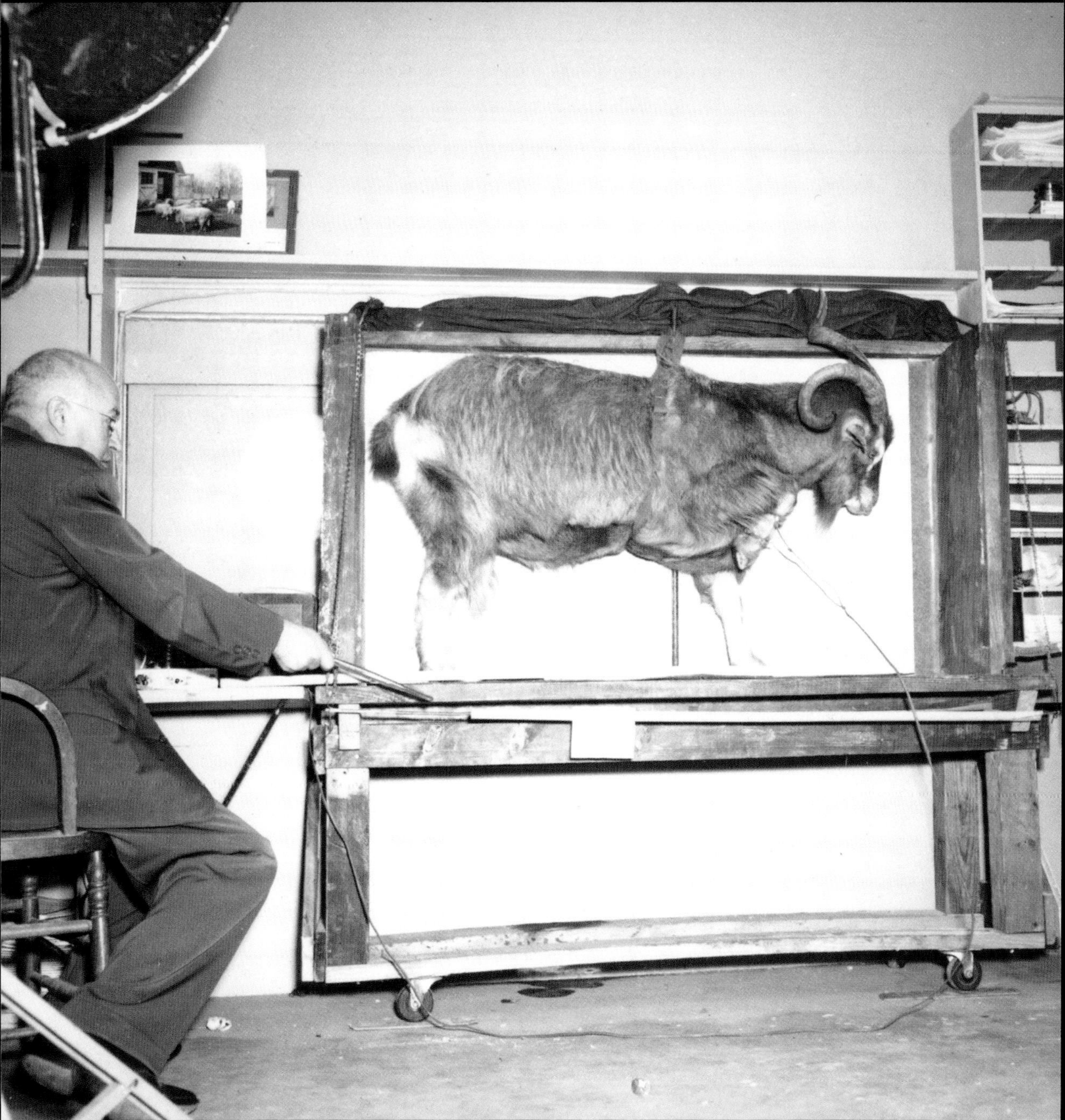

1912

Eugenetik und Intelligenz

Francis Galton (1822-1911), **Henry Goddard** (1866-1957)

Der Wissenschaftler Francis Galton war von der Idee fasziniert, dass Vortrefflichkeit und besondere Fähigkeiten vor allem eine Funktion erblicher Faktoren sind. Galton liebte es, alles Mögliche zu messen. Diese beiden Interessen kamen zusammen, als Galton angesehene englische Familien zu erforschen begann. Auf Basis dieser Studie entwickelte er seine Eugenetik: Er suchte nach Möglichkeiten, um die menschliche Art zu verbessern, indem „besser geeigneten Rassen oder Blutlinien mehr Chancen erhalten, damit sie rasch die Übermacht über die weniger geeigneten bekommen". Mit seiner positiven Eugenetik ermutigte er bedeutende Männer und Frauen, zu heiraten und Nachkommen zu zeugen. Galton entwarf eine Reihe von Tests, um geschlechtsreife Jugendliche zu identifizieren, die sich später wahrscheinlich von anderen unterscheiden würden.

Galtons Programm der positiven Eugenetik wurde nie verwirklicht. In Amerika fand negative Eugenetik Anfang des 20. Jhd. jedoch Anklang, als man sich über den Zustrom von Einwanderern aus Süd- und Osteuropa sorgte. Und die befreiten Sklaven afrikanischer Herkunft, von denen viele in die Nordstaaten gezogen waren, bildeten eine zusätzliche Bedrohung für die Rassenreinheit.

Eine der Art und Weisen, die Minderwertigkeit von Einwanderern und ehemaligen Sklaven zu „beweisen", war der Intelligenztest. Der wohl bekannteste Verfechter dieser These ist Henry Goddard mit seinem Buch *The Kallikak Family: A Study in the Heredity of Feeble-Mindedness* (1912). Die Kallikaks hatten zwei Abstammungslinien mit einem gemeinsamen Vater. Die eine Familie war die Folge einer Affäre mit einer Frau aus einer niedrigen Klasse, und das Ergebnis war eine lange Reihe degenerierter Nachkommen. Die andere, „normale" Familie ging aus seiner Ehe mit einer Frau gehobener Herkunft hervor.

In diversen amerikanischen Staaten begann man mit einem Programm der negativen Eugenetik, um die Fortpflanzung unerwünschter Individuen zu verhindern. Intelligenztests bildeten oft Teil der Beurteilungen. Die negative Eugenetik in den Vereinigten Staaten erreichte jedoch niemals die Tiefpunkte des Naziprogramms, und ihre Exzesse führten Anfang der 19er Jahre zum Widerstand und zur Anprangerung der wichtigsten eugenetischen Thesen.

SIEHE AUCH Psychologische Tests (1890), Binet-Simon-Test (1905), Militärische Intelligenztests und Rassismus (1921)

Ellis Island, im Hafen von New York, war jahrelang die wichtigste Pforte für Einwanderer in die USA. Es war der erste Ort, an dem umfassend Intelligenztests durchgeführt wurden.

1913

Jungianische Psychologie

Carl Gustav Jung (1875-1961)

Carl Jung berichtete einst, er habe schon als Kind gedacht, er hätte zwei Persönlichkeiten: die gegenwärtige und eine aus einer vergangenen Zeit. Als intelligenter Student entschied er sich für eine Karriere in der Psychiatrie. Nachdem Jung 1900 sein Staatsexamen gemachte hatte, wurde er Assistent von Eugen Bleuler an der Psychiatrischen Universitätsklinik Burghölzli in Zürich. In dieser Zeit stieß er auf die frühen Schriften von Freud. 1907 erhielt er eine Einladung von Freud nach Wien. Die beiden wurden enge Freunde und reisten 1909 gemeinsam in die USA. Auf dieser Reise bekamen sie Streit, da Freud sich weigerte, einen Traum zu erzählen, den er in der Nacht zuvor gehabt hatte. Sie hatten eigentlich vereinbart, sich ihre Träume jeden Morgen zu erzählen und sie zu analysieren. Dies führte schließlich zum Ende ihrer Freundschaft. Zum endgültigen Bruch kam es 1913. Jung widmete sich den Rest seines Lebens dem, was er „Tiefenpsychologie" nannte.

Laut Jung gibt es ein persönliches und ein kollektives Unbewusstes. Letzteres ist eine Sammelstelle für die psychologische Erfahrung der Menschheit und die Quelle unserer stärksten, wichtigsten Ideen und Gefühle. Material aus dem kollektiven Unbewussten zeigt sich in Form von **Archetypen**, die die Grundwahrheiten der menschlichen Erfahrung symbolisieren. Diese Archetypen bilden unsere psychologische Infrastruktur. Der Mutterarchetyp zeigt sich in Mutter Natur oder in der Jungfrau Maria. Die Strukturen der Persönlichkeit sind ebenfalls Archetypen: das Ego, die Persona, der Schatten, usw.

Das Ziel des Lebens ist psychologisches Wachstum. Jung nannte das die „Individuation". Wir haben einen angeborenen Antrieb, unser Potenzial als Person vollständig zu realisieren. Das ist ein dynamischer Prozess, der sich im Laufe des Lebens entfaltet. Dabei treten Hindernisse auf, die wir erkennen und überwinden müssen. Zu den Mitteln, die uns bei diesem Wachstum helfen können, zählen u. a. Therapeuten, unsere Träume und unsere Beziehungen.

SIEHE AUCH Psychoanalyse (1899), Projektive Tests (1921), Archetypen (1934), Thematischer Apperzeptionstest (1935), Myers-Briggs-Typenindikator (1943)

Foto von Carl Gustav Jung vor der Psychiatrischen Klinik Burghölzli in Zürich (1909).

1913

Der Lügendetektor

William Moulton Marston (1893-1947)

Betrug kommt häufig und in allen Bereichen des Lebens vor. Am Ende des 19. Jhd. und zu Beginn des 20. Jhd. entwickelte sich die westliche industrialisierte Welt immer mehr zu einer Konsumgesellschaft. Wie kommt man Betrug am besten auf die Schliche? Das war eine wichtige Frage. Um die Wahrheit herauszufinden und Lügner zu entlarven, wurden die neuen Humanwissenschaften herangezogen – Psychologie, Soziologie, Kriminologie und Anthropologie.

1895 erfand der italienische Kriminologe Cesare Lombroso einen simplen und unzuverlässigen Apparat für die Polizei. 1913 baute der Harvardstudent William Marston ein Instrument, das anhand von Veränderungen im systolischen Blutdruck die Wahrscheinlichkeit des Betrugs anzeigte. 1914 erfand der italienische Psychologe Vittorio Benussi den Pneumograph, der durch Veränderungen in der Atmung Lügen aufspüren konnte.

Nach dem ersten Weltkrieg erwarb Marston seinen Doktortitel in der Psychologie. Als erster Professor für Rechtspsychologie in Amerika untersuchte er an der American University in Washington D.C. Emotionalität und Betrug. Er betrachtete sich selbst als Vater des Lügendetektors. 1921 jedoch entwickelte John Larson an der Universität von Kalifornien ein zuverlässigeres Instrument, das nicht nur den systolischen Blutdruck messen konnte, sondern auch Veränderungen in der elektrodermalen Aktivität.

Larsons Lügendetektor war der erste, der von der Polizei vielfach eingesetzt wurde – wenngleich er nicht von allen als zuverlässig eingestuft wurde. Im Allgemeinen bediente sich die Polizei bereits seit Jahren des Kreuzverhörs, eine aggressive Konfrontation mit dem Verdächtigen, bei der auf einen Zusammenbruch oder ein Geständnis hingearbeitet wurde. Gerichte waren davon jedoch immer weniger begeistert. Der Lügendetektor bot Hoffnung auf eine wissenschaftliche Aufdeckung von Betrug. In Amerika hat jeder Staat seine eigenen Regeln für die Zulassung von Lügendetektorbeweisen. Auf Bundesebene lag die Entscheidung beim Richter.

Jahre später erfand William Marston die Comicfigur Wonder Woman. Ihr goldenes Lasso der Wahrheit war das Äquivalent zum Lügendetektor.

SIEHE AUCH Psychologie der Zeugenaussagen (1902), Fehlinformationseffekt (1994)

Lügendetektoren messen die Wahrscheinlichkeit von Betrug an den Veränderungen des systolischen Blutdrucks und der elektrodermalen Aktivität.

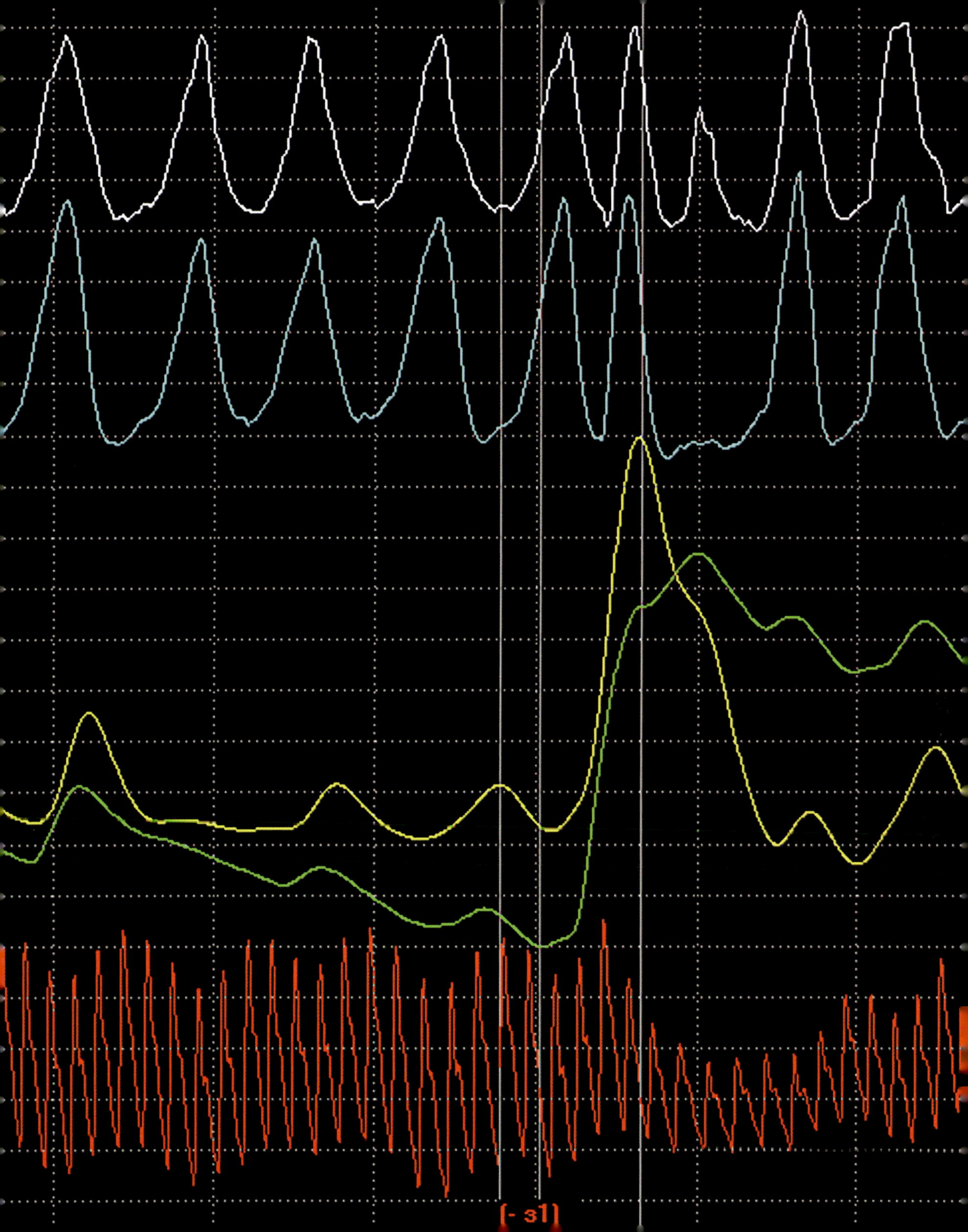
[- 31]

1913

Behaviorismus

John Broadus Watson (1878-1958)

1913 veröffentlichte der amerikanische Psychologe John Broadus Watson den Artikel „Psychology as the Behaviorist Views It", der später als das Manifest des Behaviorismus betrachtet wurde. Watson war nicht der erste, der Behaviorismus beschrieb. Sein Statement zu diesem Thema, das die amerikanische Psychologie einige Jahrzehnte lang beherrschte, war jedoch die bis dahin stärkste Polemik.

Watsons Behaviorismus verwarf die Wissenschaft des geistigen Lebens zugunsten einer Wissenschaft des wahrnehmbaren Verhaltens. Ziel des Behaviorismus war die Vorhersage und Steuerung von Verhalten. Die Erforschung des Verhaltens von Tieren war genauso legitim wie die des menschlichen Verhaltens. Untersuchungen in der behavioristischen Tradition wurden tatsächlich an Tieren vorgenommen (z. B. an weißen Ratten), die häufig in komplizierte Konstruktionen wie Labyrinthe oder Problemkäfige gesetzt wurden. Es ging Watson vor allem darum, dass Psychologen nur Wahrnehmbares erforschten. Obwohl er nicht leugnete, dass es Bewusstsein gibt, war es in seinen Augen nicht wahrnehmbar und somit nicht wissenschaftlich zu erforschen. Sein Behaviorismus wird darum auch als „methodologischer Behaviorismus" bezeichnet. Spätere Psychologen-Generationen entwickelten ihre eigenen Formen: zielgerichteten, kontextuellen und radikalen Behaviorismus.

Das Aufkommen des Behaviorismus in der ersten Hälfte des 20. Jhd. in der amerikanischen, akademischen Psychologie wird als Reaktion auf die introspektive Tradition betrachtet, die für die frühen, experimentellen Herangehensweisen in Europa charakteristisch war. Es war ein Schritt zu einer praktischeren, nach außen orientierten Herangehensweise, die gut zur amerikanischen Betonung von Anpassung und Funktion passte sowie zur Schlüsselrolle der Umwelt bei der Entstehung von Verhalten.

SIEHE AUCH *Rattus norvegicus* var. *albinus* (1929), Operante Konditionierung (1930), Lernmaschine (1954), Das Token-System (1961)

Watsons behavioristische Prinzipien der klassischen Konditionierung machte sich die Werbung später zu Nutze, indem sie attraktive Menschen mit Produkten in Zusammenhang brachte.

1914

Variabilitätshypothese

Leta Stetter Hollingworth (1886-1939)

Die Variabilitätshypothese ist eine weit verbreitete Ansicht aus dem 19. Jhd., die besagt, dass Männer im Bereich der geistigen und physischen Eigenschaften eine größere Bandbreite (Variabilität) als Frauen aufweisen. Bis zum Beginn des 20. Jhd. war dies allgemeines Gedankengut. Männer verfügten demnach über vielfältigere intellektuelle Fähigkeiten und waren darum vor allem am oberen und unteren Intelligenzspektrum zu finden. Frauen waren nicht so variabel und waren darum zur Mittelmäßigkeit verdammt. Nur Männer konnten Genies sein. Darwins Evolutionstheorie verstärkte diese Idee der männlichen Überlegenheit weiter. Evolutionärer Fortschritt ist von einer gesunden Menge genetischer Vielfalt abhängig. Darum war die größere Variabilität des Mannes ausgesprochen wünschenswert. Dieser Glaube war zwar nicht empirisch belegt, wurde aber von Sozialwissenschaftlern zur Rechtfertigung von Einschränkungen für Frauen in Ausbildung und Beruf herangezogen. Die Variabilitätshypothese wurde erst von der Psychologin Leta Stetter Hollingworth ernsthaft unter die Lupe genommen. 1914 veröffentlichte sie eine Übersicht der Literatur, die die Idee der größeren männlichen Variabilität anprangerte.

Hollingworth führte umfangreiche Untersuchungen unter Tausenden von Kleinkindern im New York Infirmary for Women and Children durch. Sie entdeckte, dass Jungen zwar körperlich größer waren, dass aber die anatomische Variabilität geringer war als bei den Mädchen. Sie erforschte systematisch die Literatur und fand keine Hinweise darauf, dass die Hypothese der weiblichen Minderwertigkeit stimmte. Wenngleich die Testergebnisse bezüglich geistiger Fähigkeiten bei Männern variabler waren als bei den Frauen, bedeutete das in Hollingworths Augen nicht, dass diese größere Variabilität angeboren war. Männer und Frauen werden nämlich mit völlig unterschiedlichen Umgebungen und sozialen Erwartungen konfrontiert. Hollingworths Forschung läutete zwar das Ende der Variabilitätshypothese ein. Das jedoch hinderte einige Psychologen nicht daran, die Hypothese ab und zu doch noch aus der Schublade zu ziehen.

SIEHE AUCH *Über die Entstehung der Arten* (1859), Genderrollen (1944)

Wo Rauch ist, ist auch Feuer, *eine Illustration aus den 1920er Jahren. Das Werk des amerikanischen Künstlers Russell Patterson (1893-1977) zeigt eine „Flapper" – eine modisch gekleidete Frau, die in den Roaring Twenties soziale und sexuelle Normen ignorierte.*

Shell shock („Kriegszitterer")

C.S. Myers (1873-1946)

Die Armee wusste nie, wie sie mit den vom Krieg verursachten psychischen Problemen ihrer Soldaten umgehen sollte. Die Ursachen wurden nicht verstanden, die Behandlungen waren nutzlos. Im ersten Weltkrieg zuckte man nur mit den Schultern über die sehr große Anzahl von psychiatrischen Fällen, die an sonderbaren Symptomen litten, die man „shell shock" (Granatenschreck) nannte: Viele der Männer zitterten unkontrolliert, was ihnen den Namen „Kriegszitterer" einbrachte. Man suchte die Erklärung in den Genen: Die Männer brachen zusammen, weil sie genetisch minderwertig waren. Der Krieg war über alle Maßen grauenhaft. Granaten, Giftgas und Bomben töteten Millionen Menschen. Eine unbekannte Anzahl Männer verlor ihr Leben im Maschinengewehrfeuer bei unsinnigen Angriffen feindlicher Linien in schlammigen Gebieten voller Hindernisse. Bereits nach wenigen Monaten meldeten sich Männer in der Blüte ihres Lebens mit seltsamen Symptomen in den Feldlazaretten. Manche konnten nicht mehr sehen, hören oder sprechen. Andere konnten nicht normal oder überhaupt nicht mehr gehen. In Untersuchungen wurden jedoch keine neurologischen Schäden gefunden.

1915 gab der britische Psychologe C.S. Myers diesen Reaktionen den Namen „shell shock". Am Ende des Kriegs litten über 80 000 britische Soldaten an diesen Symptomen. Myers dachte, sie seien durch den Schock explodierender Granaten verursacht. Jedoch litten auch Soldaten an shell shock, die nicht gekämpft hatten. Die Symptome ähnelten denen der **Hysterie**. Manche der Männer kamen vor den Kriegsrat und wurden erschossen. Andere wurden wieder in den Kampf geschickt, wo sie jedoch nicht funktionierten. Wieder andere wurden nach Hause geschickt oder ins Krankenhaus eingeliefert. In England war der Arzt-Psychologe W.H.R. Rivers einer der ersten, der Freuds Gesprächstherapie an diesen Kriegsopfern ausprobierte. Zu seiner Überraschung war der Erfolg viel größer als jegliche andere Behandlung, die die Armee seinerzeit durchführte. Sein Erfolg ebnete den Weg für die Popularität der britischen **Psychoanalyse** nach dem Krieg.

SIEHE AUCH Hysterie (1886), Torres Strait Expedition (1898), Psychoanalyse (1899), Posttraumatische Belastungsstörung (1980)

Britische Soldaten besetzten im Juli 1916 während der Schlacht an der Somme einen deutschen Schützengraben bei Ovillers-la-Boisselle.

1915

Moderne Psychologie in Indien

Girindrasekhar Bose (1887-1953)

Mitte des 19. Jhd. bestand in Indien bereits Interesse an der europäisch geprägten Psychologie. Der führende indische Wissenschaftler Mahendra Lal Sircar erklärte, dass die Psychologie für das Verständnis objektiver und subjektiver Aspekte des menschlichen Geistesvermögens eine wichtige Rolle spielt.

Im frühen 20. Jhd. wurde die Psychologie in Indien eine akademische Disziplin. 1915 startete das erste psychologische Labor des Landes an der Universität Kalkutta. Innerhalb von 20 Jahren wurde das Fach Psychologie an mindestens 100 weiteren akademischen Instituten gelehrt. Indische Wissenschaftler behaupten, dass die Psychologie in Indien zwischen den beiden Weltkriegen und auch in der Zeit nach der Unabhängigkeit 1947 ein schwacher Aufguss der westlichen Psychologie war. Die **Psychoanalyse** entwickelte sich in Indien später zu einer Form, die auch die Fülle der indischen Kultur ausdrückte.

Girindrasekhar Bose, der Pionier der indischen Psychoanalyse, adaptierte die Disziplin, um auch der Realität des Familienlebens und den Sitten der Hindutradition gerecht zu werden. Der Schwerpunkt lag dabei auch bei der Mutter-Sohn-Beziehung. Laut Bose war die Beziehung zwischen Mutter und Sohn die wichtigste Beziehung für die psychologische Entwicklung und nicht, wie Freud behauptete, die zwischen Vater und Sohn. Bose sagte, dass ein Kind sowohl Mann als auch Frau sein möchte – ohne besondere Identifikation mit dem Elternteil des anderen Geschlechts, die die Grundlage für Freuds **Ödipuskomplex** ist. Bose meinte, dass diese Kämpfe der Kinderzeit Verdrängung notwendig machten. Die Lösung dieser Verdrängung versprach eine gesunde Persönlichkeitsentwicklung. Auf diese Weise diente die indische Psychoanalyse seit den 1970er Jahren als Modell für Indiens gesamte Psychologie, die sich mehr an Realität und Beziehungen orientierte.

Nach dem Zweiten Weltkrieg tat Durganand Sinha für die akademische Psychologie das Gleiche, was Bose für die Psychoanalyse getan hatte. Sinha ging davon aus, dass die indische Identität in erster Linie auf Beziehungen beruht und dass die Psychologie diese unterstellte Wahrheit des indischen Lebens berücksichtigen musste, um effektiv sein zu können.

SIEHE AUCH Buddhas Vier Edle Wahrheiten (528 v.Chr.), Bhagavad Gita (200 v.Chr.)

Grab des Mongolenkaisers Humayun (1508-1556) in Delhi, Indien. Das erste psychologische Labor des Landes wurde 1915 an der Universität Kalkutta eröffnet.

1918

Amerikanische Klassifizierung psychischer Störungen (DSM)

Die erste offizielle amerikanische Klassifizierung von „Geisteskrankheiten“ (psychischen Störungen) erschien 1918 unter dem Titel *Statistical Manual for the Use of Institutions for the Insane*. Sie wurde im Auftrag des amerikanischen Volkszählungsamts entwickelt, das die Anzahl der Geisteskranken in den Kliniken zählen wollte. Die Klassifizierung erschien in mehreren Ausgaben, in denen es meist ausschließlich um Psychose ging. In der 10. Ausgabe (1942) wurden auch andere Psychoneurosen wie z. B. Ängste beschrieben. Auch die amerikanische Armee entwickelte ein Handbuch für die Diagnose von psychischen Störungen.

Die erste Version des Handbuchs, das jetzt im allgemeinen Gebrauch ist – „*Diagnostic and Statistical Manual of Mental Disorders*“ kurz: DSM – wurde 1952 von der American Psychiatric Association veröffentlicht. Das Buch stützte sich auf vorherige Klassifizierungen und spiegelte vor allem die psychoanalytisch orientierte Perspektive von Psychiatern wider, die im Krieg gedient hatten. Ebenso wie vorhergehende Veröffentlichungen handelte das Handbuch vor allem von **Schizophrenie** und bipolaren Störungen. Psychoanalytische Konzepte von Neurosen waren der rote Faden. Das war für jene Zeit naheliegend, denn die meisten Psychiater legten zunächst keinen Wert auf diagnostische Genauigkeit.

Die zweite DSM-Ausgabe erschien 1968 und verfolgte die gleiche Linie. Jetzt gab es jedoch Untereinteilungen für die wichtigsten Störungen. Im DSM-1 wurde z. B. nur allgemein Alkoholismus aufgeführt, im DSM-II gab es zusätzliche Kategorien von gelegentlichem Exzessiv-Trinken bis hin zu gewohnheitsmäßigem Exzessiv-Trinken.

Die größte Veränderung im DSM erfolgte 1974 im 7. Druck der 2. Ausgabe, nachdem vier Jahre zuvor eine Versammlung der American Pschiatric Association von Schwulen-Aktivisten gestört worden war: Sie forderten, dass Homosexualität nicht mehr als Geisteskrankheit eingestuft werden sollte. Nach ausgiebiger interner Diskussion und Konflikten willigte die Association ein und Homosexualität wurde ab dem folgenden Druck „sexuelle Orientierungsstörung“ genannt.

SIEHE AUCH Schizophrenie (1908), DSM-III (1980)

Auf diesem Poster aus den 1980er Jahren des National Institute for Mental Health sind gemäß dem Diagnostic Manual of Mental Disorders *(DSM) eine Reihe von Symptomen zur Klassifizierung von Depressionen aufgeführt.*

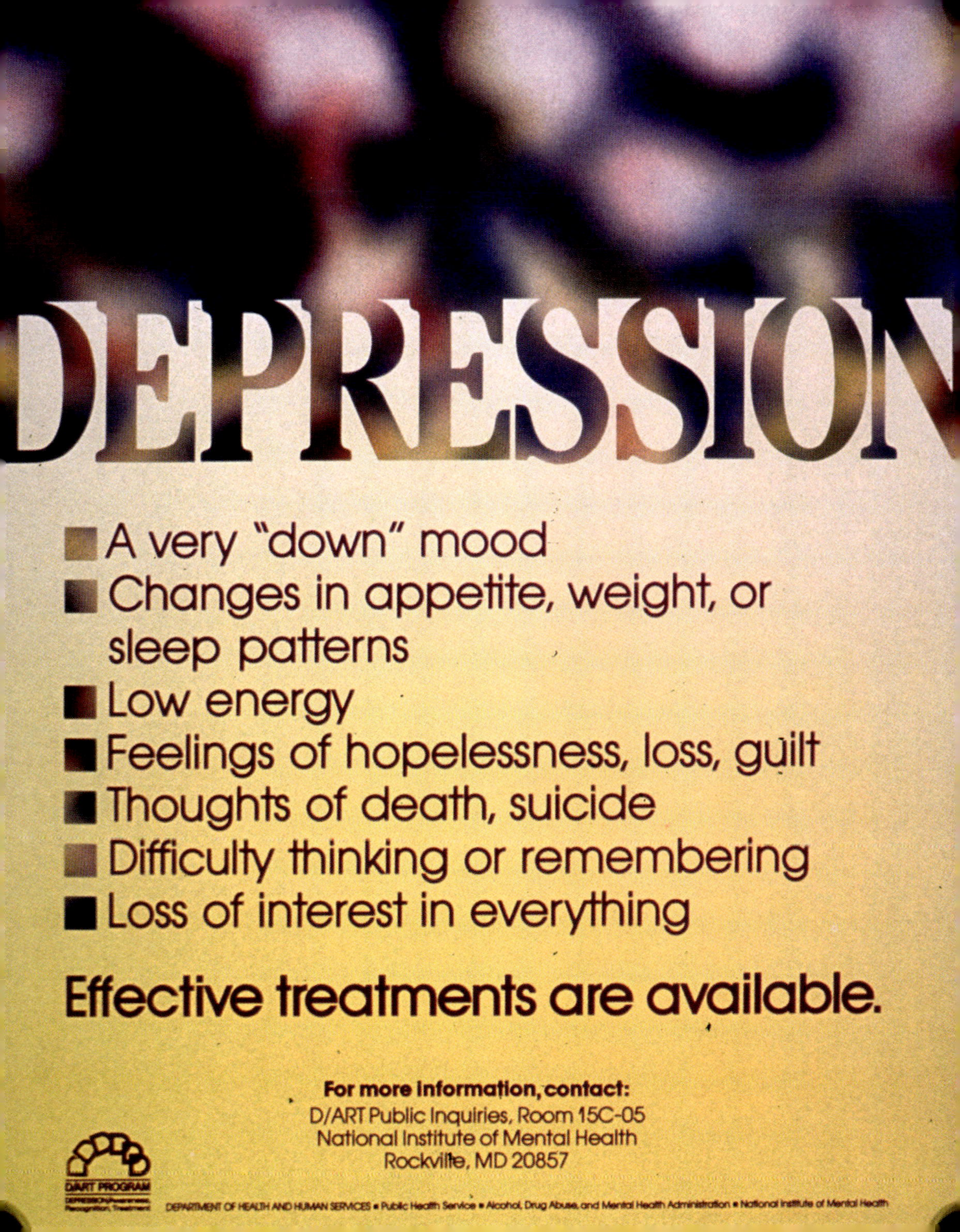

DEPRESSION
A very "down" mood
Changes in appetite, weight, or sleep patterns
Low energy
Feelings of hopelessness, loss, guilt
Thoughts of death, suicide
Difficulty thinking or remembering
Loss of interest in everything
Effective treatments are available.
For more information, contact:
D/ART Public Inquiries, Room 15C-05
National Institute of Mental Health
Rockville, MD 20857
D/ART PROGRAM
DEPARTMENT OF HEALTH AND HUMAN SERVICES ■ Public Health Service ■ Alcohol, Drug Abuse, and Mental Health Administration ■ National Institute of Mental Health

1921

Militärische Intelligenztests und Rassismus

Robert Yerkes (1876-1956)

Seit dem 19. Jhd. wurde auf neue Theorien zurückgegriffen, die beweisen sollten, dass es überlegene und weiter entwickelte Rassen gab. Zu Beginn des 20. Jhd. kam der Intelligenztest auf, der zwar niemals zur Klassifizierung von Rassen gedacht war, aber dennoch als „Beweis" angeführt wurde, dass manche Gruppen anderen einfach überlegen waren. Das war auch die Zeit, in der das Wort „Rasse" sich mehr auf die Hautfarbe bezog als auf den Herkunftsort.

Ein auffallendes Beispiel von wissenschaftlichem Rassismus war das große Intelligenztestprogramm der amerikanischen Armee im Ersten Weltkrieg, mit dem fast zwei Millionen Soldaten getestet wurden. Laut dem Psychologen und Programmleiter Robert Yerkes hatten die intelligentesten Soldaten nordeuropäische und angelsächsische Vorfahren. Neuere Immigranten bzw. ihre Nachfahren aus Italien, Griechenland oder Osteuropa waren seiner Meinung nach nicht so schlau.

Armeepsychologen schlussfolgerten daraus, dass Afroamerikaner am wenigsten intelligent waren. Der Durchschnitt erreichte die Note von Elfjährigen. Die Psychologen gingen danach noch einen Schritt weiter und verglichen die Ergebnisse anhand der Hautfarbe. Sie wollten wissen, ob eine teilweise europäische Herkunft irgendeinen Einfluss auf die Intelligenz hatte. Tatsächlich hatten die Afroamerikaner mit dem hellsten Hautton die besten Ergebnisse. Ein Zitat aus dem offiziellen Bericht von 1921 (S. 531): „Zwei Bataillone wurden anhand der Hautfarbe in schwarz, braun und gelb eingeteilt. Der Durchschnittswert für „schwarze" Neger war 39, der „gelben" 59 und die „braunen" Neger lagen irgendwo zwischen diesen beiden Werten."

Dies war eine allgemeine Überzeugung, die jedoch einige Jahre später von einer Gruppe farbiger Psychologen und Pädagogen erfolgreich angefochten wurde. Seit den 1920er Jahren beweisen die Arbeiten von farbigen und lateinamerikanischen Psychologen sowie von ihren weißen Kollegen Otto Klineberg und Thomas Russell Garth, dass die Idee der Rassenüberlegenheit jeglicher Grundlage entbehrt.

SIEHE AUCH Psychologische Tests (1890), Eugenetik und Intelligenz (1912)

Die amerikanische Armee unterzieht schwarze Rekruten des Ersten Weltkriegs einem Intelligenztest: „Report to the Surgeon General" (1921), National Academy of Sciences.

NEGRO RECRUITS IN LINE BEFORE BARRACKS BUILDING, WAITING FOR ALPHA AND BETA GROUP EXAMINATIONS.

GROUP EXAMINATION ALPHA, BEING TAKEN BY NEGRO RECRUITS.

1921

Projektive Tests (Rorschachtest)

Hermann Rorschach (1884-1922)

Zwischen 1920 und 1960 machte eine neue Art des psychologischen Tests Furore. Diese projektiven Tests sollten beim Patienten Unbewusstes ans Licht bringen. Freud hatte behauptet, dass psychologisch relevantes Material oft verdrängt wird, da es Wünsche und Impulse enthält, die sozial nicht akzeptabel sind. Dieses Material war jedoch gerade der Schlüssel zur Psyche und Problemlösung. Bei einem projektiven Test werden mehrdeutige Reize in Form von Bildern, Worten oder Objekten verwendet, auf die der Patient reagieren muss. Beispielsweise, indem folgender Satz beendet werden muss: „Als ich klein war, hat mein Vater…“ Es wurde zwar anhand der Antwort keine Diagnose gestellt oder Therapie vorgeschlagen, wohl aber auf Grundlage des aus einer Reihe von mehrdeutigen Reizen auftauchenden Reaktionsmusters, das auf entsprechende Probleme verwies.

Der erste formelle projektive Test war der Rorschachtest aus dem Jahr 1921. Der Schweizer Psychiater Hermann Rorschach wurde als Kind „Tintenfleck“ genannt. Er wurde von Freud und Jung beeinflusst und nutzte seine Faszination für Tintenflecke aus der Kinderzeit, um daraus einen Test zu entwickeln. Der Test wurde in den 1920er Jahren in den USA eingesetzt und war schnell das am meisten angewandte Beurteilungsmethode in der Psychiatrie. Kurz danach kamen einige neue projektive Tests auf den Markt: der **Thematische Apperzeptionstest** (TAT), der Dramatic Productions Test (DPT), der Szondi- und der Blacky Pictures-Test sowie der Mosaik-Test von Margaret Lowenfeld. Alle diese Tests gingen von der Annahme aus, dass die wichtigsten Faktoren für das Verhalten von Menschen ihren Ursprung im Unbewussten haben. Henry Murray, einer der Mitentwickler des TAT, drückte das gern so aus: „Jeder weiß etwas über sich selbst, das er gern erzählt. Er weiß auch etwas über sich selbst, das er nicht gern erzählt. Und es gibt etwas, was er nicht weiß und auch nicht erzählen kann.“

SIEHE AUCH Psychoanalyse (1899), Thematischer Apperzeptionstest (1935), Minnesota Multiphasic Personality Inventory (1940)

Der Rorschachtest aus dem Jahr 1921 präsentierte mehrdeutige Tintenflecken, um verborgene psychologische Probleme zu enthüllen und wurde in den USA schnell das am meisten eingesetzte psychiatrische Beurteilungsmittel.

Hermann Rorschach
PSYCHODIAGNOSTICS
Text
Fourth Edition
Verlag Hans Huber, Berne, Switzerland

Neurotransmission

Otto Loewi (1873-1961)

Ende des 19. Jhd. entdeckten Neuroanatomen, dass Gehirnzellen bzw. Neuronen unabhängige Einheiten sind, die nicht direkt miteinander verbunden sind. Der britische Physiologe C.S. Sherrington entdeckte eine Kluft zwischen den Neuronen, die er Synapse nannte. Wie aber kommunizieren Neuronen über die Synapse? Zunächst wurde angenommen, dass dort ein elektrischer Strom fließt. Die richtige Antwort brachte jedoch ein Traum.

1921 träumte der deutsche Pharmakologe Otto Loewi, dass Gehirnzellen durch die Absonderung von Chemikalien kommunizieren. Loewi schrieb auf, was er geträumt hatte. Als er jedoch am nächsten Morgen wach wurde, konnte er seine Handschrift nicht mehr entziffern. Zum Glück träumte er das Ganze noch einmal und konnte es behalten. Er schaffte es, ein Froschherz über dessen Vagusnerv elektrisch anzuregen. Mit der Flüssigkeit, in der dieses Herz gelegen hatte, ließ sich alsdann ein zweites Herz stimulieren. So konnte Loewi nachweisen, dass für die Übertragung eines Nervenimpulses auf das Herz ein chemischer Stoff verantwortlich sein musste, den er als „Vagusstoff" bezeichnete. Dieser Stoff war Acetylcholin, der erste jemals entdeckte Neurotransmitter.

Inzwischen wissen wir, dass sich im Gehirn über 100 Neurotransmitter befinden, die in der präsynaptischen Endigung des Neurons gespeichert sind. Wenn das Neuron angeregt wird, gelangen die Neurotransmitter in die Synapse und geben ihre chemische Botschaft an ein anderes Neuron weiter, das spezifische Rezeptoren für genau diesen Neurotransmitter hat. Da sich im Gehirn über eine Milliarde Neuronen befinden, werden in jedem Augenblick Milliarden dieser Botschaften weitergeleitet und empfangen.

Jeder Neurotransmitter hat spezielle Funktionen. Serotonin ist einer der wichtigsten Neurotransmitter für Schlaf, Stimmung und Erregungszustand. Kein einziger dieser Stoffe operiert allein. Das Gehirn und seine Chemikalien sind eher mit einer Symphonie vergleichbar als mit einem Gitarrensolo.

SIEHE AUCH Psychische Entladungen (1941), Split-Brain-Studien (1962), Spiegelneuronen (1992)

Mit seinen präzisen Laborstudien und kunstvollen Illustrationen inspirierte der spanische Neuroanatom Santiago Ramón y Cajal andere Wissenschaftler, erneut darüber nachzudenken, wie Nerven miteinander kommunizieren.

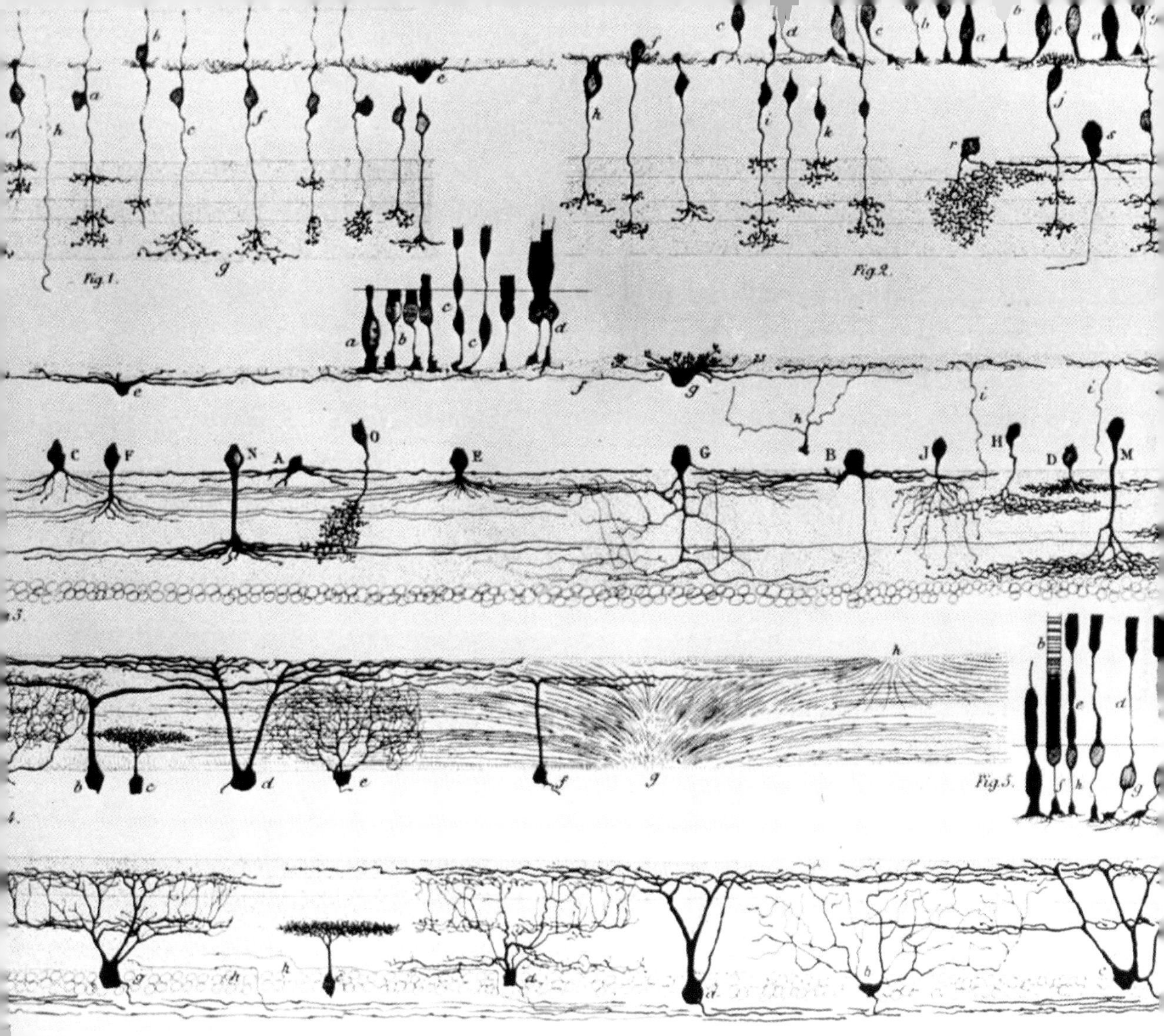

Fig. 1.
Fig. 2.
Fig. 3.

1922

Psychologie der Frau

Karen Horney (1885-1952)

Karen Danielsen Horney hatte in ihrem Leben eine Menge persönliches und professionelles Pech. Dennoch fand sie wichtige Einsichten für den Umgang mit Spannungen. Aus ihrer weiblichen Perspektive zweifelte sie als eine der ersten Freuds Ideen über die unvollkommene seelische Entwicklung der Frau an. Zwischen 1922 und 1937 veröffentlichte sie eine Reihe von Artikeln über die weibliche Psychologie, die später gesammelt und 1967 unter dem Titel *Feminine Psychology* herausgebracht wurden.

Horney wuchs in Hamburg auf. Ihre Eltern zogen den Bruder vor, der Karen grob behandelte. Sie wurde nicht gefördert, um ihren Traum von einer Karriere als Ärztin umzusetzen. Dennoch studierte sie Medizin und absolvierte anschließend eine Ausbildung zur Psychoanalytikerin. Bis 1932 arbeitete sie in Berlin und zog dann nach Chicago. Zwei Jahre später ging sie nach New York, wo sie eine eigene Zeitschrift und ein eigenes Institut gründete.

Bereits früh in ihrer Karriere machte sich ihre Unzufriedenheit über Freuds Theorie bemerkbar. Vor allem über seine Behauptung, dass es Frauen unmöglich sei, eine vollständige psychlsche Entwicklung durchzumachen. Darum beneideten sie die männliche Entwicklung, die vom Penis symbolisiert wird. Laut Horney wurden Frauen jedoch in ihrer seelischen Entwicklung nicht durch körperliche Mängel behindert, sondern durch soziale Einschränkungen. Aufgrund dieser Einschränkungen sowie der wirtschaftlichen und sozialen Abhängigkeit vom Mann wurde die Liebe oftmals überbewertet.

Intime Beziehungen und Familienbeziehungen waren stets ein wichtiges Thema in Horneys Arbeit. In vielen Familien entwickeln Kinder eine Existenzangst, weil sie sich nicht sicher, geschätzt und geliebt fühlen. Sie versuchen diese Angst durch eine Selbstverteidigungstaktik zu reduzieren. Diese Taktik kann Liebe, Macht oder Reserviertheit umfassen. Psychisch gesunde Erwachsene können mit diesen drei Strategien flexibel umgehen. Probleme entstehen durch Übertreibung: Wer die Liebe übertreibt, wird folgsam und versucht die Angst durch das Erheischen von Zustimmung zu besiegen. Die Folge ist Abhängigkeit von anderen. Diese Problematik war für Frauen besonders heikel und hinderte sie an ihrer psychischen Entwicklung.

SIEHE AUCH Psychoanalyse (1899), Kulturrelativismus (1928), Humanistische Psychologie (1961)

OBEN: *Foto von Karen Horney aus dem* American Journal of Psychotherapy, *Nr. 5 (1951).* RECHTS: *In dieser Illustration aus dem Jahr 1901 im dänischen Magazin* Ravnen *(„Der Rabe") sagt der Rechtsanwalt zu seiner psychisch angeschlagenen Frau: „Freu' dich, Schätzchen. Jetzt kriegst du den neuen Hut, den du schon solange haben willst – und auch den Pelzmantel!"*

1923

Capgras-Syndrom

Joseph Capgras (1873-1950)

Das Capgras-Syndrom ist eine seltene Störung, bei der Patienten denken, dass ihnen nahestehende Menschen nicht echt, sondern Doppelgänger sind. Es gibt einen Fall, in dem ein Mann dachte, dass sein Vater gegen einen Roboter ausgetauscht wurde. Er köpfte ihn, um die Batterien und Mikrofilme zu finden, die er enthalten sollte. Menschen mit diesem Syndrom behaupten, dass es subtile Unterschiede zwischen einem Freund oder Familienmitglied und dem vermeintlichen Betrüger gibt. Andere Menschen sehen diese (eingebildeten) Unterschiede nicht, was den Patienten verwirrt und zu paranoiden Verdächtigungen über die Gründe führen kann, warum kein anderer den Doppelgänger erkennt. Das kann – wie beschrieben – verheerende Folgen haben.

Nachdem der französische Psychiater Joseph Capgras das Syndrom 1923 zum ersten Mal beschrieben hatte, wurde es meist psychoanalytisch erklärt: Unterdrückte Wut oder sexuelles Begehren oder Schizophrenie seien die Ursache. Wer am Capgras-Syndrom leidet, sieht jedoch keine Wahnbilder. Gestört ist die Art und Weise, in der das Gehirn Informationen über Menschen verarbeitet.

Die aktuelle Forschung vermutet, dass das Capgras-Syndrom die Folge einer Entkoppelung von jenen Regionen des Gehirns ist, mit denen wir andere Menschen erkennen. Ein Gehirnteil, der Frontallappen, verarbeitet Tatsachenwissen: „Du hast die gleichen Züge wie meine Frau." Der andere Teil, das limbische System, liefert Gefühlsinformationen: „Du siehst aus wie meine Frau, aber ich habe keine Gefühle für dich."

Die Störung unterstreicht die Wichtigkeit der Verbindung zwischen unserem Denken und Fühlen. Meistens können wir zwar die Tatsachen in einer Situation erkennen, aber unsere gefühlsmäßige Bewertung dieser Tatsachen kann zu einer anderen Schlussfolgerung führen als die Tatsachen allein rechtfertigen.

SIEHE AUCH Münchhausen-Syndrom (1838), Der Fall des H. M. (1953), Universelle Gesichtsausdrücke von Gefühlen (1971)

Detail aus Die Legende von St. Stephanus *(Anfang 15. Jhd.) des italienischen Malers Martino di Bartolomeo, in dem der Teufel den neugeborenen Heiligen gegen ein anderes Baby austauscht. Diese Art von Legenden in der europäischen Folklore entstanden wahrscheinlich, um Fehlbildungen oder Abweichungen bei Babys zu erklären. Die Kinder wurden oftmals von Abergläubigen missbraucht oder ermordet.*

1924

Im Dutzend billiger

Lillian Gilbreth (1878-1972)

Zu Beginn des 20. Jhd. wurden Psychologen befragt und hinzugezogen, um den Arbeitsprozess effizienter zu gestalten. Lillian Moller Gilbreth leistete dazu für das Arbeits- und Alltagsleben wichtige Beiträge. Sie selbst arbeitete und erzog nebenher zwölf Kinder! Die Kalifornierin Lillian Moller heiratete 1904 den Ingenieur Frank Gilbreth. Beide wurden führende Köpfe des neuen Wissenschaftszweiges der „Industriepsychologie". Sie waren die ersten, die bewegte Bilder verwendeten, um die Arbeitseffizienz zu erforschen. Auch erfanden sie die Gilbreth-Uhr, die Sekundenbruchteile misst, mit denen Arbeitsabläufe exakt getimt werden können.

Lilian wurde Vizevorsitzende der Gilbreth Consulting und ging gänzlich in ihrer Arbeit auf. Es gehörte zur Ideologie jener Zeit, den Arbeitnehmer so gut wie möglich an die Jobbedingungen anzupassen. Lillian war mit dieser Herangehensweise nicht zufrieden und vertrat die Auffassung, dass dabei wichtige psychologische und motivierende Faktoren übersehen würden. Sie nahm ihr Studium wieder auf und wurde 1914 Doktor der Psychologie.

Mit Lillians neuen psychologisch-angehauchten Methoden bauten die Gilbreths eine der erfolgreichsten amerikanischen Consultingfirmen auf. Nach Franks plötzlichem Tod im Jahr 1924 machte Lillian eine steile Karriere. Sie führte ihre erfolgreiche Arbeit weiter und wurde eine weltberühmte Autorität der Industriepsychologie. In den USA arbeitete sie für landesweite Kommissionen, deren Ziel der Abbau der Arbeitslosigkeit war. Auch sollten mehr Frauen in den Arbeitsprozess einbezogen werden.

Ihre ganze Karriere stand im Zeichen des arbeitenden Menschen zu Hause wie im Beruf. Sie erfand den Tretmülleimer – der auch heute noch auf der ganzen Welt sehr populär ist. Sie verbesserte das Design von heimischen Küchen, machte sie effizienter und entwarf eine neue Küche für Behinderte. Zwei ihrer Kinder schrieben den Bestseller *Cheaper by the Dozen* (*Im Dutzend billiger*). Das Buch wurde 1950 erfolgreich verfilmt. 1984 war sie nach dem Psychologen John Dewey die zweite ihrer Disziplin, der in Amerika eine Briefmarke gewidmet wurde.

SIEHE AUCH Psychotechnik (1903)

Zwei skandinavische Tretmülleimer – eine Erfindung der Industriepsychologin Lillian Gilbreth, die auch die Effizienz der heimischen Küche verbesserte.

vipp

1924

Gehirnbilder

Hans Berger (1873-1941)

Einer der größten Fortschritte in der Neurowissenschaft und der Psychologie ist die Entwicklung von immer präziseren Gehirnscantechniken seit den 1950er Jahren. Durch den cleveren Einsatz dieser Techniken wissen wir heute mehr denn je über den Zusammenhang zwischen Gehirn und Verhalten.

Hans Berger erfand 1924 das Elektroenzephalogramm (EEG), das fortan überall zur Messung von Gehirnaktivität eingesetzt wurde. Auch heute ist es noch eine wichtige Methode zur Feststellung, wann Gehirnaktivität stattfindet. Wo sie stattfindet, kann damit nicht gemessen werden. 1963 wurde die Computertomographie (CT) patentiert. Bei der CAT (*Computerized Axial Tomography*) wird über „scheibchenweise" erstellte Röntgenaufnahmen ein detailliertes Bild eines Gehirnteils aufgebaut. Das hat sich als sehr nützliches diagnostisches Mittel erwiesen, mit dem Tumoren und andere Abweichungen lokalisiert werden können.

Nach zwei Jahrzehnten der Forschung ließ der Mediziner Raymond Damadian 1972 das erste MRI-Gerät (*Magnetic Resonance Imaging*) zur Erfassung von Krebszellen patentieren. Mit der inzwischen weiter entwickelten Technik können mit einem MRI jetzt Veränderungen in der Gruppierung der Gehirnzellkerne erfasst werden, wenn eine Radiowelle hindurch geschickt wird. Die Ergebnisse werden vom Computer analysiert. Er konstruiert ein 3D-Bild, auf dem neben gesundem und krankem Gewebe auch Blutgerinnsel und andere Abweichungen zu sehen sind.

Gehirnaktivität kann auch mit einem PET-Scan (Positronemissionstomographie) ermittelt werden. Dabei wird beobachtet, wo die injizierte radioaktive Glukose im Gehirn verwendet wird. Je höher der Glukoseverbrauch, desto aktiver sind die Gehirnzellen.

Die optimale Technik ist derzeit das *functional* MRI (fMRI), mit dem der Sauerstoffverbrauch im Blut festgestellt wird. Aktive Neuronen verbrauchen mehr Sauerstoff; somit kann mithilfe dieser Technik jede Aktivität in jeglichem Teil des Gehirns verfolgt werden. Neurowissenschaftler verwenden diese Bilder auch zur Erforschung aller Facetten der Gehirnfunktionen.

SIEHE AUCH Neurotransmission (1921), Split-Brain-Studien (1962)

Hybride PET/MRI-Bilder des Gehirns identifizieren beschädigtes Gehirngewebe und verfolgen die Neuronenaktivität.

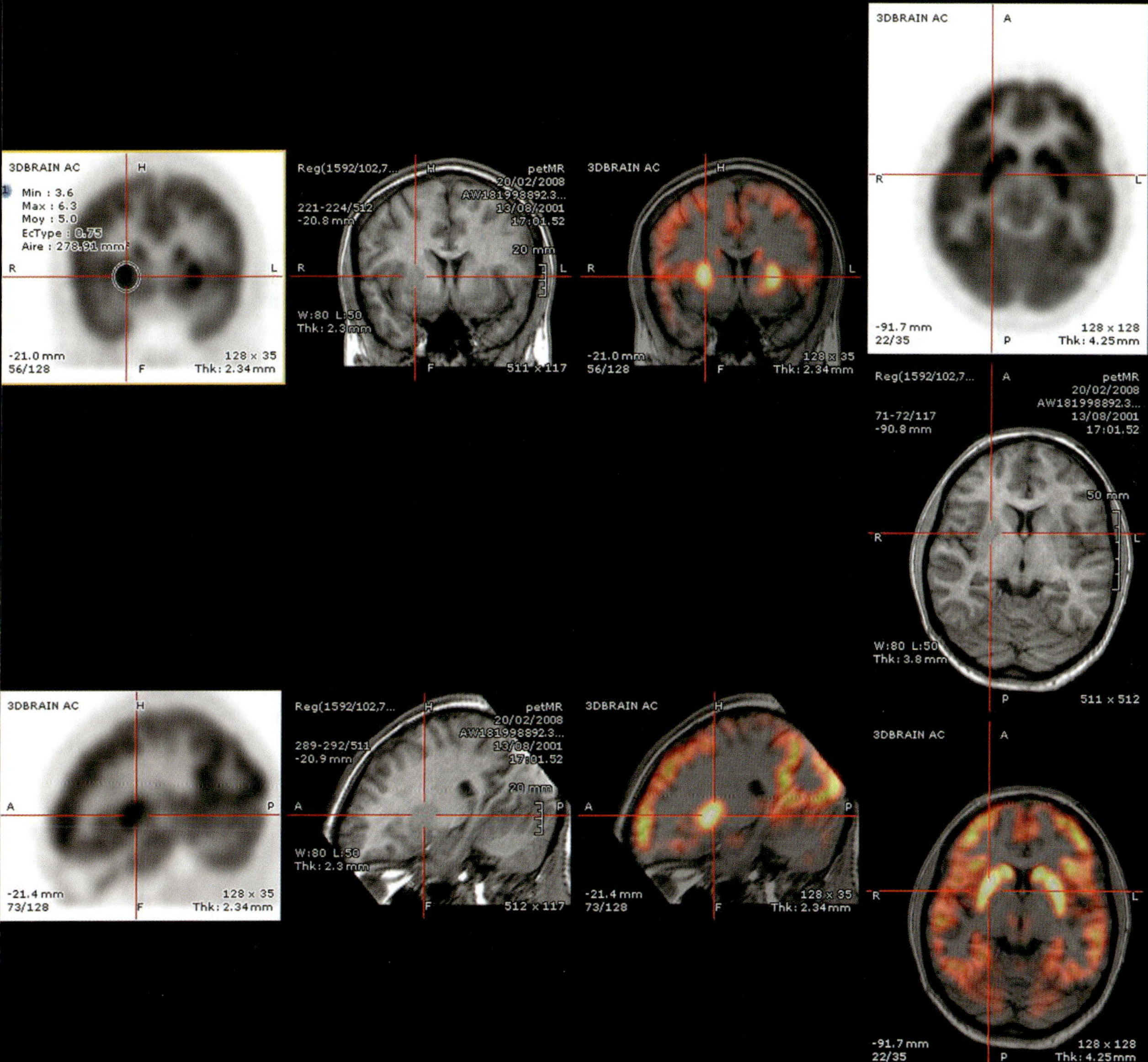

3DBRAIN AC
Min : 3.6
Max : 6.3
Moy : 5.0
EcType : 0.75
Aire : 278.91 mm
-21.0 mm
56/128
128 x 35
Thk: 2.34 mm
Reg(1592/102,7...
petMR
20/02/2008
AW181998892.3...
13/08/2001
17:01.52
221-224/512
-20.8 mm
20 mm
W:80 L:50
Thk: 2.3 mm
511 x 117
3DBRAIN AC
-21.0 mm
56/128
128 x 35
Thk: 2.34 mm
3DBRAIN AC
-91.7 mm
22/35
128 x 128
Thk: 4.25 mm
Reg(1592/102,7...
petMR
20/02/2008
AW181998892.3...
13/08/2001
17:01.52
71-72/117
-90.8 mm
50 mm
W:80 L:50
Thk: 3.8 mm
511 x 512
3DBRAIN AC
-21.4 mm
73/128
128 x 35
Thk: 2.34 mm
Reg(1592/102,7...
petMR
20/02/2008
AW181998892.3...
13/08/2001
17:01.52
289-292/511
-20.9 mm
20 mm
W:80 L:50
Thk: 2.3 mm
512 x 117
3DBRAIN AC
-21.4 mm
73/128
128 x 35
Thk: 2.34 mm
3DBRAIN AC
-91.7 mm
22/35
128 x 128
Thk: 4.25 mm

1925

Körperbautypen

Ernst Kretschmer (1888-1964), **William H. Sheldon** (1898-1977)

Die Idee, dass der Körperbau Aufschluss über Charakter und Lebenslauf gibt, ist uralt. Die *Doshas* aus der ayurvedischen Lehre sind mindestens 5000 Jahre alt und gehören ebenfalls in diese Tradition. Durch die moderne Wissenschaft im Westen jedoch gerieten diese Theorie und die damit verbundene Praxis unter Druck. Im 19. Jhd. ließ Cesare Lombroso diese Idee mit seiner Typologie von Kriminellen wieder aufleben. Zu Beginn des 20. Jhd. entwickelten einige Ärzte und Psychologen neue Varianten und Anwendungsmethoden.

Nach der deutschen Niederlage im Ersten Weltkrieg schrieben viele Intellektuelle die deutschen Probleme der technologisch und mechanistisch ausgerichteten Wissenschaft zu. Sie suchten nach holistischen oder organismischen Alternativen in Medizin und Psychologie. Der Psychiater Ernst Kretschmer entwickelte in seinem Buch *Körperbau und Charakter* (1921) eine Theorie über geistige und körperliche Gesundheit, die erbliche Persönlichkeitstypen mit drei Körperbautypen (Somatotypen) in Verbindung brachte: gedrungen, dünn und athletisch.

In Amerika untersuchte der Arzt George Draper vom Columbia-Presbyterian Hospital in New York die Rolle psychologischer Faktoren für Gesundheit und Krankheit. Dabei bediente er sich einer konstitutions- und körperorientierten Herangehensweise. Drapers Modell umfasste vier Persönlichkeitsaspekte: Morphologie, Physiologie, Psychologie und Immunität. Zusammen entscheiden sie darüber, ob eine Person erfolgreich oder nicht erfolgreich auf Stress reagieren kann.

Der Mediziner und Psychologe William H. Sheldon entwickelte die wohl bekannteste Theorie der Verbindung von Körperbau und Charakter: drei Haupttypen mit jeweils besonderen Charakterzügen. Der endomorphe Typ ist gedrungen mit extrovertierter Persönlichkeit. Der mesomorphe Typ ist ebenfalls extrovertiert, jedoch mit einem athletischen, muskulösen Bau. Der ektomorphe Typ ist zierlich, lang, introvertiert und künstlerisch veranlagt. Diese Kategorien werden in der Wissenschaft nicht mehr wirklich verwendet. Im Volksmund gibt es jedoch die alten Stereotypen auch weiterhin – wie beispielsweise das Klischee vom gemütlichen Dicken.

SIEHE AUCH Handlesen (5000 v.Chr.), Physiognomie (1775)

Diese Karikatur von James Gillray (1794) nimmt die neue neoklassische Damenmode der hochangeschnittenen Kleider auf die Schippe. Zwei Frauen mit völlig unterschiedlichem Körperbau tragen das gleiche Modell.

Js. Gy. des. et fect.
ES's giving the TON,
FOLLOWING the FASHION.
CHEAPSIDE apin

1926

Genetische Epistemologie

Jean Piaget (1896-1980)

Der Schweizer Biologe und Philosoph Jean Piaget war kein ausgebildeter Psychologe, hatte aber dennoch großen Einfluss auf das Verständnis der Art und Weise, in der sich das Denk- und Argumentationsvermögen entwickelt. Piaget war ein Wunderkind, das seinen ersten wissenschaftlichen Artikel – über Weichtiere – mit elf Jahren veröffentlichte. Er begann mit der Erforschung des Denkens von Kindern in den 1920er Jahren. Aber erst 30 Jahre später erlangte er in den USA in weiten Kreisen Bekanntheit. Da hatte er seine großen Studien bereits veröffentlicht. Piagets Werk war für die Umkehr der amerikanischen Psychologie hin zur Erforschung der internen, kognitiven Aktivität von wesentlicher Bedeutung.

Piaget fand, dass wissenschaftliche Argumentation höchster Ausdruck der menschlichen Erkenntnis sei. Seine Forschung richtete sich auf die Art und Weise, in der sich die Argumentationsfähigkeit entwickelt. Er startete ein Langzeitprojekt, an dem viele Wissenschaftler und Hunderte von Kindern teilnahmen. Die Frage lautete: Wie und wann erwerben Kinder kognitive Fähigkeiten? Er entdeckte, dass das Argumentationsvermögen bei Kindern quantitativ zunimmt: Wenn sie älter werden, können sie schneller als zuvor mit Problemen umgehen. Überraschenderweise entwickelt es sich auch in vier qualitativ verschiedenen Phasen: die sensomotorische Phase, die präoperationale Phase, die konkret operationale Phase und die formal operationale Phase. In jeder Phase ist die Herangehensweise an Probleme und deren Lösung anders. Erst in der letzten Phase entstehen die formal-wissenschaftliche Argumentation und die Fähigkeit zu abstraktem Denken. Piaget entdeckte auch, dass nicht jedes Kind diese Fähigkeit entwickelt.

Laut Piaget zeigt sich in diesem Entwicklungsmuster die biologische und praktische Erfahrung des Kindes in der Welt. Dieser Prozess wird „Epigenese“ genannt. Piaget bezeichnete dieses große Projekt als „genetische Epistemologie“. Es bot seiner Ansicht nach eine umfassende Theorie über den Wissenserwerb. Die Forschung hat Piagets Konzepte bestätigt. Allerdings gibt es wichtige kulturelle Unterschiede, wie sich der Wissenserwerb bei Kindern entwickelt.

SIEHE AUCH Adoleszenz (1904), Kybernetik (1943), Zentrum für kognitive Studien (1960)

Schulkinder auf den abgelegenen Probilof-Inseln vor der Küste von Alaska. Laut dem Schweizer Biologen und Philosophen Jean Piaget reflektiert das kognitive Entwicklungsmuster von Kindern sowohl die Genetik als auch die praktische Erfahrung.

1927

Wachstumsforschung

Harold E. Jones (1894-1960), **Jean W. Macfarlane** (1894-1989), **Mary Cover Jones** (1896-1987), **Nancy Bayley** (1899-1994)

In der Zeit zwischen den zwei Weltkriegen wollten Wissenschaftler und Philanthropen mit der Wissenschaft die Gesellschaft verbessern. Besonderes Interesse galt dabei der kindlichen Entwicklung. Von allerlei Stiftungen finanziert, entstanden an Universitäten in den USA Institute für Kinderforschung. Besonders bedeutend waren die 1927 begonnenen Forschungen am Institute for Human Development an der Universität von Kalifornien.

Im Rahmen der Guidance Study wurde unter Leitung des Psychologen Jean W. Macfarlane der Einfluss untersucht, den elterliche Beratung auf die Ergebnisse und schulischen Leistungen des Kindes hat. In der Testgruppe gab es ausdrückliche Beratung durch die Eltern bei schul- und beziehungsspezifischen Fragen. In der Kontrollgruppe wurde auf die elterliche Beratung weniger Wert gelegt. Auf diese Weise wurde beobachtet, ob und wie sich Beratung auf die persönliche Entwicklung auswirkt.

Für die von der Psychologin Nancy Bayley geleitete Berkeley Growth Study wurden 74 Personen von der Kindheit bis ins Erwachsenenalter verfolgt. 40 Jahre lang wurde die geistige und körperliche Entwicklung untersucht. Anhand dieser Studie entwickelte Bayley ein oft eingesetztes Beurteilungsinstrument: die Bayley Scales of Infant Development. Sie wird immer noch eingesetzt, um die Korrelation zwischen körperlicher und geistiger Entwicklung zu erfassen.

Die Oakland Growth Study wurde von dem Arzt Harold Jones und seiner Frau, der Psychologin Mary Cover Jones, geleitet. Sie begann 1931 und folgte jugendlichen Jungen und Mädchen bis zum Erwachsenenalter, um deren körperliche und psychologische Entwicklung zu beurteilen. Eine wichtige Entdeckung war die Tatsache, dass Jungen, die sich körperlich langsamer entwickelten, oft auch psychisch langsamer reiften. Im frühen Erwachsenenalter hatten sie den Rückstand meist aufgeholt.

Da jede dieser Studien eine Gruppe von Kindern über einen längeren Zeitraum beobachtete, wurden systematisch Daten aus dem natürlichen Umfelt gesammelt, die Kinderprobleme und ihre Lösungen beleuchteten.

SIEHE AUCH Babybiographien (1877), Adoleszenz (1904), Lebensphasen (1978), Ökosystemischer Ansatz (1979)

Kinder japanischer Herkunft, die in dritter Generation in Amerika aufgewachsen sind. Hier warten sie in Byron, Kalifornien, auf den Bus zum Gefängniszentrum warten, nachdem die amerikanische Regierung 1942 beschlossen hatte, die rund 12 000 an der Westküste wohnenden amerikanischen Japaner zu verhaften.

1927

Hawthorne-Effekt

Elton Mayo (1880-1949)

Zwischen den Weltkriegen hielt die Psychologie Einzug in Unternehmen und Betrieben. Es war die Zeit der Arbeiterunruhen. Die Unternehmen vertrauten sich Psychologen an und baten sie um Hilfe beim Personalmanagement. Die wichtigste Forschung der neuen Industriepsychologie fand bei Hawthorne Works im heutigen Cicero, Illinois statt. Die Fabrik wurde für Bell Telephone von Western Electric geleitet und war seinerzeit der wichtigste Ort für technologische Innovationen.

Die Studie über das Personalmanagement in der Fabrik war ein Meilenstein, die Ergebnisse wurden unter dem Begriff Hawthorne-Effekt bekannt. Beim Versuch, die Arbeitsproduktivität zu erhöhen, startete Western Electric ein Testprojekt, bei dem die Beleuchtung für die Testgruppe verstärkt wurde, jedoch nicht für die Kontrollgruppe. Drei Jahre später bat das Unternehmen den Industriepsychologen Elton Mayo, die Daten des Projekts auszuwerten. Er entdeckte, dass die Produktivität beider Gruppen erhöht war. Mayo schlussfolgerte, dass die größere Aufmerksamkeit für die Arbeiter zu einer besseren Arbeitsmoral und höheren Produktion geführt hatte. Das Ergebnis wurde später unter dem Begriff „Hawthorne-Effekt“ bekannt.

In der zweiten Phase wurde im Raum für Relaismontage an sechs Arbeiterinnen der Einfluss der Arbeitsbedingungen untersucht. Es gab Pausen und kürzere Arbeitszeiten. Die Frauen wählten ihre Kolleginnen selbst aus und wurden nach ihrem Input beim Arbeitsprozess gefragt. Die Produktivität erhöhte sich drastisch und blieb auch weiterhin hoch, nachdem die ursprünglichen Arbeitsbedingungen wieder eingeführt wurden. Die Auswertung der Interviewdaten ergab, dass der soziale Aspekt der Arbeit für die erhöhte Produktivität eine wesentliche Rolle spielte. Western Electric passte einige seiner Produktionsabläufe an den Input der Arbeitnehmer an. Viele andere Unternehmen folgten diesem Beispiel. Der Erfolg der Psychologie in diesen Bereichen führte zum neuen Beruf des Personalberaters. Daraus entwickelte sich später das moderne sozialwissenschaftliche Forschungsfeld der zwischenmenschlichen Beziehungen.

SIEHE AUCH Psychotechnik (1903), *Im Dutzend billiger* (1924)

Ein Poster der Office for Emergency Management des War Production Board (1942-1943), auf dem Arbeiter um Vorschläge zur Verbesserung der Kriegsproduktion gebeten werden.

DROP YOUR IDEAS IN THE SUGGESTION BOX
Speed VICTORY
DEPOSIT YOUR IDEAS HERE
TO BE A 100% PRODUCTION SOLDIER You must SUBMIT AN ACCEPTED SUGGESTION
BACK UP OUR BATTLESKIES!

1927

Zeigarnik-Effekt

Bluma Zeigarnik (1901-1988)

Bluma Gerstein war die Tochter eines Kaufmanns aus einem Dorf im heutigen Litauen. Sie war ein frühreifes Kind, das trotz Krankheit einige Klassen übersprang. Während sie sich auf ihre Aufnahmeprüfung für ein Universitätsstudium vorbereitete, lernte sie ihren künftigen Ehemann Albert Zeigarnik kennen. Wie viele Russen in jener Zeit reisten die beiden 1922 nach Berlin, um dort ein Postgraduiertenstudium aufzunehmen. Dort studierte Bluma beim Gestaltpsychologen Kurt Lewin. 1927 erwarb sie mit einer experimentellen Studie über die Erinnerung den Doktortitel. Die Ergebnisse wurden unter dem Begriff Zeigarnik-Effekt bekannt.

Kurz gesagt, entdeckte Zeigarnik, dass Menschen sich an eine nicht vollendete Aufgabe besser erinnern können als an eine beendete. Die Studie wurde durch einen Kellner inspiriert: Lewin hatte bemerkt, dass er ohne Notizen alle Bestellungen behalten konnte. Wurde dieser Kellner danach – nachdem alle bezahlt hatten – zu den Bestellungen befragt, konnte er sich nicht mehr erinnern, was bestellt worden war.

Die Studie zu vollendeten und nicht beendeten Aufgaben wurde Gegenstand von Zeigarniks Doktorarbeit. Die Teilnehmer mussten von den präsentierten Aufgaben so viele wie möglich und so schnell wie möglich ausführen. Sie wurden unterbrochen, bevor sie die Hälfte der Aufgaben ausgeführt hatten und während der zweiten Hälfte in Ruhe gelassen. An die unterbrochenen Aufgaben konnten sie sich zu 90 % besser erinnern als an die vollendeten. Die fehlende Vollendung erzeugte – laut Zeigarnik – Spannung bei den Teilnehmern, die die Erinnerung an die Aufgabe förderte, bis sie erfüllt war.

Ein besonderes Merkmal der Studie war die Selbstbeteiligung Zeigarniks, mit der sie die Teilnehmer anfeuern wollte, die Aufgaben mit optimalen Ergebnissen zu erledigen. Dies passt in den Kontext von Lewins Aktionsforschung, die davon ausgeht, dass Forscher und Teilnehmer bei jeder Studie einen Lebensraum teilen. Damit wird die experimentelle Situation interaktiv und potentiell kooperativ.

SIEHE AUCH Gestaltpsychologie (1912), Psychologischer Lebensraum (1935)

Ein Feinschmecker, *vom französischen Maler Henri Brispot (1846-1928). Untersuchungen der Psychologin Bluma Zeigarnik haben zu der These geführt, dass der Kellner in dieser Szene keine Probleme hat, sich an die Bestellungen zu erinnern, bis am Ende der Mahlzeit die Rechnung kommt.*

1928

Kulturrelativismus

Margaret Mead (1901-1978)

Margaret Mead propagierte den Kulturrelativismus: die Idee, dass alle Kulturen im Rahmen ihrer lokalen Bedingungen und nicht im universellen Kontext betrachtet und verstanden werden müssen. Ihre Feldarbeiten waren dazu gedacht, kulturelle Variationen in Entwicklungserfahrungen zu ergründen (**Adoleszenz**, Genderrollen und die Einstellung zu Ehe und Ausbildung).

Mead war die bekannteste Kulturanthropologin des 20. Jhd. Bücher wie *Coming of Age in Samoa (Kindheit und Jugend in Samoa)* (1928), *Sex and Temperament in Three Primitive Societies (Jugend und Sexualität in primitiven Gesellschaften)* (1935) und *And Keep Your Powder Dry* (1942) wurden zu Klassikern. Mead nahm auch aktiv an der öffentlichen, intellektuellen Debatte teil. Sie schrieb und sprach über soziale und wissenschaftliche Fragen. Als Studentin von Franz Boas, dem Pionier der Kulturanthropologie, machte sie an der Columbia University in New York ihren Doktor. Sie und ihre Mitarbeiterin Ruth Benedict waren in den 1930er Jahren Mitglied der Culture and Personality-Bewegung.

In *Coming of Age in Samoa* zeigte Mead, wie die individuelle psychologische Entwicklung von den Anforderungen des lokalen, kulturellen Kontexts definiert wird. In manchen Kulturen ist der sexuelle Austausch in jungen Jahren normal. Dadurch kommt es zu unterschiedlicher sexueller Entwicklung bei den Jugendlichen. In ihrem Buch über den Stamm der Manus, *Growing Up in New Guinea* (1930), widersprach sie der altmodischen Idee, dass „primitive" Völker wie Kinder sind. Sie erklärte, dass die psychologische und soziale Entwicklung je nach Kultur variierten und keinem konsistenten, universellen Schema folgten. Meads Werk war eine der ersten interkulturellen Studien zur menschlichen Entwicklung.

Ein großer Teil ihrer Arbeit handelte von „primitiven" Gesellschaften. Meads Beitrag zur amerikanischen Kultur ist ebenfalls bemerkenswert. Sie beteiligte sich an der **Gene oder Umwelt**-Debatte, machte Anthropologie populär und schrieb über das amerikanische Wesen. Mit ihrem kontroversen Blick auf Genderrollen war sie eine Vorläuferin der amerikanischen Frauenbewegung.

SIEHE AUCH Gene oder Umwelt (1874), Torres Strait Expedition (1898), Adoleszenz (1904), Kulturgebundene Syndrome (1904)

LINKS: *Margaret Mead, die für ihre Studie* Coming of Age in Samoa *bekannt wurde, bei der Lektüre.*
RECHTS: *Drei junge Frauen auf Samoa bereiten* Kava *zu, ein polynesisches Getränk mit beruhigenden und schmerzstillenden Eigenschaften, das traditionell in Gesellschaft getrunken wurde (1890).*

1929

Rattus norvegicus var. *albinus* (Neobehaviorismus)

Clark Hull (1884-1952), **Edward Chase Tolman** (1886-1959)

Das Verhalten eines kleinen weißen Nagetiers namens *Rattus norvegicus* var. *albinus* (Albino-Form der Wanderratte) unter kontrollierten Laborbedingungen wurde vor dem Zweiten Weltkrieg zum Studienobjekt Nr. 1 der amerikanischen Psychologie. Anhand des darwinistischen Prinzips der Stammesverwandtschaft der Arten gingen Psychologen davon aus, dass nicht-menschliche Tiere bei der Erforschung von Lernprozessen als Ersatz für menschliche Probanden dienen konnten. Im Labor konnten die Bedingungen experimentell manipuliert werden, um die Gesetze des Lernens zu entdecken. Aufgrund der Dominanz dieser Herangehensweise in der wissenschaftlichen Psychologie wurde sie „das Königreich des Verhaltens" genannt. 1913 bahnte der Psychologe John B. Watson mit seinem behavioristischen Manifest den Weg für dieses Königreich: „Der Behaviorist betrachtet Psychologie als einen rein experimentellen Zweig der Naturwissenschaft. Das theoretische Ziel sind Vorhersage und Steuerung des Verhaltens."

Zwei typische Vertreter der zahlreichen behavioristischen Strömungen waren dei Psychologen Clark Hull und Edward Chase Tolman. Sie waren Pioniere des Neobehaviorismus. Hull wurde 1929 Professor in Yale, wo er als amerikanischer Pawlow „junge Studenten anstatt Hunde einsetzte". Er verwendete das Konditionierungsreflexmodell von Pawlow, um Alkoholismus, Psychosen, Jugendkriminalität und Mobbing zu erforschen. Danach wandten seine Studenten seine Theorie sowie die **Psychoanalyse** an, um Frustration und Aggression zu erforschen, die bei Arbeiterunruhen und Rassenkonflikten eine Rolle spielen.

An der Universität von Kalifornien verwarf Tolman die These seines Kollegen Hull, dass Lernen aus einer Reihe von konditionierten Reflexen bestehe. Laut Tolman kann Lernen von Leistung getrennt werden. Die Ratte lernt das Labyrinth ohne Bestätigung selbst kennen. Das stellte sich heraus, als die Nahrungsbelohnung eingeführt wurde, der sich die Ratte sofort zuwandte. Tolman nannte es „latentes Lernen". Dies stützte seiner Auffassung nach die Theorie, dass Lernen immer zielgerichtet ist.

SIEHE AUCH Klassische Konditionierung (1903), Behaviorismus (1913), Operante Konditionierung (1930), Lernmaschine (1954)

Ratte im Wistar Institut, wo zum ersten Mal genetisch reine Tierstämme für Laborexperimente gezüchtet wurden. Die Albino-Variante der Wanderratte wurde schnell zum bevorzugten Modellorganismus der Psychologen.

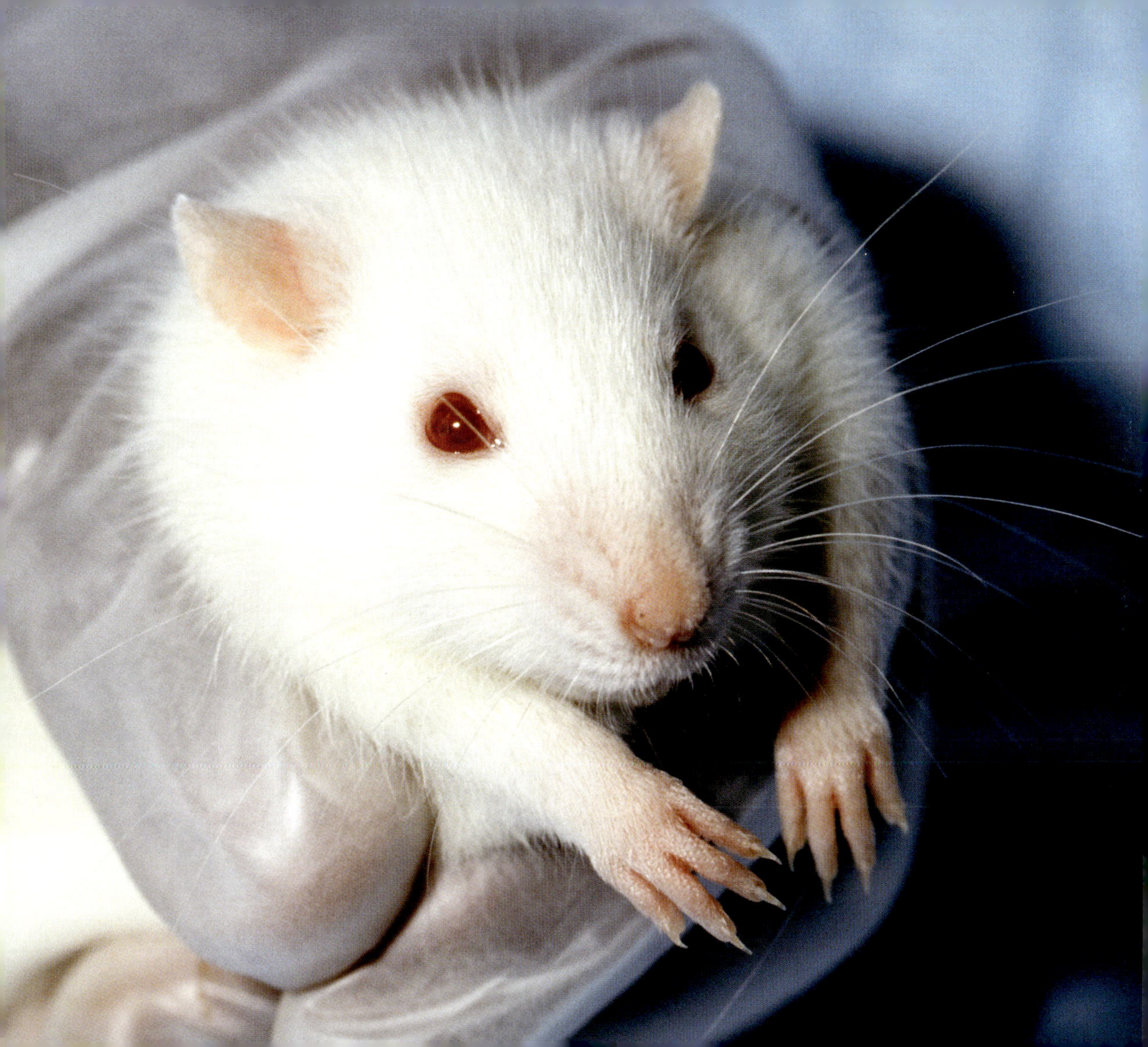

1930

Operante Konditionierung (Skinner-Box)

B.F. Skinner (1904-1990)

B.F. Skinner erhob die alte Wahrheit, dass alle lebenden Wesen einschließlich des Menschen nach dem Belohnungsprinzip handeln, zur Wissenschaft samt entsprechender Methodik. Er arbeitete jahrelang mit Ratten und Tauben unter kontrollierten Laborbedingungen, um nachzuweisen, wie Konsequenzen das Verhalten beeinflussen. Er nannte seine Herangehensweise „operante Konditionierung“, seinen theoretischen Ansatz bezeichnete er als „radikalen Behaviorismus“. Der Begriff „operant“ verweist auf Handlungen, die Organismen in ihrer Umgebung ausüben, um Folgen hervorzurufen. Skinner zeigte, dass diese Folgen starke Auswirkungen auf das Verhalten haben. Mit der Beschreibung dieser Auswirkungen verlieh er den allgemeinen Begriffen „Verstärkung“ und „Bestrafung“ eine neue Bedeutung. Skinner konnte nachweisen, dass diese Prinzipien sich auf alle Bereiche des Lebens auswirken.

Skinner war nicht nur Wissenschaftler, sondern auch Erfinder. Bereits als Kind erfand er Haushaltsgeräte. Als er 1928 sein Postgraduiertenstudium in Harvard aufnahm, begann er kurz darauf, Geräte zu entwerfen, mit denen er die ihn interessierenden Phänomene erforschen konnte. 1930 dachte er sich für seine Forschung an Ratten seine berühmteste Erfindung aus: die Skinner-Box, einen reizarmen Käfig mit glatten Wänden, in dem ein kleiner Hebel für die Versuchstiere und ein Ausgabeschacht für Futter angebracht ist. Eine entsprechende Vorrichtung erlaubt es, die Anzahl der Hebelbetätigungen zu registrieren. Im Laufe der Jahre experimentierte Skinner auch mit Tauben und ersetzte den Hebel durch Pickscheiben. Das Verhalten der Tiere konnte mit verblüffender Präzision vorausgesagt und gesteuert werden. In den 1960er Jahren wurden Skinners Prinzipien der operanten Konditionierung nicht nur für Laborexperimente eingesetzt, sondern auch zur Disziplinierung von schwererziehbaren Kindern oder Gefangenen und für andere praktische Zwecke.

SIEHE AUCH Klassische Konditionierung (1903), Behaviorismus (1913), Lernmaschine (1954), Das Token-System (1961)

Die Skinner-Box wurde zum Standardinstrument für viele Generationen behavioristischer Psychologen.

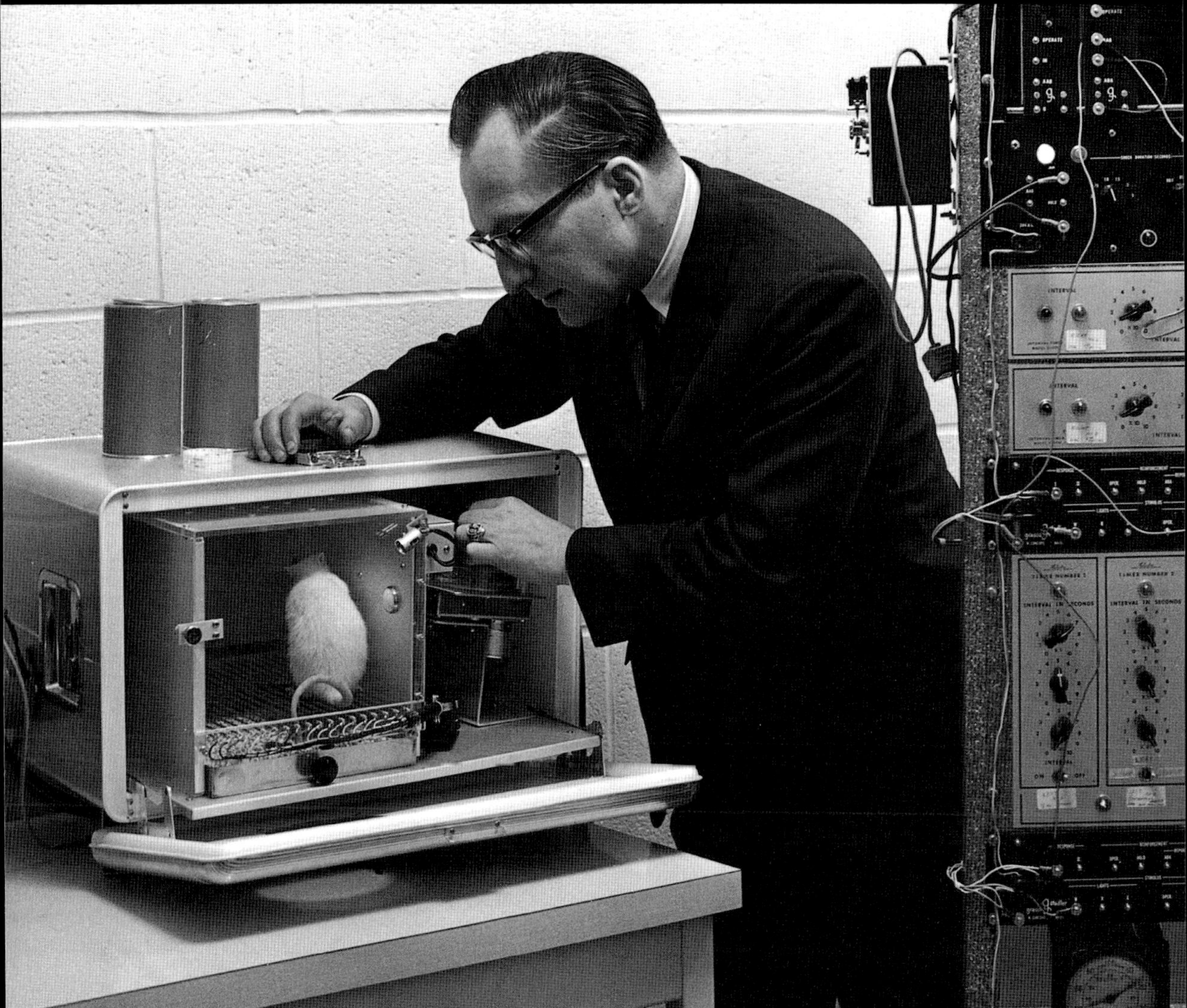
OPERATE
INTERVAL
INTERVAL
INTERVAL IN SECONDS
INTERVAL IN SECONDS

1931

„Superschmecker“

Arthur L. Fox (unbekannt), **Linda Bartoshuk** (geb. 1938)

Etwa 25 % aller Leser dieses Buches sind „Superschmecker“. 50 % sind Normalschmecker, der Rest „Nicht-Schmecker“. Die wissenschaftliche Entdeckung, dass Menschen große Unterschiede im Schmeckvermögen zeigen, verdanken wir einem Zufall. 1931 synthetisierte Arthur Fox für den Chemiekonzern DuPont eine bis dato unbekannte Substanz: **Phenylthiocarbamid** (PTC). Einer seiner Kollegen klagte über die Bitterkeit des erzeugten Stoffes. Fox schmeckte jedoch gar nichts. Auf einem Kongress teilte er später PTC-Kristalle aus und fragte, wie viele Menschen etwas schmecken konnten. 25 % schmeckten nichts, der Rest fand den Stoff bitter.

Die Geschmacksforschung ging weiter. Aber erst in den 1970er Jahren kam es zu großen Fortschritten. Die Psychologin Linda Bartoshuk untersuchte die Auswirkungen von Geschmacks- und Geruchssinn auf die Gesundheit. Zusammen mit ihren Kollegen entwickelte sie das Konzept der „Superschmecker“ – Personen, die ein besonders dichtes Netzwerk von bis zu 1100 Geschmacksknospen pro Quadratzentimeter auf der Zunge haben. Nicht-Schmecker verfügen dahingegen oftmals nur über elf Geschmacksknospen pro Quadratzentimeter. Bartoshuk untersuchte den Einfluss genetischer Faktoren auf den Geschmack. Da jede Geschmacksknospe dem Gehirn zwei Botschaften übermittelt – eine über den Geschmack und eine über Schmerz, Temperatur und das „Mundgefühl“ – wirkt sich dies auf die Empfindlichkeit sowie Geschmacksintensität aus. Mit ihrer Forschung entdeckte Bartoshuk auch das so genannte Zungen- und Mundbrennen (Burning Mouth Syndrome), das bei älteren Frauen ab etwa 60 Jahren auftritt, ohne dass es dafür zahntechnische oder medizinische Ursachen gibt.

Auch wenn wir vielleicht alle „Superschmecker“ sein möchten, ist dies keine Garantie für größeren Genuss. Superschmecker können alkoholische Getränke zähflüssig finden, Kuchenglasur zu süß und Kaffee zu bitter.

SIEHE AUCH Sinnesphysiologie (1867)

Dieser Fotomikrograf zeigt Geschmacksknospen auf der Zunge. Linda Bartoshuk fand heraus, dass es „Superschmecker“ mit 1100 Geschmacksknospen pro Quadratzentimeter gibt und Nicht-Schmecker mit nur elf Geschmacksknospen pro Quadratzentimeter.

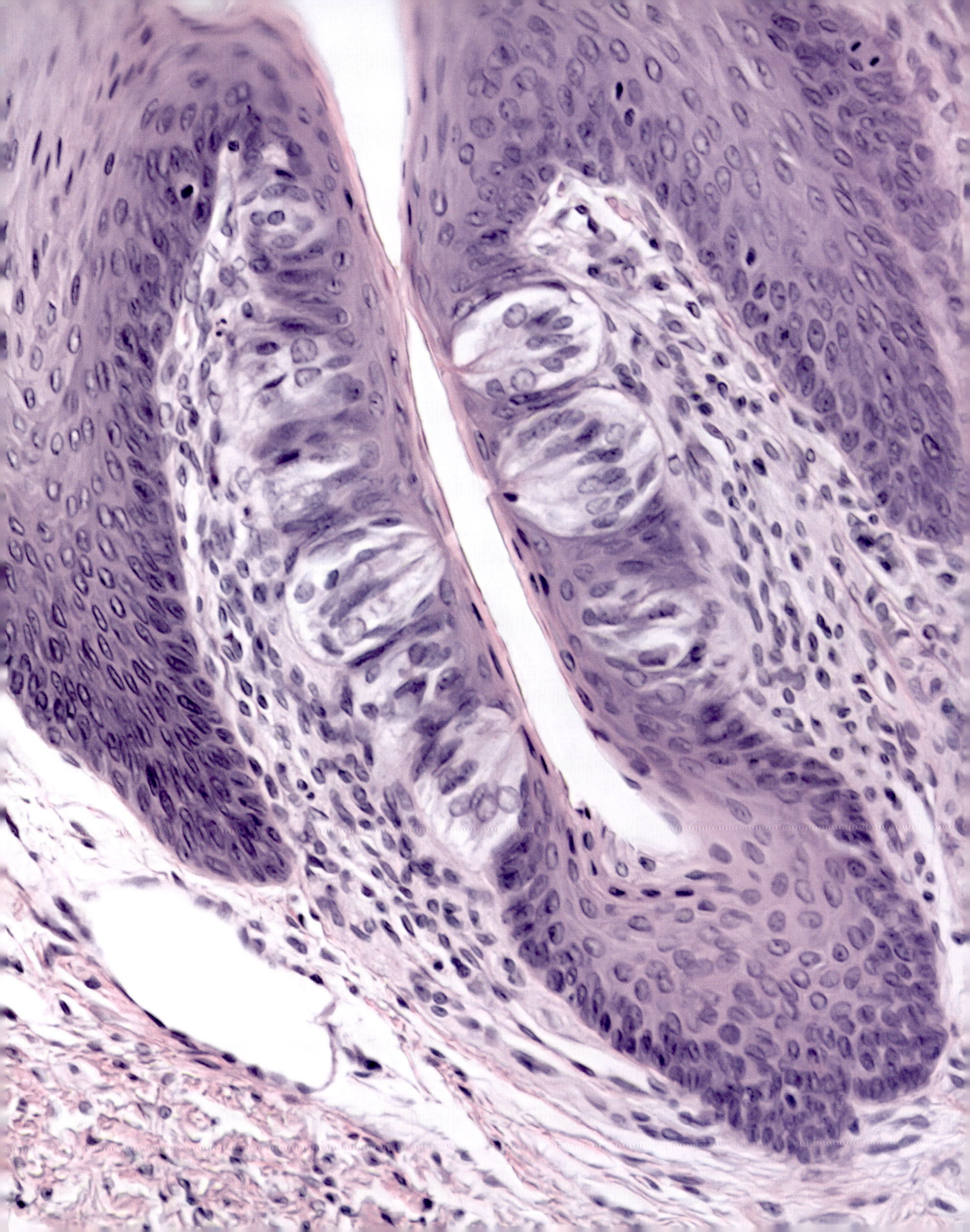

1932

Erinnern und Vergessen

Frederic C. Bartlett (1886-1969)

Wie funktioniert unsere Erinnerung? Wie das Vergessen? Wie sieht die Struktur dieser Erinnerung aus? Einer der wichtigsten Schritte zur Beantwortung dieser Fragen war das Werk des britischen Psychologen Frederic Bartlett: Er legte dar dass Menschen Ereignisse viel mehr rekonstruieren als dass sie sich an sie erinnern können und noch wissen, was tatsächlich passiert ist. In diesem Rahmen spielen Kultur und das kulturell Vertrautes eine extrem wichtige Rolle.

In seinem Werk *Remembering: A Study in Experimental and Social Psychology* (1932) wählte Bartlett eine naturalistische Herangehensweise. Er bat Menschen, eine Geschichte vorzulesen. Bei späteren aufeinander folgenden Gelegenheiten sollten sie diese Geschichten erneut erzählen. Es handelte sich um die indianische Sage vom „Krieg der Götter", die für den durchschnittlichen britischen Leser ungewohnte Vorstellungen vom Übernatürlichen enthielt. Bartlett bemerkte, dass sich die Leser beim wiederholten Erzählen vor allem an die Rahmengeschichte erinnern konnten, nicht aber an Details oder Worte. Außerdem rekonstruierten sie die Geschichte beim Nacherzählen mit kulturell vertrauteren Ideen über das Übernatürliche.

Laut Bartlett ist die Erinnerung eher eine Rekonstruktion, die anhand allgemeiner Prinzipien, Rationalisierung und vertrauter kultureller Ideen erfolgt. Bartlett dachte, dass diese Ergebnisse vor allem darauf hinwiesen, dass die Erinnerung in hierarchisch geordneten, bedeutsamen Schemata aufgebaut ist. Die höheren Gedächtnisebenen kodieren den Rahmen der Geschichte und bestimmen, welche Details auf niedrigeren Ebenen erinnert werden. Erinnerung ist dann aktiv und organisiert und verleiht dem verfügbaren Eindrücken Bedeutung. Bartlett bezeichnet diesen Prozess als „Anstrengung je nach Bedeutung". Damit wird davon ausgegangen, dass frühere Erinnerungsexperimente mit bedeutungslosen Reizen und z. B. unsinnigen Wörtern einen anderen, atypischen Erinnerungsprozess in Gang setzen.

SIEHE AUCH Der Cocktailparty-Effekt (1953), Ebenen der Informationsverarbeitung (1972)

Dieses Foto zeigt den amerikanischen Ethnomusikologen Frances Denmore (1867-1957), der für das Bureau of American Ethnology den Häuptling der Blackfoot mit einem Phonographen aufnimmt (1916). Solche Aufnahmegeräte dokumentieren Geschichte sehr viel genauer als die menschliche Erinnerung, die Ereignisse und Geschichten kulturell anpasst.

1933

Marienthal-Studie

Marie Jahoda (1907-2001)

Zu Beginn der 1930er Jahre untersuchte die junge Psychologiestudentin Marie Jahoda mit einem Forschungsteam in dem kleinen österreichischen Dorf Marienthal den Einfluss von Langzeitarbeitslosigkeit. Jahoda war revolutionär eingestellt und Mitglied der linken Sozialdemokraten in der Blüte des „Roten Wiens". Ihrer Studie lag eine politische Hypothese zugrunde, nämlich die Frage: Würde Arbeitslosigkeit zu einem revolutionären Klassenbewusstsein führen?

Sie wählte unterschiedliche Methoden, um diese These zu untersuchen und die Auswirkungen von Arbeitslosigkeit auf Personen, Familien und das soziale Gefüge der Gesellschaft zu dokumentieren. Ihr Team sammelte Daten von allen 478 Familien in Marienthal. Die Wissenschaftler notierten ihre Lebensgeschichten, teilten Fragebögen aus und baten Kinder, Aufsätze zu schreiben. Sie durchforsteten die Geschäftsbücher der Genossenschaften und Bibliotheksausleihen und analysierten die Bevölkerungs- und Migrationszahlen. Es wurden Projekte für Einwohner gestartet, aus denen wiederum Daten für die Forschung hervorgingen.

1933 veröffentlichten Jahoda und ihre Kollegen die Monografie *Die Arbeitslosen von Marienthal*. Entgegen ihrer Arbeitshypothese hatten die Forscher kein revolutionäres Klassenbewusstsein angetroffen, sondern lediglich Apathie und Schicksalsergebenheit. Der größte Teil der ersten Ausgabe wurde verbrannt, da die Autoren jüdisch waren. Als das Rote Wien 1934 in die Hände der Nazis fiel, wurde Jahoda verhaftet und später unter der Bedingung wieder freigelassen, dass sie das Land sofort verlassen musste. Sie emigrierte in die USA, wo sie sich in New York einer Gruppe aktivistischer Sozialpsychologen anschloss. Sie erforschte dort Antisemitismus, die Beziehungen zwischen sozialen Gruppen, die autoritäre Persönlichkeit sowie positive geistige Gesundheit.

Ihr verbranntes Buch erschien fast 40 Jahre später in englischer Sprache: *Marienthal: The Sociography of an Unemployed Community*. Es wurde als bahnbrechende, klassische Studie der sozialpsychologischen Effekte von Arbeitslosigkeit gefeiert.

SIEHE AUCH [B = f(P, E)] = Der Lebensraum (1936), *Die Autoritäre Persönlichkeit* (1950)

Dieses Poster der aktuellen Occupy Wall Street-Bewegung beantwortet die Frage der Psychologin Marie Jahoda aus den frühen 1930er Jahren: Führt Arbeitslosigkeit zu einem revolutionären Klassenbewusstsein?

LOST MY JOB,
FOUND AN
OCCUPATION
#OCCUPYWALLST

1934

Archetypen

Carl Gustav Jung (1875-1961)

C.G. Jung schöpfte bei der Entwicklung seiner Theorien aus vielen Quellen: Religion, östliche Philosophien, Anthropologie, Psychologie und Folklore. Daraus schuf Jung seine Tiefenpsychologie. Genau wie Freuds **Psychoanalyse** geht die Tiefenpsychologie von einem persönlichen Unbewussten aus. Jung sprach jedoch auch von einem kollektiven Unbewussten, basierend auf der menschlichen Evolution, das wesentlich für das psychologische Funktionieren ist. Das kollektive Unbewusste dient als universaler Hintergrund, der das individuelle Leben durchdringt und prägt. In *Die Archetypen und das kollektive Unbewusste* (1934) schrieb Jung, dass Archetypen archaische Bilder sind, die dem kollektiven Unbewussten eigen sind und die individuelle Erfahrung mitformen. Als solche können Archetypen eine Vielzahl symbolischer Erscheinungsformen annehmen. Jung behauptete nicht, dass es eine feste Menge an Archetypen gibt, aber zu den üblichen gehören die Mutter, der Weise, der Betrüger und der Held. Da es mit der Zeit entstandene Symbole der menschlichen Erfahrung sind, kommen sie in allen Kulturen vor, wenn auch kulturell unterschiedlich in ihrer Form und Ausdrucksweise. Der Wahrheitsgehalt von Mythen, Religionen und Märchen liegt in ihrer Beziehung zu den Archetypen.

Aspekte der Individualpsychologie sind ebenfalls archetypisch, so Jung. Die Persona (unser gesellschaftliches Gesicht), Animus/Anima (männliches/weibliches Prinzip), der Schatten, das Ego und das Selbst sind Archetypen, die jedoch in jeder Person einzigartig zum Ausdruck kommen. Das Ego ist das Zentrum des Bewusstseins und bringt eine Vorstellung von Kontinuität in unser bewusstes Leben. Das Selbst ist der tiefste Aspekt der Persönlichkeit und der zentrale Archetyp, der dieses Bewusstsein und das Unbewusste vereint und für Ordnung und Gleichgewicht sorgt. Der Schatten enthält die verdrängten Aspekte der Persönlichkeit. Für Jung war das Ziel der psychologischen Entwicklung die „Individuation“. Die Herausforderung beim Prozess der Individuation, die von der Mitte des Lebens an zunehmend wichtiger wird, ist die Integration von Ego und Selbst, was zu psychologischer Ganzheit und Freiheit führt. Es ist öfter eine Reise als eine Ankunft.

SIEHE AUCH Jungianische Psychologie (1913), *Der Heros in tausend Gestalten* (1949)

Diese Bronzefigur des Schweden Carl Andersson von 1912 stellt Puck dar, einen Plagegeist aus der englischen Folklore. Er ist zugleich ein Ausdruck des jungianischen Archetyps des Betrügers.

1934

Zone der proximalen Entwicklung

Lew Wygotski (1896-1934)

Im ersten Jahrzehnt nach der Oktoberrevolution von 1917, als die Bolschewiken die Macht in Russland übernahmen, erlebte die Psychologie dort drastische Veränderungen, die in den Wunsch nach einer materialistischen Wissenschaft mündeten. In dieser Zeit kam der Rechtsanwalt und Psychologe Lew Wygotski nach Moskau, wo er ein vielseitiges Forschungsprogramm entwickelte: So stammt von ihm unter anderem ein innovatives Konzept zur Erforschung der Kindesentwicklung, die heute als „kulturhistorische Schule" innerhalb der Psychologie bezeichnet wird. In den letzten zwei Jahren seines Lebens formulierte er das Konzept der „Zone der proximalen Entwicklung".

Wygotskis Studie zeigte, dass der kulturelle, soziale und historische Kontext eines Kinderlebens wesentlich für die Entwicklung von psychologischen Funktionen ist. Gemeinsam mit Studenten und Kollegen entwickelte er ein Programm, das nicht nur die Erforschung von Erinnerung und Aufmerksamkeit umfasste, sondern auch die Auswirkungen von Gehirnschäden auf die kognitive Entwicklung, verbales Denken und praktische Intelligenz, sowie Studien über ethnische Minderheiten. Dabei widmeten sie der praktischen Anwendung der Ergebnisse auf die Kinder-erziehung viel Aufmerksamkeit.

Mit dem Begriff „Zone der proximalen Entwicklung" wies Wygotski darauf hin, dass es nicht ausreicht, das heutige geistige Alter eines Kindes zu messen. Es sei vielmehr auf das Potenzial zur Entwicklung zu achten: Zu entdecken gilt, was ein Kind noch mehr könne, über Interaktion mit einem Lehrer, Elternteil oder einem älteren Kind hinaus. Intellektuelle Entwicklung sei auch ein sozialer Prozess. Hiermit wollte Wygotski aufzeigen, dass sogar die größten mentalen Prozesse einen sozialen oder kulturellen Ursprung haben.

Wygotski starb bereits mit 38 Jahren an Tuberkulose, während er noch an seiner Theorie der soziokulturellen Entwicklung arbeitete. Sein Forschungsprogramm wurde noch kurze Zeit von Kollegen weitergeführt. Seit den 1980er Jahren hat die amerikanische Psychologin Barbara Rogoff Wygotskis Theorie erweitert und aufgezeigt, wie Lernen in unterschiedliche Umgebungen eingebettet ist.

SIEHE AUCH Kindergarten (1840), Funktionale Psychologie (1896), Casa dei Bambini (1907)

Eine schwarze Mutter lehrt Kinder Zahlen und das Alphabet in einem Landarbeiterhäuschen in Transylvania, Louisiana (1939). In Studien des Psychologen Lew Wygotski zeigte sich, dass der kulturelle, soziale und historische Kontext eines Kindes wesentlich für die Entwicklung seiner psychologischen Funktionen sind.

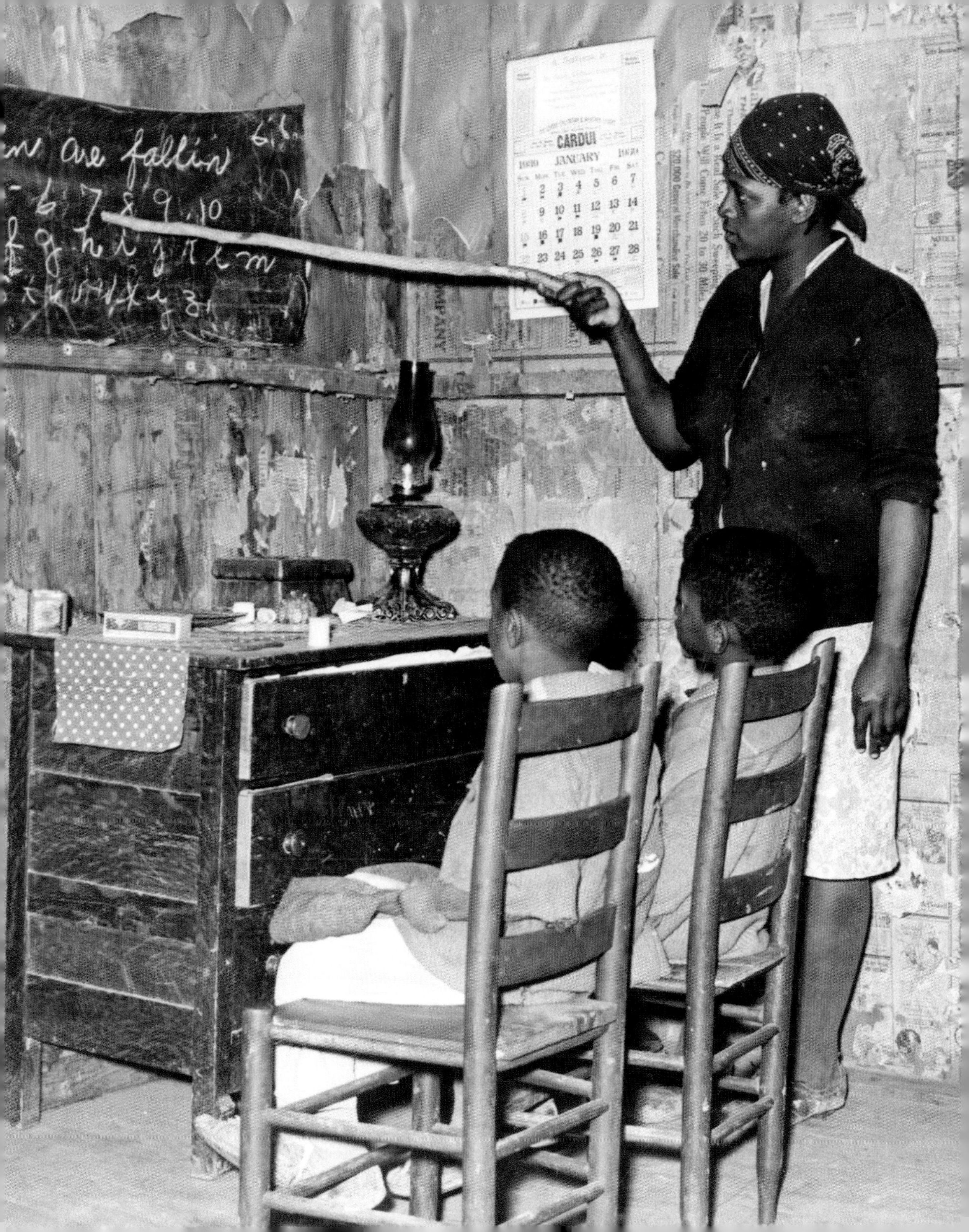
are fallin
6 7 8 9 10
CARDUI
JANUARY
COMPANY

1935

Thematischer Apperzeptionstest (TAT)

Henry Murray (1893-1988), **Christiana Morgan** (1897-1967)

Können wir uns selbst durch die Geschichten begreifen, die wir erzählen? Nach Meinung von Persönlichkeitstheoretikern ist das so, weil Menschen geschichtenerzählende Wesen sind. Eine dieser narrativen Herangehensweisen war die psychodynamische Theorie des Psychologen Henry Murray und seiner Partnerin Christiana Morgan. Beide waren davon überzeugt, dass Menschen durch unbewusste Faktoren motiviert werden, die ihre Persönlichkeit gestalten. 1935 entwarfen sie einen der am häufigsten genutzten Tests des 20. Jhd., den Thematischen Apperzeptionstest (TAT). Eine Studentin der Psychologieklinik von Harvard erzählte Morgan, dass sie ihren kranken Sohn dazu angeregt hatte, sich zum Zeitvertreib Geschichten über die Bilder in Zeitschriften auszudenken. Aus den Geschichten, die er erzählte, sprachen seine Sorgen und Hoffnungen über seine Krankheit. Morgan begriff die Möglichkeiten dieser Herangehensweise und erstellte mit eigenen Zeichnungen, abgepausten Zeitschriftenbildern und Fotos eine Reihe von illustrierten Karten. Morgan und Murray nannten dies den „Thematischen Apperzeptionstest“. Sie entdeckten, dass die meisten Menschen Geschichten auf Grundlage ihrer eigenen psychologischen Bedürfnisse und Probleme erzählten, wenn sie anhand von Abbildungen darüber spekulieren sollten, was passiert war und was passieren würde. Der TAT wurde einige Jahre lang in der Klinik verfeinert, und die Ergebnisse der klinischen Fallstudien wurden unter dem Titel *Explorations in Personality* (1938) veröffentlicht.

Die Zusammenarbeit zwischen Morgan und Murray hatte eine bezaubernde Vorgeschichte. Sie begegneten sich bei einem Umtrunk in New York. Murray war Arzt, wusste aber nichts von Psychologie. Sie waren beide verheiratet, begannen jedoch eine Affaire miteinander und arbeiteten bis zu Morgans Tod zusammen. Dank Morgans Unterricht wurde Murray einer der wichtigsten Psychologen des 20. Jahrhunderts.

SIEHE AUCH Projektive Tests (1921), Minnesota Multiphasic Personality Inventory (1940)

Diese Seite aus The Book of Knowledge, *Teil XVII, von 1919, enthält Abbildungen, die Kinder anregen sollen, zwischen Bildern und Worten zu assoziieren. Wenn sie aufgefordert wurden, mehr über ein Bild zu erzählen, erfand jedes Kind eine andere Geschichte, die seine eigenen psychologischen Bedürfnisse und Probleme widerspiegelte.*

WHAT GAMES DO THESE PICTURES REPRESENT?

1

2

3

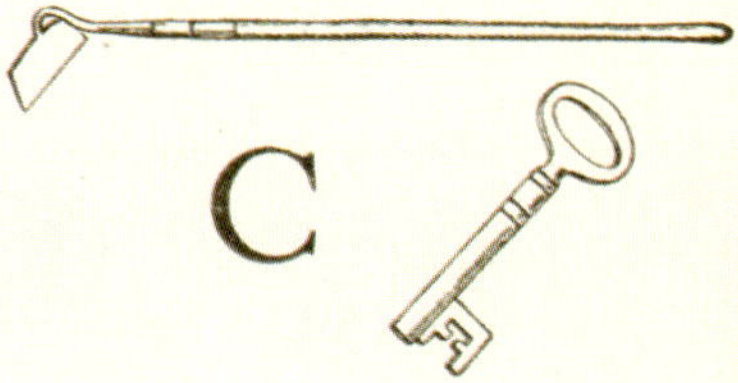

4

5

6

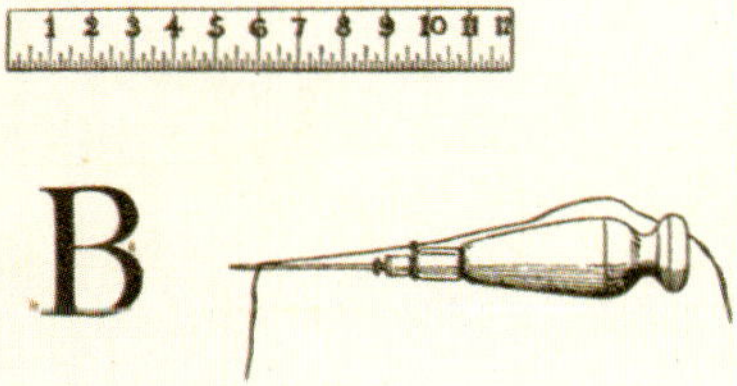

7

8

9

10

The names of the objects and scenes shown in these pictures, together with the letters given, spell correctly the names of ten games that boys and girls play. Examine the pictures and see how many of these names you can build up in the manner indicated. The answers are given in next Things to Make and Things to Do.

THE NEXT THINGS TO MAKE AND DO BEGIN ON PAGE 5517.

1935

Psychochirurgie

António Egas Moniz (1874-1955)

Becky und Lucy stritten sich viel. Wenn sie frustriert war, warf Becky mit Essen um sich, hatte Wutanfälle und biss Lucy. Sie war gehörig lästig – bis ihr bei einer neuen Art von Eingriff die Frontallappen getrennt wurden. Danach änderte sich ihr Verhalten so sehr, dass ihr Chirurg bemerkte, Becky sei offensichtlich der „Fröhlichkeitssekte“ beigetreten. Becky und Lucy waren Schimpansen.

1935 berichtete der Psychologe Carlyle Jacobsen von Yale auf dem Internationalen Neurologiekongress in über Beckys Fall. Im Publikum befand sich der portugiesische Neurochirurg Antónia Egas Moniz. Er verließ den Kongress in der Überzeugung, dass dieser Eingriff ein großes Versprechen beinhalte. Am 12. November desselben Jahres führte er die erste psychochirurgische Operation durch und innerhalb von drei Monaten waren es schon 20. Alle Operationen wurden bei Patienten mit schweren psychiatrischen Störungen vorgenommen. Moniz behauptete, dass 14 der 20 Patienten nach dem Eingriff genesen waren oder Verbesserung zeigten.

Berichte über Moniz‘ neuen Eingriff verbreiteten sich schnell weltweit. 1949 wurden in Amerika bereits etwa 5000 Eingriffe (heute „Lobotomie“ genannt) jährlich durchgeführt. Der Neurologe Walter Freeman war der weitaus Aktivste. Er führte zwischen 1936 und 1970 rund 3500 Lobotomien durch. Gemeinsam mit dem Neurochirurgen James Watts war Freeman ein Pionier der transorbitalen Lobotomie, bei der ein Spachtel in die Frontallappen gestochen und hin und her gerüttelt wurde. Freeman entwickelte anschließend eine vereinfachte Methode bei der ein Eispfriem über die Augenhöhlen in die Frontallappen gestochen wurde. Diese Methode wurde bei zahlreichen Kindern angewandt.

Trotz Freemans Engagement für die Psychochirurgie sank deren Beliebtheit in den 1950er und 1960er Jahren aufgrund von Zweifeln an ihrer Wirksamkeit und der Einführung neuer vielversprechender Medikamente. Aber zu Beginn der 1970er Jahre plädierten Mitglieder der Nixon-Regierung noch für die Lobotomie als Mittel zur Zügelung von Querköpfen.

SIEHE AUCH Bedlam (1357), Elektroschocktherapie (1938)

Der Chirurg *(1555), vom flämischen Maler Jan Sanders van Hemessen.*

Psychologischer Lebensraum

Martha Muchow (1892-1933)

Die deutsche Psychologin Martha Muchow erforschte als erste die gesamte Umgebung der Entwicklung eines Kindes. In ihrem posthum publizierten Werk *Der Lebensraum des Großstadtkindes* (1935) erforschte sie, wie die Wahrnehmung der unmittelbaren Umgebung das Verhalten des Kindes lenkt. Darüber hinaus stellte sie Methoden vor, Kindern ein Gefühl der Vertrautheit oder Kontrolle zu geben.

Muchows persönliche und professionelle Geschichte ist bemerkenswert. Pädagogisch geformt von Friedrich Fröbel, dem Gründer des **Kindergartens**, und Maria Montessori, wurde sie 1913 Lehrerin. Ab 1916 assistierte sie William Stern bei seinen Studien über begabte Kinder. Muchow wurde 1919 Diplomandin bei Stern an der Universität Hamburg und machte ihren Abschluss 1923 mit Auszeichnung. Muchow beschäftigte sich immer mit Kindern und Jugendlichen und mit den Problemen in ihrem städtischen Umfeld, etwa der Tuberkulose.

In den 1920er Jahren entwickelte sie ihre Theorie vom *Lebensraum*. Sie wurde von Veröffentlichungen des Biologen Jakob von Uexküll über Lebensraum beeinflusst, womit dieser das Verhalten von Tieren in einer bestimmten Umgebung meinte. Muchow erweiterte dieses Konzept um soziale und kulturelle Einflüsse auf die psychische Entwicklung. Sie sagte, dass die Erfahrungsumgebung eines Kindes ganz anders sein kann als die physische Umgebung. Muchow beschloss, Studien an Kindern durchzuführen, die in Städten aufwuchsen. Wie erwarben sie ein Gefühl der Kontrolle und des Vertrauens in solchen komplexen Räumen? Sie wertete Berichte, Interviews, Stichproben und Beobachtungen in unterschiedlichen Umgebungen aus, um umfangreicheren Datensatz zu erhalten. Durch alle diese Methoden zusammen könnten Forscher den Lebensraum eines jeden Kindes verstehen.

Mit ihrer konzeptuellen und empirischen Forschung bahnte Muchow neue Wege für die psychologische Forschung. Nachdem sie als Jüdin von den Nazis entlassen worden war und Selbstmord verübte, schöpften andere Psychologen aus ihrer Arbeit. Schlüsselfiguren wie Kurt Lewin, Roger Barker und Beatrice Wright standen an der Wiege dessen, was wir heute „ökologische Psychologie" nennen.

SIEHE AUCH Gestaltpsychologie (1912), [B = f(P, E)] = Der Lebensraum (1936), Ökosystemischer Ansatz (1979)

Jungen spielen Baseball auf den Straßen von Havana, Kuba (1999). Die Psychologin Martha Muchow war eine der ersten, die sorgfältig die Auswirkungen der Erfahrungsumgebung von Kindern auf deren Entwicklung erforschte – insbesondere in Großstädten.

1936

Abwehrmechanismen

Anna Freud (1895-1982)

Anna Freud war das sechste und letzte Kind von Sigmund Freud und Martha Bernays. Als einzige trat sie in die Fußstapfen ihres Vaters Siegmund Freud und entwickelte die Psychoanalyse weiter. Nachdem sie von 1918 bis 1922 von ihrem Vater analysiert worden war, legte sie den Grundstein für die Kinderpsychoanalyse.

Als Theoretikerin befasste sich Anna Freud mit der Entwicklung ihres Egos. Das Persönlichkeitsmodell ihres Vaters geht davon aus, dass es bei der Geburt nur das Ich gibt, das auf die Erfüllung der Basisbedürfnisse ausgerichtet ist: Essen, Sex, usw. Bei der **psychosexuellen Entwicklung** entsteht das Ego als vermittelnde Struktur zwischen den Anforderungen des Ichs und der Außenwelt. Schließlich entsteht, bei der Lösung des Ödipuskonflikts, das Superego, bzw. jener Aspekt der Persönlichkeit, der die Grundsätze von Gut und Böse der Eltern widerspiegelt.

Eine gesunde Persönlichkeit kann es nur geben, wenn das Ego das Gleichgewicht zwischen den konkurrierenden Anforderungen des Ichs und des Superegos bewahren kann. Dadurch entstehen jedoch Spannungen, wodurch das Ego nach Mechanismen sucht, damit umzugehen. Im Laufe seiner Karriere hatte Siegmund Freud diese Egoabwehrmechanismen zwar beschrieben, oft jedoch ohne weitere Erklärungen. Anna Freud brachte sie zusammen und besprach sie im historischen Buch *Das Ich und die Abwehrmechanismen* (1936). Weil ihre Sprache sehr verständlich war, landeten viele ihrer Begriffe auch im normalen Sprachgebrauch.

Zwei Beispiele: „Verdrängung" beschreibt den Mechanismus, der eine Spannung verursachende Idee oder ein Ereignis aus dem Bewusstsein drängt. Die verdrängte Idee bleibt auf unbewusster Ebene aktiv und kann sich einen Ausweg als Phobie suchen. „Sublimierung" beschreibt den Mechanismus, bei dem inakzeptable feindliche oder sexuelle Gefühle in einen akzeptablen Ausdruck umgesetzt werden. So kann eine sehr feindliche Person ihre Aggression ins Positive verkehren, indem zum Beispiel Chirurg wird. Abwehrmechanismen können eine positive Rolle beim Erhalt unseres Gleichgewichts spielen, können uns jedoch auch neurotisch machen und uns davon abhalten, effektiv mit Konflikten umzugehen.

SIEHE AUCH Psychoanalyse (1899), Psychosexuelle Entwicklung (1905)

Anna Freud verbrachte nach dem Tod ihres Vaters 1939 viel Zeit als Dozentin in den USA.

1936

[B = f(P, E)] = Der Lebensraum

Kurt Lewin (1890-1947)

Wie lassen sich Persönlichkeit und Verhalten am besten begreifen? Indem man individuelle Unterschiede untersucht? Oder müssen wir eine Person im Kontext ihres gesamten Lebens betrachten? Kurt Lewin entschied sich für Letzteres und sagte, dass Verhalten (B) eine Funktion der Person (P) und der Umgebung (E): $B = f(P, E)$ ist. 1936 veröffentlichte er, beeinflusst von der deutschen Psychologin Martha Muchow, einen Artikel, in dem er diesen Vergleich die „Formel für den Lebensraum“ nannte. Lewin kam aus der Tradition der Gestaltpsychologie, d. h., er war ausgebildet, um Teile immer im Kontext des Ganzen zu betrachten. Eine Aussage von ihm lautet: „Nichts ist so praktisch wie eine gute Theorie.“ Lewin lehrte an der Universität von Berlin, bis er 1933 in die USA emigrierte. In Berlin führten er und seine Studenten eine beachtliche Zahl an Studien durch, z. B. Bluma Zeigarniks Studie nach der Erinnerung an vollendete und unvollendete Aufgaben. Auch viele Frauen studierten bei ihm, was möglicherweise die Folge eines Wunsches war, den Lewin lange hegte, nämlich „Frauen aus den konventionellen Beschränkungen ihrer Freiheit zu lösen.“

Nach zwei Jahren an der Cornell University ging Lewin an die Iowa Child Welfare Research Station an der Universität von Iowa, wo er das Verhalten von Gruppen untersuchte. Aus seiner Studie nach Kindern, die unter verschiedenen Führungsformen zusammenarbeiteten – autoritär, demokratisch und laissez-faire – schlussfolgerte er, dass die demokratische Gruppe die produktivste war. Sein Interesse an Gruppenverhalten bekam eine zusätzliche Dimension, als er an das Massachusetts Institute of Technology (MIT) ging, um das Forschungszentrum für Gruppendynamik zu gründen. Er führte den Begriff „Gruppendynamik“ ein, um aktive Prozesse von Gruppen in Aktion zu beschreiben. Die Studie die Führungsstruktur in Gruppen führte zu den ersten „Encountergruppen“ (Gruppen von Personen, die zusammen versuchen, Probleme zu lösen und Selbstbewusstsein zu erwerben) auf Grundlage dessen, was Lewin „Sensitivitätstraining“ nannte.

Die Bedeutung Lewins und seiner Forschung über Gruppendynamik, Organisation und soziale Gerechtigkeit liegt vor allem in der Tatsache, dass er mit Mitteln der Psychologie die Welt menschlicher machen wollte.

SIEHE AUCH Gestaltpsychologie (1912), Zeigarnik-Effekt (1927), Psychologischer Lebensraum (1935), Konformität und Selbstständigkeit (1951)

Eine kompakte Menge von Konzertbesuchern bildet eine optimale Umgebung für das Studium von Gruppendynamik.

1937

Sensorische Deprivation

Donald O. Hebb (1904-1985)

Der kanadische Psychologe Donald O. Hebb untersuchte Ende der 1930er Jahre die Auswirkungen, die der Entzug von Licht oder Dunkelheit auf junge Säugetiere hatte. 1937 wurde er Forscher am Neurologischen Institut in Montreal. Auch andere Wissenschaftler untersuchten Ende der 1940er Jahre verschiedene Formen des Reizentzugs (sensorische Deprivation). Viele dieser Forschungen dienten dazu, die Rolle früher Lebenserfahrungen bei der Gehirnentwicklung sowie das Verhalten verschiedener Organismen zu verstehen.

Während des Kalten Kriegs zwischen Amerika und der Sowjetunion befürchteten amerikanische Politiker eine mögliche Gehirnwäsche bei gefangenen amerikanischen Soldaten. Um das Phänomen zu begreifen, investierten Militär und Geheimdienst unter anderem in die psychologische Erforschung der sensorischen Deprivation beim Menschen. Sie erhofften sich so mehr Erkenntnisse über einen Prozess wie die Gehirnwäsche, mit der man einen gesunden Erwachsenen zu Handlungen und Aussagen bringen konnte, die im Widerspruch zu seinem normalen Bewusstseinszustand standen.

Auf Wunsch sowohl der amerikanischen wie auch der kanadischen Regierung verlagerten Hebb und seine Kollegen zusammen mit anderen Wissenschaftlern ihre Forschung auf die Rolle der sensorischen Deprivation und ihrer psychologischen Konsequenzen auf Erwachsene. Anhand diverser Varianten der sensorischen Deprivation bzw. Isolation wies die Studie die fundamentale Bedeutung sensorischer und sozialer Reize für ein normales psychologisches Funktionieren nach: Die Studienteilnehmer, die auf unterschiedliche Weise deprivatisiert oder isoliert wurden, litten an einer unerwarteten Vielfalt von Störungen während und nach der Deprivation: psychotisches Denken, Verwirrung, Unkonzentriertheit, Halluzinationen, paranoide Gedanken, somatische Beschwerden, Zeit-Raum-Desorientierung und ein hohes Spannungsniveau. Viele Teilnehmer wiesen auch Störungen in ihrem Sozialverhalten auf, die auch noch nach der Deprivation anhielten. Die Studie wies nach, dass der Mensch einen deutlichen Bedarf an sensorischen und sozialen Reizen hat, und dass er für psychologische Manipulationen empfänglich ist, wenn diese Reize ausbleiben.

SIEHE AUCH Das richtige Holz (1958)

Plakat zu einer Vorlesung am National Institute of Health, „Visuelle Deprivation und ihre Auswirkungen auf den visuellen Cortex des Affen“ (1975).

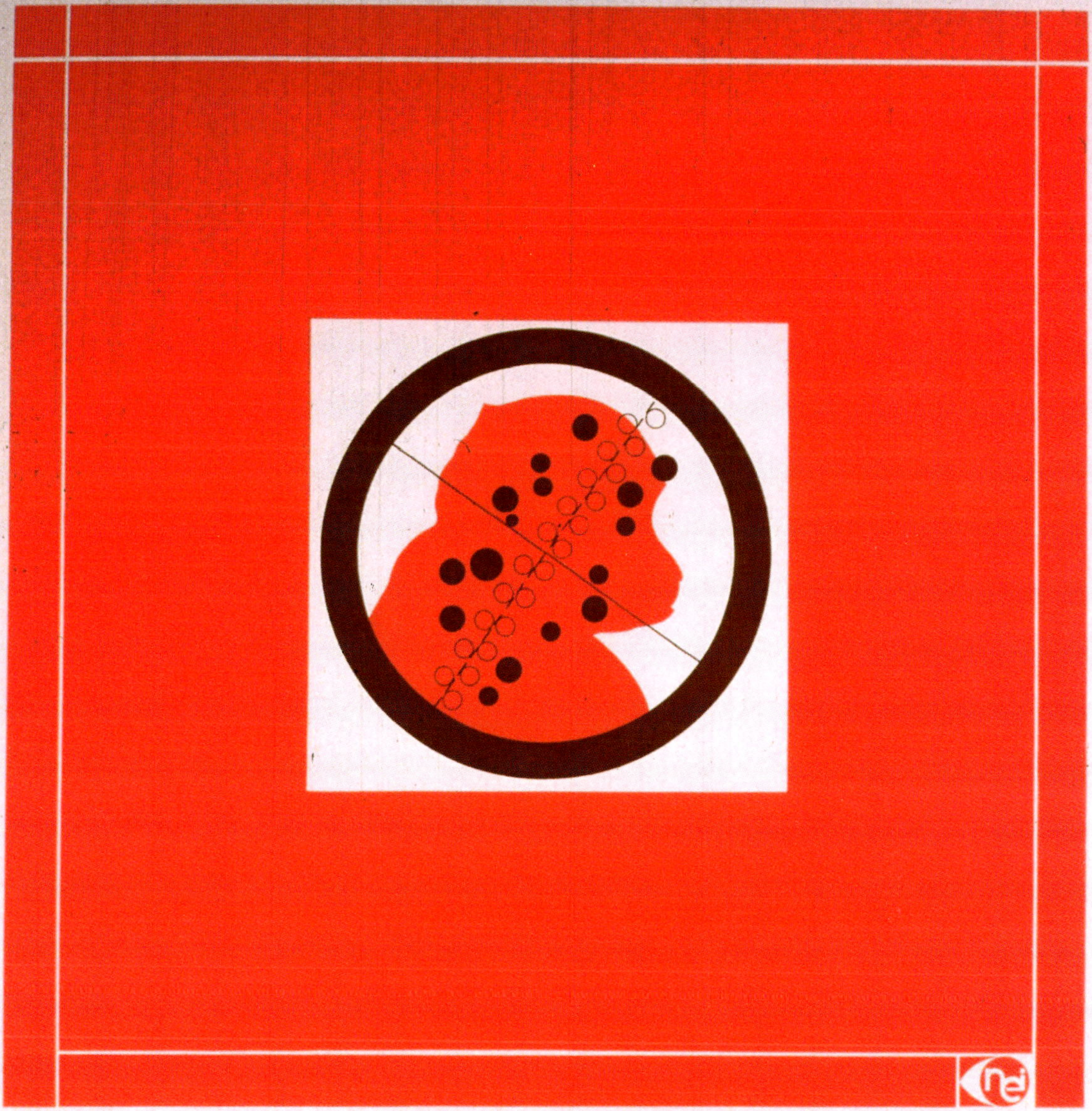

NIH LECTURE

VISUAL DEPRIVATION AND ITS EFFECTS ON THE MONKEY STRIATE CORTEX

TORSTEN N. WIESEL, M.D.

ROBERT WINTHROP PROFESSOR OF NEUROBIOLOGY,
HARVARD MEDICAL SCHOOL

CLINICAL CENTER, JACK MASUR AUDITORIUM APRIL 9, 1975 8:15pm

1937

Turingmaschine

Alan Turing (1912-1954)

Alan Turing, ein junger britischer Mathematiker, war für eine der größten Entwicklungen verantwortlich, die zum modernen Computer führten; damit legte er auch das Fundament für spätere Forschungen über künstliche Intelligenz. 1936 schlug Turing in seinem Beitrag „On Computable Numbers" eine Rechenmaschine vor, mit der die Grenzen der Berechenbarkeit untersucht werden könnten. Er bewies, dass eine Maschine alles Quantifizierbare berechnen kann und formulierte eine brauchbare Definition von Berechenbarkeit, die als Basis für die Entwicklung des modernen digitalen Computerprogramms verwendet wurde. 1937 erhielt seine hypothetische Maschine den Namen „Turingmaschine".

Turing war mit seinen mathematischen Fähigkeiten während des Zweiten Weltkriegs maßgeblich mit an der Entschlüsselung der deutschen Militärcodes beteiligt. Er wandte eine Rechenmethode an, die eine Maschine, die *Bombe*, durch fast alle möglichen Kombinationen aus Zahlen und Buchstaben leitete, bis eine verständliche Nachricht herauskam. Turing zeigte, wie das Rechenkonzept in Begriffen eines Regelsystems ausgedrückt werden kann. In ihrem Buch *Mind as Machine* (2006) schrieb Margaret Boden, dass er hiermit zeigen wollte, wie „abstrakte Maschinen in einer logischen Standardform beschrieben und eingesetzt werden konnten, um elementare Berechnungen zu erstellen, aus denen alle mathematischen Standardberechnungen konstruiert werden konnten".

1950 stellte Turing die Frage „Kann eine Maschine denken?" Er entwarf ein Gedankenexperiment – den Turing-Test – bei dem ein Richter ein Gespräch mit einer Person und mit einer Maschine führt. Das Gespräch verläuft über eine Tastatur, und die Teilnehmer können einander nicht sehen. Die Maschine besteht den Test, wenn der Richter ihre Antworten nicht von denen des menschlichen Versuchsteilnehmers unterscheiden kann. Obwohl nur ein Gedankenexperiment, erwies sich der Turing-Test wichtig für spätere Entwicklungen auf dem Gebiet der künstlichen Intelligenz.

SIEHE AUCH Kybernetik (1943), Der Logic Theorist (1956)

US Navy-Version der Bombe, *die von Alan Turing entwickelt und im Zweiten Weltkrieg von den britischen Kryptologen eingesetzt wurde, um die Nachrichten der deutschen Enigma (Verschlüsselungsmaschine) zu dekodieren.*

102

1938

Der Ames-Raum

Adelbert Ames jr. (1880-1955)

1938 entwarf Adelbert Ames jr. einen einzigartigen Raum, mit dem er das Prinzip des transaktionellen Formalismus illustrieren wollte: die Idee, dass visuelle Wahrnehmung eine Funktion sowohl des visuellen Reizes als auch früherer Erfahrungen sowie aktueller Annahmen über die Wahrnehmungswelt ist.

Ames war vom Harvardpsychologen William James beeinflusst. In Paris begann er sich für die Optik zu interessieren und konzentrierte sich vollständig auf dieses Forschungsgebiet. Mit seinen Studien leistete er viele Beiträge zu unserem Verständnis der Physiologie und Psychologie des Sehvermögens.

Nach dem Ersten Weltkrieg ging Ames an das Dartmouth College in New Hampshire, wo er Mitbegründer des Dartmouth Eye Institute wurde. Er führte Studien zur binokularen Wahrnehmung durch und klärte wichtige Fragen über visuelle Probleme wie Zyklophorie (wobei die Augen in entgegengesetzte Richtung rollen) und Aniseikonie (Größenunterschied der beiden Bilder, die auf die Netzhaut projiziert werden).

Der Ames-Raum ist ein trapezförmiger Raum, bei dem der Boden und die Decke gekrümmt sind und die Rückwand auf der einen Seite höher ist und weiter entfernt liegt als auf der anderen Seite. Durch ein spezielles Guckloch betrachtet, scheint es ein normaler rechteckiger Raum zu sein. Sobald jedoch Objekte im Raum verstellt werden, tritt eine Wahrnehmungsverformung auf: Dabei erscheint eine Person oder ein Objekt auf der einen Seite des Raums unmöglich viel größer als eine Person oder ein Objekt auf der anderen Seite. Dieser Raum führt eindrücklich vor Augen, wie stark Erfahrung udn Erwartung die Wahrnehmung unserer Welt beeinflussen.

SIEHE AUCH Sinnesphysiologie (1867), Experimentelle Psychologie (1874), Die visuelle Klippe (1960)

Katrin Klingenberg und Sascha Koehler, Mitarbeiter an der Ausstellung „Streifzug der Sinne" im Wissenschaftszentrum Adlershof in Berlin (2013), demonstrieren die optische Täuschung des Ames-Raums.

1938

Elektroschocktherapie

Ugo Cerletti (1877-1963)

In den 1930er Jahren entwickelten Psychiater und Neurologen neue Körpertherapien, um Personen mit schweren psychischen Krankheiten zu behandeln. Dazu gehörten **Psychochirurgie**, Metrazol-Konvulsionstherapie, Insulinschocks und Elektroschocks (heute „Elektrokonvulsionstherapie", kurz ECT, genannt). Dies waren massive Eingriffe in die Funktion und den Körper einer Person. Sie waren in manchen Fällen erfolgreich, auch wenn man nicht begriff, wie oder warum sie funktionierten.

Nachdem er 1901 sein Studium der Medizin absolviert hatte, arbeitete sich Ugo Cerletti in der italienischen Welt der Psychiatrie nach oben, um schließlich 1935 Leiter der Klinik für nervöse und geistige Erkrankungen an der Universität von Rom zu werden. In jener Zeit war es bereits üblich, mithilfe von Medikamenten bei schizophrenen Patienten Krämpfe hervorzurufen. Doch Cerletti dachte, dass sich diese Reaktion mithilfe von Elektrizität möglicherweise unmittelbarer und effektiver auslösen lasse. Er ging davon aus, dass durch Krämpfe im Körper eine Substanz entsteht, die den Patienten aufputschen und seine Symptome abschwächen würde. Im April 1938 brachte die römische Polizei einen 39-jährigen Ingenieur zu ihm, der an Wahnvorstellungen litt und auf der Straße umherirrte. Nach der Trial-and-Error-Methode fand Cerletti die richtige Spannung, um Krämpfe auszulösen, und als der Patient nach einer kurzen Bewusstlosigkeit wieder zu sich kam, fühlte er sich deutlich besser. Nach einem Monat Behandlung ging er so gut wie geheilt nach Hause.

Der Einsatz von ECT verbreitete sich weltweit sehr schnell und die Methode wurde im Laufe der Jahre immer mehr verfeinert. Heute wird sie nur noch bei schwer depressiven oder manischen Patienten eingesetzt, die nicht auf andere Behandlungen ansprechen. Zudem geht sie oft mit Erinnerungsverlust einher und es kommt häufig zu Rückfällen.

SIEHE AUCH Psychochirurgie (1935), Antidepressiva (1957)

Ein Plakat von 1985 lädt zu einer Konferenz über die Elektrokovulsionstherapie im National Institute of Mental Health ein. Das Verfahren, das in den 1930er Jahren entwickelt wurde, wirft bis heute ethische und praktische Fragen auf.

electroconvulsive THERAPY

June 10-12, 1985
Consensus Development Conference
Masur Auditorium
The Clinical Center
National Institutes of Health

Sponsors: National Institute of
Mental Health and
Office of Medical Applications
of Research, NIH

For information call: 443-4536

1939

Psychosomatik

Franz Alexander (1891-1964), **Helen Flanders Dunbar** (1902-1959)

Eine neue Form des Reisens, die Mitte des 19. Jhd. durch den Bau der Eisenbahn quer durch Europa ermöglicht wurde, brachte eine bis dato unbekannte, rätselhafte Krankheit mit sich: Reisende berichteten von zahlreichen mehr oder weniger starken Beschwerden, für die die Ärzte oft keine körperliche Ursache ausmachen konnten. Eine Erklärung war, dass es sich um funktionelle Störungen handelte – so genannt, weil sie eher einem psychologischen Zweck dienten, als dass sie eine körperliche Pathologie widerspiegelten.

Anfang des 20. Jhd. wurden die Theorien von Freud über unbewusste geistige Einflüsse zur Erklärung dieser funktionellen Störungen erklärt. Freud nannte sie „Konversionsstörungen", da sie seiner Meinung nach eine Konversion von psychologischer Not in körperliche Beschwerden darstellen. Sie tritt auf, wenn ein psychischer Inhalt – ein Bild, ein Impuls, ein Verlangen – unvereinbar mit dem Ego ist. Dadurch werden Emotionen, die mit dem psychischen Inhalt assoziiert sind, verdrängt, sodass sie für das Bewusstsein nicht mehr verfügbar sind. Die darin enthaltene Energie wird dann in eine körperliche Störung konvertiert, die den inakzeptablen Inhalt symbolisiert, sodass der psychologische Konflikt teilweise gelöst wird. Freud nannte dies den „Sprung vom Psychischen zum Somatischen".

Zwischen den Weltkriegen verbreitete sich diese Theorie nach Amerika. Helen Flanders Dunbar sprach in ihren *Emotions and Bodily Changes* (1935) von den „sowohl normalen als auch pathologischen Verflechtungen zwischen dem emotionalen Leben und den Körperprozessen". Der aus Ungarn stammende Psychoanalytiker Franz Alexander wurde rasch zur Hauptfigur der neuen psychosomatischen Bewegung. In zahlreichen Büchern und Artikeln schrieb er, es sei notwendig, beispielsweise bei Magen-, Darm-, Herz- und Kreislauferkrankungen sowohl psychologische als auch physiologische Faktoren zu berücksichtigen. Die Zeitschrift *Psychosomatic Medicine*, die ab 1939 erschien, fungierte als Sprachrohr für das neue Fachgebiet.

Psychosomatik war jahrelang gang und gäbe, fand jedoch nach und nach immer weniger Beachtung. Dennoch spielte die Forschung, die dadurch entstand, eine wichtige Rolle bei der Entstehung der Gesundheitspsychologie im 20. Jhd.

SIEHE AUCH Psychoneuroimmunologie (1975), Biopsychosoziales Gesundheitsmodell (1977), Mind-Body Medizin (1993)

Wenn sich bei chronischen Rückenschmerzen keine körperlichen Ursachen finden lassen, müssen psychofomatische Beschwerden als Auslöser in Betracht gezogen werden, die psychischen Stress in körperliche Symptome umwandeln.

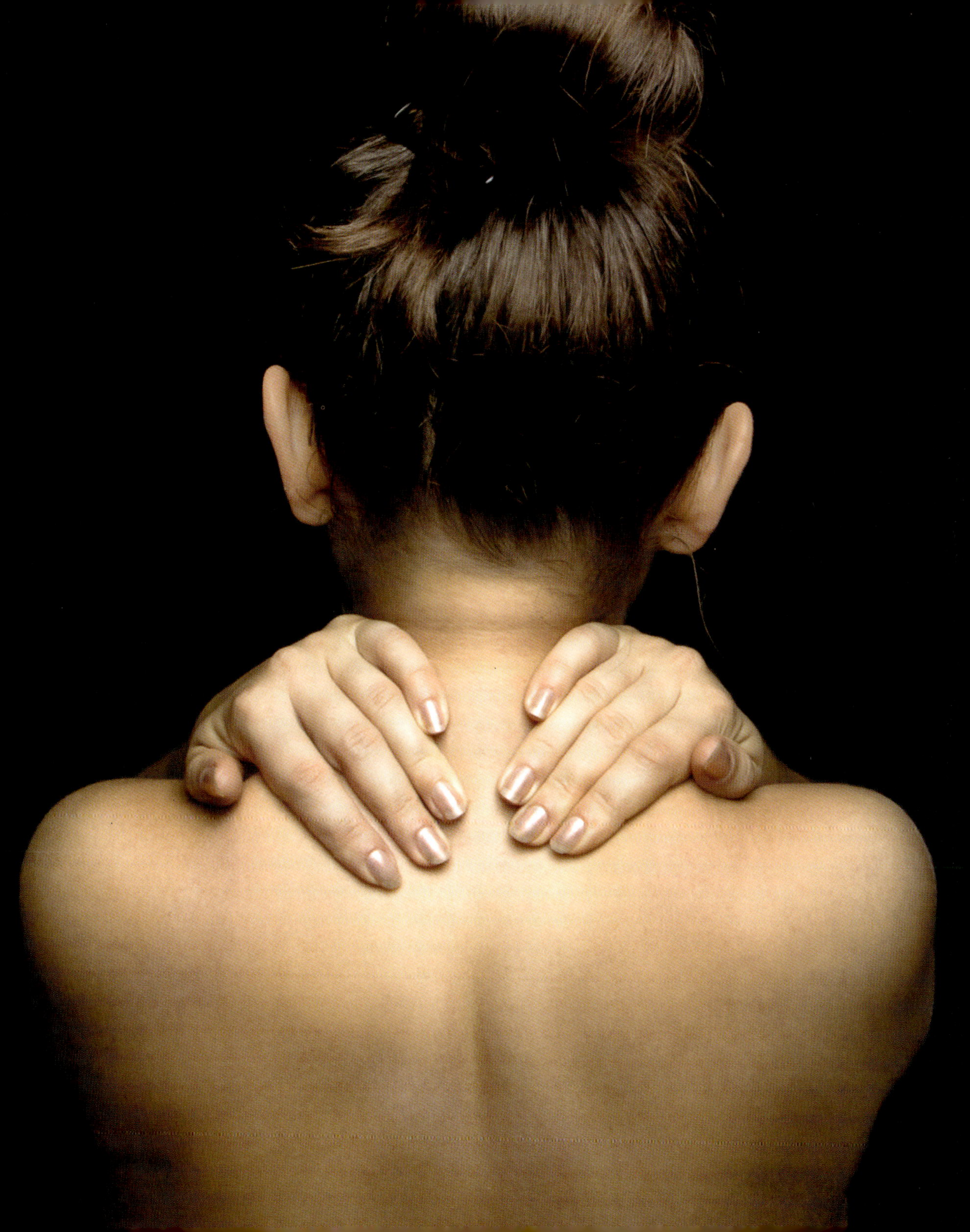

1939

Der Aufbau des Organismus (Geist und Körper)

Kurt Goldstein (1878-1965)

1933 zwangen die Nazis Kurt Goldstein Deutschland zu verlassen. Er blieb ein Jahr in Amsterdam und emigrierte dann nach Amerika. In Amsterdam schrieb er sein einflussreiches Werk *Der Aufbau des Organismus* (1939). Darin behauptet er, dass in jedem Organismus eine essentielles Wesen verborgen ist, das nicht auf physiologische Prozesse reduziert werden kann.

Goldstein war lange Zeit einer der bekanntesten deutschen Wissenschaftler, insbesondere aufgrund seiner Arbeit mit Aphasiepatienten. Im Ersten Weltkrieg gründete er ein Institut zur Erforschung und Behandlung der psychologischen Auswirkungen von Kriegserlebnissen auf Soldaten. Goldstein wollte aufzeigen, wie Menschen versuchen, sich an die Welt anzupassen, sogar wenn sie mit neurologischen oder psychologischen Gebrechen konfrontiert werden. Goldstein sagte, dass ein solches Bestreben einen tiefen menschlichen Drang nach einem möglichst heilen und vollständigen Leben widerspiegelt. Dieses Bestreben nach Selbstverwirklichung sei die treibende Kraft im menschlichen Leben.

Goldsteins These brachte neuen Wind in die festgefahrene Diskussion darüber, ob Gehirnfunktionen lokalisiert sind. Goldstein meinte, dass das Zentralnervensystem wie ein Netz von verknüpften Funktionen funktioniert: Wenn eine Hirnregion beschädigte werde, sei die Funktionsstörung nicht nur die Folge dieser örtlichen Verletzung, sondern auch von der Auswirkung, die der Schaden auf die gesamte Gehirnfunktion habe. Ähnlich wie die **Gestaltpsychologie** waren Goldsteins Ideen Teil einer wichtigen Strömung innerhalb der deutschen Wissenschaft und Kultur zwischen den Weltkriegen, die großen Wert auf das Verständnis von Körper und Geist als einheitliches Ganzes legte. Goldsteins Werk war auch außerhalb Deutschlands von großer Bedeutung, denn es beeinflusste sowohl die **Psychosomatik** und die Psychotherapie als auch die **Humanistische Psychologie**.

SIEHE AUCH Gestaltpsychologie (1912), Psychosomatik (1939), Bedürfnishierarchie (1943), Humanistische Psychologie (1961)

„Gesunder Körper – reger Geist", ein Poster des Office of War Information. Darauf werden die Vorteile für Körper und Geist angepriesen, die der Dienst in der US Navy mit sich bringt. Nach dem Neurologen Kurt Goldstein verstärken Körper- und Geistesfunktionen einander gegenseitig.

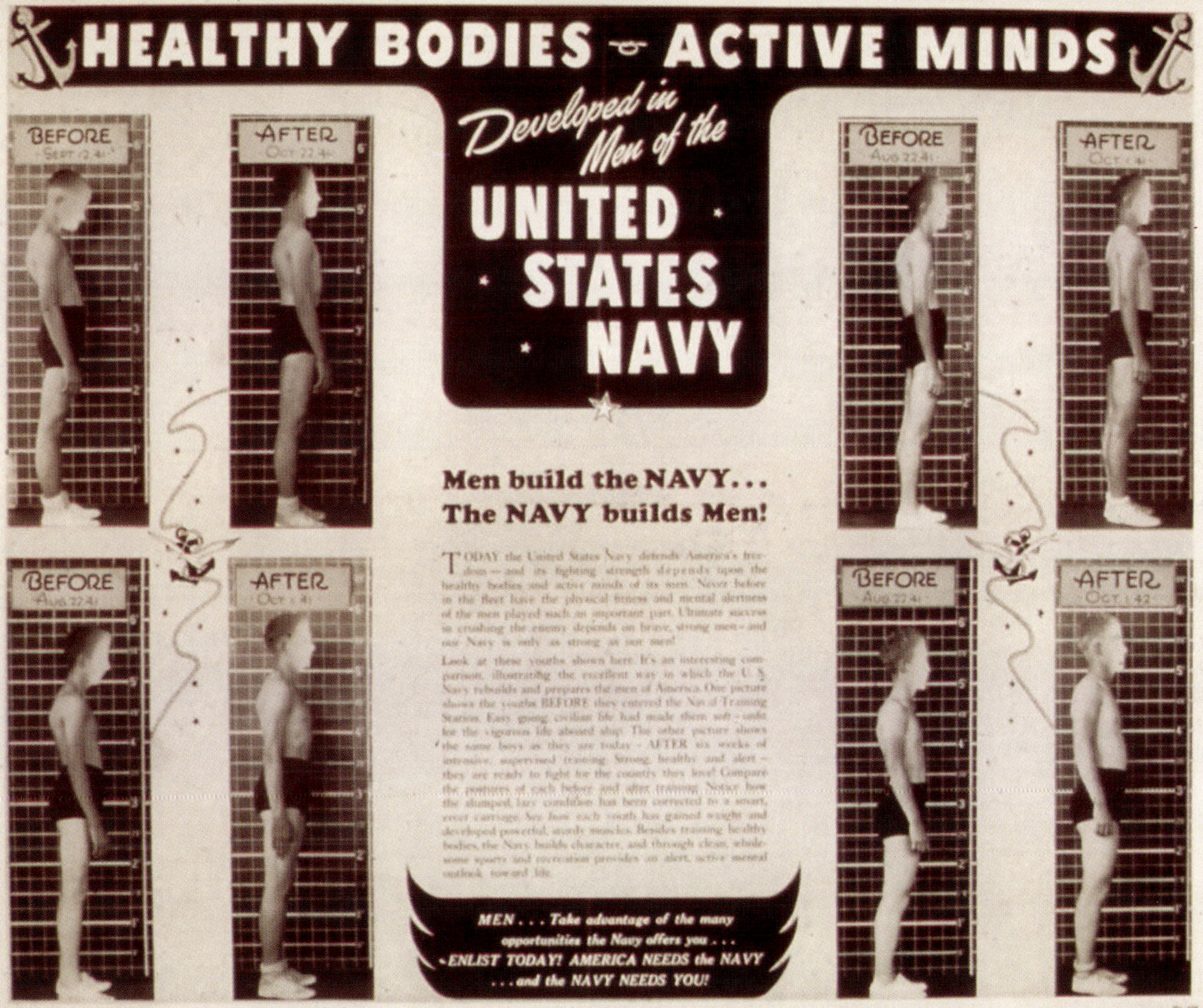
HEALTHY BODIES - ACTIVE MINDS
Developed in Men of the
UNITED STATES NAVY
BEFORE
AFTER
BEFORE
AFTER
BEFORE
AFTER
BEFORE
AFTER
Men build the NAVY...
The NAVY builds Men!
TODAY the United States Navy defends America's freedom — and its fighting strength depends upon the healthy bodies and active minds of its men. Never before in the fleet have the physical fitness and mental alertness of the men played such an important part. Ultimate success in crushing the enemy depends on brave, strong men — and our Navy is only as strong as our men!
Look at these youths shown here. It's an interesting comparison, illustrating the excellent way in which the U. S. Navy rebuilds and prepares the men of America. One picture shows the youths BEFORE they entered the Naval Training Station. Easy going civilian life had made them soft — unfit for the vigorous life aboard ship. The other picture shows the same boys as they are today — AFTER six weeks of intensive, supervised training. Strong, healthy and alert — they are ready to fight for the country they love! Compare the postures of each before and after training. Notice how the slumped, lazy condition has been corrected to a smart, erect carriage. See how each youth has gained weight and developed powerful, sturdy muscles. Besides training healthy bodies, the Navy builds character, and through clean, wholesome sports and recreation provides an alert, active mental outlook toward life.
MEN . . . Take advantage of the many opportunities the Navy offers you . . .
ENLIST TODAY! AMERICA NEEDS the NAVY . . . and the NAVY NEEDS YOU!

1939

Der Wechsler-Intelligenztest

David Wechsler (1896-1981)

In den 20er Jahren war es in den USA ungewöhnlich, sich mit einem Doktortitel in der Psychologie für eine Karriere außerhalb der akademischen Welt zu entscheiden. Noch ungewöhnlicher war es, dass jemand eine Privatpraxis gründete. David Wechsler war ein solch ungewöhnlicher Mensch. Er war höflich, freundlich und sehr intelligent und beschloss, sein Leben damit zu verbringen, anderen zu helfen. Seine Entscheidung hatte erheblichen Einfluss auf Millionen Erwachsene und Kinder, die seine psychologischen Tests absolvierten.

Nach fünf Jahren Privatpraxis wurde Wechsler Leiter der Abteilung für Psychologie von New Yorks vornehmster psychiatrischer Klinik, dem Bellevue Hospital. Dort arbeitete er mit Pionieren der Klinischen Psychologie wie Elaine Kinder und Karen Machover zusammen. Die Ergebnisse ihrer vielen psychologischen Tests wurden von Psychiatern bei der Behandlung von Patienten eingesetzt.

Ende der 1930er Jahre beschloss Wechsler, dass die Standard-Intelligenztests seiner Zeit nicht ausreichten. Er hatte Bedenken, Intelligenz anhand der Beziehung zwischen geistigem und Lebens-Alter zu bestimmen. 1939 entwickelte er einen neuen Test, der aus verschiedenen Teilen bestand und neben verbalen Leistungen auch das Verhalten berücksichtigte. Die verbale Unterskala enthielt Tests zum Verständnis und Wortschatz, während die Verhaltensskala Aufgaben wie das Ergänzen von Bildern oder den Mosaik-Test enthielt. Ein Beispiel aus dem Informationsuntertest illustriert die Art der beurteilten sprachlichen Intelligenz: „Welches Hauptthema hat das Buch Genesis?"

Die vierte Ausgabe dieses von Wechsler erdachten Intelligenztests für Erwachsene erschien 2008. Des Weiteren wurden noch zwei Tests entwickelt: Ein Intelligenztest für Kinder zwischen 6 und 16 Jahren, dessen vierte Ausgabe 2003 herauskam, und ein Test für Kinder zwischen 2,5 und 8 Jahren, der 2002 zum 3. Mal herausgegeben wurde. Im Laufe der Jahre wurden die Tests von verschiedenen Seiten kritisiert. Die schwerwiegendste Kritik besagte, dass sie kulturell voreingenommen seien.

SIEHE AUCH Psychologische Tests (1890), Binet-Simon-Test (1905), Der Flynn-Effekt (1984)

David Wechsler verwendete Komponenten von diversen bestehenden Tests, um seinen ersten eigenen Intelligenztest zu entwickeln.

Wechsl
telligen
hsler Intel
cale fo
THE PSYCHOLOG
SYCHOLOGICAL

1939

Frustration und Aggression

John Dollard (1900-1980)

Ein Thema zieht sich wie ein roter Faden durch Freuds Psychoanalyse: Es ist die Theorie, dass Menschen äußerst motiviert sind, ihre biologischen Triebe wie Sex, Hunger und Durst zu befriedigen. Unvermeidbar ist dabei, dass sie durch die Gesellschaft frustriert werden, weil soziale Kräfte sie an der Befriedigung ihrer Triebe hindern. Nach Freud reagieren Menschen auf diese Frustration, genau wie Tiere, mit Aggression.

Inspiriert durch die Psychologie und **Psychoanalyse** veröffentlichte eine Gruppe von Sozialwissenschaftlern unter der Leitung von John Dollard 1939 eine Abhandlung über *Frustration and Aggression*. Die Autoren schlussfolgerten, dass Aggression immer auf eine Form von Frustration zurückzuführen ist und diese Frustration auch zu verschiedenen anderen Reaktionen außer der Aggression führen kann. Die gesellschaftliche Relevanz dieser Erkenntnis war derzeit klar: Antisemitismus in Deutschland, der Spanische Bürgerkrieg, die Große Depression und Rassismus im amerikanischen Süden (und anderswo) waren lebendige Beispiele für den Zusammenhang zwischen Frustration und Aggression. Gemäß einer späteren Anpassung der Frustration-Aggressions-Hypothese von Dollard führte Frust zu Wut. Und Wut kann zu Aggression führen, wenn bestimmte Reize (wie Waffen) in dem Augenblick verfügbar sind, wenn die Wut am größten ist.

Zeitgleich untersuchte Tamara Dembo, eine Schülerin des Gestaltpsychologen Kurt Lewin, die Dynamik der Wut; sie wollte Freuds Theorie untersuchen, dass Frustration zu Aggression führt. Dazu hinderte Dembo die Studienteilnehmer unter anderem daran scheinbar einfache Aufgaben zu lösen. Die Studie begann stets in entspannter Atmosphäre, wurde jedoch angespannt, sobald der Studienleiter die Teilnehmer frustrierte, jedoch darauf bestand, dass jede Aufgabe eine Lösung hatte. Je größer die Frustration wurde, desto wütender wurden die Teilnehmer. Dembo interpretierte die Ergebnisse in Begriffen wie Lebensraum gemäß Lewins Formel: Verhalten ist eine Funktion der Person in ihrer Umgebung.

SIEHE AUCH Psychoanalyse (1899), Gestaltpsychologie (1912), *Rattus norvegicus* var. *albinus* (1929), Psychologischer Lebensraum (1935), [B = f(P,E)] = Der Lebensraum (1936)

Polizisten versuchen in Lausanne, heftige Proteste gegen den Schweizer Politiker Christoph Blocher niederzuschlagen. Gemäß einer Gruppe von Sozialpsychologen unter der Leitung von John Dollard kann die Aggression von Krawallmachern immer auf eine Form der Frustration zurückgeführt werden. Nach Freud ist Aggression immer die Folge von Hindernissen, die gesellschaftliche Kräfte der Befriedigung basaler Bedürfnisse in den Weg stellen.

POLICE
POLICE
POLICE
POLICE
POLICE

1940

Minnesota Multiphasic Personality Inventory (MMPI)

J. Charnley McKinley (1891-1950), **Starke R. Hathaway** (1903-1984)

Im Ersten Weltkrieg stellten Offiziere erschrocken fest, wie groß die Zahl der psychiatrischen Fälle unter Soldaten war, die bei den Grabenkriegen beteiligt gewesen waren und am so genannten **shell shock** litten. Um herauszufinden, welche Soldaten psychologische Probleme hatten, entwarf Robert S. Woodworth den *Woodworth Personal Data Sheet* mit Fragen wie „Glauben Sie, dass Sie sich selbst schädigen, wenn Sie mit zu vielen Frauen Umgang haben?“ und „Glauben Sie, dass niemand Sie wirklich begreift?“ Das war ein bahnbrechender Versuch, auf objektive Weise Personen mit geistigen Problemen zu identifizieren.

Es dauerte noch bis Ende der 1930er Jahre, bis ein anderer objektiver Test zur Identifikation von psychischen Störungen herauskam: der *Minnesota Multiphasic Personality Inventory (MMPI)*. Der Psychologe Starke Hathaway und der Psychiater Charnley McKinley bekamen die sehr genau umrissene Aufgabe, eine zuverlässige Methode zu finden, um Patienen mit bestimmen psychischen Störungen zu identifizieren.

Die definitive Version der ersten Ausgabe der MMPI (1940) bestand aus 550 Aussagen, die man als richtig oder falsch bewerten sollte, z. B. „Ich glaube, dass ich verfolgt werde“, „Ich spiele gerne ‚Der Fuchs geht um‘“, „Ich hatte noch nie schwarz gefärbten Stuhl“ oder „Ich bin ein Geheimagent Gottes“. Zur Validierung des Tests wurden Antworten von „normalen“ Menschen mit denen einer Vielzahl von psychiatrischen Patienten verglichen. Keines der Themen deutete an sich auf eine Geisteskrankheit oder Normalität, das Antwortenmuster konnte jedoch in zehn klinische und drei Validitätsskalen eingeteilt werden. Die MMPI stellte sich als sehr nützlich zur Identifikation und Unterscheidung von Störungen heraus, weil die Antworten von Menschen mit z. B. einer Depression von denen mit Schizophrenie abweichen.

Die MMPI wurde in psychiatrischen Kliniken schnell beliebt und auch in der Wirtschaft, in Gefängnissen und an Universitäten eingesetzt. Die MMPI wurde inzwischen zweimal überarbeitet (1989 und 2001) und ist der am besten erforschte psychologische Test aller Zeiten.

SIEHE AUCH Psychologische Tests (1890), Binet-Simon-Test (1905), Projektive Tests (1921)

Die Northrop mall auf dem Campus der Universität von Minnesota. Der MMPI wurde in der Klinik dieser Universität entwickelt.

1941

Psychische Entladungen (kortikale Stimulation)

Wilder Penfield (1891-1976)

Ein junger Psychologe befindet sich in einem Operationssaal des Neurologischen Instituts in Montreal. Wir schreiben das Jahr 1939 und jener Psychologe – Molly Harrower heißt er – steht kurz davor, einige der bis dahin interessantesten Daten zu dokumentieren. Er muss wörtlich notieren, was einzelne Patienten sagen. Alle Patienten leiden an Epilepsie und haben einem innovativen Verfahren des Neurochirurgen Wilder Penfield zugestimmt. Unter örtlicher Betäubung wird die Hirnrinde der Patienten offengelegt. Mit einer kleinen Elektrode stimuliert der Chirurg diverse Teile des Gehirns. Manche Stellen scheinen mit der Aura im Zusammenhang zu stehen, die viele Epilepsiepatienten kurz vor einem Anfall erfahren; diese werden entfernt. Andere Hirnregionen die mit Bewegung oder Sinneswahrnehmung zusammenhängen, zeigen nach entsprechender Reizung die erwarteten Reaktionen. Beispielsweise berichten die Patienten, dass sie Farbblitze sehen, wenn der visuelle Cortex gereizt wird.

Als Penfield 1941 von diesen Befunden berichtete, wies er außerdem darauf hin, dass eine weitere Reizung des Temporallappens überraschende Ergebnisse erbrachte, einschließlich Halluzinationen oder psychische Entladungen. Bei Berührung bestimmter Teile des Temporallappens hörten Patienten Lieder, die sie zuletzt als Kind gehört hatten oder sie sahen Szenen, die sie möglicherweise in einem Film gesehen hatten. In einem berühmten Fall rief ein Patient „Ich rieche verbranntes Toastbrot!“ Penfield meinte, dass diese Halluzinationen Flashbacks des Originalerlebnisses waren. Er entdeckte auch, was er „interpretative Illusionen“ nannte, wie Déjà-vu-Erlebnisse, Wahrnehmungsverformungen sowie Gefühle der Unwirklichkeit, Euphorie oder Angst.

Die meisten Patienten beschrieben diese Erfahrungen als recht intensiv, mit ganz anderen Qualitäten als die täglichen Erfahrungen, traumhafter als im wirklichen Leben. Penfields Ziel war es, den Patienten mithilfe der Chirurgie Erleichterung zu verschaffen. Aber er entdeckte, dass die Kortikalreizung ebenfalls etwas über die **Lokalisierung der Gehirnfunktionen** und das Gedächtnis aussagte.

SIEHE AUCH Lokalisierung der Gehirnfunktionen (1861), Gehirnbilder (1924), Split-Brain-Studien (1962)

Wilder Penfield (links neben Maitland Baldwin), war einer der führenden Neurologen seiner Zeit. Hier demonstriert er, wie die elektrische Reizung des Temporallappens psychische Entladungen hervorrufen kann, bei denen Patienten Flashbacks oder Déjà--Erlebnisse hatten.

1942

Verhaltensgenetik

John Paul Scott (1909-2000)

Als junger Genetiker kam Paul Scott 1938 erstmals nach Bar Harbor, Maine, um den Sommer im Jackson Laboratory zu arbeiten. Dort untersuchte er aggressives Verhalten bei Mäusen, deren genetische Ausstattung durch wiederholte Inzucht recht genau bekannt war. Dies war der Anfang einer langen Karriere, in der er zum Pionier im Fachgebiet der Verhaltensgenetik avancierte, über die er 1942 seinen ersten Artikel veröffentlichte. Scott begann seine Forschungskarriere zwar mit Mäusen, wurde aber vor allem wegen seiner Studien an Hunden bekannt. Durch seine umfangreichen Forschungsarbeiten konnte er deutlich aufzeigen, wie wichtig die Interaktion zwischen Genetik und Umwelt für die Entwickelung war. Scott wollte wissenschaftliche Studien vor allem verwenden, um einige gesellschaftliche Probleme seiner Zeit zu lösen, insbesondere das Problem Krieg.

Andere Wissenschaftler führten die von Scott begonnenen Untersuchungen fort. Anhand von Zwillings- und Adoptionsstudien versuchte man herauszufinden, welchen Beitrag die Gene zu Eigenschaften, Fähigkeiten und Intelligenz leisteten. Sie entdeckten, dass es unmöglich ist, den genetischen Einfluss vollständig von Umgebungseinflüssen zu trennen, da die beiden in Wechselwirkung stehen – ein Prozess, der „Epigenetik" genannt wird. Gene bilden die Umgebung und die Umgebung formt den genetischen Ausdruck. So beeinflusst die Genetik Züge wie Intro- und Extrovertiertheit. Extrovertierte Eltern bieten öfter ein Elternhaus mit vielen Reizen und Möglichkeiten zur sozialen Interaktion als introvertierte Eltern, bei denen es ruhiger und weniger gesellig zugehen kann. Gene und Verhalten beeinflussen beide das Elternhaus, in dem Kinder groß werden, wodurch Kinder wiederum angeregt werden, mehr oder weniger introvertiert zu sein.

Wie der große kanadische Psychologe Donald Hebb einst schrieb: „Entwicklung liegt zu 100 % an der Genetik und zu 100 % an der Umgebung."

SIEHE AUCH Gene oder Umwelt (1874), Genetische Epistemologie (1926), Wachstumsstudien (1927), Neuroplastizität (1948)

„Die bedeutendsten Hunderassen", Abbildung von F.E. Wright, aus Webster's New Illustrated Dictionary *(1911). Der Genetiker Paul Scott ist vor allem für seine Studien über die Interaktion zwischen Genetik und Umwelt bei fünf Hunderassen bekannt, die er in seinem Klassiker* Genetics and the Social Behavior of the Dog *(1965) beschrieben hat.*

LEADING BREEDS OF DOGS

1943

Kybernetik

Norbert Wiener (1894-1964)

Der Mathematiker Norbert Wiener führte den Begriff „Kybernetik“ ein, um seine Studien über selbstregulierende Systeme zu beschreiben. Im Zweiten Weltkrieg arbeitete Wiener an einem Militärprojekt zur Steuerung und Kontrolle von Flugabwehrraketen. Dabei wurde ihm klar dass er zur Lösung des Problems der automatischen Zielsteuerung das Feedback sowohl des Flugzeugs als auch des menschlichen Schützen in ein integriertes System einbauen musste. 1943 vereinte er in seinem Artikel „Behavior, Purpose, and Teleology“ Ideen aus den Fachbereichen Physiologie, Behaviorismus und Technik, um einen kybernetischen Organismus zu beschreiben (etwas, das sowohl Mensch als Maschine ist). Dieser Artikel wurde zum Kybernetikmanifest und führte zu einer Reihe jährlicher Konferenzen, die in der Nachkriegszeit wesentliche für die Entwicklung dessen waren, was heute „Kognitionswissenschaft“ heißt.

Kybernetik war von Anfang an ein interdisziplinarisches Forschungsgebiet. Drei Konzepte sind essentiell in der kybernetischen Theorie: Feedback, Information und Ziel. Feedback basiert auf der Information über den Organismus oder die Maschine, um deren Aktivität zu regulieren. Selbstregulierende Systeme haben ebenfalls ein Ziel, z. B. den Erhalt einer konstanten Temperatur.

Ein Ereignis auf der interdisziplinären Macy-Konferenz von 1952 illustriert diese Konzepte. Der Informationstheoretiker Claude Shannon hatte eine mechanische Ratte konstruiert, die mit einem elektrischen „Kontaktfinger“ ausgerüstet war. Mit diesem Finger konnte die Ratte die Wände eines Labyrinths erkunden. Über Feedback dieser Kontakte und die Programmierung, die dafür sorgte, dass Sackgassen vermieden werden, konnte die Ratte erfolgreich den Ausgang finden. Die Methoden mit denen diese Ideen in Kombination mit Methoden der Informationstheorie sowohl für menschliche (biologische und soziale) als auch maschinelle Systeme eingesetzt wurden, läuteten eine Periode innovativer wissenschaftlicher Entdeckungen ein. Mit parallelen Entwicklungen in den Computer- und Neurowissenschaften wurde das neue Gebiet der Kognitionswissenschaft geboren, das nach und nach die Psychologie verändert hat.

SIEHE AUCH Turingmaschine (1937), Der Logic Theorist (1956), Zentrum für kognitive Studien (1960)

Aaron Parecki hat diese Karte von seiner Heimatstadt Portland, Oregon aus GPS-Daten generiert, die zwischen 2008 und 2010 aufgezeichnet wurden. Das Foto zeigt, in welchem Umfang jede Bewegung inzwischen registriert wird. Nach der Kybernetiktheorie, die indirekt zur Entstehung der Kognitionswissenschaft führte, kann das Sammeln von detailliertem, computerisiertem Feedback dazu verwendet werden, ein selbstregulierendes System zu entwickeln, das künftige Navigationsfehler vermeiden kann.

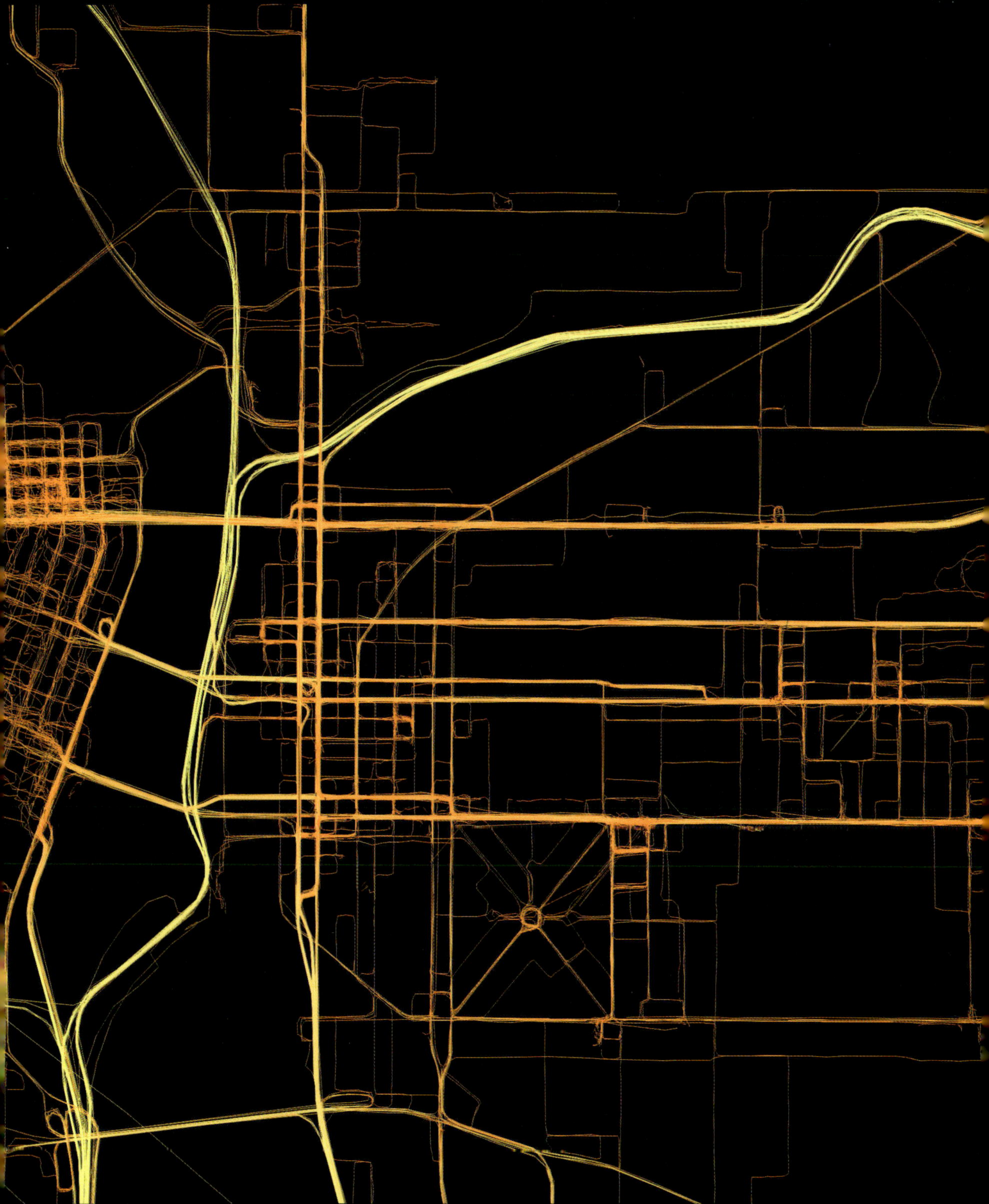

1943

Die Puppen-Studien

Kenneth B. Clark (1914-2005), **Mamie Phipps Clark** (1917-1983)

Am 17. Mai 1954 erklärte der amerikanische Oberste Gerichtshof im Fall „Brown versus Board of Education of Topeka, Kansas", dass Rassentrennung in öffentlichen Schulen verfassungswidrig sei. Die Richter zogen zur Bekräftigung ihres einstimmigen Urteils sozialwissenschaftliche Studien heran. Ein wesentlicher Bestandteil dabei waren die „Puppen-Studien" von Mamie und Kenneth Clark. Die beiden lernten sich 1934 auf der Howard University in Washington D.C. kennen. Sie heirateten heimlich in Mamies letztem Studienjahr. Mamie promovierte 1939 in Washington. In ihrer Doktorarbeit untersuchte sie, wie junge farbige Kinder eine rassische Identität entwickeln.

Nach ihrer Dissertation setzten Mamie und Kenneth ihre Studien über die rassische Identität fort. Sie fügten neues Material hinzu, unter anderem Puppen mit unterschiedlicher Hautfarbe (zwei weiße und zwei farbige). Kinder wurden in der Schule mit diesen Puppen konfrontiert und sollten eine Puppe auswählen, wenn man sie aufforderte: „Gib mir die Puppe, mit der du spielen willst", „Gib mir die Puppe, die du nett findest", „Gib mir die Puppe, die schlecht aussieht" oder „Gib mir die Puppe, die eine schöne Farbe hat". Sie entdeckten, dass viele farbige Kinder gute Eigenschaften mit den weißen Puppen assoziierten und den farbigen Puppen negative Aspekte zuschrieben, auch wenn sie selbst zu dieser „farbigen" Gruppe gehörten. Die Clarks beendeten ihre Studie 1943.

Die Ergebnisse waren beunruhigend, aber mit Zustimmung der Clarks führte die National Association for the Advancement of Colored People die Studienergebnisse im Gerichtsfall als Beweis für den psychologischen Schaden durch Rassentrennung an. Das Urteil war ein Höhepunkt in der amerikanischen Geschichte, obwohl noch ein langer Weg zu gehen war. Mamie und Kenneth Clark demonstrierten die Kraft der psychologischen Wissenschaft im Kampf um soziale Gerechtigkeit.

SIEHE AUCH Wachstumsstudien (1927), Identitätskrise (1950), Kontakthypothese (1954), Ferienlagerexperimente (1954)

Mamie Phipps Clark entwarf die Puppen-Studien, um das Selbstbild von farbigen Kindern zu testen. Kenneth half bei der Durchführung des Experiments und bei der Interpretation der Ergebnisse. Er nannte dies eine der schmerzlichsten Erfahrungen seines Lebens.

1943

Bedürfnishierarchie

Abraham Maslow (1908-1970)

Als junger Psychologe in New York schloss Abraham Maslow sich als jüngstes Mitglied einer Gruppe Intellektueller mit Interesse für Kultur und Persönlichkeit an. Maslow wuchs in unglücklichen Familienverhältnissen in Brooklyn auf und war fest entschlossen, für sich selbst ein besseres Leben zu schaffen. Intellektuell von seinen Kollegen inspiriert, formulierte er 1943 eine neue Theorie darüber, was Menschen motiviert und ihre Persönlichkeit formt. Er war überzeugt, dass unsere Motivation mit der Befriedigung unserer Bedürfnisse zusammenhängt, die einen hierarchischen Aufbau haben. Die grundlegendsten Bedürfnisse sind physiologisch: Wir müssen essen und trinken, um zu überleben. Wenn das erreicht ist, suchen wir Sicherheit; danach haben wir einen starken Hang zur Geborgenheit und wollen lieben und geliebt werden. Anschließend streben wir nach Achtung und Respekt. Das höchste Bedürfnis, auf das wir uns fokussieren können, ist der Wunsch nach „Selbstverwirklichung", ein Begriff, den von Kurt Goldstein stammt. Selbstverwirklichung ist nach Maslow das Bedürfnis, all das zu werden, was jemand werden kann.

Maslow meinte, dass Psychologie sich zu sehr mit Mängeln und Problemen befasste und dass wir zu wenig über das menschliche Potenzial wüssten. Deshalb erforschte er Menschen, von denen er annahm, dass sie sich selbst verwirklicht hatten, wie zum Beispiel Abraham Lincoln, Albert Einstein und Eleanor Roosevelt. Menschen, die im Prozess der Sich selbst verwirklichung befinden, so schrieb er, seien spontan, kreativ, empathisch und ergriffen selbst Initiative. Sich selbst verwirklichende Menschen haben oft „Extremerfahrungen", oder Momente, in denen ihr Bewusstsein erhöht ist und sie Ehrfurcht oder sogar Ekstase erfahren.

Maslow legte Wert auf persönliches Wachstum, Werden und den Wert einer erhöhten Subjektivität. Mit seinen Kollegen bildete er eine „dritte Macht" in der Psychologie, die die positive Seite der menschlichen Art betonte und Vorreiter bei der späteren Entwicklung der positiven Psychologie war.

SIEHE AUCH Kulturrelativismus (1928), *Der Aufbau des Organismus* (1939), Humanistische Psychologie (1961), Positive Psychologie (2000)

Gemäß Maslows Hierarchie ist das höchste Bedürfnis – das angestrebt wird, wenn alle anderen Bedürfnisse befriedigt sind – Selbstverwirklichung, was die Entwicklung von Kreativität, Spontanität und Empathie beinhaltet, neben „Extremerfahrungen" von erhöhtem Bewusstsein oder Ekstase.

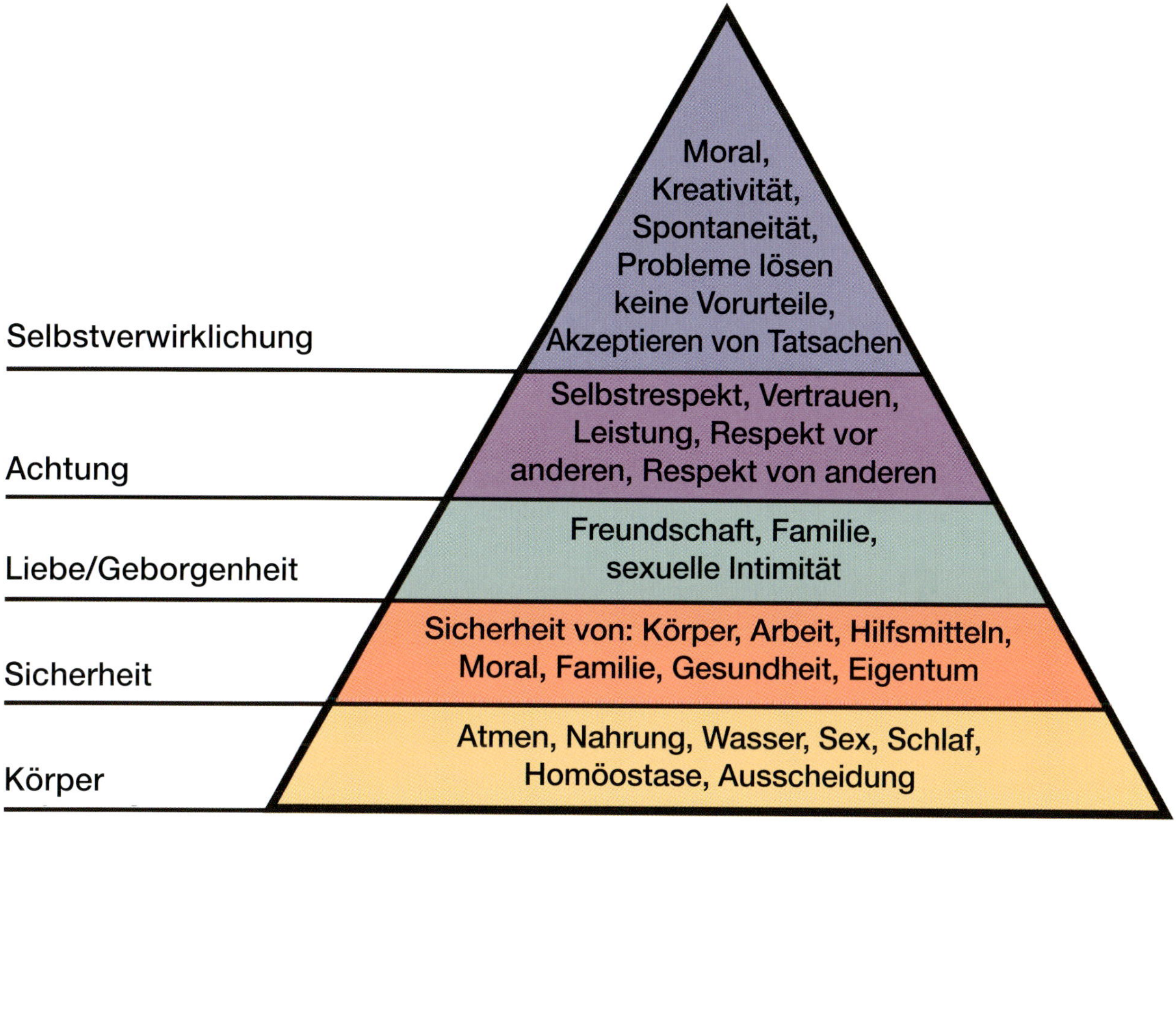
Moral,
Kreativität,
Spontaneität,
Probleme lösen
keine Vorurteile,
Akzeptieren von Tatsachen
Selbstverwirklichung
Selbstrespekt, Vertrauen,
Leistung, Respekt vor
anderen, Respekt von anderen
Achtung
Freundschaft, Familie,
sexuelle Intimität
Liebe/Geborgenheit
Sicherheit von: Körper, Arbeit, Hilfsmitteln,
Moral, Familie, Gesundheit, Eigentum
Sicherheit
Atmen, Nahrung, Wasser, Sex, Schlaf,
Homöostase, Ausscheidung
Körper

1943

Myers-Briggs-Typenindikator (MBTI)

Katharine Cook Briggs (1875-1968), **Isabel Briggs Myers** (1897-1980)

Katharine Briggs war an sich schon eine scharfe Beobachterin von Menschen. Als sie 1923 Jungs *Psychologische Typen* las, fand sie sich in ihrer Beobachtung bestätigt, dass Menschen sich wesentlich in der Art und Weise unterscheiden, wie sie die Welt wahrnehmen. Die beiden grundlegenden menschlichen Eigenschaften, die Jung beschrieb, waren Introvertiertheit und Extrovertiertheit. Eine introvertierte Person orientiert sich an der internen Welt ihrer Gedanken und Gefühle, während eine extrovertierte Person sich auf die externe Welt von anderen Menschen und Objekten richtet. Katharine Briggs und ihre Tochter Isabel nutzten diese Jungianische Typisierung als Ausgangspunkt für einen Persönlichkeitstest. 1943 hatten sie die rudimentäre Form dessen entwickelt, was später als Myers-Briggs-Typenindikator (MBTI) bekannt wurde. Nach weiteren Tests und Verfeinerungen wurde der MBTI 1959 veröffentlicht.

Myers und Briggs unterscheiden 16 Persönlichkeitstypen auf Basis von vier Zweiteilungen: Introversion (I) und Extroversion (E), intuitiv (N) und wahrnehmend (S), fühlend (F) und denkend (T), gewahr werdend (P) und urteilend (J). Jeder Indikator aus einem Paar drückt eine Präferenz aus für die Weise, in der wir der Welt begegnen. Wir erfahren die Welt z. B. entweder wahrnehmend oder intuitiv. Wenn die Wahrnehmung dominant ist, wollen wir konkrete Daten von unseren Sinnen – Fakten und nichts als Fakten. Wenn die Intuition dominiert, wird jemand auf Theorie vertrauen und Muster suchen. Unsere entscheidungsbildenden Funktionen sind „denkend“ oder „fühlend“, wobei Informationen aus der Wahrnehmung oder Intuition für unsere Entscheidung verwendet werden. Wenn wir die fühlende Funktion bevorzugen, treffen wir eher Entscheidungen, die die zwischenmenschliche Harmonie schaffen oder erhalten. Dagegen setzen jene, die das Denken bevorzugen, eher Logik und Ratio bei ihren Entscheidungen ein.

Der MBTI hat sich als zuverlässiges Instrument bewährt, das Menschen nutzen können, um sich selbst und andere besser zu verstehen. Der Test wird von den unterschiedlichsten Institutionen eingesetzt, von großen internationalen Konzernen über religiöse Gruppierungen bis hin zu Ausbildungseinrichtungen.

SIEHE AUCH Psychologische Tests (1890), Jungianische Psychologie (1913), Projektive Tests (1921), Archetypen (1934), Thematischer Apperzeptionstest (1935), Minnesota Multiphasic Personality Inventory (1940)

Der Zecher (1629), Ölgemälde der niederländischen Malerin Judith Leyster. Dieser fröhliche Trinker ist wahrscheinlich eher der extrovertierte, „fühlende“ Typ, der sich in Gesellschaft wohl füht.

1943

Autismus

Leo Kanner (1894-1981), **Bruno Bettelheim** (1903-1990), **Ivar Lovaas** (1927-2010)

André ist vier Jahre alt, aber er spricht kaum. Wenn seine Mutter ihn berührt, wendet er sich ab und zeigt niemals irgendeine Zuneigung. Bestimmte stereotype Verhaltensweisen zeigt er immer und immer wieder. Seine Betreuer müssen gut auf ihn aufpassen und er neigt zu selbstzerstörerischem Verhalten.

Dies ist eine fiktive Beschreibung eines Kindes mit Autismus. Man nimmt an, dass weltweit 0,2-0,3 % aller Kinder an Autismus oder an verwandten Störungen leiden. Es ist eine pervasive Entwicklungsstörung, d.h., dass Autismus fast jeden Aspekt im Leben eines Menschen beeinflusst. Autismus kommt fünfmal öfter bei Jungen als bei Mädchen vor und wird meistens im Alter von 2,5 Jahren festgestellt, obwohl auch schon in den ersten paar Wochen entsprechende Signale vorhanden sein können. Die Ursache ist unklar.

Leo Kanner, Psychiater an der Johns Hopkins University, war der erste, der Autismus 1943 in einem bahnbrechenden Artikel beschrieb. Er mutmaßte, dass Autismus möglicherweise mit Müttern zusammenhing, die ihren Kindern zu wenig Wärme oder Zuwendung gaben. Diese Idee wurde von anderen in der psychischen Gesundheitsfürsorge aufgegriffen, u. a. dem Psychoanalytiker Bruno Bettelheim. Dieser erarbeitete eine Autismustheorie auf Basis dessen, was er die „Kühlschrankmutter" nannte: eine Mutter, die dem Kind keine Zuneigung gibt und sich verhält, als wäre es ihr lieber, wenn es das Kind gar nicht gäbe. Dadurch würde das Kind sich aus Selbstschutz in eine Art psychologische Muschel zurückziehen. Später demonstrierten behavioristische Therapeuten wie Ivar Lovaas, dass Techniken wie positive Bestätigung verwendet werden können, um autistischen Kindern das Sprechen beizubringen oder sie an sozialen Kontakten teilhaben zu lassen. Die Zoologin Temple Grandin ist ein Beispiel für eine bekannte und erfolgreiche autistische Person.

SIEHE AUCH Psychosexuelle Entwicklung (1905), Behaviorismus (1913), Operante Konditionierung (1930), Das Token-System (1961)

OBEN: *Leo Kanner.* RECHTS: *ein* Autism Awareness Ribbon, *mit bunten Puzzleteilen, die für das Mysterium und die Komplexität von autistischen Störungen stehen.*

1944

Personality and the Behavior Disorders

Joseph McVicker Hunt (1906-1991)

Eines der aufregendsten und wichtigsten Gebiete, die in der ersten Hälfte des 20. Jhd. aufkamen, war die wissenschaftliche Erforschung der Persönlichkeit. Angeregt durch die Theorien von Freud und Jung versuchten Psychologen die Kräfte zu ergründen, die den menschlichen Charakter gestalten. Es erschienen einige wichtige Bücher zum Thema, u. a. Henry Murrays *Explorations in Personality* (1938). Das bedeutendste ist jedoch das großartige Werk *Personality and the Behavior Disorders* (1944). Es entstand unter Leitung von Joseph McVicker Hunt und war einer der Meilensteine der amerikanischen Psychologie in der Mitte des Jahrhunderts.

Das zweiteilige Werk fasst bestehende Studien über Persönlichkeit und psychische Störungen in einer reichen Mischung von Theorie und Praxis zusammen. Zu den Mitarbeitern gehörten unter anderem experimentelle Psychologen, Psychiater, Psychoanalytiker, Endokrinologen, Internisten, Neurologen, Soziologen und Anthropologen. Es bietet eine historische Übersicht über amerikanische Studien und Theorien über die diversen Aspekte der Persönlichkeit und Probleme, die bei ihrer Entwicklung entstehen. Die gewählten Themen und angewandten Methoden sind wegweisend für einen Wandel in der amerikanischen Psychologie, die mehr Nachdruck auf psychische Störungen legt. Nach dem Zweiten Weltkrieg entwickelten viele Mitarbeiter Forschungsprogramme für die im Buch aufgezeigten Probleme.

Alle Kapitel waren von einer psychodynamischen, allerdings nicht streng psychoanalytischen Herangehensweise geprägt. Die ausführlichsten Themen waren psychologische Erkrankungen, experimentelle Neurosen, Persönlichkeitsprobleme in der Kindheit, Persönlichkeitsbeurteilung und die Messung von Gehirnaktivität und ihre Wechselbeziehung zu Persönlichkeitsfunktionen.

Die Kapitel in diesem zweiteiligen Werk enthalten ausgezeichnete Zusammenfassungen des wissenschaftlichen Stands der Dinge zu jener Zeit. Aber viel wichtiger ist vielleicht, dass sie als Schablone für zukünftige Studien dienten.

SIEHE AUCH Psychosexuelle Entwicklung (1905), Projektive Tests (1921), Minnesota Multiphasic Personality Inventory (1940)

Der Raucher (Frank Haviland) *(1913), vom spanischen Kubisten Juan Gris, stellt die zahlreichen Facetten der menschlichen Persönlichkeit und Pathologie dar, wie sie in der historischen Veröffentlichung* Personality and the Behavior Disorders *beschrieben werden.*

1974

Genderrollen

Georgene Seward (1902-1992)

Die Begriffe „Geschlechterrollen" und seit den 1970er Jahren „Genderrollen" wurden von Psychologen und anderen Sozialwissenschaftlern für gesellschaftlich auferlegte Verhaltensweisen, Einstellungen und Aktivitäten benutzt, die man für Männer und Frauen für angemessen hielt. Ende des 19. Jhd. veröffentlichten die Psychologinnen Helen Thompson Woolley und Leta Hollingworth empirische Studien, um Meinungen über die Unterschiede zwischen Mann und Frau anzuprangern, die zur Geschlechterstereotypisierung beitrugen. Nach dem Zweiten Weltkrieg wuchs das Interesse an Geschlechterrollen, weil viele Frauen im Krieg nichttraditionelle Arbeiten geleistet hatten. 1944 führte die Psychologin Georgene Seward ein Komitee über Geschlechterrollen in der Nachkriegsgesellschaft. Sie plädierte für eine radikale Umstrukturierung der traditionellen Geschlechterrollen beim Wiederaufbau nach dem Krieg, sodass Männer und Frauen gleichermaßen am Arbeitsmarkt teilhaben konnten. Sie untermauerte ihren Aufruf mit einer Analyse des kulturellen Konflikts, mit dem Frauen durch die Rollenzuweisungen in jener Zeit konfrontiert wurden, und 1946 mit dem Buch *Sex and the Social Order*.

Als die Frauenbewegung der 1960er und 1970er Jahre an Einfluss gewann, begannen feministische Psychologen mit Studien über die Auswirkungen der Geschlechterstereotypen auf die Einstellung und das Verhalten von Männern und Frauen in den verschiedensten Lebensbereichen. In manchen Studien wurde die Beziehung zwischen Geschlechterstereotypen und Wahrnehmung der geistigen Gesundheit untersucht. Aus einigen Ergebnissen ging hervor, dass geistig gesunde Männer als typisch maskulin und geistig gesunde Frauen oft als feminin beschrieben wurden, aber dass einem geistig gesunden Erwachsenen (keines spezifischen Geschlechts) öfter maskuline Züge zugeschrieben wurden. 1975 wurde die Zeitschrift *Sex Roles* zur Veröffentlichung soziologischer und psychologischer Studien gegründet, die sich mit einer Vielzahl von Genderfragen befassten.

SIEHE AUCH Der Weiblichkeitswahn (1963), Die Angst vor Erfolg (1969), *Frauen und Wahnsinn* (1972), Androgynie messen (1974)

Eine Ärztin untersucht 1974 ein Kind. In den 1960/70er Jahren wuchs die Bewegung für gleiche Beschäftigungschancen für Männer und Frauen. Sie war im Zweiten Weltkrieg entstanden, als viele Frauen Arbeiten verrichteten, die zuvor traditionell von Männern gemacht worden waren.

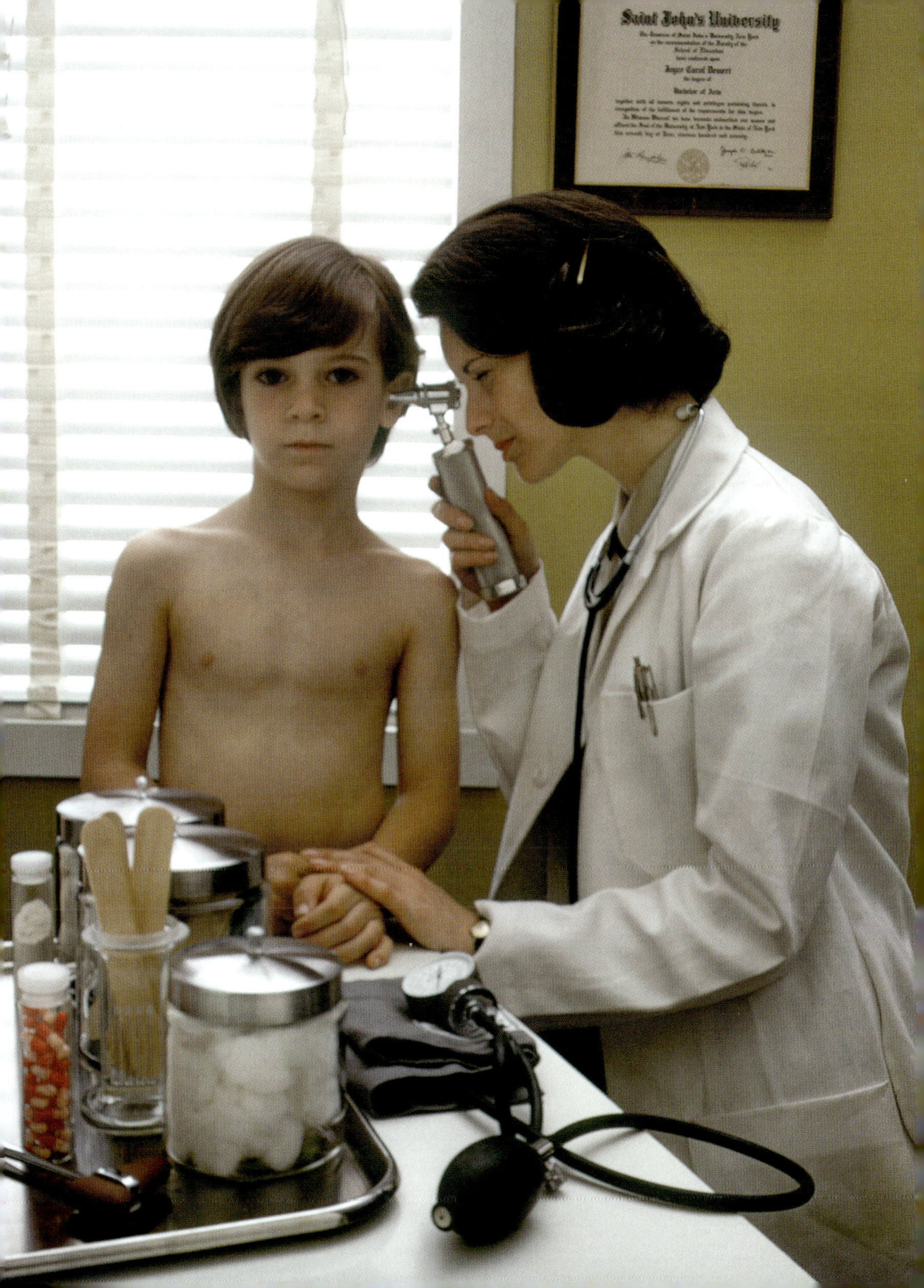
Saint John's University

1945

Entwicklungsstörung

John Bowlby (1907-1990)

Während des Zweiten Weltkriegs kamen viele Tausende Kinder in Hospitäler und Waisenhäuser, weil sie ihre Eltern verloren hatten. Viele dieser Kinder waren passiv, lustlos und körperlich unterentwickelt. Obwohl sie genügend Nahrung bekamen, fiel auf, dass sie oft wenig Körperkontakt mit ihren Betreuern hatten. Man vermutete, dass die Kinder durch den Verlust ihrer Eltern depressiv waren. Auf Basis dieser Beobachtungen startete der Psychiater John Bowlby eine Reihe von Studien, die die Bedeutung von Bindung für eine gesunde Entwicklung unterstrichen.

Weil viele dieser Kinder in den Einrichtungen für ihr Alter zu leicht und zu klein waren, sprach man in medizinischen Kreisen von einer „Entwicklungsstörung". Es stellte sich jedoch heraus, dass auch Kinder, die in einer Familie aufwuchsen, ähnliche Störungen haben konnten. Da diese Beobachtungen in den Hochzeiten der Psychoanalyse in Nordamerika bekannt wurden, führte man psychologische und psychosoziale Theorien zur Erklärung dieser Abweichungen an. So wurde behauptet, dass ein Kind sich aufgrund emotionaler Entfremdung von einem oder beiden Elternteilen nicht entwickelte, auch wenn die meisten die Ursache eher auf mangelnde Mutterliebe zurückführten: Entweder wisse die Mutter nicht, wie sie das Kind richtig versorgen könne oder sie hege feindliche Gefühle für ihr Kind. Da eine Entwicklungsstörung öfter in Familien vorkam, die unter der Armutsgrenze lebten, wurden auch psychosoziale Erklärungen gegeben, z. B. kulturelle Deprivation.

In den 1970er Jahren zeigten Behavioristen, dass mit Ansporn und Belohnung das Essverhalten gefördert werden konnte, unabhängig von vorliegenden psychologischen Problemen beim Kind oder den Eltern. Wichtiger ist, dass Psychologen und andere Forscher nachwiesen, dass der Hauptfaktor für eine Entwicklungsstörung ein Mangel an Kalorien ist. Es gibt Kinder, bei denen die Ursache psychologisch ist, aber die große Mehrheit der Kinder kann mit vollwertiger Ernährung geheilt werden.

SIEHE AUCH (Ersatz-) Mutterliebe (1958), Bindungstheorie (1969), Die fremde Situation (1969)

Verlassener Junge mit einem Stofftier zwischen den Ruinen Londons nach einem deutschen Luftangriff. Foto von Toni Frisell (1945). Die ersten systematischen Studien über Entwicklungsstörungen wurden bei Kindern durchgeführt, deren Eltern beim Bombardement von London umgekommen waren.

1946

Logotherapie

Viktor Frankl (1905-1997)

1942 wurde der Neurologe und Psychiater Viktor Frankl zusammen mit seine Frau, seinen Eltern und Geschwister in Konzentrationslager deportiert. Nur er und eine Schwester überlebten. Frankl war in vier verschiedenen Lagern, einschließlich Auschwitz und Dachau. Wie die meisten, die in einem KZ saßen, erlebte Frankl viele Grausamkeiten und sah mit eigenen Augen, wie unmenschlich Menschen sein können. Er erlebte und sah jedoch auch viel Mitgefühl und Großmütigkeit in den Lagern. Trotz allem verließ Frankl die Lager mit der tiefen Erkenntnis, was für Menschen das Wichtigste ist. Auf Basis seiner Erfahrungen glaubte er, dass der Mensch vor allem auf der Suche nach Sinn ist. Sein berühmtestes Buch *Ein Psychologe erlebt das Konzentrationslager* wurde 1946 in Österreich veröffentlicht. Bislang wurden über 12 Millionen Exemplare verkauft.

Frankl absolvierte sein Medizinstudium an der Universität Wien. In dieser Zeit wurde er von den Psychoanalytikern Sigmund Freud und Wilhelm Reich beeinflusst. Seine Kriegserfahrungen brachten ihn zum Aufbau der dritten Wiener Schule der Psychotherapie, nach der **Psychoanalyse** und Adlers Individualpsychologie. Er nannte seine existentielle Herangehensweise „Logotherapie" („logos": Bedeutung, Sinn). Es gibt drei Basisprinzipien in der Logotherapie: Sinngebung ist der grundlegendste Wunsch des Menschen. Man kann immer Sinn im Leben finden, wie schwierig die Umstände auch sein mögen. Wir sind frei, Sinn zu finden.

Sinn können wir auf drei verschiedene Weisen finden: Wir können durch unser Handeln Sinn schaffen. Wir können Sinn durch unsere Beziehung zu anderen schaffen. Sinn kann durch unsere Einstellung hinsichtlich des unvermeidbaren Leidens entstehen. Leiden mag zwar unvermeidlich sein, aber nach Frankl können wir die menschliche Tragödie auch in etwas transformieren, was unserem Leben Sinn gibt. Frankl glaubte, dass Logotherapie eine positive Kraft ist, nicht weil sie unsere Situation verändert, sondern weil sie unsere Lebenseinstellung ändert.

SIEHE AUCH Psychoanalyse (1899), Familientherapie (1950), Kognitive Therapie (1955)

Holocaust-Denkmal in Berlin. Victor Frankls Beobachtungen während der unmenschlichen Verhältnisse in den Konzentrationslagern inspirierten ihn zu seiner Logotherapie.

1947

Klientenzentrierte Therapie

Carl R. Rogers (1902-1987)

Carl Rogers klientenzentrierte (später personenzentrierte) Therapie war Teil der **Humanistischen Psychologie**. Sie kam in den 25 Jahren nach dem Zweiten Weltkrieg in der amerikanischen Psychologie auf und beeinflusste die Entwicklung der modernen Psychotherapie. Rogers wuchs ziemlich religiös auf und studierte Theologie, bevor er auf Psychologie umstieg. Früh in seiner Karriere führte in seine therapeutische Arbeit mit Kindern zur Erkenntnis, dass eine umsorgende und positive Umgebung entscheidend war für eine gesunde psychologische Entwicklung. Rogers untersuchte sorgfältig die therapeutischen Prozesse und identifizierte die seines Erachtens entscheidenden Charakterzüge eines Therapeuten: Empathie, Harmonie, Authentizität und bedingungsloser positiver Respekt. Jeder hat die innere Fähigkeit, zu wissen, was uns wirklich hilft, aber diese Fähigkeit kann durch Hindernisse im täglichen Leben zurückgedrängt werden. Wenn Geliebte ihre Liebe und Akzeptanz beispielsweise von bestimmten Lebens- und Handlungsweisen abhängig machen, können solche Bedingungen unser psychologisches Wachstum blockieren. Der Therapeut muss dann eine Beziehung herstellen, in der solche Bedingungen eliminiert werden und die Person ihre angeborene Fähigkeit zum Wachstum wiederherstellen kann.

Rogers formulierte 1947 die Basisprinzipien der Klientenzentrierten Therapie und verbrachte anschließend viele Jahre mit der Anwendung der Prinzipien in klinischen Fällen. Der Einfluss seiner Therapie war bedeutend, auch wenn sie heute nur noch selten in ihrer ursprünglichen Form angewandt wird. Studien haben ergeben, dass es gemeinsame Faktoren gibt, die jede effektive Therapie enthalten muss. Fast alle Therapeuten werden heute dazu ausgebildet, aktiv zuzuhören, angemessen auf die Worte des Klienten zu reagieren und Empathie zu zeigen als Basis für eine erfolgreiche Psychotherapie.

Rogers' Einsatz, Menschen dabei zu helfen, ihr Leben zu meistern und sein Glaube an Selbstbestimmung und menschliche Fähigkeiten leben in heutigen Bewegungen wie der positiven Psychologie fort.

SIEHE AUCH Bedürfnishierarchie (1943), Logotherapie (1946), Kognitive Therapie (1955), Humanistische Psychologie (1961)

Carl Ransom Rogers (1902-1987).

1948

Selbsterfüllende Prophezeiung

Robert K. Merton (1910-2003)

Im Jahrzehnt nach dem Zweiten Weltkrieg befürchteten viele weiße Hauseigentümer in den (Vor-)Städten dass farbige Amerikaner in ihre Nähe ziehen würden. Oft verkauften sie ihre Häuser unter dem Marktwert, sobald eine farbige Familie in ihre Gegend zog, weil sie befürchteten, dass dadurch die Immobilienpreise noch weiter sinken würde. 1948 verwendete der Sozialwissenschaftler Robert K. Merton dies als Beispiel für eine selbsterfüllende Prophezeiung. Merton erkannte, dass es die Angst der weißen Hausbesitzer selbst war, die das von ihnen gefürchtete Phänomen erst schuf.

Zu Beginn des Jahrhunderts schrieb der Soziologe W.I. Thomas: „Wenn Menschen Situationen als real definieren, sind diese real in ihren Konsequenzen." Dieses Axiom arbeitete Merton nach dem Krieg weiter aus, um das Konzept der „selbsterfüllenden Prophezeiung" zu erklären. Das Prinzip war bereits seit Jahrhunderten bekannt, sowohl im alten Griechenland und in Indien als auch in den westlichen und östlichen Zivilisationen: Ein Beispiel ist Krishna, der seinen Onkel Kamsa tötete, dem ein Orakel prophezeite, einer seiner Neffen würde ihn töten. Oder Ödipus, der seinen Vater Laios tötete, der ihn ausgesetzt hatte, nachdem ein Seher ihm vorausgesagt hatte, sein Sohn werde ihn töten.

Gestützt wird das Konzept durch psychologische Prozesse von Wahrnehmung und Erwartung. Wie wir Ereignisse, andere und uns selbst wahrnehmen, beeinflusst deutlich unsere Reaktionen. Das kann wiederum unmittelbaren Einfluss auf das Ergebnis von Ereignissen oder auf die Art und Weise nehmen, wie andere auf uns reagieren. Auch Stereotypen können als eine Art selbsterfüllende Prophezeiung funktionieren, wenn man Angst hat, auf eine bestimmte Weise zu handeln, die den Stereotyp bestätigen. Als farbige Studenten bei einem Examen aufgefordert wurden, ihre Rassenzugehörigkeit anzugeben, erbrachten sie schlechtere Leistungen als ohne diese Angaben. Gleiches galt für Studentinnen, die vor einer Mathematikprüfung nach ihrem Geschlecht befragt wurden.

SIEHE AUCH Kontakttheorie (1954), Ferienlagerexperimente (1954), Bedrohung durch Stereotype (1995)

Auf dieser Abbildung aus dem Hindu-Epos Mahabharata *begegnet Arjuna, Prinz von Pandu, seinem Neffen und Kameraden Krishna in Prabhasakshetra. Krishnas vorausgesagter Mord an seinem Onkel Kamsa ist das Äquivalent zur selbsterfüllenden Prophezeiung im Falle des Ödipus.*

1948

Neuroplastizität

Jerzy Konorski (1903-1973)

Mit vier Jahren sprach der kleine Alexander fließend Englisch, Spanisch und Griechisch. Seit seiner Geburt sprach sein Vater Spanisch und seine Mutter Griechisch mit ihm, während er im Kindergarten Englisch lernte. Es überrascht nicht, dass Alexander und andere Kinder in einer vergleichbaren Umgebung so sprachgewandt sind. Wissenschaftler und Eltern wissen schon lange, wie schnell Kinder lernen. Der Grund dafür ist, dass das Gehirn im ersten Jahrzehnt unseres Lebens äußerst plastisch, bzw. formbar ist, indem durch neue Erfahrungen laufend neue neurale Verbindungen hinzugefügt werden. Der polnische Neurowissenschaftler Jerzy Konorski beschrieb dies erstmals 1948. Lange Zeit dachte man, dass diese Plastizität irgendwann im Erwachsenenalter verschwindet und das erwachsene Gehirn starr und nicht zu großen Änderungen in der Lage war. Studien ab den 1990er Jahren ergaben jedoch, dass auch das erwachsene Gehirn noch sehr plastisch ist. Wenn wir lernen, werden die beteiligten neuralen Verbindungen verstärkt.

Möglich ist das dadurch, dass sich die Verbindungen zwischen den Neuronen im Gehirn, abhängig von ihrem Einsatz, ständig ändern. Das andere Schlüsselkonzept ist die Organisation unserer sensorischen und motorischen Systeme in der Hirnrinde. Sensorische Reize von außen werden zum somatosensiblen Cortex auf dem Parietallappen geleitet, während unsere körperliche Reaktion von unserem primären motorischen Cortex ausgeht.

Studien weisen darauf hin, dass sich diese Gebiete, abhängig von unseren Erfahrungen, ändern und reorganisieren. Bei einer Studie mit blinden Versuchspersonen stellte sich heraus, dass sie Berührungen in ihrem visuellen Cortex spürten, einem Bereich, der bei sehenden Personen normalerweise nur auf visuelle Reize reagiert. Wissenschaftler meinen, dass das menschliche Gehirn lebenslang plastisch bleibt, indem wir uns ständig auf neue Erfahrungen einstellen.

SIEHE AUCH Gehirnbilder (1924), Split-Brain-Studien (1962), BRAIN Initiative (2013)

In Studien zeigte sich, dass sich neurale Verbindungen im Gehirn auf Basis von Erfahrungen bis weit ins Erwachsenenalter ständig neu organisieren.

1948-1953

Die Kinsey Reports

Alfred Kinsey (1894-1956)

Die Kinsey Reports sind ohne Zweifel die am meisten diskutierten Bücher in der amerikanischen Geschichte. *Sexual Behavior in the Human Male* (1948) und *Sexual Behavior in the Human Female* (1953) erhitzten stark die Gemüter. Kinsey hatte Entomologie studiert und führte seine Studien über das Sexualverhalten mit der gleichen Hingabe wie seine Studien über Wespen.

Kinsey war nicht der erste Amerikaner, der die Sexualität systematisch erforschte. In den 1920er Jahren schleuste die Rockefeller Foundation heimlich Forschungsgelder an das National Research Council, die dem Komitee zugute kamen, das sich mit der Erforschung von Sexualproblemen befasste. Über 25 Jahre führte das Komitee eine Vielzahl von Studien über Sexualität durch, aber keine davon wagte sich so sehr an die Grenzen dessen was Amerikaner als sexuelle Normen betrachteten wie die Kinsey Reports.

Was machte die Kinsey Reports so kontrovers und erschütternd? Erstens zeigten sie auf, dass gleichgeschlechtlicher Sex weiter verbreitet war als man meinte. Das heißt nicht, dass ausschließliche Homosexualität üblich war, sondern eher, dass sich das Sexualverhalten im Laufe der Zeit auf verschiedene Weisen äußern konnte, unter anderem als Homosexualität. Darin waren die Kinsey Reports ein Vorreiter von Lisa M. Diamonds *Sexual Fluidity* (2008). Kinseys Schlussfolgerungen basierten auf Interviews und auf dem, was heute die „Kinsey-Skala" heißt. Auf dieser Skala steht 0 für ausschließliche Heterosexualität und 6 für ausschließliche Homosexualität. Anhand dieser Skala entdeckte Kinsey, dass etwa 12 % der Männer und 11 % der Frauen zwischen 20 und 35 Jahren ihre sexuelle Erfahrung mit einer 3 beurteilten, was sowohl auf hetero- als auch auf homosexuelles Verhalten hindeutet. Fast die Hälfte aller Männer gab an, sexuelle Erregung bei Personen beider Geschlechter zu empfinden. Masturbation stellte sich sowohl bei Männern als bei Frauen als üblich heraus.

Die Reports bescherten Kinsey eine Menge positiver und negativer Kritik. Ein Großteil seines Werks antizipiert die Sexuelle Revolution ab den 1960er Jahren.

SIEHE AUCH *Psychopathia sexualis* (1886), Sexuelles Empfinden (1966), *Sexual Fluidity* (2008)

Lustgarten *(1480-1490), von Hieronymus Bosch, zeigt eine Reihe von fleischlichen Genüssen zwischen nackten Männern und Frauen.*

1949

Die „Big Five" (Persönlichkeitsdimensionen)

Donald W. Fiske (1916-2003)

Im 20. Jhd. fand die klassische **Humoralpathologie** (Säftelehre) eine neue Ausdrucksweise durch die Entwicklung der Charaktertheorien über Persönlichkeit. In der Psychologie verweist „Charakter" auf das feste Denk- und Handlungsmuster eines Menschen. Wie bestimmen wir, was ein Charakterzug ist? Der übliche Weg besteht darin von der lexikalischen Hypothese auszugehen, nach der jede Persönlichkeitsbeschreibung in der Sprache einer Kultur eingebettet ist. Wenn diese Worte definiert sind, kann man eine komplexe statistische Technik, die „Faktorenanalyse", anwenden, um zu entdecken, wie diese Worte in Faktoren oder Gruppierungen zusammenhängen. 1949 äußerte der Psychologe Donald Fiske als erster, dass es fünf Basisfaktoren gibt, die die Persönlichkeit erklärten. Ironischerweise war Fiske später ganz und gar nicht einverstanden mit der Art und Weise, in der sein Werk von anderen Forschern interpretiert wurde.

Das Konzept der fünf Basisfaktoren wurde in den 1960er Jahren wieder aufgegriffen, aber erst in den 1980er Jahren wurden die heutigen „Big Five" entwickelt. Wie die Psychologen Paul Costa und Robert McCrae 1976 postulierten, kann die Persönlichkeit mit nur fünf Begriffen beschrieben werden: offen für Erfahrungen, gewissenhaft, extrovertiert, verträglich und neurotisch. Der dazugehörige Persönlichkeitstest ist der NEO Personality Index – Revised (NEO-PI-R), wobei das N für „Neurotizismus" steht, E für „Extraversion" und O für „Offenheit für Erfahrungen". Jeder Faktor hängt mit typischen Eigenschaften zusammen. Jemand, der z. B. beim Faktor „Offenheit für Erfahrungen" hoch punktet, ist intellektuell neugierig, während jemand, der bei „Gewissenhaftigkeit" punktet, Verantwortungsgefühl zeigt. Der Faktor „Extraversion" zeichnet sich durch eine hohe Aktionsorientierung aus, während „Verträglichkeit" impliziert, dass andere die Person als unkompliziert im Umgang betrachten. Wer schließlich beim Faktor „Neurotizismus" hoch punktet, ist angespannt, und wenig Punkte deuten auf Ruhe. Es gibt auch wichtige kulturelle Unterschiede, weil manche Faktoren in bestimmten Kulturen fehlen.

SIEHE AUCH Humoralpathologie (ca. 160 n.Chr.), Minnesota Multiphasic Personality Inventory (1940)

Kupfergravur menschlicher Emotionen und Ausdrücke, Platte VIII in Teil II von L'Histoire Naturelle *(1749), vom Biologen Georges-Louis Leclerc, Graf von Buffon.*

Fig. 2.

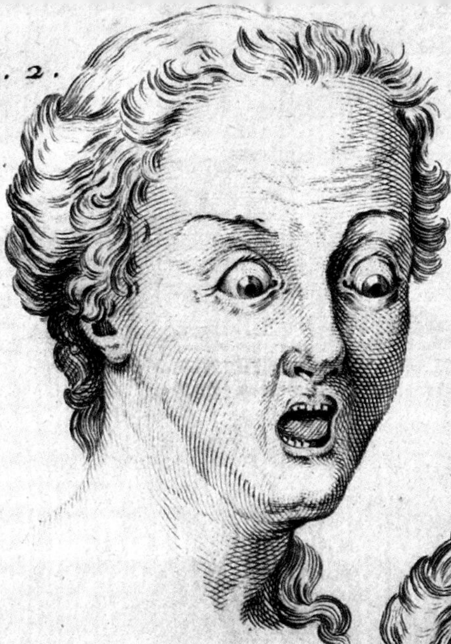

Fig. 1

Fig. 3.

Fig. 5.

Fig. 4.

1949

Der Heros in tausend Gestalten

Joseph Campbell (1904-1987)

Die Mythologie war schon immer eine Quelle für die moderne Psychologie. Freud wurde von klassischem Material beeinflusst und benutzte ein archäologisches Modell des Geistes, um die Bewusstseinsschichten zu beschreiben (unbewusst, vorbewusst und bewusst). Er betrachtete den Kern der Persönlichkeitsentwicklung als eine Neuauflage des Ödipusmythos. Mehr noch als Freud stützte sich Jung auf das Studium der Mythen. Aus der vergleichenden Mythologie entwickelte Jung das Konzept des kollektiven Unbewussten und der **Archetypen**, und betonte, dass Träume uns helfen, im Gleichgewicht zu bleiben, indem sie uns auf unsere mythische Vergangenheit hinweisen.

Der Mythologe und Schriftsteller Joseph Campbell las das Werk von Freud und vor allem von Jung. Durch diese und zahlreiche andere Quellen, u.a. seine eigenen Studien auf dem Gebiet der vergleichenden Mythologie, verdeutlichte Campbell die Rolle der Mythologie in unserer psychologischen Entwicklung mehr als jeder andere Schriftsteller es jemals tat.

Die Reise des Helden ist ein zentrales Konzept in Campbells Schriften. Campbell untersuchte die Weltmythologie und sah in einer Vielzahl von Geschichten, deutlicher noch als Jung, ein zentrales Thema: das des Helden auf der Suche nach der zentralen Realität oder der Wahrheit des Lebens. In *Der Heros in tausend Gestalten* (1949) beschreibt Campbell die Reise folgendermaßen:

> Der Held wagt sich weit weg von der bekannten Welt in eine Region übernatürlicher Wunder: Dort stößt er auf fabelhafte Kräfte und erzielt einen entscheidenden Sieg. Der Held kehrt von seinem mysteriösen Abenteuer zurück und hat die Macht, seinem Mitmenschen Gutes zu tun.

Campbell fand diese Erzählung in den Mythologien aus aller Welt wieder. Der Held kann Buddha, Jesus, Prometheus oder eine örtliche Gottheit sein. Die Kernwahrheit ist immer die gleiche: Abschied von den alltäglichen Normen, eine Reise, die eine Quelle der Macht enthüllt und dann eine Rückkehr, die eine Verwandlung ermöglicht. Dies ist gemäß Campbell die Basiswahrheit von psychologischem Wachstum und Erfüllung.

SIEHE AUCH Psychoanalyse (1899), Jungianische Psychologie (1913), Archetypen (1934), Transpersonale Psychologie (1968)

Die Reise von König Artus und Morgana zur Insel Avalon *(1888), von Frank* W.W. *Topham. König Artus' Suche nach einer „Region übernatürlicher Wunder" ist ein Äquivalent für andere mythologische und historische Helden.*

1950

Stress

Hans Selye (1907-1982)

Die Idee, dass Emotionen eine wichtige Rolle bei unserer körperlichen Gesundheit spielen, ist seit der klassischen **Humoralpathologie** bis hin zur **Psychosomatik** des 20. Jhd. bekannt. Nach seiner Emigration nach Montreal entwickelte der ungarische Endokrinologe Hans Selye ein Modell für die Beziehungen zwischen Stress, Gesundheit und Krankheit, das als eines der einflussreichsten medizinischen Theorien des 20. Jhd. gilt. Auf der Suche nach einem neuen Hormon bei Laborratten entdeckte Selye, dass seine Versuchstiere eine Reihe von Symptomen entwickelten und Schäden an verschiedenen internen Organen hatten, die alle mit dem Hypothalamus-Hypophysen-Nebennierensystem im Zusammenhang standen. Er entlehnte den Begriff „Stress" aus der Technik, um die Ursache der Symptome zu beschreiben. Er beschrieb erstmals ausführlich den Zusammenhang zwischen Krankheit und Stress in seinem Buch *The Physiology and Pathology of Exposure to Stress* (1950).

Fast zwei Jahrzehnte später führte Selye seine Forschungen, wie Stress zu körperlichen Störungen führen kann, weiter. Nach seinem Modell, dem General Adaptation Syndrome (GAS), kann vieles zu einem Stressfaktor werden und zu einer Reaktion im Organismus führen. Zur Mobilisierung der Abwehr gehört eine erste Reaktion des Hypothalamus, was zur Aktivierung der Nebennieren führt, welche daraufhin Kortikoide ausschütten. Diese können ihrerseits zahlreiche Gesundheitsprobleme verursachen, wenn der Organismus sein früheres Gleichgewicht nicht wiederfindet. Kurz nachdem das Werk von Selye bekannt wurde, wurde nachgewiesen, dass psychologische Faktoren wesentlich für Stress und seine Behandlung waren. Allerlei große und kleine Angelegenheiten, von einer Hochzeit bis hin zum Finden eines Parkplatzes, werden heute als „stressig" betrachtet, mit Auswirkungen auf die körperliche und psychische Gesundheit. Es ist eine ganze Forschungs- und Behandlungsindustrie rund um das Stresskonzept entstanden, in der Psychologen eine Hauptrolle spielen. Stress wird heutzutage mit fast allen Krankheiten und Beschwerden in Verbindung gebracht.

SIEHE AUCH Humoralpathologie (ca. 160 n.Chr.), Psychosomatik (1939), Psychoneuroimmunologie (1975), Mind-Body Medizin (1993)

Dieses Poster (1944) des Office of War Information warnt vor den Gefahren, die entstehen können, wenn Stress seinen Tribut von Körper und Geist fordert.

THERE'S DANGER

when people tire too easily
when minds are slow to think
when bodies can't fight disease

1950

Angst- und spannungslösende Medikamente

Frank M. Berger (1913-2008)

Bei der Suche nach einer Konservierungsmethode für Penizillin bemerkte der Arzt und Pharmakologe Frank Berger, dass von einem der von ihm verwendeten Substanzen eine beruhigende Wirkung auf seine Versuchsmäuse ausging. 1950 synthetisierten er und der Chemiker Bernard Ludwig jene Substanz und nannten sie Meprobamat. 1955 wurde sie erstmals unter dem Markennamen Miltown verkauft und wurde rasch ein Bestseller. 1957 wurde er alleine in den USA 37 Millionen Mal verschrieben.

In den darauffolgenden Jahren entwickelten und vermarkteten auch andere Pharmaziekonzerne ihre eigenen Beruhigungsmittel, wie Librium, Equanil und Valium. Heute gibt es mehrere Klassen von Anxiolytika (angstlösende Mittel), von Benzodiazepin (wie Xanax) bis zu Barbituraten, die eine betäubende Wirkung haben.

Weshalb waren diese Medikamente so beliebt? Spannungen sind typisch für moderne industrielle und postindustrielle Gesellschaften. Natürlich empfanden Menschen auch früher schon Anspannung und Stress, aber in gewisser Hinsicht ist es die Emotion des modernen Lebens schlechthin. Spannung besteht aus einer Reihe von menschlichen und physiologischen Reaktionen, die sich günstig oder ungünstig auswirken können.

Spannung, die sich ungünstig auswirkt, kann zu einer Vielzahl von mentalen Störungen führen. In den USA leiden etwa 13 % aller Erwachsenen zwischen 18 und 54 Jahren an Angst- und Spannungsstörungen. Sie kommen häufiger bei älteren als bei jüngeren Erwachsenen vor und haben ernste Konsequenzen für die Gesundheit und ein selbstbestimmtes Leben. Westliche Diagnose-Handbücher beschreiben zwölf Angststörungen. Die häufigsten sind allgemeine Angststörungen, Panikstörungen, Obsessive Kompulsive Störung, spezifische Phobien (wie Platzangst oder Angst vor Schlangen) und soziale Phobien.

Diese Störungen werden oft mit angst- und spannungslösenden Mitteln behandelt, aber kognitive und behavioristische Therapien wirken ebenfalls sehr gut.

SIEHE AUCH Kognitive Therapie (1955), Antidepressiva (1957), Systematische Desensibilisierung (1958)

Angst- und spannungslösende Medikamente wurden für Männer aus der Mittelklasse auf den Markt gebracht, aber in den 60er Jahren wurden sie vor allem „überforderten" Hausfrauen verschrieben.

1950

Identitätskrise

Erik Erikson (1902-1994)

Die 13-jährige Lakesha scheint sehr in sich selbst gekehrt zu sein. Sie denkt viel über ihr Äußeres nach, sinniert über ihre Zukunft und spricht über alle ihre Aktivitäten. Sie scheint nicht zu glauben, dass ihr etwas Schlimmes passieren kann. Darin unterscheidet sie sich nicht viel von ihren Altersgenossen. Die Gedankenverlorenheit von Lakesha und ihrer Freunde illustriert das, was Erik Erikson das „Stufenmodell der psychosozialen Entwicklung" nannte.

In seinem Buch *Childhood and Society* (*Kindheit und Gesellschaft*) (1950) betont Erikson, dass die Identitätsentwicklung die größte Herausforderung in der **Adoleszenz** ist. Die Anforderungen in diesem Entwicklungsstadium drehen sich um Fragen wie „Wer bin ich?", „Was mache ich mit meinem Leben?", „Wie passe ich in meine Familie und in meine Welt?" Jugendliche entwickeln zur Beantwortung dieser Fragen ein Bedürfnis nach Individualisierung, bzw. eine Abgrenzung von den Altersgenossen und anderen in ihrer Welt. Positive Identitätsbildung resultiert in einem klaren Selbstbild und liefert eine Tragfläche für die folgende Stufe der psychosozialen Entwicklung.

Eriksons Betonung der Identität hat einen interessanten biographischen Aspekt: Er hat seinen Vater nie gekannt. Er wurde in Frankfurt geboren, und seine Mutter heiratete einen Herrn Homburger als Erik drei Jahre alt war. Erst später entdeckte Erikson, dass Homburger nicht sein richtiger Vater war. Er wurde also erwachsen, ohne seine eigene Identität zu kennen. Nachdem er von Anna Freud zum Kinderpsychoanalytiker ausgebildet worden war, heiratete er eine Kanadierin und emigrierte in der Nazizeit in die USA. Nach verschiedenen Anstellungen bekam er eine Stelle in Kalifornien angeboten. Unterwegs dorthin entschloss er sich, seine eigene Identität festzulegen, indem er sich zu seinem eigenen Vater ernannte: Er änderte seinen Nachnamen von Homburger in Erikson: „Sohn von Erik".

SIEHE AUCH Psychoanalyse (1899), Adoleszenz (1904), Wachstumsstudien (1927)

Dieses Graffiti auf einer Mauer in Vancouver vermittelt eine Vorstellung von der Verfremdung, mit der viele Heranwachsende bei der Entwicklung einer individuellen Identität kämpfen.

H♥pe
I ♥

1950

Die Autoritäre Persönlichkeit

Theodor Adorno (1903-1969), **Else Frenkel-Brunswik** (1908-1958)

Eines der einflussreichsten Zentren der Sozialtheorie vor dem Zweiten Weltkrieg war das Institut für Sozialforschung der Universität Frankfurt am Main. Unter der Leitung von Soziologen wie Max Horkheimer und Theodor Adorno entwickelte die Frankfurter Schule eine Kritik am Kapitalismus und seinen Auswirkungen auf Familien und zwischenmenschliche Beziehungen. Als die Nazis an die Macht kamen, flohen die Mitglieder der Frankfurter Schule aus Deutschland und gingen nach New York.

Nach dem Krieg arbeiteten Adorno und die ebenfalls emigrierte Psychoanalytikerin Else Frenkel-Brunswik zusammen mit zwei amerikanischen Psychologen an der Universität von Kalifornien an einer Studie über die autoritäre Persönlichkeit. Gab es eine autoritäre Persönlichkeit, die dazu führte, dass Menschen Diktatoren und Tyrannen unterstützen? Um Antworten auf diese Fragne zu finden, werteten Adorno und seine Kollegen Interviews und Fragebögen aus und analysierten die Ergebnisse vor einem psychoanalytischen und marxistischen Hintergrund.

Die Studie resultierte in ihrem Buch *Die Autoritäre Persönlichkeit* (1950). Es wurde ein Bestseller in der Nachkriegszeit und hatte großen Einfluss auf das heutige Gebiet der politischen Psychologie. Adorno und seine Kollegen schlussfolgerten, dass die autoritäre Persönlichkeit das Produkt von strafenden Eltern in einem ausbeuterischen, kapitalistischen Wirtschaftssystem war. Autoritäre Menschen waren oft selbst von ihren Eltern für jeden Ungehorsam und jede Abweichung von konventionellen gesellschaftlichen Normen bestraft worden. Erwachsene mit einer autoritären Persönlichkeit neigten zu Vorurteilen gegenüber Andersdenkenden und religiösen und ethnischen Minderheiten. Sie waren rigide, konventionell und aggressiv gegenüber jenen, die die Norm überschritten. Gleichzeitig waren Menschen mit einer autoritären Persönlichkeit unterwürfig Autoritäten gegenüber und oft von Macht beeindruckt.

In jüngeren Jahren wurden in der politischen Psychologie viele Studien über moderne Ausprägungen der autoritären Persönlichkeit durchgeführt. Nach heutigen Erkenntnissen gibt es autoritäre Persönlichkeiten mit allen möglichen ideologischen Ausrichtungen, von sehr konservativ bis hin zu sehr liberal.

SIEHE AUCH Marienthal-Studie (1933)

Porträt einer autoritären Persönlichkeit schlechthin: Stalin, vom russischen Maler Isaak Brodski (1935).

Familientherapie

Nathan Ackerman (1908-1971), **Murray Bowen** (1913-1990)

Das Leben im Amerika der Nachkriegszeit hätte ein Traum sein können. Nach der Großen Depression und einem Weltkrieg hatte das Land allmählich wieder zur Normalität zurückgefunden. Die Wirtschaft blühte wieder auf, es wurden neue Häuser zu günstigen Preisen in attraktiven Vorstädten gebaut, Hunderte von zeitsparenden Haushaltsgeräten erfunden und der Fernseher wurde zum Mittelpunkt des häuslichen Vergnügens. Ein neuer Raum, das Wohnzimmer, hielt seinen Einzug in den Alltag, genau wie das Sofa, das die Familien zusammenbringen sollte. In diesem Scheinparadies entstand die Familientherapie als neues Behandlungskonzept. Die wichtigsten Schlüsselfiguren auf diesem Gebiet sind Murray Bowen und Nathan Ackerman.

Das Familienleben war keineswegs ein Zufluchtsort in einer herzlosen Welt, sondern wurde oft, meistens von den Frauen, als erstickend empfunden. Familien waren potenzielle Quellen von Kriminalität und **Schizophrenie**. Ein beliebtes Fernseh-Programm warnte bereits 1959: „Auch in Ihrem Haus kann der Samen des Wahnsinns auskeimen."

In der Familientherapie, manchmal auch „Systemtherapie" genannt, wurden die geistige Gesundheit und die gesellschaftlichen Beziehungen von Familien untersucht. Weil die Familie als ein System von ineinandergreifenden Beziehungen betrachtet wurde, konnte sie auch nur als ein Organismus behandelt werden. Meistens galt ein Familienmitglied als Patient mit Problemen, da diese Person jedoch Teil eines Systems war, spiegelten die Symptome den Gesundheitszustand des gesamten Organismus wider. Damit Familien wieder gesund funktionierten, ging die gesamte Familie in Therapie.

Dieses Konzept unterscheidet sich massiv von der **Psychoanalyse** oder den amerikanischen Psychotherapien wie die **Klientenzentrierte Therapie**: Hier wird das Problem beim Individuum angesiedelt; Sinn der Sache ist es, dem Individuum zu helfen, sich an die Welt anzupassen. Bei der Familientherapie liegt der Schwerpunkt auf den Kommunikations- und Interaktionsstilen der Familie als Ganzes. Heilung erfolgt, wenn das System – Kommunikation und Beziehungen – als Ganzes wieder besser funktioniert.

SIEHE AUCH Psychoanalyse (1899), Schizophrenie (1908), Klientenzentrierte Therapie (1947), Gestalttherapie (1951), Doppelbindungstheorie (1956)

John Atherton neben einem nagelneuen Fernseher in Eugene, Oregon (1953). In dieser Zeit wurde der Fernseher zum Mittelpunkt der häuslichen Unterhaltung; die Familientherapie kam als neue Behandlungsweise auf.

1950

Gehirnwäsche

Edward Hunter (1902-1978)

Ein Thema der modernen Psychologie, das äußerst kontrovers diskutiert wurde, ist die Bewusstseinskontrolle, auch Gehirnwäsche (Brainwashing) genannt. Während des kalten Krieges befürchteten die Regierungen der USA und ihrer Verbündeten, dass ihre Feinde entsprechende Techniken anwenden würden. Daher wollten sie erforschen, wie Bewusstseinskontrolle funktioniert und wie man sie einsetzen konnte. *Der Manchurian Kandidat* war als Buch (1959) und als Film (1962) erfolgreich. Erzählt wird die Geschichte eines Mannes, der nach einer Gehirnwäsche zum Auftragsmörder einer kommunistischen Verschwörung wurde.

Durch Publikationen des Journalisten Edward Hunter hielt das Wort Gehirnwäsche Einzug in den Sprachgebrauch. In einer Artikelserie von 1950 beschrieb Hunter, wie die Chinesen versuchten, amerikanische Kriegsgefangene während des Korea-Krieges zu manipulieren. Er glaubte, dass die Chinesen ihre Gefangenen erfolgreich davon überzeugten, dass die USA sie im Stich gelassen hatte und eine kommunistische Regierungsform der Demokratie ihrer Heimatlandes überlegen war. Kommunistische Regierungen wie die chinesische wollten ihre eigene Bevölkerung glauben machen, dass sie in der besten aller Welten lebe.

Nach Ende des Korea-Kriegs investierte die US-Regierung viel Geld in die Erforschung der Gedankenkontrolle. Der Begriff Gehirnwäsche fand bald allgemeine Anwendung. Es kursierten Gruselgeschichten, etwa als in den Südstaaten Befürworter der Rassentrennung behaupteten, wer die Gleichberechtigung der Rassen wollte, habe von Kommunisten eine Gehirnwäsche bekommen. Gedankenkontrolle wurde in den 1970er und 1980er Jahren erneut ein Thema, als religiöse Sekten populär wurden. Die Psychologin Margaret Singer machte sich einen Namen mit der Untersuchung der Praktiken dieser Sekten und ihrer meist jugendlichen Anhänger. Ihr Auftraggeber, die **American Psychological Association**, lehnte allerdings ihren Bericht ab, ohne dies zu begründen.

SIEHE AUCH Sensorische Deprivation (1937), Das richtige Holz (1958)

Laurence Harvey und Frank Sinatra im Central Park während der Dreharbeiten zum Film Der Mandschurian Kandidat. *Foto: Phil Stanziola, 1962.*

Gestalttherapie

Fritz Perls (1893-1970)

In den ersten zehn Jahren nach dem Zweiten Weltkrieg gab es in New York City eine lebendige Psychologie-Szene. Psychoanalytiker wie Karen Horney waren dort, Molly Harrower arbeitete am therapeutischen Prozess und Wilhelm Reich entwickelte seinen „Orgonakkumulator“. Dazu stießen Fritz und Laura Perls aus Südafrika. Fritz Perls hatte sich nach seinem Medizinstudium in Deutschland für **Psychoanalyse** begeistert und sich von Wilhelm Reich analysieren lassen. 1933 flohen er und seine Frau Laura, mit der er seit 1930 verheiratet war, vor den Nazis nach Südafrika und gründeten dort ein Institut für Psychoanalyse.

Nach ihrem Umzug nach New York im Jahr 1948 begeisterten sich rasch viele junge Psychologen für die neuen psychotherapeutischen Ansätze des Ehepaares. Daraufhin brachten die Perls ein Buch heraus, Gestalttherapie (1951). (Nicht zu verwechseln mit **Gestaltpsychologie**.) Im Verlauf der nächsten 20 Jahre wurde die Gestalttherapie zu ein wichtiger Zweig der Humanistischen Psychotherapie. Der Gestalttherapie liegt ein ganzheitlicher Gedanke zugrunde: Ein Mensch wird als Einheit aus Körper und Geist betrachtet. Die Perls waren von den Arbeiten Kurt Goldsteins und dessen Bezug zur Ganzheitstheorie des Politikers Jan Smuts beeinflusst. Anders als bei der Psychoanalyse arbeitet der Patient an aktuellen Problemen ohne Bezug zum Unbewussten oder zu entscheidenden Erlebnissen in der Kindheit. Patienten sollen Eigenverantwortung übernehmen und nicht andere für die eigenen Handlungen verantwortlich machen. Die Perls entwickelten eine beliebte Technik, „der leere Stuhl“ genannt: Der Patient setzt sich mit einer Person auseinander, die eine wichtige Rolle in seinem Leben spielt. Er stellt sich dabei vor, sie sitze vor ihm auf einem Stuhl. Sowohl der leere Stuhl als auch die Gestalttherapie haben dasselbe Ziel: Patienten sollen ihre Erfahrungen zu einem Ganzen mit Bedeutung zusammenfügen.

SIEHE AUCH *Der Aufbau des Organismus* (1939), Logotherapie (1946), Humanistische Psychologie (1961)

Paul Gauguins Stuhl (Der Leere Stuhl), *Vincent van Gogh, 1888, Öl auf Leinwand. Die Leere-Stuhl-Technik wird bevorzugt in der Gestalttherapie eingesetzt.*

1951

Konformität und Selbstständigkeit

Solomon Asch (1907-1996)

Die Ereignisse des Zweiten Weltkriegs brachten viele schlaue Köpfe dazu, über die Zukunft der menschlichen Freiheit zu nachdenken. Viele Deutsche hatten mit den Nazis zusammengearbeitet, um – so die Sprachregelung – „unerwünschte Elemente" zu eliminieren. Die USA bemühten sich, diese Ängste zu beschwichtigen und Unterstützung für den Krieg zu gewinnen. Der junge jüdische Professor Solomon Asch überlegte, wie wichtig der soziale Einfluss auf unsere eigene Denkfähigkeit ist.

Nach dem Krieg wandte sich Asch der Konsensbildung, der Selbstständigkeit des Denkens und Konformität zu – alles in einem sozialen Kontext. Im Jahr 1951 veröffentlichte er erstmals eine Studie über Konformität und Selbstständigkeit. Später erläuterte er seine Arbeit in einem vielbeachteten Artikel, den er für Scientific American (1955) schrieb: „Das Leben in einer Gesellschaft erfordert Konsens als unabdingbare Voraussetzung. Damit der Konsens produktiv sein kann, muss jedes Individuum seinen eigenen Anteil an Erfahrungen und Einsichten beitragen." Asch wollte wissen, wie stark der Einfluss sozialer Gruppen auf Selbstständigkeit und Konformität der Gedanken war und untersuchte das Wahrnehmungsurteil an männlichen Studenten. Jedem Teilnehmer wurde ein Strich gezeigt, anschließend drei Striche verschiedener Länge. Sie sollten den wählen, der dieselbe Länge wie das Original hatte. Auf sich allein gestellt, lagen fast alle Probanden richtig. Kamen andere Studenten, die alle mit Asch zusammenarbeiteten, dazu, wählten 38% den falschen Strich, wenn die anderen Studenten dies zuvor getan hatten. Asch variierte den Versuch einige Male, so dass er den Studenten mal einen „Partner" an die Seite stellte, der diesem zustimmte, wodurch die Fehlerquote reduziert wurde. Die Erkenntnis: Gesellschaftliche Unterstützung ist wichtig für den Erhalt der Selbstständigkeit, die Gruppe fördert die Konformität.

Obwohl Aschs Forschungen meistens als Konformitätsstudien beschrieben werden, fand er doch mehr Unterstützung für das selbstständige Denken. Die Ergebnisse bestätigten außerdem seine Theorie, dass Menschen innerhalb ihres sozialen Umfeldes, in dem sie Entscheidungen treffen, zu verstehen sind.

SIEHE AUCH Gestaltpsychologie (1912), Gehorsam (1963), Das Stanford-Gefängnisexperiment (1971)

Der Massenappell von SA, SS und NSKK-Truppen am 9. November 1935 in Nürnberg ist ein Beispiel für Konformität in ihrer schlimmsten Form.

König Salomons Ring

Karl R. von Frisch (1886-1982), **Konrad Lorenz** (1903-1989), **Nikolaas Tinbergen** (1907-1988)

Tanzende Bienen, Eier rollende Vögel, Fische, die Nester bauen und Küken, die einen Menschen als „Mutter" ansehen – das sind faszinierende Beiträge einer Gruppe von Wissenschaftlern, die nach dem Zweiten Weltkrieg die Verhaltensforschung entwickelten. Verhaltensforscher untersuchen Fische, Vögel, Insekten und Säugetiere vor ihrem evoultionären Hintergrund. Sie wollen herausfinden, wie tierisches Verhalten organisiert ist und wie es den Tieren beim Überleben hilft. In seinem Buch *Er redete mit dem Vieh, den Vögeln und den Fischen* berichtete der österreichische Forscher Konrad Lorenz, wie er sich – ähnlich Salomon – mit den Tieren unterhielt. Sein Fachgebiet war die Beziehung zwischen Müttern und ihren Kindern. Er beobachtete, dass ein Küken, das innerhalb weniger Stunden nach dem Schlüpfen als erstes Wesen einen Menschen sieht, diesen als „Mutter" annimmt. Das Tier wurde auf diesen Menschen geprägt und wird ihm überall hin folgen, wie einer Mutter. In den 1950er und 60er Jahren erfuhr Lorenz' Arbeit weiträumige Beachtung, da Mutter-Kind-Beziehungen ein wichtiges Anliegen in Wissenschaft, Politik und der Öffentlichkeit waren. Es wurde deutlich, dass jede gelebte Erfahrung zur Formung des Kindes beitrug.

Der niederländische Verhaltensforscher Nikolaas Tinbergen beobachtete verschiedene Spezies, erlangte aber Bekanntschaft hauptsächlich durch seine Forschungen an Stichlingen. Er zeigte eine komplexe Ereigniskette, in der ein männlicher Stichling ein Weibchen umwarb, ein Nest baute, die Eier besamte und später den Nachwuchs verteidigte. Seine Botschaft war die wichtige Rolle des Instinkts. Lange glaubte man, dass Honigbienen farbenblind waren, aber der Ethologe Karl von Frisch bewies, dass sie Farben erkennen. Er wandte sich den Bewegungen der Bienen zu, die sie vollführen, wenn sie eine Nahrungsquelle gefunden haben. Von Frisch stellte fest, dass Bienen verschiedene „Tänze" aufführen, um den anderen Bienen Ort und Entfernung mitzuteilen. Diese drei Forscher erhielten 1973 den Nobelpreis für Medizin.

SIEHE AUCH *Über die Entstehung der Arten* (1859), Frühe Bindung und kindliche Entwicklung (1969)

LINKS: *Konrad Lorenz (links) und Nikolaas Tinbergen (rechts), 1978; beide forschen für die Max Planck Gesellschaft.* RECHTS: *Christian Moullec fliegt in Dahlem hinter Gänsen her.*

15 BR

1952

Antipsychotika

Henri-Marie Laborit (1914-1995)

Die Behandlungsmethoden von psychisch schwer Erkrankten durchliefen in der Geschichte oft unglückselige Phasen. Verschiedene Therapien wurden über die Jahrhunderte ausprobiert, von kalten Bädern bis zu Malaria-Injektionen. Insulinschock-Therapie und Psychochirurgie waren in den 1930er und 40er Jahren die bevorzugten Methoden, die allerdings nur begrenzt zum Erfolg führten. Es wurden Sedative, Barbiturate und andere Mittel verabreicht, die zwar einige Symptome bekämpften, aber völlig darin versagten, Schizophrenie, Bipolare Störungen und andere schwerwiegende Erkrankungen zu heilen. In den 1950er Jahren stellte das französische Pharmaunternehmen Rhône-Poulenc künstlich Chlorpromazin her, gedacht als Antihistaminikum. Klinische Studien ergaben bald, dass sich das Medikament hervorragend zur Beruhigung psychiatrischer Patienten eignete, ohne die Nebenwirkungen intensiver Sedierung zu zeigen. Die ersten Veröffentlichungen in englischer Sprache erschienen 1952. Mitte der 1950er Jahre war klar, dass eine Revolution bei der Behandlung psychisch Kranker stattfand. Pharmazieunternehmen entwickelten rasch neue Mittel, basierend auf Chlorpromazin.

Ungefähr zur selben Zeit wurde aus der Indischen Schlangenwurz (Rauwolfia serpentina) das Alkaloid Reserpin gewonnen, das in Indien bereits jahrhundertelang eingesetzt worden war. Es versprach, wie Chlorpromazin, ein effektives Mittel gegen Wahn und Schizophrenie zu sein. Ende der 1950er Jahre wurden eine Anzahl neuer Medikamente entwickelt, wie Monoaminooxidase-Hemmer und Imipramin, die viele Symptome der Depression, des Wahns und der Schizophrenie erfolgreich bekämpften, allerdings mit Nebenwirkungen. Anfang der 1960er Jahre war die Wirksamkeit dieser Arzneimittel anerkannt. Sowohl Entwicklung als auch Anwendung dieser Drogen hatten große Auswirkungen auf die Behandlung psychisch schwer Kranker. Viele der großen Kliniken konnten auf stationäre Behandlung verzichten. Zwischen 1955 und 1980 fiel die Anzahl der psychiatrischen Patienten in den amerikanischen Fachkliniken von 500 000 auf etwas über 150 000. Jedoch hielten sich viele der entlassenen Patienten nicht an ihre Medikamentenvorgaben und wurden infolgedessen obdachlos.

SIEHE AUCH Psychochirurgie (1935), Elektroschocktherapie (1938), Angst- und spannungslösende Medikamente (1950), Antidepressiva (1957)

Die Illustration von Abel Faivre aus dem Jahr 1902 zeigt einen kranken, alten Mann neben einem Tisch voller Pillen und Heilwässerchen. Er klagt, dass niemand ihm helfen kann. So erging es in der Vergangenheit vielen psychisch Kranken, bevor Antipsychotika wie Chlorpromazin entwickelt wurden.

— ... Et le mien ne drogue pas!

Das Leben, wie man es lebt

Robert W. White (1904-2001)

Wie erhält man am besten eine Vorstellung davon, wie das menschliche Leben wirklich ist? Zwar wurden Tests zur Messung von Intelligenz, Persönlichkeit und verschiedener Fähigkeiten entwickelt. Aber spiegeln die Ergebnisse wirklich ein Bild des Menschen wider? Der Psychologe Robert White wollte nicht hinnehmen, dass menschliches Leben mit Papier und Stift gemessen wird – oder durch Computertests. Er studierte stattdessen das Leben live. Sein erstes bahnbrechendes Buch über das individuelle Leben (*Lives in Progress*) veröffentlichte er 1952, weitere folgten 1966 und 1975.

White wuchs in New England auf und wurde einmal als „einer der letzten Vertreter der Spezies richtiger New Engländer" bezeichnet. Er stammte aus einer wohlhabenden, liebevollen Familie und war sehr neugierig auf die Welt. White hegte eine tiefe Leidenschaft für die Geisteswissenschaften, wählte dennoch als Hauptfach Psychologie. Als er sein Psychologiestudium in Harvard aufnahm, war dort glücklicherweise Henry Murray, ein unkonventioneller Denker, der Leiter der klinischen Psychologie. In den folgenden Jahren arbeitete White mit einer außerordentlichen Gruppe von Studenten und Kollegen zusammen. Viele wurden später führende Köpfe der Persönlichkeitspsychologie. White studierte das Leben in seiner ganzen Fülle – die unbewussten Bestimmungsfaktoren für das gegenwärtige Verhalten interessierten ihn nicht. Vielmehr wollte er untersuchen, wie Menschen die Wendepunkte in ihrem Leben erfahren: Was interessierte sie? Wie entwickelten sich diese Interessen oder änderten sich im Laufe der Zeit? Wie zeigten sich Kompetenzen? Für White zählte das individuelle Leben. Seine veröffentlichten Studien sagten das eindeutig aus. Er wollte herausfinden, mit welchen Problemen und Fragen sich gewöhnliche Menschen beschäftigten und wie sie damit umgingen. Kaum ein anderer Psychologe hat uns über Langzeitstudien so umfassende Einsichten ins menschliche Leben verschafft wie White.

SIEHE AUCH Thematischer Apperzeptionstest (1935), Positive Psychologie (2000)

Von der Wiege bis zur Bahre, *handkolorierter Druck des schottischen Künstlers James Baillie Fraser, 1848.*

THE LIFE & AGE OF MAN.
STAGES OF MAN'S LIFE FROM THE CRADLE TO THE GRAVE.
5
10
20
30
40
50
60
70
80
90
At ten he goat-like skips and joys, In idle sports and foolish toys.
At twenty love doth swell his veins And heifer-like untamed remains.
With bull-like strength to smite his foes At thirty to the field he goes.
At forty nought his courage quails But lion-like by force prevails.
At sixty rapine, fraud, and stealthy wars, Wolf-like he tries his wealth to raise.
At seventy news he'll hear and tell, But dog-like loves at home to dwell.
The cat keeps house and loves the fire At eighty, we the same desire.
Weak asses backs were made to bear, At ninety, we suffer every where.
Entered according to Act of Congress in the year 1848, by J. Baillie, in the Clerk's Office of the Dist. Court of the South. Dist. of N.Y.

1953

Der Fall des H. M.

Brenda Milner (1918)

Auf seinem Schulweg wurde Henry Gustav Molaison 1935 von einem Fahrrad umgefahren. Sein Kopf schlug hart auf den Boden, Henry war kurz bewusstlos. Als er wieder zu sich kam, schien er in Ordnung zu sein. Einige Jahre später setzten bei Henry Krämpfe ein, möglicherweise als Folge des Unfalls. Die Krämpfe nahmen solche Ausmaße an, dass er sich 1953 einer experimentellen Operation unterzog, in der Hoffnung auf Besserung. Teile seines Hippocampus (Verbindung von Kurz- und Langzeitgedächtnis) und der Amygdala (die Erinnerungen verarbeitet) wurden entfernt. Nach seiner Rekonvaleszenz war er in der Lage, einfache Arbeiten zu übernehmen. An diesem Punkt begann seine Karriere. Als H. M. wurde Henry der vielleicht berühmteste neurologische Patient aller Zeiten. Die Psychologin Brenda Milner führte ein Forschungsteam, das sich häufig mit H. M.s Erinnerung und anderen kognitiven Fähigkeiten beschäftigte. Durch sie wissen wir heute so viel über die neurologischen Grundlagen fundamentaler menschlicher Fähigkeiten, insbesondere des Lernens und der Erinnerung. In ihrer Arbeit über H. M. beschreibt Brenda Milner nicht nur dessen besonderen Erinnerungslücken, sondern beleuchtet auch die verschiedenen Arten und Aufgaben der Erinnerung.

Sobald ein Gespräch beendet oder unterbrochen wurde, konnte H. M. sich nicht mehr daran erinnern, was auf die Unfähigkeit hinwies, ein semantisches Gedächtnis – Alltagswissen oder neue Kenntnisse – zu entwickeln. Er konnte sich an viele Ereignisse vor seiner Operation erinnern, aber nicht an danach Erlebtes. Henry verfügte über ein Verhaltensgedächtnis, das heißt, er konnte sich neue Abläufe merken.

H. M.s erstaunliche Geschichte lehrt uns, dass verschiedene Arten von Erinnerungen in unterschiedlichen Teilen des Gehirns verarbeitet werden. Aber sie zeigt uns auch, wie wichtig das Gedächtnis für unser alltägliches Leben ist.

SIEHE AUCH Das Kurzzeitgedächtnis (1956), Ebenen der Informationsverarbeitung (1972)

Einladung zu einem Vortrag des amerikanischen Neuropsychiaters Eric R. Kandel (1986). Wie Milner hat auch Kandel viel zu unserem Verständnis des Gedächtnisses aus einer biologischen Perspektive beigetragen.

Cell and Molecular Biological Approaches to Learning and Memory

Eric R. Kandel, M.D.

March 17, 1986 4:30pm Clinical Center Masur Auditorium A Lecture Sponsored by The Howard Hughes Medical Institute

1953

Der Cocktailparty-Effekt

Edward Colin Cherry (1914-1979)

Stellen Sie sich vor, Sie sind Gast auf einer gut besuchten Party. Zu fortgeschrittener Stunde nimmt der Geräuschpegel immer mehr zu, so dass sie sich vorbeugen müssen, um zu verstehen, was Ihr Gesprächspartner sagt. Und inmitten all dieser Ablenkungen hören Sie, wie jemand über Sie und Ihren Ehepartner spricht, obwohl das Gespräch in einiger Entfernung stattfindet. Dieses Phänomen wird selektive Aufmerksamkeit genannt. 1953 taufte der Psychologe Edward Colin Cherry dies den Cocktailparty-Effekt.

Einer der wichtigsten Aspekte im Leben von Menschen und vieler Tiere ist die Aufmerksamkeit. Ohne sie wären unsere Erinnerungen lückenhaft und unsere Überlebenschance gering. Zahlreiche Denker und Wissenschaftler haben sich in den letzten 150 Jahren mit der Aufmerksamkeit beschäftigt. Aber erst nach Ende des Zweiten Weltkriegs kam die experimentelle Erforschung der Aufmerksamkeit in Fahrt. Colin Cherry untersuchte, wie Fluglotsen entscheiden, welche Informationen wichtig sind, wenn sie gleichzeitig viele Piloten sprechen hören.

Aus den 1950er Jahren stammt die Filtertheorie der Aufmerksamkeit, vorgestellt von dem britischen Psychologen Donald Broadbent. Es war dies der Erklärungsversuch, wie das Gehirn den Input so vieler Informationen auf einmal verarbeitete. Broadbent vermutete einen Filter zwischen Sinneseindrücken und Wahrnehmung, über den das Wahrnehmungssystem alles Unnötige aussortiert. Spätere Forschungen ergaben, dass das Filtermodell keine ausreichende Erklärung dafür bot, warum das Gehirn auch Informationen speicherte, die nicht bewusst aufgenommen wurden. Die Psychologin Anne Treisman entwickelte das Abschwächungsmodell, in dem Informationen durch einen Filter gedämpft, aber nicht blockiert werden. So nimmt man den eigenen Namen, auch wenn man nicht darauf achtet, höchstwahrscheinlich wahr, wie auf einer geräuschvollen Cocktailparty.

SIEHE AUCH Das Kurzzeitgedächtnis (1956), Ebenen der Informationsverarbeitung (1972)

Zwei Frauen lachen miteinander auf einer Party. Gemäß Cherrys Theorie der selektiven Aufmerksamkeit würden sie einem anderen Gespräch eher zuhören, wenn ihre Namen dabei fielen.

1953

REM-Schlaf

Eugene Aserinsky (1921-1998), **William Dement** (1928)

Alle warmblütigen Säugetiere träumen nachts, Laborstudien darüber fanden allerdings erst im 20. Jhd. statt. In den 1930er Jahren konnten die rhythmischen Muster der Gehirntätigkeit während des Schlafens erstmals mit dem Elektroenzephalographen (EEG) gemessen werden. 1953 identifizierte der Physiologie-Doktorand Eugene Aserinsky Gehirnwellenmuster, die ihren Ausdruck in schnellen Augenbewegungen finden, und setzte sie in Beziehung zum Traumzustand. Ein anderer Doktorand, William Dement, entwickelte eine Methode zur Untersuchung des Rapid-Eye-Movement (REM)-Schlafs.

Heute ist bekannt, dass der normale Nachtschlaf des Menschen in verschiedenen Phasen verläuft, jede mit einer eigenen spezifischen Gehirnaktivität. In Phase eins gibt es einen Alpha-Rhythmus, wir wachen leicht auf und haben lebhafte Eindrücke, die keine Träume sind. In Phase zwei wird unser Schlaf tiefer, die Gehirntätigkeit flackert immer wieder kurz auf. In Phase drei entwickelt sich ein Delta-Rhythmus mit langsamen, langen Gehirnwellen. Wenn das Gehirnwellenmuster ausschließlich Delta-Wellen zeigt, sind wir für ungefähr 20-30 Minuten in unserer tiefsten Schlafphase. Dann kommt wieder Bewegung ins Spiel – wir wechseln in den REM-Schlaf. Herschlag und Atmung werden schneller, das Gehirnwellenmuster entspricht dem Zustand kurz vor dem Erwachen, unsere Augen bewegen sich hinter den Lidern schnell hin und her. Trotzdem können wir uns nicht bewegen, unsere Körpermuskeln sind gelähmt. Die erste REM-Phase ist die kürzeste. Mit jedem Schlafzyklus – es können bis zu vier Zyklen pro Nacht sein – wird diese Phase länger.

Zwar brauchen wir den kompletten Schlafzyklus, doch hat die Forschung gezeigt, dass die REM-Phase die wichtigste ist. Den Grund dafür kennen wir noch nicht. Sicher ist, dass das Immunsystem ohne den REM-Schlaf schwächer wird. Unsere Erinnerungen werden in der REM-Phase in unserem Gedächtnis verankert.

SIEHE AUCH *Die Traumdeutung* (1900), Jungianische Psychologie (1913), Psychische Entladungen (1941)

Der Albtraum, *Johann Heinrich Füssli (1802), Schweiz.*

1954

Lust- und Schmerzzentren

José Manuel Rodriguez Delgado (1915-2011), **James Olds** (1922-1976)

In den 1950er Jahren wurden im Gehirn Orte für Schmerz, Wut und Freude entdeckt. Der Psychologe James Olds berichtete 1954 über seine sensationellen Forschungsergebnisse über Freude. Im selben Jahr gab der Physiologe José Delgado bekannt, dass er Gehirnzentren lokalisiert hatte, die zur Produktion von Schmerz oder Wut angeregt werden können. Diese Entwicklungen versprachen eine „schöne neue Welt" der Gedanken- und Verhaltenskontrolle durch Gehirnwäsche. Delgado ging so weit, den Weg zu einer „psychozivilisierten" Gesellschaft durch diese und andere Gehirnkontrolltechniken zu verkünden.

Vorher ging man davon aus, dass Freude und Schmerz nicht fest im Gehirn verankert, sondern flüchtig waren. Olds berichtete, dass er winzige Elektroden in das Gehirn einer Ratte eingeführt hatte, aber die anvisierte Mittelhirngegend verfehlte. Stattdessen landete er im Hypothalamus. Er bemerkte, dass die Ratte bald begann, sich in der Versuchskammer wohl zu fühlen. Olds weitete seine Forschung aus, als er feststellte, dass die Ratten die Elektroschocks einer Fress-Belohnung vorzogen. Einige Ratten betätigten einen Hebel mehr als fünftausend Mal in der Stunde, wenn sie jedes Mal dafür einen Elektroschock erhielten!

Delgado entdeckte Schmerzzentren, die ein Verhalten entweder stoppten oder wütende Reaktionen auslösten. Während Olds seine Elektroden über Kabel steuerte, hatte Delgado eine Art Fernbedienung („Stimoreceiver") entwickelt, die eine Kontrolle auch auf Entfernung zuließ. Delgado führte Versuche an Ratten, Affen, Katzen, anderen Tieren sowie an Menschen durch. Eine berühmte Demonstration zeigt 1963 Delgado in seinem Geburtsland Spanien, wo er einen Stimoreceiver in das Gehirn eines Stiers einpflanzt, um diesen anschließend via Fernbedienung mitten in einem auf ihn gerichteten Angriff auf ihn zu stoppen.

Viele Menschen entsetzten diese Entdeckungen, denn sie erkannten darin das Potenzial zur Kontrolle der Massen. Gleichzeitig jedoch zeigten diese Entdeckungen die Vielfalt und Komplexität emotionaler Reaktionen.

SIEHE AUCH Operante Konditionierung (1930), Sensorische Deprivation (1937), Psychische Entladungen (1941)

Stierkampf in Aguascalientes, Mexiko, 1. Mai 2010. Delgados berühmte Demonstration aus dem Jahr 1963 zeigte, dass sogar ein wütender Stier durch Stimulierung des Schmerzzentrums gestoppt werden kann.

1954

Kontakthypothese

Gordon Allport (1897-1967)

Eines der beständigsten Konzepte der amerikanischen Sozialpsychologie ist die Kontakthypothese. Sie besagt, dass es unter bestimmten Voraussetzungen durch den Kontakt zwischen Gruppen, die sich durch entscheidende Merkmale wie Hautfarbe, Herkunft oder Gesellschaftsschicht unterscheiden, zum Abbau von Vorurteilen kommen kann. Seit der angesehene Gesellschaftspsychologe Gordon Allport diese These 1954 zum ersten Mal veröffentlichte, wurden mehr als 700 wissenschaftliche Studien dazu durchgeführt. Wie kam es zu solch einem ergiebigen sozialwissenschaftlichen Konstrukt?

Kurz nach dem Zweiten Weltkrieg wollten Sozialwissenschaftler in New York City dazu beitragen, Alltagsprobleme zu lösen. Sehr schwierig war das Zusammenleben verschiedener Ethnien in großen Wohnanlagen. Der Krieg hatte den Einzug ethnischer Minderheiten in die großen Städte mit sich gebracht. Die Menschen arbeiteten in den Fabriken, es gab aber nur wenig neue Wohnungen. Nach dem Krieg wuchsen die Spannungen darüber, wer wo leben sollte. Sozialwissenschaftler erkannten die Chance, Forschungen durchzuführen, während sie gleichzeitig einen Weg aus der Rassendiskriminierung suchten.

In New York und umliegenden Städten wurden Häuser für sowohl farbige als auch weiße Bewohner gebaut. So entstanden natürliche Laboratorien, in denen nach Antworten gesucht werden sollte. Die Bewohner beider Gruppen berichteten, mehr Freundschaften mit Personen anderer Herkunft zu schließen. Die weißen Mieter fanden sich mit dem integrierten Wohnen besser zurecht. Die Wissenschaftler schlossen daraus, dass die Menschen durch die Erfahrung des engen Miteinanders ihre Meinung geändert hatten. Diesen Gedanken verwandelte Allport in den Begriff „Kontakthypothese“.

SIEHE AUCH Die Puppen-Studien (1943), Selbsterfüllende Prophezeiung (1948), Ferienlager-experimente (1954)

Mitorganisatoren des Marsches auf Washington am 28. März 1963 waren: der Geschäftsführer der Nationalen Katholischen Konferenz für Rassengleichheit, Mathew Ahmann (ganz links), der Vorsitzende des Demonstrationskomitees, Cleveland Robinson (sitzend, mit Brille), der Präsident des Amerikanisch-Jüdischen Kongresses, Rabbi Joachim Prinz (hinter Robinson) und der Gewerkschaftsführer, Mitbegründer der Brotherhood of Sleeping Car Porters, der American Federation of Labor (AFL) sowie der Hauptorganisator des Marsches, ex-Vizepräsident der AFL und Congress of Industrial Organizations (AFL-CIO), A. Philip Randolph (Mitte, sitzend). Der enge, freundschaftliche Kontakt dieser so unterschiedlichen Männer und ihre Einigkeit über die Menschenrechte für Afro-Amerikaner stehen für eine hoffnungsvolle Zukunft ohne Vorurteile.

IN THIS TEMPLE
AS IN THE HEARTS OF THE PEOPLE
FOR WHOM HE SAVED THE UNION
THE MEMORY OF ABRAHAM LINCOLN
IS ENSHRINED FOREVER

1954

Ferienlagerexperimente (Gruppenkonflikt)

Muzaffer Şerif (1906-1988)

Was geschieht, wenn eine Gruppe von Jungen in konkurrierende Gruppen aufgeteilt wird? Was lernen wir von diesen Jungen über menschliche Beziehungen, Konflikte und den Wettbewerb zwischen Gruppen? Diese Fragen wurden in den 1950er Jahren von dem aus der Türkei stammenden Sozialpsychologen Muzaffer Şerif während seiner Professur in Oklahoma aufgeworfen. Er berichtete 1954 darüber in seiner viel beachteten Publikation *Intergroup Conflict and Cooperation*. Şerif interessierte sich dafür, wie gesellschaftliche Normen entstanden und deren Beziehungen zu Zusammenarbeit, Konkurrenz und Konflikt. Şerifs Forschungen gelten als extrem wichtig für das Verständnis von der Beziehungen zwischen Gruppen.

22 elfjährige Jungen wurden sorgfältig untersucht und in zwei Gruppen zu je elf Jungs aufgeteilt, die „Klapperschlangen" und die „Adler". Die Gruppen wurden auf dem Gelände des Ferienlagers nahe des Robbers Cave State Park in Oklahoma untergebracht und wussten anfangs nichts von der Existenz der anderen. In der ersten Phase des Experiments sollte das Kameradschaftsgefühl innerhalb der eigenen Gruppe ausgebildet werden. Die Jungen schlossen schnell Freundschaft untereinander. Als starke Bindungen aufgebaut waren, ließ Şerif die beiden Gruppen in Wettkämpfen gegeneinander antreten. Şerif vermutete, dass durch die Rivalität Vorurteile entstanden, und so geschah es auch. Die Jungen jeder Gruppe sahen die jeweils andere Gruppe als minderwertig an. Es gab Überfälle auf die Hütten, Beleidigungen, Kämpfe und anderes feindseliges Verhalten. In der letzten Phase wollte Şerif den Konflikt zwischen den Gruppen verringern und arrangierte ein Projekt, das so anspruchsvoll war, dass die Lösung die Zusammenarbeit beider Gruppen erforderte: Die Wasserversorgung des Lagers musste repariert werden. Die Zusammenarbeit reduzierte nicht nur die Gruppenkonflikte, sondern schuf eine enge Verbindung, stärker als das frühere Gruppengefühl. Şerif schloss daraus, dass eine große Aufgabe mit einem gemeinsamen Einsatz verfeindeter Gruppen nötig ist, um Konflikte effektiv zu verringern.

SIEHE AUCH Kontakthypothese (1954)

Ein Tunnel in einer Steinmauer im Robbers Cave State Park in Wilburton, Oklahoma, 2007.

1954

Lernmaschine

B. F. Skinner (1904-1990)

Im Jahr 1953 verbrachte der Harvard-Psychologe B. F. Skinner einen Tag an der Schule seiner Tochter, wo ihn eine Szene aufwühlte: Die Schüler arbeiteten an einer mathematischen Aufgabe, während der Lehrer im Raum herumlief. Einige Schüler waren bereits fertig und langweilten sich, andere schlugen sich noch mit der Aufgabe herum. Niemand bekam umgehend Rückmeldung über seine oder ihre Leistung. Für Skinner war das eine Verletzung zweier fundamentaler Prinzipien des effektiven Lernens: ein sofortiges Feedback, ob die Antworten richtig oder falsch waren und die Möglichkeit, dass die Schüler in ihrem eigenen Tempo arbeiten konnten. Er beschloss, eine Maschine zu entwickeln, die diesen Prinzipien gemäß „lehren" würde. Zum ersten Mal präsentierte er der Öffentlichkeit seine Maschine 1954 während einer Pädagogikkonferenz in Pittsburgh, Pennsylvania.

Skinner war bei weitem nicht der erste, dem die Idee mit der Lernmaschine in den Sinn gekommen war: Der Psychologe Sidney Pressey hatte seine Version bereits im Jahr 1924 vorgestellt. Seine Maschine zeigte Fragen und eine Reihe möglicher Antworten in einem Sichtfenster. Schüler wählten ihre Antwort über Tasten. Bei der richtigen Antwort ging es weiter zur nächsten Frage. Auch Skinners Maschine arbeitete mit Fragen, Antworten und Tasten; die Innovation lag darin, dass er das Lernmaterial in kleine, aufeinanderfolgende Portionen unterteilte. Eine Einweisung in das Thema war vor Beantwortung der ersten Fragen nicht nötig. Dies Verfahren wird programmierte Unterweisung genannt, es garantiert schnellen Erfolg und verringert die Wahrscheinlichkeit einer falschen Antwort auf ein Minimum.

Skinners Lernmaschine entstand zu einer Zeit, als man sich für angewandte Technologie in amerikanischen Klassenzimmern begeisterte. Der Enthusiasmus entsprang dem Ehrgeiz, mit den wissenschaftlichen und intellektuellen Errungenschaften von Amerikas Erzfeind, der Sowjetunion, mitzuhalten. Die Lernmaschine wurde nicht von allen begrüßt, denn einige befürchteten eine düstere Zukunft mit mechanischen Lehrern. Zwar wurde Skinners Maschine in einigen Schulbezirken eingesetzt, hielt aber nicht weitläufig Einzug in Amerikas Schulen. Gegen Ende der 1960er Jahre war die Lernmaschinen-Bewegung größtenteils verebbt.

SIEHE AUCH *Rattus norvegicus* var. *albinus* (1929), Operante Konditionierung (1930), Das Token-System (1961)

B. F. Skinners Lernmaschine aus dem Jahr 1954 brachte programmierten Unterricht in die Klassenzimmer.

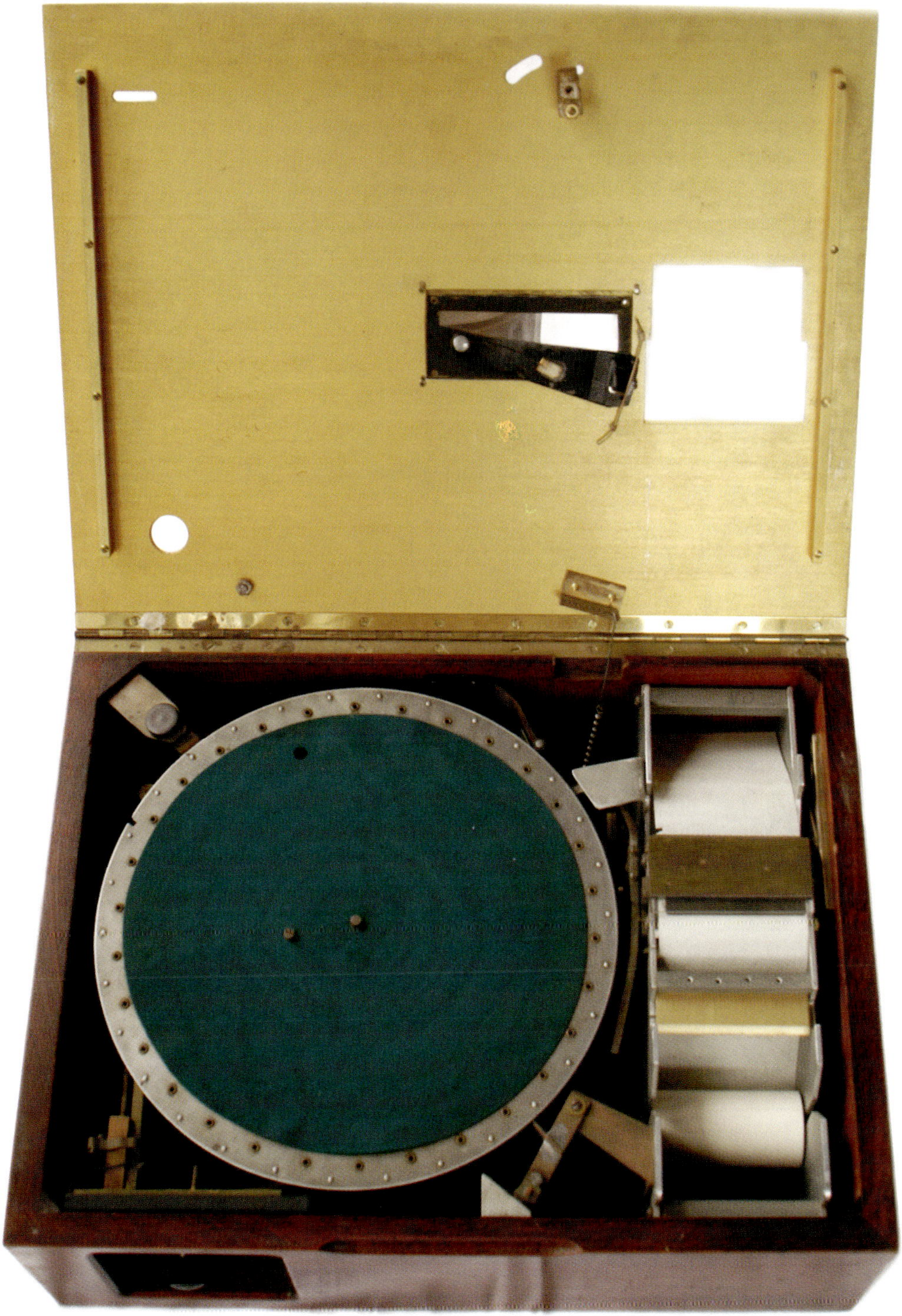

1955

Kognitive Therapie

Albert Ellis (1913-2007), **Aaron T. Beck** (1921)

Seit Mitte des 20. Jhd. haben sich kognitive Therapien als bevorzugtes Mittel gegen eine Vielzahl psychologischer Probleme etabliert. In den USA war es zuerst der Psychoanalytiker Albert Ellis, der eine kognitive Therapie einführte, die Rational-Emotive Verhaltenstherapie (REVT). Ursprünglich beschäftigte sich Ellis mit der **Psychoanalyse**, um die psychologischen Dynamiken seiner Kindheit zu verstehen und anderen dabei zu helfen, die Ursprünge ihrer Probleme zu erfassen. Anfang der 1950er wurde er unzufrieden mit der langsamen Analyse und der ständigen Beschäftigung mit der Vergangenheit. Stattdessen konzentrierte er sich darauf, wie Menschen sich selbst zu Gefangenen ihrer eigenen Probleme machten. Ihm war aufgefallen, dass Menschen „mussturbierten" und meinte damit, dass sie auf „muss", „sollte" und „müsste" fokussiert sind. Zum Beispiel wählten junge Erwachsene die falschen Berufe, um ihren Eltern eine Freude zu machen oder sie kritisierten sich ständig selbst, weil sie von allen geliebt werden wollten oder weil sie meinten, sie müssten immer die richtigen Entscheidungen treffen. REVT wendet neben anderen Methoden den Gedankendisput an, um Patienten auf ihre falschen Überzeugungen hinzuweisen. Das gelingt mit Fragen wie „Warum müssen Sie immer das tun, was Ihre Eltern wollen?" oder „Wie sollte es möglich sein, dass jeder Sie liebt?". Durch Übungen und Hausaufgaben schafft es der Patient, sich von den irrationalen Überzeugungen zu lösen und ein neues Gedankenmuster aufzubauen.

Wenige Jahre nach Einführung der REVT veröffentlichte Aaron T. „Tim" Beck sein erstes Werk. Er hatte einen kognitiven Ansatz entwickelt, der es Patienten ermöglichen sollte, automatische, aber ungesunde Gedanken zu identifizieren und in Frage zu stellen. Ursprünglich wollte Beck damit Depressionen behandeln. Es zeigte sich aber, dass die kognitive Therapie bei verschiedenen psychischen Störungen Erfolg hatte, etwa bei Angstgefühlen oder Eheproblemen.

SIEHE AUCH Psychoanalyse (1899), Logotherapie (1946)

Die kognitive Therapie zielt auf den Frontallappen im Gehirn, in dem „Ausführungsfunktionen" stattfinden. Dazu gehört es zum Beispiel, die Zukunft zu planen, Urteile und Entscheidungen zu fällen, aufmerksam zu sein oder sich im Zaum zu halten.

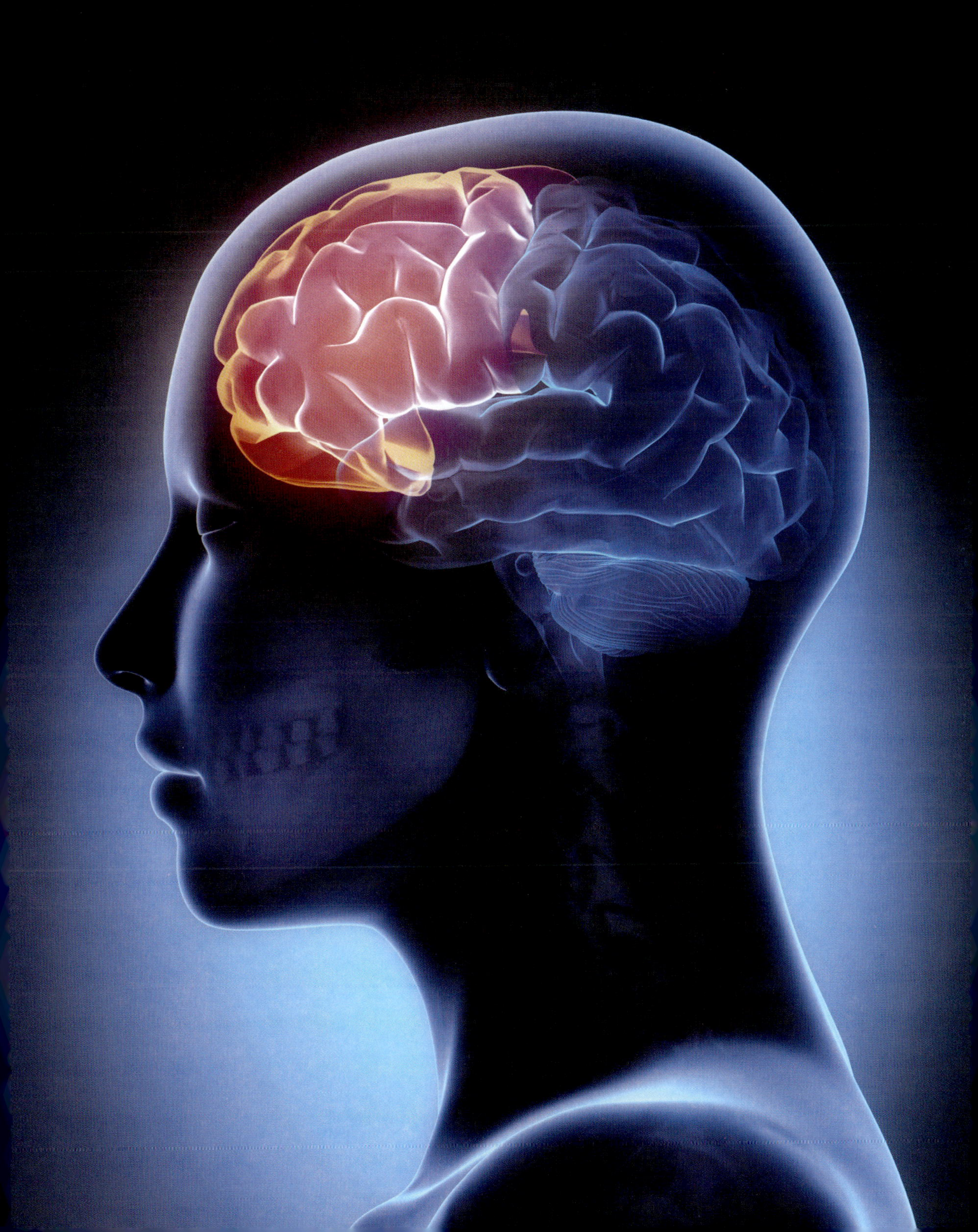

1955

Der Placebo-Effekt

Henry K. Beecher (1904-1976)

Eines der am meisten untersuchten medizinischen und psychologischen Phänomene des 20. Jhd. ist der Placebo-Effekt. Das Wort Placebo stammt aus dem Lateinischen und heißt wörtlich „ich gefalle". Es wird als Behandlung ohne Einsatz eines bekannten oder nachgewiesenen Arzneimittels definiert, also wie ein verschreibungspflichtiges Medikament ohne wirksamen Bestandteil. Dem Patienten wird mitgeteilt, dass es einen Wirkstoff enthält. Die positive Wirkung von Placebos scheint in der Erwartung zu liegen, durch die Einnahme geheilt zu werden. Bei einer Vielzahl unterschiedlicher medizinischer und psychologischer Zustände konnte der Placebo-Effekt festgestellt werden. Die moderne Forschung hat ergeben, dass der Placebo-Effekt eine normale und typische Reaktion auf die Behandlung ist.

Bekannt ist das Phänomen sicherlich seit Jahrtausenden. In der westlichen Medizin wurde es erstmals im 18. Jhd. dokumentiert. Im 19. Jhd. zählte der Placebo-Effekt zum Rüstzeug von Ärzten. Die Wundermittel der Wanderheiler, Phrenologen und Schlangenölverkäufer in den ländlichen und neu besiedelten Gegegenden Nordamerikas funktionierten höchstwahrscheinlich nach demselben Prinzip.

Die erste ernsthafte Untersuchtung von Placebos und ihren Effekten kann auf den Artikel „*The Powerful Placebo*" des Mediziners Henry K. Beecher im *Journal of the American Medical Association* aus dem Jahr 1955 datiert werden. Dadurch wurden Forschungen angeregt, deren Ergebnisse auf eine psychologische Rolle für Gesundheit und Krankheit hinwiesen, so wie Hans Selyes Theorie über **Stress** oder die Verbindung zwischen koronaren Herzerkrankungen und dem **Persönlichkeitstyp A**. Darüber hinaus gabe der Artikel Studien über die Beziehung von Psyche und Körper in Hinsicht auf Gesundheit und Krankheit neue Impulse.

SIEHE AUCH Mind-Cure (1859), Psychosomatik (1939), Persönlichkeitstyp A (1959), Psychoneuroimmunologie (1975), Biopsychosoziales Gesundheitsmodell (1977), Mind-Body Medizin (1993)

LINKS: *Porträt von Henry K. Beecher, 1955.* RECHTS: *Zwei PET-Aufnahmen aus dem Jahr 1980 zeigen einen ehemaligen Opioidsüchtigen. Das obere Bild – mit der Droge – zeigt weniger Gehirntätigkeit (hellere Töne), im unteren sieht man die Gehirnaktivität mit Placebo, also ohne Droge.*

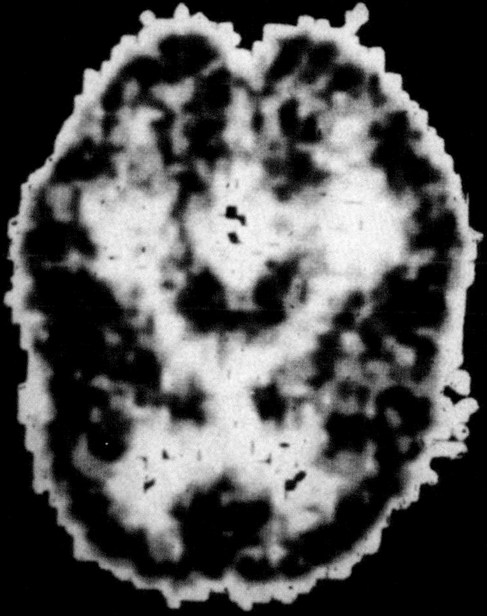
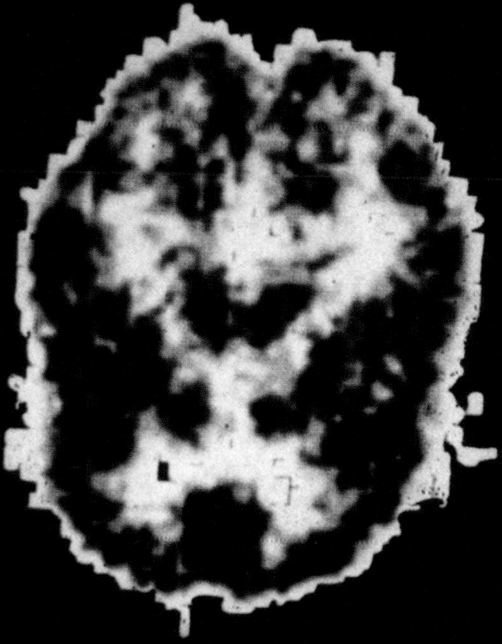

1956

Das Kurzzeitgedächtnis

George A. Miller (1920-2012)

Das Gedächtnis ist seit jeher Objekt psychologischer Studien gewesen. Aristoteles und die alten Griechen interessierten sich genauso dafür wie Hermann Ebbinghaus und Mary Whiton Calkins im späten 20. Jhd.

Aber erst der ehemalige Harvard-Student und Psychologe George A. Miller brachte die Gedächtnisforschung mit seiner Theorie der Informationsverarbeitung im Kurzzeitgedächtnis auf ihren heutigen Kurs. Während des Zweiten Weltkriegs gehörte Miller einer interdisziplinären Gruppe von Mathematikern, Physikern, Ingenieuren, Linguisten und Psychologen an, deren Aufgabe es war, die Kommunikation des Militärs zu verbessern. Nach dem Krieg suchte er nach einem Weg, diese Techniken bei psychologischen Problemen anzuwenden. Seine Forschung nach dem Weltkrieg veranlasste andere Psychologen, sich der informationsverarbeitenden Theorie zu nähern. Dies führte dazu, dass sich die Psychologie in Amerika vom Ansatz des Verhaltens löste und sich dem Studium des Geistes zuwandte.

Das neue Modell stellte das Gehirn als einen Computer dar. Genau wie dieser verarbeitet der Geist (oder das Gehirn) Informationen. Dies führte Miller zu der Frage, wie das Gedächtnis funktioniert: Wie hält das Gehirn Dinge fest, bis die Informationen verarbeitet sind? In seinem 1956 erschienenen Artikel, „*The Magical Number Seven, Plus or Minus Two*“, schrieb Miller, dass er seit geraumer Zeit von einer ganzen Zahl verfolgt würde, nämlich der Sieben, da er herausgefunden hatte, dass sie die höchste Anzahl von Dingen angibt, die Menschen in ihrem sogenannten Kurzzeitgedächtnis speichern können.

Weitere Forschungen ergaben, dass die Grenze nicht bei sieben plus/minus zwei individuellen Dingen lag; vielmehr kann die Höchstzahl nach Aufteilung der Information in Portionen um einiges größer sein. So kennen die meisten Menschen ihre neunstellige Sozialversicherungsnummer auswendig, aber typischerweise wird sie in drei Abschnitten behalten, jeder Abschnitt umfasst dabei weniger als die Hälfte dessen, was das Kurzzeitgedächtnis speichern kann.

SIEHE AUCH Zentrum für kognitive Studien (1960), Ebenen der Informationsverarbeitung (1972)

1956 behauptete Miller, dass die maximale Anzahl an Dingen, die Menschen in ihrem Kurzzeitgedächtnis speichern können, sieben beträgt. Später zeigte sich, dass diese Grenze auch überschritten werden kann, etwa bei Telefonnummern oder Sozialversicherungsnummern, sofern die Information in Portionen aufgeteilt wird.

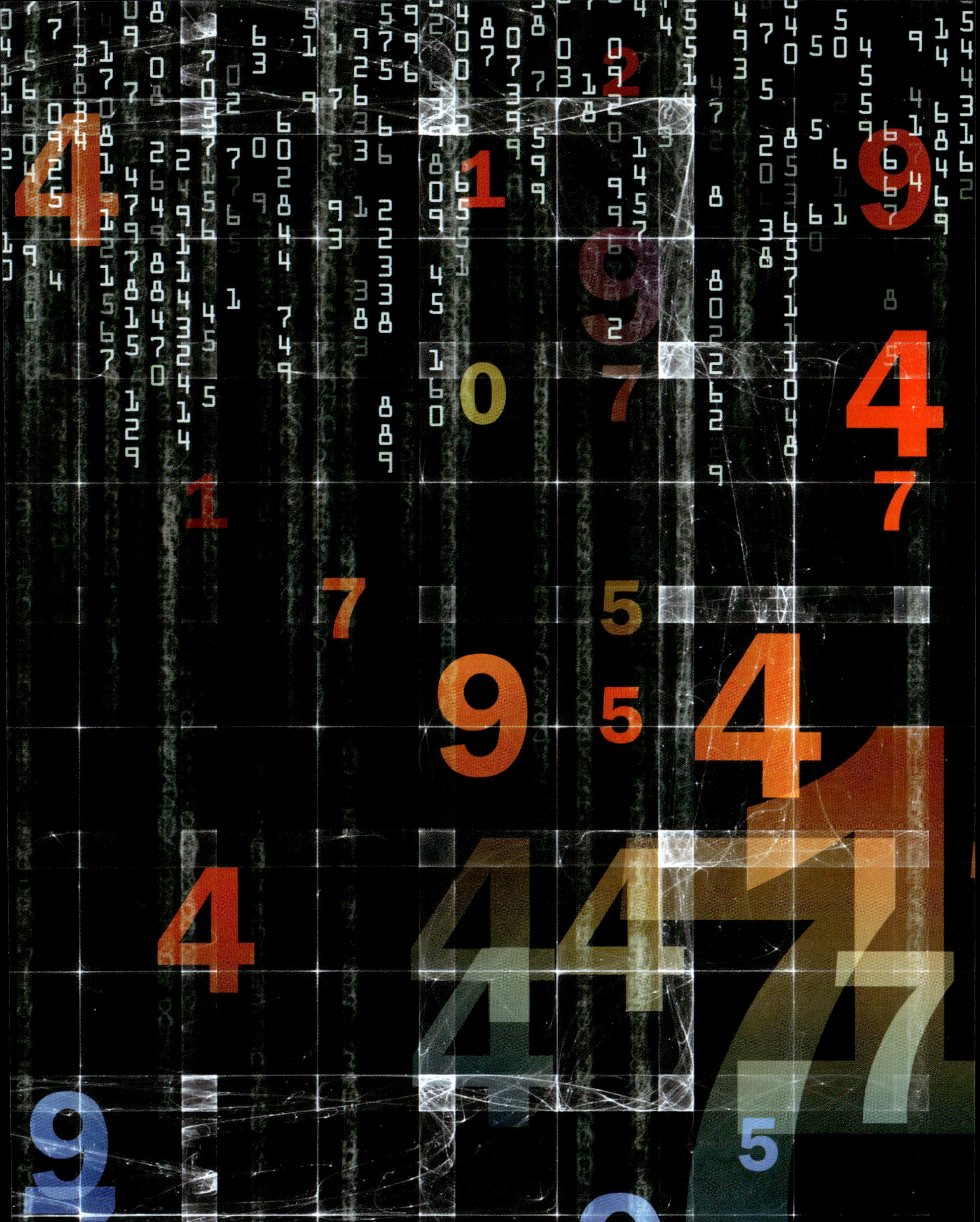

1956

Doppelbindungstheorie

Gregory Bateson (1904-1980)

Eine Mutter besucht ihren Sohn in der Klinik, bei ihm wurde vor Kurzem Schizophrenie diagnostiziert. Er umarmt sie, sie versteift sich. Er löst den Kontakt und sie sagt: „Hast du mich nicht mehr lieb?" Was bedeutet diese Interaktion?

(a) Ich bin liebenswert.

(b) Du sollst mich lieben. Wenn du es nicht tust, bist du böse und es stimmt etwas nicht mit dir.

(c) Du hast mich früher geliebt, aber jetzt nicht mehr.

Gregory Bateson und seine Kollegen analysierten in den 1950er Jahren diese Art von Austausch zwischen schizophrenen Patienten und ihren Eltern in Palo Alto, Kalifornien. 1956 brachten sie einen Artikel heraus, der inzwischen ein Klassiker geworden ist: *Vorstudien zu einer Theorie der Schizophrenie.* Der Kulturanthropologe Bateson interessierte sich für die Kommunikationsmuster in Familien, in denen ein Kind **schizophren** war. Er stellte fest, dass diese Kinder in vielen Familien völlig schutzlos waren und es keine Rettung gab. Er bezeichnete diese Interaktionsmuster als Doppelbindung.

Durch seine Beobachtungen kam Bateson zu dem Schluss, dass die gestörte Kommunikation zwischen den Familienmitgliedern den Ausbruch der Schizophrenie begünstigte. Die Störung entstand durch mehrdeutige und widersprüchliche Botschaften, die eine schizophrene Person von einem Elternteil oder einem nahen Verwandten empfing – Botschaften, die nicht ignoriert werden konnten, auf die es aber auch keine angemessene Reaktion gab. Wie in dem Beispiel oben sendet die Mutter gleichzeitig Botschaften von Liebe und Zurückweisung. Wie soll das Kind darauf reagieren? Die Botschaften werden auf verschiedenen, aber gleich machtvollen Ebenen übermittelt – verbal und physisch. Das verursacht im Kind einen so starken Konflikt, dass die natürliche Reaktion der Rückzug in einen psychotischen Zustand sein kann.

Die Doppelbindungstheorie kam zu einem Zeitpunkt heraus, als großes Interesse an der Rolle der Familie auf die Gesundheit bestand. Welchen Nutzen sie tatsächlich auch hatte, Batesons Theorie war zumindest provokant und lenkte Therapeuten auf neue und produktive Wege der Familientherapie.

SIEHE AUCH Schizophrenie (1908), Familientherapie (1950)

Jules wird von seiner Mutter abgetrocknet. *Ein Bild der amerikanischen Malerin Mary Cassat (1900). Batesons kontroverse Doppelbindungstheorie besagte, dass bei Kindern, die ständig Mehrfachbotschaften von einer Hauptbezugsperson erhalten, ein höheres Risiko besteht an Schizophrenie zu erkranken.*

1956

Der Logic Theorist

Herbert Simon (1916-2001), **Allen Newell** (1927-1992)

Die Entwicklung von Computerprogrammen, die wie Menschen komplexe Probleme lösen können, galt als heiliger Gral der kognitiven Wissenschaft. Als sich in den 1950er Jahren der Informatiker Allen Newell und der Politikwissenschaftler Herbert Simon zusammensetzten, kam die Sache voran. Eine ihrer bahnbrechenden Innovationen war das Computerprogramm Logic Theorist, das 1956 in Dartmouth, New Hampshire, zum ersten Mal vorgeführt wurde. Newell und Simon lag sehr daran, den denkenden Menschen als Verarbeiter von Informationen darzustellen. Probanden erhielten logische Aufgaben und sollten während der Lösungsfindung laut denken. Später analysierten sie diese Protokolle, um Regeln und Muster herauszufinden. Diese bildeten die Grundlage für die Computerprogrammierung.

Logic Theorists Aufgabe war, Beweise für einige der Basistheorien in Alfred North Whitehead und Bertrand Russells Werk *Principia Mathematica* (1910, 1912, 1913), ein dreibändiges Werk über die mathematische Logik zu generieren. Tatsächlich fand Logic Theorist einen Beweis, der eleganter war als jener der Autoren. Newell und Simon hatten die Idee, diesen Beweis mit Logic Theorist als Autoren in einem Fachjournal zu veröffentlichen (der Herausgeber ließ das nicht zu). Logic Theorist wurde durch die Entwicklung des General Problem Solver erweitert, der auf Zweckanalysen basierte, einer Strategie, bei der der augenblickliche Status und das Ziel jedes Problems systematisch miteinander verglichen werden. Bei jedem Schritt wird die Möglichkeit gewählt, die die Entfernung zwischen diesen beiden Punkten reduziert, solange, bis es keinen Abstand mehr gibt. Damals verkündete Simon zuversichtlich, dass innerhalb der nächsten zehn Jahre der Schachtweltmeister ein Computer sein würde. Zwar dauerte es dann doch noch vierzig Jahre, aber 1997 besiegte das Programm Deep Blue in einem weltweit übertragenen Spiel den Weltmeister Garri Kasparow.

SIEHE AUCH Können Maschinen denken? (1843), Turingmaschine (1937), Kybernetik (1943)

Der Schachcomputer Mephisto Academy aus dem Jahr 1989. 1956 sagte Herbert Simon voraus, dass innerhalb der nächsten zehn Jahre ein Computer Weltmeister werden würde. Das sollte noch vierzig Jahre auf sich warten lassen.

Mephisto
MULTI INFO LCD
TRAIN
INFO
MEM
POS
LEV
FCT
ENT
CL
NEW GAME
A
B
C
D
E
F
G
H

1957

Antidepressiva

Kuhn (1912-2005)

Als 1952 der Wirkstoff Iproniazid für den Einsatz bei Tuberkulosepatienten getestet wurde, stellte sich heraus, dass er sich auch zur Behandlung von Depressionen eignet. 1958 wurde er zugelassen, aber bereits drei Jahre später vom Markt genommen, da er schwere Leberschäden verursachte. 1955 wurde in einem Schweizer Krankenhaus Imipramin an Schizophreniepatienten erprobt, ohne jeden Erfolg. Als jedoch der Psychiater Roland Kuhn das Medikament 40 depressiven Patienten verabreichte, erzielte er damit durchweg positive Ergebnisse: Die Patienten wurden lebhafter, ihre Stimmen kräftiger, sie konnten erfolgreich kommunizieren und hypochondrische Beschwerden verschwanden gänzlich. 1957 veröffentlichte er seine Ergebnisse.

Unter dem Namen Tofranil kam Imipramin auf den Markt und war das erste einer ganzen Familie von Medikamenten mit der Bezeichnung Trizyklika (aufgrund ihrer chemischen Dreiringstruktur). Trizyklika hemmen die Wiederaufnahme des Neurotransmitters Noradrenalin und, in geringerem Maße, von Serotonin; das Gehirn wird besser damit versorgt. Unerfreuliche Nebenwirkungen können ein trockener Mund, Verstopfung, Gewichtszunahme und sexuelle Funktionsstörungen sein. Kurz nach Imipramin wurde eine weitere Klasse hemmender Antidepressiva entdeckt. Bekannt als Monoaminooxidase-Inhibitoren (MAOI), verhindern sie die Aktivität des Enzyms Monoaminooxidase, das Neurotransmitter wie Serotonin und Noradrenalin spaltet. Allerdings haben sie noch schwerwiegenderen Begleiterscheinungen als die Trizyklika, so dass sie nur noch selten verschrieben werden.

1987 kam ein Antidepressivum der neuen Generation mit dem Handelsnamen Prozac (Wirkstoff Fluoxetin) auf den Markt. Prozac und weitere Medikamente dieser Art sind selektive Serotonin-Wiederaufnahmehemmer. Wie ihr Name vermuten lässt, verhindern sie die Wiederaufnahme von Serotonin an der Synapse. Innerhalb von drei Jahren nach Markteinführung war Prozac das von Psychologen meistverordnete Medikament. 1994 stand es auf Platz 2 der weltweit am meisten verkauften Medikamente. Es hat nur geringe Nebenwirkungen. Es wird von Millionen von Menschen genommen, die gar keine psychischen Störungen haben, aber die durch das Medikament ihre Persönlichkeit aufwerten, Gewicht verlieren oder ihre Aufmerksamkeitsspanne erhöhen wollen.

SIEHE AUCH Angst- und spannungslösende Medikamente (1950), Antipsychotika (1952)

In vielen Arten der Passionsblume wurden Harman-Alkaloide gefunden, die zu den Beta-Carbolinen gehören. Sie sind MAO-Hemmer mit antidepressiven Eigenschaften.

Kognitive Dissonanz

Leon Festinger (1919-1989)

Einer der wichtigsten sozialpsychologischen Theoretiker des 20. Jhd., Leon Festinger, brachte die Erkenntnisse über unsere Selbstwahrnehmung und über unsere Festigkeit in Überzeugung und Glauben ein gutes Stück voran. Durch ihn inspiriert, wandte sich die Sozialpsychologie den internen, kognitiven Zuständen zu, um Gesellschaftsphänomene zu erklären. Nur in Amerika gab es diese Entwicklung. Sein Hauptwerk war sein häufig zitiertes Buch *Theorie der kognitiven Dissonanz* (1957).

Festinger wuchs in New York City auf und absolvierte sein Grundstudium am City College of New York. Seinen Abschluss machte er an der University of Iowa, später traf er auf den emigrierten Gestaltpsychologen Kurt Lewin. Nach Ende des Zweiten Weltkriegs arbeitete Festinger mit Lewin am Massachusetts Institute of Technology (MIT) in dessen Forschungszentrum für Gruppendynamik. Lewins Gestaltmethodik beeinflusste Festingers Arbeit, besonders die Annahme, dass ein Organismus immer bestrebt ist, eine soziale und kognitive Balance zu halten. Die Theorie der kognitiven Dissonanz setzt drei Grundannahmen voraus. Die erste ist, dass Kognitionen (oder Überzeugungen und Meinungen) mit anderen Überzeugungen verbunden sind. So steht „Ich bin religiös“ mit „Ich gehe regelmäßig zur Kirche“ in Zusammenhang. Die zweite Annahme ist, dass verwandte Überzeugungen durchaus im Widerspruch stehen können und so die Grundlage der Entstehung von kognitiver Dissonanz sind. Die dritte Annahme ist, dass dem Menschen daran gelegen ist, die Dissonanz zu beheben, ihre kognitive Balance wiederzuerlangen und die Gestalt wiederherzustellen.

Wird eine schwerwiegende Dissonanz beispielsweise durch Glaubensfragen oder Selbstwahrnehmung verursacht, haben wir den starken Drang, diesen Zustand auszugleichen. Festinger war der Meinung, dass wir dafür die dissonanten Überzeugungen ändern, so dass sie zu den mit ihnen in Beziehung stehenden passen. Wenn jemand Basketball liebt und glaubt, er hat Talent für das Spiel, es aber nicht ins Schulteam schafft, löst das eine Dissonanz aus. Die Person versucht das auszugleichen, indem sie sich selbst einredet, Basketball wäre gar nicht so großartig.

SIEHE AUCH Konformität und Selbstständigkeit (1951), Fundamentaler Attributionsfehler (1958)

Eine Druckgraphik aus dem Jahr 1879 illustriert eine Fabel von Aesop „Der Fuchs und die Trauben“, die das Konzept der kognitiven Dissonanz widerspiegelt. Eine Limerick-Version der Fabel geht so: „Der Fuchs wollte die Trauben. Er sprang, sie abzuklauben. Er kam nicht ran, sein Zorn wuchs dran. Verächtlich sagte er, sie würden eh' nichts taugen.“

1957

Das Zeitalter der Psychologie

Ernest Havemann (1912-1985)

Kurz vor der Bestätigung von Dwight Eisenhowers zweiter Amtszeit als Präsident im Jahr 1957 brachte das Life-Magazin unter dem Titel *Zeitalter der Psychologie* vom Journalisten und ursprünglichen Psychologen Ernest Havemann eine neue Serie heraus. Im selben Jahr erschien die Serie auch als Buch. Wieso bekam die Psychologie von Amerikas beliebtestem Magazin so viel Aufmerksamkeit?

Auf das Ende des Zweiten Weltkriegs folgte ein wirtschaftlicher Aufschwung samt Baby-Boom. Die Vorstadtidylle wurde für weiße Mittelklasse-Familien zum Standard. Zu einem „guten Leben" gehörten ein Eigenheim in einer Siedlung, das allerlei Schnickschnack bereithielt: Toaster, verschiedene Staubsauger (für Holz- und Teppichböden), Mixer, Dampfbügeleisen, Kaffeemaschine, elektrische Bratpfannen, Radios (Konsole und Transistor), Kühlschränke und Gefriertruhen in bunten Farben, alles für den Heimwerker (selten benutzt) und – das wichtigste – einen Fernseher.

In diesen Enklaven modernen (weißen) Familienlebens herrschte große Angst vor dem Leben nach einem möglichen Atomwaffeneinsatz. Die Amerikaner bekamen das große „Vorstadtbibbern", verursacht durch den Stress, mit den Nachbarn mithalten zu müssen. Die größte Sorge der Eltern in den 1950er Jahren war die Jugendkriminalität. Viele befürchteten, ihre Kinder würden durch Fernsehbotschaften, Rock'n Roll und Massenkonsum zu sozialen Querschlägern werden. Zu dieser Zeit hielt die Psychotherapie Einzug in das Mittelklasseleben. Geistige Gesundheit, oder zumindest die Hoffnung darauf, wurde zur bezahlbaren Annehmlichkeit. Am Anfang lag der Schwerpunkt auf der **Psychoanalyse**, aber die hohen Kosten und der fortwährende Pessimismus über den menschlichen Zustand machte sie unattraktiv. Wer psychologische Hilfe suchte, stieß auf die neuen Psychotherapien wie die humanistische Therapie oder die Gestalttherapie, die Optimismus ausstrahlten und nicht so stark von dem abwichen, was sonntags in der Kirche gepredigt wurde. Während der religiöse Einfluss immer weiter schwand, boten Psychologen alternative Leitfäden für das gute Leben. Es war dies das Zeitalter der Psychologie.

SIEHE AUCH Psychoanalyse (1899), Klientenzentrierte Therapie (1947), Gestalttherapie (1951)

Das 50er Jahre-Wohnzimmer im Strawbery Banke Museum in Portsmouth, New Hampshire, stellt ein prägendes Element aus, das für ein „gutes Leben" stand: das Fernsehgerät.

1957

Unterschwellige Wahrnehmung

James M. Vicary (1915-1977)

Die Fernsehfigur Homer Simpson möchte schlanker werden. Dazu benutzt sie Kassetten mit unterschwelligen Botschaften. Homer bemerkt nicht, dass sie der Erweiterung des Wortschatzes dienen. Bald findet folgender Dialog zwischen Homer und seiner Frau Marge statt:

MARGE: Homer, hast du schon weniger Hunger durch die Kassetten?
HOMER: Oh, beklagenswerter Weise nicht! Meine kulinarische Gier kennt keine Sättigung.
MARGE: Ich frage mich, ob die Methode funktioniert. Du hast heute dreimal Nachtisch gegessen.
HOMER: Nachsicht heißt die Parole. Das Triumvirat der Twinkies erschütterte meine Entschlossenheit.

Können wir durch unterschwellige Botschaften abnehmen oder unser Vokabular aufbessern? 1957 behauptete James Vicary, er könne mit unterschwelligen Werbespots in seinen Filmen, die nicht bewusst wahrgenommen würden, das Konsumverhalten der Zuschauer steuern. Es stellte sich heraus, dass Vicary ein Schwindler war. Millionen von Menschen blieben dennoch überzeugt, dass solche Werbung existierte und sie beeinflusste.

Subzeption ist die unbewusste Wahrnehmung, die sehr schwer nachzuweisen ist. Das Problem besteht darin, dass es fast unmöglich ist, sicherzugehen, dass eine Botschaft, die jenseits der Wahrnehmung des Probanden gesendet wurde, auch wirklich nicht bewusst empfangen wurde.

Zurück zu Homer und seiner Selbsthilfe-Kassette. Es gibt viele Medien, die Menschen dabei unterstützen sollen, ihr Gedächtnis zu verbessern, Gewicht zu verlieren oder mit dem Rauchen aufzuhören. Typischerweise erklingt das Geräusch von Wellen oder zirpenden Grillen, die eigentliche Botschaft aber liegt versteckt „unter" den Geräuschen. Funktioniert das wirklich? Leider nein! Forschungen haben ergeben, dass es keinerlei Hinweis auf die Wirksamkeit gibt.

SIEHE AUCH Psychische Entladungen (1941)

Diese Spiegelwand fordert uns heraus ihre wahre Ausrichtung festzustellen.

Homosexualität ist keine Krankheit

Evelyn Hooker (1907-1996)

Evelyn Gentry Hooker wurde als die Psychologin gefeiert, die die homosexuelle Befreiungsbewegung ausgelöst hat. Rund fünfzehn Jahre vor den Stonewall-Unruhen in New York City im Jahr 1969 veröffentlichte sie eine wegweisende Studie: Sie besagte, dass homosexuelle und heterosexuelle Männer sich in ihrer psychologischen Grundhaltung nicht unterscheiden. Diese Erkenntnis gab den entscheidenden Anstoß dazu, sowohl die gesellschaftliche als auch die wissenschaftliche Einstellung zur „Krankheit" Homosexualität zu revidieren.

Hooker beschrieb sich selbst als „hoffnungslos heterosexuell". Sie war Lehrerin an der University of California in Los Angeles, als sie Anfang der 1950er von einem ihrer Studenten, Sam From, angesprochen wurde. Sam hatte Vertrauen zu ihr gefasst und gestand, dass er und viele seiner Freunde homosexuell waren. Er bekniete sie, eine wissenschaftliche Studie durchzuführen, um zu zeigen, dass sie nicht abnormal waren. Sie stimmte zu und fand über den Kontakt zu homophilen Organisationen dreißig homosexuelle Männer als Probanden. Es gab Gespräche und Tests, einschließlich des Rorschachtests und des **Thematischen Apperzeptionstests**, beide von Klinikärzten damals häufig angewandt. Dann rekrutierte sie dreißig heterosexuelle Männer und führte an ihnen dieselben Tests durch. Alle Testprotokolle wurden anonymisiert und einer Gruppe renommierter, klinischer Ärzte vorgelegt. Jeder Arzt erhielt dreißig Protokolle und sollte herausfinden, welche Protokolle zu homosexuellen Teilnehmern gehörten. Die Experten konnten diese Aufgabe nicht lösen.

Anlässlich einer Tagung des amerikanischen Psychologenverbandes im Jahr 1955 präsentierte Hooker ihre Ergebnisse, die sie 1957 veröffentlichte. Ihre Arbeit war ausschlaggebend dafür, dass in den 1970er Jahren Homosexualität aus dem diagnostischen und statistischen Katalog psychischer Störungen verschwand. Auch blieb sie ihr ganzes Leben aktiv in der Bewegung für die Rechte Homosexueller.

SIEHE AUCH American Psychological Association (1892), Projektive Tests (1921), DSM-III (1980)

Teilnehmer der Schwulenparade in Athen, 2009, präsentieren ein Regenbogenbanner.

1958

Fundamentaler Attributionsfehler

Fritz Heider (1896-1988)

Anfang der 1950er Jahre fand die sogenannte kognitive Revolution in der amerikanischen Psychologie statt. Das Buch *Psychologie der interpersonalen Beziehungen* (1958) des Psychologen Fritz Heider lenkte die Aufmerksamkeit der Sozialpsychologen darauf, welche Informationen Menschen aus dem Verhalten anderer ziehen. Sozialpsychologen legten den Fokus auf die soziale Kognition, auch auf die Fehler, die wir in der Einschätzung sozialer Interaktionen machen. Einer der häufigsten ist der fundamentale Attributionsfehler: Er besagt, dass wir Verhalten entweder internen Eigenschaften (Dispositionen) oder der Situation, also dem externen Ort, zuordnen. Die Forschung fand heraus, dass wir das Verhalten anderer Menschen in den meisten Fällen internen Charaktereigenschaften oder beständigen Qualitäten zuordnen, auch wenn das Verhalten durch die Situation bedingt ist. Unser eigenes Verhalten hingegen sehen wir häufiger in der Situation begründet, besonders unsere Fehler. Einem Räuber ordnen wir normalerweise unerwünschte oder sogar böse Charaktereigenschaften zu. Der Dieb könnte allerdings auch gezwungen sein, Geld für eine Operation aufzutreiben, die das Leben seines Kindes retten würde.

Dieser Grundsatz ist Teil einer weit angelegten Attributionstheorie über soziale Kausalität. Erklärungen dafür gibt es einige. Unser Verständnis von einer gerechten Welt entspricht der Vorstellung, dass jeder bekommt, was er verdient. Das wiederum verleiht uns das sichere Gefühl, unser Leben zu kontrollieren, auch wenn so häufig dem Opfer die Schuld zugeschrieben wird. Wird der Fehler der Situation zugeordnet, ruft das die Notwendigkeit einer komplexeren Erklärung hervor. Dadurch könnten wir gezwungen sein, darüber nachzudenken, dass schlimme Dinge aufgrund struktureller Faktoren in der Gesellschaft geschehen, also außerhalb unserer Kontrolle liegen.

Das Prinzip wird sogar noch komplexer, bedenkt man die wichtigen kulturellen Unterschiede. Nordamerikaner und Westeuropäer neigen dazu, den Fehler in der Disposition zu suchen. In Ländern, die mehr Wert auf Beziehungen und ein Miteinander legen, wird eher die Situation für das Verhalten verantwortlich gemacht.

SIEHE AUCH Hawthorne-Effekt (1927), Konformität und Selbstständigkeit (1951), Kognitive Dissonanz (1957)

Der moderne Kriegsgott, *Illustration von Samuel D. Ehrhart, 1905 erschienen im Puck Magazine. Sie zeigt einen jüdischen Mann, als römischer Kriegsgott Mars verkleidet, geschmückt mit Geldsymbolen. Er steht im als „Waffenamt" bezeichneten Eingang des Munitionsgeschäfts „Marsheim Bellonaberg & Co." Rassistische Karikaturen wie diese zeigen unsere Tendenz, das Verhalten bestimmten Eigenschaften zuzuschreiben.*

MARSHEIM BELLONABERG & Co.
BY APPOINTMENT TO H.I.M. THE CZAR & MIKADO
CASH VOBISCUM
WAR LOANS A SPECIALTY
ORDNANCE DEPT.

1958

(Ersatz-) Mutterliebe

Harry Harlow (1905-1981)

Die Forscher im Primatenlabor der University of Wisconsin waren in den 1950er Jahren überrascht, als sie feststellten, dass die isoliert aufgewachsenen jungen Affen so gut wie unbrauchbar für ihre Intelligenzstudien waren. Die Affen reagierten häufig nicht auf die Reize in den Experimenten, wandten sich ab oder waren niedergeschlagen. Die Forscher bemerkten, dass die Affen sehr an den Stoffwindeln hingen, die in ihren Käfigen die Kälte des Bodens dämmen sollten. Auf dieser Beobachtung aufbauend, entwickelte der Laborleiter Harry Harlow Experimente, die „den Ursprung der Liebe des Kindes zur Mutter“ beleuchten sollten.

In den 1950ern hatte Harlow eine Versuchsreihe aufgestellt, um seine Überlegungen zur Bedeutung von Körperkontakt, Zuwendung und Liebe zu testen. Seinen ersten ausführlichen Bericht veröffentlichte er 1958 in dem Journal *American Psychologist*. Es wurden zwei künstliche „Ersatzmütter“ aus Draht gebaut, beide mit einem Sauger zum Füttern, aber nur eine Drahtmutter wurde mit Frottee bespannt. Acht neugeborene Affenbabys hatten freien Zugang zu beiden Müttern, jeweils in Gruppen zu viert. Beide Gruppen wurden gleich gefüttert, die Babys nahmen an Gewicht zu und wuchsen. Allerdings gab es wichtige Unterschiede bei der psychologischen Reaktion auf die Mütter. Alle acht Affen verbrachten bedeutend mehr Zeit mit der Frottee-Mutter, noch mehr, als sie älter wurden. Den damals vorherrschenden Theorien nach hätten die Kinder mehr Zeit mit der Mutter verbringen müssen, die als Nahrungsquelle diente. Harlow hingegen bewies, dass der Kontakt womöglich eine noch wichtigere Rolle für die Bindung, Zuwendung und Liebe spielt.

Weitere Experimente zeigten, dass die weiche Ersatzmutter ein wichtiger Zufluchtsort für die Babys war, wenn sie verängstigt waren. Sie schien für sie auch eine sichere Ausgangsposition für die Erkundung der Umgebung zu sein. Diese Erkenntnisse vervollständigte die damalige Bindungsforschung von John Bowlby und Mary Ainsworth. Liebe ist wahrhaftig mehr als nur Ernährung.

SIEHE AUCH Entwicklungsstörungen (1945), Bindungstheorie (1969), Die fremde Situation (1969)

Harlows Experimente in den 1950ern zeigten, dass Affenbabys Körperkontakt brauchen, damit eine Bindung zur Mutter entstehen kann.

Moralische Entwicklung

Lawrence Kohlberg (1927-1987)

Wir alle treffen moralische Entscheidungen. Der Psychologe Larry Kohlberg half dabei, jüdische Flüchtlinge in das von den Briten kontrollierten Gebiete in Palästina zu schmuggeln. Er war überzeugt, dass die Gründung eines jüdischen Staates einen höheren moralischen Wert besaß als der Gehorsam dem britischen Gesetz gegenüber.

Kohlberg untersuchte die Entwicklung von moralischen Prinzipien und berichtete u. a. in seiner Dissertation darüber. Er konfrontierte Menschen unterschiedlichen Alters mit moralischen Zwangslagen und analysierte ihre Reaktion. Sein klassisches moralisches Dilemma war dies:

> Die Ehefrau von Heinz ist so schwer an Krebs erkrankt, dass sie bald sterben wird. Ihr Apotheker hat ein Medikament entwickelt, das sie retten könnte, aber er verlangt 2000 Dollar dafür, zehn Mal mehr, als ihn die Herstellung kostet. Soll Heinz das Medikament stehlen, um das Leben seiner Frau zu retten oder sollte er sich an das Gesetz halten und seine Frau sterben lassen? Warum oder warum nicht?

Kohlberg machte sechs Stufen der moralischen Entwicklung aus. Die erste Stufe orientiert sich an Strafe und Gehorsam. Der wichtigste Wert ist Gehorsam, um Strafe zu vermeiden. Stufe zwei basiert auf den eigenen Bedürfnissen. Heranwachsende und die meisten Erwachsenen entwickeln ein konventionelles moralisches Denken, das die gesellschaftlichen Regeln unterstreicht. In den nächsten beiden Stufen geht es um die Definition des moralischen Verhaltens als das, was anderen gefällt (Stufe 3) und die Absicht, ein guter, gesetzestreuer Bürger zu sein (Stufe 4). Wenige Erwachsene entwickeln ein postkonventionelles Urteilsvermögen: Dies ist zweistufig, die erste Stufe ist ein Moralverständnis, das sich an einem Gesellschaftsvertrag orientiert, der jederzeit verhandelbar ist (Stufe 5). Universelle ethische Prinzipien liegen der höchsten Form des moralischen Urteilens (Stufe 6) zugrunde. Dort wird man von Werten geleitet, die jenseits des Gesetzes oder der gesellschaftlichen Konventionen liegen. Gandhi und Martin Luther King Jr. haben diese höchste Stufe erreichte. Obwohl Kohlbergs letzte Stufe nicht von allen seinen Kollegen anerkannt wird, hat seine Theorie dazu geführt, die höchste Ebene moralischen Urteilens weiter zu untersuchen.

SIEHE AUCH Genetische Epistemologie (1926), Ökosystemischer Ansatz (1979)

Gandhi, der Kohlbergs Einschätzung zufolge die höchste Stufe moralischen Urteilens erreichte, am Spinnrad. Das Foto stammt aus den späten 1920er Jahren.

1958

Das richtige Holz

George E. Ruff, Jr. (geb. 1928)

In kurzen Abständen schickte die Sowjetunion im Oktober und November 1957 zwei Kosmonauten in den Weltraum. Die USA waren perplex und starteten eine nie dagewesene Förderung des naturwissenschaftlichen Unterrichts an Schulen. Der sowjetische Erfolg in der bemannten Raumfahrt spornte die Entwicklung des amerikanischen Raumfahrtprogramms an, das sich damals erst in der Planungsphase befand. Präsident Eisenhower gründete die zivile Raumfahrtbehörde, die National Aeronautics and Space Administration (NASA), und bestimmte, dass nur Militärpiloten Astronauten werden dürfen. Das Vorhaben lief unter dem Namen Project Mercury.

Wie wurden die Astronauten ausgewählt? Mindestens 1500 Flugstunden in einem Jet sollten das Hauptkriterium sein. Die NASA orderte für alle Kandidaten medizinische und psychologische Tests. Der Psychiater George Ruff war für letztere verantwortlich. Der medizinische Test wurde in New Mexiko durchgeführt, der psychologische im aeromedizinischen Forschungslabor (AMRL) in Dayton, Ohio.

Ruff und sein Team hatten vier Hauptaufgaben: die Erfordernisse des Jobs feststellen; entscheiden, welche persönlichen Charaktereigenschaften dazu nötig waren; festlegen, welche Beurteilungsmethoden angewandt werden sollen und schließlich ihr Auswahlverfahren überprüfen. Sie einigten sich auf 17 psychologische Bewertungskategorien für Verhalten unter Stress, Anpassungsfähigkeit, Abwehrverhalten und Impulsivität.

Wie konnte das gemessen werden? Ruff und sein Team entschieden sich für eine Liste mit 31 Bewertungen plus zwei psychiatrische Interviews. Die Persönlichkeit und Motivation wurden durch eine Mischung verschiedener Tests beurteilt, dazu gehörte auch der projektive Rorschachtest, der **Thematische Apperzeptionstest**, die **Minnesota Multiphasic Personality Inventory** (ein Persönlichkeitstest) und zehn weitere. Intellektuelle Fähigkeiten und spezielle Eignungen wurden durch den Wechsler-Intelligenztest, den Miller Analogies Test, Test der räumlichen Orientierung und neun weitere Tests beurteilt. Außerdem musste jeder Kandidat Herausforderungen wie Reizabschirmung, Beschleunigung und Hitze bestehen.

Nach den Tests wählte die NASA schließlich sieben der 110 ursprünglichen Kandidaten aus. Sie waren aus dem richtigen Holz geschnitzt.

SIEHE AUCH Projektive Tests (1921), Thematischer Apperzeptionstest (1935), Sensorische Deprivation (1937), Stress (1950)

Der Astronaut Bruce McCandless II demonstriert im Februar 1984 die Manned Maneuvering Unit (einen Düsenrucksack) vor dem Shuttle Challenger.

NASA

1958

Systematische Desensibilisierung

Mary Cover Jones (1897-1987), **Joseph Wolpe** (1915-1997)

1924 veröffentlichte die amerikanische Entwicklungspsychologin Mary Cover Jones ihren Test, anhand verschiedener Methoden zu versuchen, einem kleinen Kind die Angst vor einem Kaninchen zu nehmen. Sie fand heraus, dass die Methode der direkten Konditionierung am erfolgreichsten war. Das Kind wurde dabei gleichzeitig mit dem Kaninchen und mit einem angenehmen Reiz (zum Beispiel etwas zu essen) konfrontiert. Während das Kind sein Lieblingsessen bekam, wurde das Kaninchen immer näher zu ihm gesetzt. Das Kind entwickelte eine größere Toleranz und konnte das Tier ohne Furcht berühren. Jones Arbeit geriet für viele Jahre in Vergessenheit.

In den 1950er Jahren begann der südafrikanische Arzt Joseph Wolpe mit der Entwicklung der systematischen Desensibilisierung zur Behandlung von Angststörungen. Die Gesprächstherapie ging Wolpe zu schleppend voran. Er überlegte sich eine „Gegenkonditionierung" der Angst: Dazu wollte er sie an einen Reiz oder eine Aktivität koppeln, die im Widerspruch zum Gefühl der Angst standen. Ursprünglich nannte er die Behandlung „Psychotherapie durch reziproke Hemmung" – sein gleichnamiges Buch erschien 1958.

Heute ist die Methode als systematische Desensibilisierung bekannt. Progressive Muskelentspannung nach Edmund Jacobson (1938) wird zur Gegenkonditionierung eingesetzt. Der Patient übt dabei, sich zu entspannen und diesen Zustand zu halten. Dann werden ihm Objekte, Gedanken oder Situationen, die Angst auslösen, in ihrer am wenigsten bedrohlichen Form präsentiert. Bleibt der Patient entspannt, wird die nächststärkere Form der Bedrohung ausprobiert, normalerweise über einige Sitzungen, bis der Patient auch bei der Konfrontation mit dem größten Ausmaß an Bedrohung entspannt bleibt: Der Patient hat die Angst „verlernt".

Später entdeckte Wolpe, dass die systematische Desensibilisierung bereits zu einem viel früheren Zeitpunkt von Jones formuliert worden war. Für ihr frühes Werk erhielt Jones den Beinamen „Mutter des Behaviorismus".

SIEHE AUCH Klassische Konditionierung (1903), Operante Konditionierung (1930), Angereicherte Umgebung (1961)

Durch die systematische Desensibilisierung können Patienten schrittweise ihre Phobien wie zum Beispiel Akrophobie (Höhenangst) durch reziproke Hemmung ablegen.

1959

Persönlichkeitstyp A

Meyer Friedman (1910-2001), **Ray Rosenman** (1921-2013)

Im Jahr 1959 berichteten zwei Kardiologen, dass viele ihrer männlichen Patienten sich in der Praxis gleich verhielten: Sie waren ungeduldig, hatten keine Zeit, waren angespannt und erfolgsorientiert, sehr auf die Arbeit fokussiert – man könnte meinen, sie verhielten sich passend zur vorherrschenden Unternehmenskultur. Rosenman und Friedman fiel das zuerst auf, weil diese Männer die Praxismöbel beschädigten und sie sie häufig auswechseln mussten. Die Kardiologen verfolgten die gesundheitliche Entwicklung dieser Männer und kamen zu dem Schluss, dass Verhaltenskomponenten und psychologische Faktoren zu Herzproblemen führen konnten. Sie nannten dies das Verhaltensmuster Typ A. In den 1970ern wurde die Theorie intensiv untersucht.

Zu der Zeit standen gerade der Lifestyle und die Gesundheit in der amerikanischen Kultur im Zentrum des Interesses. In den 1960ern waren die häufigsten Todesursachen koronare Herzerkrankungen, Krebs, Herzinfarkt und Unfälle. Die Krankheiten waren sowohl für den privaten als auch den öffentlichen Sektor teuer. Die Gesundheitsforschung brachte zutage, dass vielen Krankheiten Verhaltenskomponenten und psychologische Faktoren zugrunde lagen. Könnten ungesundes Verhalten und Persönlichkeit verändert werden, würde die ganze Nation Nutzen daraus ziehen. Die koronaren Herzerkrankungen waren der Wendepunkt zu einer ganzheitlicheren Betrachtungsweise und dem Bedürfnis nach psychologischem Fachwissen in Forschung und Therapie. Das Typ-A-Verhalten wurde für die Öffentlichkeit zum Sinnbild für das Verhältnis zwischen Psyche und Gesundheit.

Anfangs brachte man Herzerkrankung und Persönlichkeitstyp A in Verbindung mit Zeitnot, übermäßigem Erfolgszwang und angespannter Feindseligkeit. Spätere Ergebnisse engten die Faktoren nur mehr auf Feinseligkeit ein, die durch Psychotherapie behandelt werden kann, so dass ein weiterer Bereich für Psychologen in der Behandlung von Herzkrankheiten entstand.

SIEHE AUCH Stress (1950), Biopsychosoziales Gesundheitsmodell (1977), Mind-Body Medizin (1993)

Ein ständiges Gefühl des Zeitdrucks ist eines der Hauptmerkmale der Typ-A-Persönlichkeit.

1959

Die Selbstdarstellung im Alltag

Erving Goffman (1922-1982)

Woody Allen spielte in seinem Film *Zelig* (1983) den Leonard Zelig, der die unglückselige Fähigkeit besitzt, so zu sein wie die Menschen um ihn herum. Woher auch immer Allen seine Idee für den Film hatte, seine These passte zu der Theorie des Soziologen Erving Goffman in seinem Buch *Wir alle spielen Theater. Die Selbstdarstellung im Alltag* (Original erschienen 1959). Goffman stützte sich dabei auf ältere Theorien über das Selbst, zum Beispiel von den Sozialwissenschaftlern George Herbert Mead und Charles Cooley, die behaupteten, das Selbst sei ein Produkt gesellschaftlicher Wechselwirkungen. Goffman entwickelte ein dramaturgisches Modell des gesellschaftlichen Lebens. Unsere soziale Identität besteht demnach aus den verschiedenen Rollen, die wir spielen. Eines unserer Ziele ist es, unsere unterschiedlichen Ichs so zu präsentieren, dass wir den Eindruck steuern können, den wir auf andere machen. Besonders wichtig ist hierbei das Fremdbild, die Art, wie uns andere sehen sollen. Laut Goffman ist das der Leitfaden für unsere sozialen Interaktionen. Wir leben wie auf einer Bühne. Wir möchten andere glauben machen, dass wir bescheiden oder intelligent sind oder über bestimmte andere Attribute verfügen, ob das nun der Wahrheit entspricht oder nicht. Das wird zu unserem „Gesicht" – so wollen wir wahrgenommen werden. Da dies nur über Wechselwirkungen funktioniert, müssen andere dabei mitspielen, genau so, wie wir sie mit ihren Gesichtern unterstützen.

Goffmans Darstellung ist faszinierend und hat viele Gelehrte in unterschiedlichen Disziplinen beeinflusst. So haben beispielsweise Kulturhistoriker die Selbstdarstellung von Wissenschaftlern im Florenz der Renaissance am Hof der Medici untersucht: Es zeigte sich, dass sie ihr Auftreten sorgfältig inszenieren, um Unterstützung für ihre Forschungsprojekte zu erhalten. Goffmans Theorie wurde mittlerweile auf ihre zahlreichen Auswirkungen auf Selbstwahrnehmung, Selbstbehinderung und Eindruckssteuerung untersucht.

SIEHE AUCH Identitätskrise (1950), Theorie der sozialen Identität (1979)

Die ehemalige First Lady Eleanor Roosevelt bei einem Treffen mit Pressevertretern in New York City am 16. September 1956.

1960

Burnout

Graham Greene (1904-1991), **Herbert Freudenberger** (1926-1999)

In seinem Roman *Ein ausgebrannter Fall (1960)* erzählt der englische Schriftsteller Graham Greene die Geschichte eines Architekten, der unter Stress und dem Verlust seines Glaubens leidet und in einer Leprakolonie den Sinn des Lebens sucht. Vierzehn Jahre später entlieh der Psychologe Herbert Freudenberger diesen Buchtitel, um einen Zustand der Erschöpfung zu beschreiben, der das Resultat einer zu großen Hingabe und Überarbeitung im Beruf ist. Heutzutage ist Burnout („ausgebrannt") ein von Gesundheitsexperten und der Öffentlichkeit oft häufig benutzter Begriff. Am häufigsten scheint der Zustand in den helfenden Berufen vorzukommen. Normalerweise bezieht sich Burnout auf das Berufsleben, kann aber überall dort auftreten, wo zwischenmenschlicher Stress entsteht, zum Beispiel bei der Pflege Todkranker. Burnout wurde in die Liste der internationalen statistischen Klassifikationen der Krankheiten und verwandter Gesundheitsprobleme, 10. Auflage (ICD-10), aufgenommen, aber von der Amerikanischen Psychiatrischen Vereinigung DSM-5 nicht anerkannt.

Es hat intensive Forschungen und Diskussionen gegeben. Als eine der ersten untersuchte Christina Maslach Anfang der 1970er Jahre das Burnout-Syndrom. Sie und ihre Kollegen fanden heraus, dass zum Burnout emotionale Erschöpfung, Depersonalisierung und Erfolglosigkeit gehören. Der erste Punkt tritt ein, wenn jemand den Eindruck hat, seine emotionalen Reserven seien verbraucht, der zweite Punkt reflektiert einen entstehenden Zynismus und wachsende Gefühllosigkeit gegenüber Arbeitskollegen oder Kunden. Der dritte Punkt bedeutet, dass jemand nicht mehr in der Lage ist, beruflich und persönlich in angemessener Weise zu agieren.

Die Forschung ergab, dass ein Burnout leichter entsteht, wenn eine Person unrealistische Vorstellungen über die eigene Leistung in Kombination mit ausbleibender Unterstützung oder positiver Rückmeldung durch Vorgesetzte oder Kunden hat. Erfolgreich entgegenwirken können soziale Unterstützung durch Kollegen, die Aneignung von Ressourcen zur Bewältigung der Herausforderungen, Sport, Hobbys und Freunde, mit denen man reden kann. Burnout ist ein Phänomen unserer Zeit, das nach effektiven Bewältigungsstrategien schreit.

SIEHE AUCH Stress (1950), Resilienz (1973), Psychologische Widerstandsfähigkeit (1979)

Burnout, entstanden aus einem Übermaß an beruflichem Engagement und Überarbeitung, tritt verstärkt in den helfenden Berufen auf. Das Phänomen kommt aber genauso dort vor, wo es zwischenmenschlichen Stress gibt, etwa bei der Pflege eines alternden Elternteils oder kranken Ehepartners.

1960

Die visuelle Klippe

Eleanor Jack Gibson (1910-2002)

Ist es uns angeboren, Tiefen einschätzen zu können oder lernen wir dies durch Erfahrung? Beeinflusst die Art seiner Bewegung die Wahrnehmung eines Tieres? Mit einer eleganten Versuchsreihe legte die Psychologin Eleanor J. „Jackie" Gibson den Grundstock für die zeitgenössische Forschung in der Wahrnehmungsentwicklung. Ihre bekannteste Studie ist die visuelle Klippe, die 1960 in einer Artikelserie im *Scientific American* veröffentlich wurde.

Zusammen mit ihrem Kollegen Richard Walk entwickelte Gibson ein Experiment, das Erkenntnis darüber bringen sollte, ob Erfahrung bei der Tiefenwahrnehmung eine Rolle spielt. Auf der einen Seite der visuellen Klippe war unter einer dicken Glasplatte ein Schachbrettmuster zu sehen. Auf der anderen Seite der Klippe war das Schachbrettmuster 30 Zentimeter tiefer angebracht. Die Glasplatte verlief auch über dieses Muster und vermittelte den Eindruck von Tiefe. Gibson und Walk nahmen für den Versuch sowohl Kleinkinder als auch junge Tiere. Sie wollten sehen, ob die Kleinen sich auf der oder über die Klippe bewegten. Die 36 Kinder waren zwischen sechs und vierzehn Monaten alt, alle krabbelfähig. Sie wurden in die Mitte der Glasplatte gesetzt, die Mütter lockten sie sowohl von der „flachen" als auch von der „tiefen" Seite. Die meisten Kinder bewegten sich beim Ruf der Mutter von der Mitte weg, aber nur drei krabbelten in Richtung der tiefen Seite. Viele Kinder sahen durch das Glas auf die tiefe Seite, manche klopften auf die Glasfläche, aber krabbelten nicht darüber. Gibson und Walk folgerten, dass die Tiefenwahrnehmung entsteht, wenn Babys anfangen zu krabbeln, so dass eher der Bewegungsdrang als die Erfahrung mit der Tiefenwahrnehmung zusammenhängt.

SIEHE AUCH Wachstumsforschung (1927)

Das Foto zeigt ein Krabbelkind auf der „visuellen Klippe" *von Eleanor Gibson und Richard Walk, Cornell University, 1960.*

1960

Zentrum für kognitive Studien

Jerome Bruner (1915), **George A. Miller** (1920-2012)

Die beiden Wissenschaftler, die den rückschrittlichen Psychologie-Fachbereich an der Harvard University Mitte des 20. Jhd. ordentlich aufmischten, waren Männer, die sich unkonventionelle Gedanken erlaubten. Sowohl Jerome Bruner als auch George Miller erwarben in Harvard die Doktorwürde; beide sammelten anschließend in anderen Einrichtungen Erfahrungen, Bruner in England, Miller am Zentrum für weiterführende Studien in Verhaltenswissenschaften an der Stanford University. Gemeinsam war ihnen auch, dass sie während des Zweiten Weltkriegs in einem interdisziplinären Team tätig waren, das Forschung für das amerikanische Militär betrieb. 1960 gründeten Bruner und Miller in dem ehemaligen Wohnhaus des Psychologen William James in Harvard mit Fördergeldern der Carnegie Foundation das Zentrum für kognitive Studien. Dort führten sie ihren interdisziplinären Ansatz weiter. Die Psychologen kamen aus allen möglichen Fachbereichen, einschließlich der Entwicklungs- und Experimentalpsychologie. Die Anthropologie, Linguistik, auch der neue Bereich der Künstlichen Intelligenz waren vertreten, ebenso wie Jura, Geschichte, Kunstgeschichte und Soziologie. Was diese unterschiedlichen Experten zusammenbrachte, war das Ziel, Menschen zu verstehen. Die wöchentlichen Kolloquien zogen führende Wissenschaftler und Denker aus aller Welt an.

Das größte Verdienst des Zentrums ist es, dass es die Psychologie wieder zum Studium des Geistes zurückgeführt hat. Speziell in Amerika hatte sich die Disziplin weit von der menschlichen Erfahrung entfernt, als sie den Schwerpunkt auf das Verhalten gelegt hatte. Die ersten Bücher über kognitive Psychologie wurden im ersten Jahrzehnt nach der Gründung des Zentrums veröffentlicht. Amerika hatte Jean Piagets bahnbrechende Studien über das menschliche Denken wiederentdeckt. Zu Recht können Bruner und Miller als Pioniere des fachübergreifenden Denkens bezeichnet werden.

SIEHE AUCH Genetische Epistemologie (1926), Kybernetik (1943)

Der Sitz des Zentrums für kognitive Studien: William James' früheres Wohnhaus, 95 Irving Street in Cambridge, Massachusetts.

1961

Angereicherte Umgebung

David Krech (1909-1977), **Mark Rosenzweig** (1922-2009)

Hat die Umgebung, in der man aufwächst, Einfluss auf die Intelligenz? Heute würden die meisten Menschen das bejahen, aber Mitte des 20. Jhd. waren die meisten Psychologen der Auffassung, dass die Umgebung nicht wichtig war.

Intelligenz galt als Sache der Gene. In den 1950er Jahren stellte eine kleine Gruppe von Forschern diese alte Idee infrage. Der kanadische Psychologe Donald Hebb beschrieb, dass Laborratten, die er bei sich zuhause aufzog, in Tests besser abschnitten als im Labor aufgewachsene Tiere. Das ließ David Krech und Mark Rosenzweig aufhorchen. Sie begannen damit, die Auswirkung von angereicherten Umgebungen auf neurale Verbindungen im Gehirn zu erforschen. Krech und Rosenzweig holten den Biochemiker Edward Bennett und die Neuroanatomin Marian Diamond in ihr Team. Fußend auf Hebbs Bericht über „zuhause erzogene“ Ratten, ließen sie Ratten unter unterschiedlichen Bedingungen aufwachsen. Die Tiere einer Kontrollgruppe erfuhren die Standard-Labor-Routine, sie wurden lediglich gemeinsam gehalten, bevor sie in den jeweiligen Experimenten eingesetzt wurden. Die Ratten in der Experimentgruppe wurden in Käfige mit vielen Gegenständen und Spielmöglichkeiten gesetzt – eine angereicherte Umgebung –, bevor sie für die Tests genutzt wurden.

In ihrem umfassenden Bericht mit den Ergebnissen aus dem Jahr 1961 schrieben die Wissenschaftler, dass die Gehirne von Ratten aus den angereicherten Umgebungen bedeutend mehr neurale Verbindungen aufwiesen. Zufällig kam diese Arbeit zeitgleich mit anderen Erkenntnissen heraus, die besagten, dass Umwelt und Erfahrung (oder Ernährung) ausschlaggebende Faktoren für die Intelligenz sind. Neben anderen Studien trugen die Forschungen von Krech und seinem Team maßgeblich dazu bei, dass das kompensatorische Erziehungsprogramm Head Start in den USA ins Leben gerufen wurde.

SIEHE AUCH Verhaltensgenetik (1942), Vorsprung durch Head Start (1965)

Zwei Mädchen am Klavier – *ein Foto der Federal Security Agency. Studien zeigen, dass solche „angereicherten“ Umgebungen zu mehr Nervenverbindungen im Gehirn führen.*

1961

Das Token-System

Teodoro Ayllon (1929), **Nathan Azrin** (1930)

Das Prinzip des Token-Systems ist bereits seit Jahrhunderten im Gebrauch: Gegen Arbeitsleistung erhält man einen Papierschien oder Metallmünzen, die gegen Waren und Dienstleistungen eingetauscht werden können. Die Psychologen Teodoro Ayllon und Nathan Azrin kamen 1961 während ihrer Anstellung am Anna State Hospital in Illinois, USA, auf die Idee, das Token-System auch zur Förderung positiven Verhaltens einuzsetzen. Beide waren Verhaltenspsychologen und in operanter Konditionierung geschult, einem System, das B. F. Skinner entwickelt hatte. Anfangs wollten Ayllon und Azrin mit dem Token-System stationär untergebrachten, schizophrenen Patienten dabei helfen, ein zweckdienlicheres Verhalten zu entwickeln. Einfach ausgedrückt, wird in einem Token-System das gewünschte Verhalten durch einen Verstärker belohnt. Der Verstärker kann die Form von Chips oder Punkten haben, die an sich keinen Wert besitzen, aber gegen Primärverstärker wie Spielzeug, Lebensmittel oder Sonderrechte eingetauscht werden können.

Das Token-System verbreitete sich schnell und wurde alsbald auch in Klassenzimmern, Gefängnissen und anderen institutionellen Einrichtungen eingesetzt. Anfang der 1970er Jahre geriet die Anwendung der Token bei Schutzbefohlenen (Gefängnisinsassen oder Psychiatrie-Patienten) in die Kritik: Es wurde bekannt, dass in US-Bundesgefängnissen den Insassen Grundrechte wie das tägliche Duschen und der Hofgang verwehrt wurden und stattdessen zu Sonderrechten deklariert waren, die durch gutes Verhalten erarbeitet werden mussten. Die Token-Systeme kamen aus der Mode. Einige gibt es aber heute noch bei Verhaltensproblemen, besonders bei Kindern.

SIEHE AUCH *Rattus norvegicus* var. *albinus* (1929), Operante Konditionierung (1930), Lernmaschine (1954)

Jetons und Karten sind Token, die in psychiatrischen Abteilungen gegen Spielzeug, Esswaren oder Privilegien getauscht werden können. Auf diese Weise sollte in den 1960er Jahren positives Verhalten gefördert werden.

A
K

1961

Biofeedback

Neal E. Miller (1909-2002)

1961 verblüffte der bekannte Psychologe Neal Miller mit der Behauptung, dass Menschen lernen könnten, ihr (autonomes) vegetatives Nervensystem, das die meisten unserer Körperprozesse unbewusst lenkt, zu beherrschen. Damit könnten sie Grundfunktionen wie den Herzschlag oder die Darmtätigkeit steuern. Ein Zeitgenosse sagte, Miller „entgeisterte seine Zuhörer. Er war ein respektierter Wissenschaftler, Labordirektor in Yale, aber das war wie Wissenschaftsketzerei. Jeder wusste, dass das autonome Nervensystem eben das ist: autonom, jenseits unserer Einflussnahme."

Millers Ansichten entsprangen seinen Forschungen über die elektronische Stimulation der Hunger- und Durstzentren im Gehirn. Die Aussicht, entsprechende Eingriffe an Menschen durchzuführen, führte zur Entwicklung der Biofeedback-Technik. Sie basiert auf der Theorie, dass die Steuerung unfreiwilliger Körperprozesse über ein Belohnungstraining erlernbar ist. Ende der 1960er Jahre gab es Biofeedback-Geräte, die mittels am Körper angebrachter Elektroden eine Rückmeldung über den Blutdruck, die Herzfrequenz, Muskelspannung, Körpertemperatur und Atemmuster gaben. Die Person wird über die Elektroden zunächst durch eine Reihe von Entspannungstechniken geführt, wie etwa rhythmisches Atmen oder Visualisierungstechniken. Das physiologische Feedback während der Entspannungsphase wird kontinuierlich auf einem Monitor angezeigt. Auf diese Weise lernt die Person, welche geistige Aktivität den gewünschten Effekt erzielt. Im Verlauf des Trainings lernt die Person, wie sie dieses Ziel auch ohne Geräte erreicht.

Biofeedback gehört mittlerweile zum Rüstzeug der **Mind-Body Medizin**, zusammen mit der Achtsamkeitsmeditation, dem Entspannungstraining und moderierten Fantasiereisen. Es wird erfolgreich zur Behandlung chronischer Schmerzen, Migräne, Bluthochdruck, Asthma, Ängsten, ADHS und vielen anderen Zuständen eingesetzt.

SIEHE AUCH Buddhas Vier Edle Wahrheiten (528 v.Chr.), Mind-Body Medizin (1993)

Der Muscle Whistler *war ein frühes Biofeedback-Gerät, entwickelt von Harry Garland und Roger Melen, das Elektromyografie zur Steuerung eines hörbaren Tons nutzte.*

OUTPUT
OFF
THRESHOLD
MUSCLE WHISTLER

1961

Bobo Doll (Nachahmungslernen)

Albert Bandura (1925)

In den nach dem Zweiten Weltkrieg errichteten amerikanischen Vororten litten viele Bewohner trotz ihres Wohlstands und ihrer vielen Haushaltsgeräte unter einer großen Angst: Sie fürchteten, ihre Kinder würden straffällig werden, weil sie so schlimme Dinge im Fernsehen sahen.

Vor diesem Hintergrund begann der junge Psychologe Albert Bandura, den Ursprung jugendlicher Aggression zu untersuchen. 1961 veröffentlichte er die erste seiner berühmten Studien, in denen er mit Bobo Doll arbeitete, einer aufblasbaren Plastikpuppe, die immer wieder in die aufrechte Position zurückschwang, wenn sie geschubst oder geschlagen wurde. Bandura teilte Kinder im Alter von drei bis sechs Jahren in drei Gruppen auf. Einigen der Kinder wurde ein Erwachsener gezeigt, der sich Bobo Doll gegenüber aggressiv verhielt. Andere Kinder sahen einen Erwachsenen, der friedlich mit Spielzeug spielte, die dritte Gruppe diente als Kontrollgruppe und bekam keinen Erwachsenen zu sehen. Bandura stellte fest, dass sowohl die Jungen als auch die Mädchen, die aggressives Verhalten beobachtet hatten, eher dazu neigten, aggressiv zu handeln. Die Aggressionsbereitschaft stieg an, wenn Jungen einen aggressiven Mann und Mädchen eine aggressive Frau gesehen hatten.

Im Verlauf einiger Jahre verfeinerte Bandura seine Untersuchungen und entwickelte die Theorie des Nachahmungslernens, die besagt, dass wir lernen, indem wir andere beobachten. Banduras Forschungen haben kritische Komponenten des Nachahmungslernens identifiziert. Dazu gehören Eigenschaften des Modells (z. B. Geschlecht, Alter), Eigenschaften des Beobachters (z. B. Selbstvertrauen, frühere Erfahrungen) und in Aussicht gestellte Belohnungen (z. B. Lob, materielle Güter). Sein Lernmodell hat zum Beispiel die Annahme bestärkt, dass Gewaltszenen in Fernsehshows oder brutale Videospiele beim Konsumenten die Wahrscheinlichkeit aggressiven Verhaltens erhöht.

SIEHE AUCH *Rattus norvegicus* var. *albinus* (1929)

Die Bobo Doll aus Banduras ursprünglichen Experimenten über das Lernen.

1961

Humanistische Psychologie

Carl R. Rogers (1902-1987), **Abraham Maslow** (1908-1970)

Eine „dritte Kraft“ der amerikanischen Psychologie entstand in den 1950er Jahren. Ihr Sprachrohr wurde 1961 das Journal *Humanistische Psychologie*. Die neue Methode sollte eine Alternative zur **Psychoanalyse** darstellen, mit Schwerpunkt auf unbewussten Sexual- und Aggressionstrieben. Die Humanistische Psychologie lehnte die **Verhaltensforschung** ab, weil sie mit ihrer Darstellung des Menschen als mechanisch auf Bestärkung und Bestrafung Reagierendem nicht einverstanden war.

Die Humanistische Psychologie verdankte einen Gutteil ihrer Inspiration phänomenologischen und existentiellen Philosophen früherer Zeiten, deren Arbeit sich auf die Einzigartigkeit des Individuums in der Welt und die Sinngebung konzentrierte. Die modernen Humanistischen Psychologen lehnten den Pessimismus der europäischen Philosophen ab und nahmen stattdessen eine optimistische Haltung gegenüber dem menschlichen Potenzial und der angeborenen Fähigkeit zu psychologischem Wachstum ein. Carl Rogers war bereits für seine innovative **Klientenzentrierte Therapie** bekannt, durch die Menschen zu authentischen Individuen werden sollten. Abraham Maslow hatte mit seiner **Bedürfnispyramide** und seinem Aufruf, Gipfelerlebnisse zu untersuchen, die als höchste Stufe der Selbstverwirklichung galten, schon viele Fachkollegen inspiriert. Diese Psychologen hatten gerade eine Phase größter Konformität durchlebt, deren Tiefpunkt die McCarthy-Ära war.

Gleichzeitig war Amerika immens konsumorientiert geworde. Die anscheinend höchsten Werte waren das Anhäufen von Wertgegenständen und das Streben nach großem Wohlstand. Die Humanistischen Psychologen wollten die Abkehr vom Konsum, der die Menschen daran hinderte, ein authentisches Leben zu führen, hin zu den Qualitäten, die uns am menschlichsten machen: Kreativität, Handlung, freier Wille, Mut, Selbstbestimmung, Vorstellungskraft und moralische Werte. Die Blütezeit der Humanistischen Psychologie war in den 1960er Jahren, im privaten Bereich speziell in den psychotherapeutischen Praxen, in denen Menschen lernten, ihrem Leben einen Sinn zu geben. Im öffentlichen Sektor zeigten sich das menschliche Potenzial und das Bedürfnis nach einem authentischen Leben in der aufkeimenden Gegenkultur.

SIEHE AUCH Bedürfnishierarchie (1943), Klientenzentrierte Therapie (1947), Transpersonale Psychologie (1968), Flow (1990), Positive Psychologie (2000)

Werbeplakat für die Musikveranstaltung Mantra-Rock Dance im Jahr 1967. Die Humanistische Psychologie hatte damals ihre Blütezeit.

KRISHNA CONSCIOUSNESS COMES WEST
SWAMI BHAKTIVEDANTA · ALLEN GINSBERG
THE GRATEFUL DEAD · MOBY GRAPE
BIG BROTHER & THE HOLDING COMPANY
MANTRA · ROCK DANCE
SUNDAY JAN. 29 AVALON BALLROOM 8PM
SUTTER & VAN NESS $2.50 BRING CUSHIONS, DRUMS, BELLS, CYMBALS
PROCEEDS TO OPENING OF SAN FRANCISCO KRISHNA TEMPLE
LIGHTS BY BEN VAN METER AND ROGER HILLYARD

1962

Split-Brain-Studien

Roger W. Sperry (1913-1994)

Der Gehirnforscher Roger Sperry begann seine Untersuchungen an Patienten mit schwerer Epilepsie Anfang der 1960er Jahre. Einige Jahre zuvor hatten Neurochirurgen angefangen, Operationen an diesen Patienten durchzuführen: Um die Stärke der Krampfanfälle abzuschwächen, durchtrennten sie das Corpus callosum, den Gehirnbalken, dessen Nervenbahnen die beiden Gehirnhälften miteinander verband. Niemand hatte vorher untersucht, welche weiteren Auswirkungen dies auf die Patienten haben würde. Die meisten von ihnen waren im Verhalten und in ihrer Persönlichkeit unauffällig; die Anfälle wurden schwächer. Sperry vermutete, diese „Split-Brain-Patienten" könnten helfen, das menschliche Bewusstsein zu verstehen. Gab es zwischen den Gehirnhälften Unterschiede hinsichtlich ihrer Fähigkeit und Funktion? Wenn ja, wo lag der Unterschied, was machte ihn aus? Sperry veröffentlichte seine Studie mit den eindeutigen Ergebnissen 1962 in der Zeitschrift *Science*.

Seine Erfahrung mit Split-Brain-Affen hatte Sperry gelehrt, dass beide Gehirnseiten unabhängig voneinander funktionieren können. Für die Forschung am Menschen erdachte er ausgeklügelte Methoden, um beide Gehirnhälften auf die gleiche Art zu reizen, was links und rechts jeweils unterschiedliche Reaktionen hervorrief. Präsentierte man den Patienten zum Beispiel ein Dollarzeichen links und ein Fragezeichen rechts, zeichneten sie, wenn sie aufgefordert wurden, die linke Hand zu benutzen, ein Fragezeichen. Auf die Frage, was sie gerade gezeichnet hatten, antworteten fast alle: „ein Dollarzeichen". So zeigte Sperry, dass wir einen zweifachen Geist haben, jeder mit seinem eigenen Bewusstsein und einigen einzigartigen Fähigkeiten und Beschränkungen. Bei den meisten Menschen ist die linke Hemisphäre verbal und analytisch. Dagegen ist die rechte nonverbal, visueller und ganzheitlicher und denkt definitiv für sich selbst.

SIEHE AUCH Lokalisierung der Gehirnfunktionen (1861), Gehirnbilder (1924)

Das Bild zeigt auf der linken Seite einen analytischen, strukturierten, logischen Geist, auf der rechten Seite einen zerstreuten, kreativen.

1963

Der Weiblichkeitswahn

Betty Friedan (1921-2006)

Von der akademisch ausgebildeten Journalistin und dreifachen Mutter Betty Friedan kam 1963 das Buch *Der Weiblichkeitswahn. Ein vehementer Protest gegen das Wunschbild von der Frau* heraus, das die Frauenbewegung in den USA auslöste. Das Buch dokumentiert die Ergebnisse einer Befragung unter Friedans Mitstudentinnen am Smith College. Daraus schließt die Autorin, dass die meisten dasselbe Schicksal erfahren hatten wie sie: Sie steckten in der Nachkriegszeit in einer Spirale von Erwartungen fest, sie sollten häusliche und mütterliche Pflichten erfüllen, die sie isolierten, sie waren unerfüllt und verzweifelt. Sie nannte diesen Zustand das „Problem, das keinen Namen hat".

Tausende von amerikanischen Frauen stimmten Friedan zu. Ihre Argumente bezogen viele psychologische Themen, Theorien und die **Psychoanalyse** mit ein, die sie und andere Feministinnen der Pathologisierung der Frauen beschuldigte. Friedan hatte als Studentin das Hauptfach Psychologie am Smith belegt und wollte ihr Diplom in diesem Fach machen. Obwohl sie keine Psychologin wurde, waren ihr Denken und ihr Schreiben sehr von psychologischen Theorien und von der Popkultur beeinflusst.

Friedans Kritik an den Geschlechterrollen im Nachkriegs-Amerika blieb nicht unerwidert. Es gab Stimmen, die behaupteten, Friedans Anliegen beträfe eigentlich nur die weißen Frauen der Mittel- und oberen Mittelklasse und ließe außer Acht, dass immer mehr Frauen in die Arbeitswelt einstiegen. Dessen ungeachtet, nannten viele Frauen dieses Buch als den Antrieb, der sie Ende der 1960er Jahre aktiv in die Politik führte. Friedan gehörte zu den Gründerinnen der National Organization for Women, war deren erste Präsidentin und unterstützte 1970 aktiv den landesweiten Streik für die Gleichstellung der Frau, der in einer Versammlung von Zehntausenden von Frauen auf der 5th Avenue in New York City gipfelte. Es war dies eine aussagekräftige Demonstration der breiten Basis und schieren Kraft der Frauenbewegung.

SIEHE AUCH Genderrollen (1944), *Frauen und Wahnsinn* (1972), *Die andere Stimme* (1982)

Im Widerspruch zur traditionell häuslichen Rolle stellt eine Dreherin der Consolidated Aircraft Corporation in Fort Worth, Texas, im Jahr 1942 Teile für Transportflugzeuge her.

1963

Genderidentität

John Money (1921-2006), **Robert Stoller** (1924-1991), **Judith Butler** (1956)

Die Genderidentität bezieht sich darauf, wie männlich oder weiblich sich ein Mensch fühlt, unabhängig von seinem biologischen Geschlecht. Der Psychoanalytiker Robert Stoller benutzte den Begriff erstmals 1963 in einer Rede vor dem Internationalen Kongress der Psychoanalytiker. Fünf Jahre später brachte er ein bahnbrechendes Buch mit dem Titel *Sex & Gender* heraus. Um dieselbe Zeit war der Psychologe John Money in einen dramatischen Fall von Geschlechtsumwandlung involviert, den er gern anführte, um seine Behauptung zu stützen, dass die Genderidentität erlernt und nicht biologisch bestimmt ist. Money behandelte ein männliches Kleinkind, das nach einer verpfuschten Beschneidung seinen Penis verloren hatte. Er empfahl, das Kind umzubenennen, es als Mädchen großzuziehen und später eine Hormontherapie durchzuführen. Kritiker warfen Money Jahre später vor, dass sein Rat nicht zum erwünschten Erfolg geführt habe – sein Patient, trotz Geschlechtsanpassung, fühlte sich noch immer als Mann.

Die Übereinstimmung von Genderidentität und biologischem Geschlecht ist in vielen Gesellschaften ein kulturelles Muss. Geschlechtsspezifisches Verhalten wird unterstützt, das Gegenteil bei beiden Geschlechtern abgestraft. 1980 tauchte der kontroverse Begriff Genderidentitätsstörung in der dritten Auflage des diagnostischen und statistischen Kriterienkatalogs für psychische Störungen auf. Bei Erwachsenen zeigt sich die Genderidentitätsstörung als klinisch signifikante Qual, weil Empfinden und biologische Gegebenheiten nicht übereinstimmen. Eine Behandlungsoption sind geschlechtsanpassende chirurgische Eingriffe. Kritiker argumentieren, dass die Einteilung der Genderidentitätsstörung als psychische Störung zur Pathologisierung und Stigmatisierung von Menschen führt, die sich nicht geschlechtsspezifisch verhalten.

1990 führte die feministische Philosophin Judith Butler in ihrem Buch *Das Unbehagen der Geschlechter* den Gedanken der Performativität der Geschlechter ein. Butler führt an, dass Geschlechtskategorien nicht natürlich sind, sondern dass sich das Verhalten eines Menschen durch verschiedene, immer wiederholte Rituale entwickelt. Diese Rituale sind kulturellen Ursprungs und werden als Normen angesehen.

SIEHE AUCH Genderrollen (1944)

LINKS: *Notendeckblatt von* The Latest Chap on Earth, *gesungen von Vesta Tilley (1864-1952), einem englischen Drag King.* RECHTS: *Als Chormädchen verkleidete Soldaten im erfolgreichen Broadway-Musical* This is the Army, *komponiert von Irving Berlin.*

1963

Gehorsam

Stanley Milgram (1933-1984)

Nach dem Zweiten Weltkrieg wurde in den amerikanischen Sozialwissenschaften viel über Konformität und Gehorsam diskutiert. Warum hatten so viele Deutsche das Nazi-System hingenommen und damit die Ermordung der Juden? Der Psychologe Stanley Milgram warb normale Menschen für ein später kontrovers diskutiertes Experiment über „lehren und lernen“ an. Die Probanden, allesamt Männer, wurden in Milgrams Labor in Yale von einem Wissenschaftler begrüßt. Ihnen wurde ein zweiter Mann zugeteilt, der zu Milgrams Team gehörte, was man ihnen aber nicht sagte. Ein manipuliertes Auswahlverfahren sorgte dafür, dass Milgrams Helfer immer die Rolle des Schülers erhielten. Der „Lehrer“ wurde Zeuge, wie dem „Schüler“ Elektroden angesetzt wurden. Dann bekam er den Auftrag, dem Schüler jedes Mal einen Stromschlag zu verpassen, wenn er eine Frage falsch beantwortete. Während der Befragung saß der Lehrer vor einem Schockwellengenerator mit einer Skala von 15 bis 450 Volt.

Das Experiment startete, der Lehrer drückte den Schalter. Der Schüler, der tatsächlich keine Stromschläge bekam, reagierte mit Stöhnen, Schreien und später mit kompletter Stille, als die Voltzahl immer weiter anstieg. Wenn der Lehrer protestierte und aufhören wollte, brüllte der Experimentleiter ihn an: „Sie müssen weitermachen“ oder „Das Experiment erfordert es, dass Sie weitermachen“. Fast 63% der Lehrer gingen bis zur höchsten Voltzahl, der Durchschnittswert war 360 Volt.

Waren diese Männer (später auch Frauen) alle böse, herzlos oder heimliche Psychopathen? Alles spricht dafür, dass sie ganz normale Männer und Frauen waren. Das Fazit ist, dass wir alle so gehorsam und konform wie die „Lehrer“ sein können, es sei denn, wir verstehen die Machtverhältnisse in der Situation und widerstehen ihnen.

SIEHE AUCH Konformität und Selbstständigkeit (1951), Das Stanford-Gefängnisexperiment (1971)

Verhandlung gegen den Holocaust-Verbrecher Adolf Eichmann in Jerusalem, 1961. Eichmann betonte immer wieder, dass er nur „Befehlen gehorcht“ habe, als er die Massendeportationen von Juden in Ghettos oder Vernichtungslager organisierte.

1964

Zuschauereffekt

Bibb Latané (1937), **John Darley** (1938)

Wann sind die Menschen der westlichen Gesellschaften am ehesten bereit, einem Mitmenschen in Not zu helfen? In einer der bekanntesten Forschungsarbeiten der amerikanischen Sozialpsychologie kam heraus, dass Einzelpersonen hilfsbereiter sind als Menschen in Gruppen. Dieses Phänomen nennt man den Zuschauereffekt. Das Ereignis, aus dem die Forscher ihre Schlüsse zogen, fand im Jahr 1964 statt, mitten in New York und vor vielen Zeugen: Der Mord an einer jungen Frau, Kitty Genovese. Anfangs brüllte ein Zeuge den Angreifer noch an, aber als Kitty Genovese wieder auf die Füße gekommen und fortgetaumelt war, folgte ihr keiner der Umstehenden. Wieder wurde sie attackiert, diesmal mit tödlichem Ausgang.

Die Sozialpsychologen Bibb Latané und John Darley waren über die unterlassene Hilfeleistung so empört, dass sie versuchten, solch eine Situation (ohne Mord oder Gewaltübergriffe) in Labortests nachzuahmen. Sie vermuteten, dass die Gegenwart anderer Menschen – der Gruppe – ein Eingreifen verhinderte. Damit widersprachen die Forscher einer sozialpsychologischen Tradition, die Gruppe oder die Menge als Antrieb für negative Handlungen wie Gruppengewalt zu betrachten. Latané und Darley waren der Meinung, dass der Gruppenzwang, der sich durch Nichthandeln zeigte, stark genug ist, soziale Werte und die gesellschaftliche Ordnung außer Kraft zu setzen.

Viele Leser interpretierten diese Ergebnisse dahingehend, dass menschengefüllte Städte gefährlich sind, weil einem dort niemand in Notlagen zu Hilfe kommt. Neuere Forschungen haben einige der Schlüsselaspekte der Genovese-Geschichte in Frage gestellt, wie zum Beispiel die Anzahl und das Verhalten von Zeugen. Möglicherweise noch wichtiger ist, dass einige Sozialpsychologen die positive Kraft von Gruppen bewiesen haben und wie diese zum Wohl von anderen genutzt werden kann.

SIEHE AUCH Konformität und Selbstständigkeit (1951), Gehorsam (1963)

Gedankenverlorene oder in die Lektüre vertiefte Menschen in der New York City U-Bahn, Foto von Jim Pickerell, 1974. Sozialpsychologische Studien besagen, dass Menschen in Gruppen weniger hilfsbereit sind als Einzelpersonen.

New York Post
Nixon After
Broke and in

1965

Vorsprung durch Head Start

Martin Deutsch (1926-2002), **Cynthia Deutsch** (1928)

1958 starteten das New Yorker Forscher-Ehepaar Martin und Cynthia Deutsch im Schulbezirk Harlem ein neues, experimentelles Programm für Vorschulkinder. Sie wollten wissen, ob Kinder aus ärmlichen Verhältnissen von einer **angereicherten Umgebung** profitieren. Die Kinder aus schwarzen, weißen oder Hispanics-Familien besuchten einen besonderen Kurs, der sie sozial und kognitiv anregen sollte. Als sie im folgenden Jahr zur Schule gingen, zeigte sich, dass sie besser abschnitten als gleichaltrige Kinder ohne angereicherte Erfahrung.

Dieses Programm war damals eins von vielen für arme Kinder. Ihr Ziel war, die soziale, emotionale und intellektuelle Situation durch Anreicherung zu verbessern. Das kennzeichnete eine Kursänderung, denn bis dahin wurde angenommen, dass intellektuelle Fähigkeiten bereits bei der Geburt festgelegt waren. Zu den Erkenntnissen trugen unter anderem Versuche mit Laborratten bei. In den 1950er Jahren hatte ein Team aus Psychologen in Berkeley für einige Ratten eine angereicherte Umgebung geschaffen. Bei der Autopsie stellte sich heraus, dass diese Ratten ein dichteres Netzwerk an neuralen Verbindungen vorwiesen als die standardmäßig gehaltenen Laborratten. Durch seine Forschungen gelangte der Psychologe J. McVicker Hunt in den späten 1950er Jahren zu der Schlussfolgerung, dass Erfahrung und die unmittelbare Umgebung ausschlaggebend für die intellektuelle Entwicklung von Kindern sind. Andere Psychologen pflichteten ihm bei. Als Präsident Lyndon B. Johnson in den 1960er Jahren der Armut den Krieg erklärte, taten sich viele Psychologen zusammen, um eine Strategie zu entwerfen, die die Bildungsmöglichkeiten für Vorschulkinder verbessern sollte. Daraus entstand Head Start („Vorsprung"), das auch heute noch landesweit Kinder aus einkommensschwachen Familien unterstützt. Das erste Programm startete im Sommer 1965 und lief nur acht Wochen. 1966 war es bereits Teil des regulären Schuljahres und wurde an Schulen im ganzen Land eingeführt. Mehr als zwanzig Millionen Kinder haben bisher an den Programmen teilgenommen.

SIEHE AUCH Angereicherte Umgebung (1961)

Schüler nehmen an einem kostenlosen Kunstkurs am Harlem Art Center in New York City teil (1938).

D L 97

1965

Spracherwerbsmechanismus

Noam Chomsky (1928)

Warum fällt es sehr kleinen Kindern so leicht, eine Sprache zu erlernen? Lernen sie tatsächlich durch ihre Erfahrung, was die Worte bedeuten und wie sie sinnvoll zusammengesetzt werden? Einige Psychologen waren zumindest dieser Ansicht: B.F. Skinner zum Beispiel meinte, dass verbales Verhalten hauptsächlich durch Verstärkung geprägt ist. Der Linguist Noam Chomsky glaubte hingegen, dass Menschen nicht nur durch Erfahrung und Belohnung lernen. In einer Arbeit, die in den 1950ern begann und in den 1960ern abgeschlossen wurde, präsentierte er eine andere Theorie, nämlich dass Menschen mit dem Talent des Spracherwerbs geboren werden. Alle Menschen hätten also die Fähigkeit, sich Sprache anzueignen, es sei denn, eine Krankheit oder Behinderung hindert sie daran. Chomsky stellte in seinem Buch *Aspekte der Syntax-Theorie* einen angeborenen Plan zur Sprachentwicklung vor – den Spracherwerbsmechanismus.

Dieser ist ein Ergebnis der evolutionären Anpassung: Er ermöglicht es den Menschen, die der Sprache oder Grammatik zugrundeliegenden Regeln zu erfassen und anzuwenden. Die Grammatiken der Sprachen ähneln sich weltweit, sogar die der Zeichensprache. Kinder lernen jede Sprache in etwa demselben Entwicklungszeitraum. Diese Theorie erklärte wie Kinder so früh bereits fähig sind, Sprache und Grammatik einzusetzen, um so genannte „Tiefen-„ und „Oberflächenstrukturen“ zu bilden. So kann man schreiben *Der junge Mann ließ den Ball fallen* oder *Der Ball wurde von dem jungen Mann fallengelassen*. Die Tiefenstruktur ist dieselbe, aber die Oberflächenstruktur – die besondere Bedeutung – ist unterschiedlich. Sprache und Spracherwerb sind komplexe Themen, Chomskys Theorie hat großartige Forschungsergebnisse gebracht, aber sie ist nicht das einzige nützliche Modell.

SIEHE AUCH Affen und Sprache (1909), Genetische Epistemologie (1926)

Der Turmbau zu Babel, *Gemälde von Pieter Bruegel dem Älteren (1563). Menschen bauen einen Turm, in dem Bemühen, dass die Menschheit durch eine gemeinsame Sprache zusemmenfindet.*

1966

Sexuelles Empfinden

William H. Masters (1915-2001), **Virginia E. Johnson** (1925-2013)

Mit ihrer Laborstudie über die menschliche Sexualität leisteten der Gynäkologe William Masters und die Psychologin Virgina Johnson einen denkwürdigen Beitrag. Zwar gab es vorher schon Sexualstudien, die Pionierarbeit der beiden übertraf jedoch bei weitem alles, was bisher über Sexualität bekannt war. Die Studie hatte den wichtigen Effekt, dass Dynamik in die wissenschaftliche Untersuchung der Sexualität kam. Sie wurde erstmals 1966 unter dem Titel *Die sexuelle Reaktion* veröffentlicht.

Anfang des 19. Jhd. hatten verschiedene Wissenschaftler und Ärzte bereits darüber geschrieben. Der Psychiater Richard von Krafft-Ebing brachte seine Untersuchung der sexuellen Pathologie unter dem Titel ***Psychopathia sexualis*** (1886) heraus, der Arzt Havelock Ellis füllte gar sechs Bände mit detaillierten Berichten über die Sexualität. In Amerika leistete die Sozialreformerin und Kriminologin Katherine Bement Davis mit ihrer Untersuchung des Sexualverhaltens von akademisch gebildeten Frauen Pionierarbeit. In New York führte der Psychiater Gilbert Hamilton in den späten 1920er Jahren Fallstudien über das Sexleben verheirateter Paare durch. Und es gab natürlich Alfred Kinsey, der zwei Reporte über das Sexualverhalten veröffentlichte, die auf ausführlichen Interviews in den 1930er und 40er Jahren basierten.

Masters‘ und Johnsons Forschung wurde erst durch die Laborsituation möglich. Die beiden Wissenschaftler optimierten herkömmliche Geräte wie den Phallografen zur Aufzeichung von Erektionen und beobachteten die sexuelle Aktivität im Labor, bis sie entsprechende Reaktionen beschreiben konnten. Durch sie haben wir erfahren, was bei der sexuellen Erregung der Frau geschieht; sie bewiesen, dass ein Orgasmus sowohl durch klitorale als auch durch vaginale Stimulation herbeigeführt werden kann. Ihre Untersuchungen ergaben, dass Frauen viele Orgasmen bei nur einer sexuellen Begegnung haben können. Master und Johnson führten weitere Studien über Sexualität und den Alterungsprozess, über homosexuelle Interaktion und sexuelle Fehlfunktionen durch.

Sie unterschieden vier Stufen des Reaktionszyklus: Erregungsphase, Plateauphase, Orgasmus, Auflösungsphase. Ihre Beschreibung der Reaktion war viele Jahre gültig, auch wenn einige spezifische Ergebnisse kulturell beeinflusst waren.

SIEHE AUCH Genderrollen (1944), Die Kinsey Reports (1948-1953)

Der Kuss, *Gemälde des österreichischen Symbolisten Gustav Klimt* (1907-1908).

1967

Psychologie und soziale Gerechtigkeit

Martin Luther King Jr. (1929-1968)

Ein knappes Jahr vor seiner Ermordung hielt Martin Luther King Jr. im September 1967 vor mehr als 5000 Mitgliedern der **Amerikanischen Psychologischen Gesellschaft (APA)** in Washington eine elektrisierende Rede. Die Anwesenheit Kings in der APA war beispiellos: Die Führungsriege hatte es bisher nicht geschafft, soziale Diskrepanzen oder Rassenprobleme effektiv anzugehen.

Die organisierte Fachwelt in den USA vertrat eine überwiegend konservative Haltung, wenn es darum ging, ihre Wissenschaft und Expertise zur Erklärung und Lösung sozialer Probleme einzusetzen. Trotz des langen Kampfes für die Bürgerrechte sahen sie dafür keine Notwendigkeit. Eine mit ihnen verbundene Organisation, die Gesellschaft zur psychologischen Studie von sozialen Fragen (SPSSI), hatte King jedoch eingeladen. Sein Thema war „Die Rolle der Verhaltenswissenschaftler in der Bürgerrechtsbewegung". Seine Rede rüttelte viele Psychologen auf. Im darauffolgenden Jahr bat die APA Kenneth B. Clark, einen bekannten afroamerikanischen Psychologen und Freund Martin Luther Kings, Präsident ihrer Gesellschaft zu werden. Bis heute ist er der einzige afroamerikanische Präsident der APA geblieben.

Davor war Clark kein aktives Mitglied in der APA gewesen. Er und seine Frau Mamie Phipps Clark führten Forschungen über Rassenidentität unter dem Titel „**Puppen-Studien**" durch. Clark wurde in der Entscheidung des Obersten Gerichtshofes im Fall Brown gegen den Schulbezirk von Topeka, Kansas zitiert. Dadurch wurde er zur öffentlichen Person und sein Einfluss wuchs auch außerhalb der Psychologie. Clark hatte später eine eher pessimistische Einstellung zu der Frage, ob es möglich sei, eine gerechte Gesellschaft ohne Rassismus zu schaffen. Einem Freund schrieb er: „Wie lange wird es sich unser Land noch leisten, auf die unglaublichen menschlichen Ressourcen zu verzichten, die dem Rassismus zum Opfer fallen?"

Kings Rede hatte Auswirkungen: In den 1970er Jahren wurden aktiv und effektiv bessere Möglichkeiten für schwarze Studenten in der Psychologie geschaffen.

SIEHE AUCH Schwarze Psychologie (1970), Black Intelligence Test of Cultural Homogeneity (1970), Psychologie der Befreiung (1989)

Martin Luther King Jr. bei einem Kongress der Amerikanischen Psychologischen Gesellschaft im Jahr 1967.

THE WASH

1968

Transpersonale Psychologie

Abraham Maslow (1908-1970)

Der Psychologe Abraham Maslow wollte verstehen, was es bedeutet, sich in seinem Leben selbst zu verwirklichen – also alle eigenen Talente zu nutzen und sein gesamtes Potenzial auszuschöpfen. Er beschäftigte sich mit historischen Personen, wie beispielsweise Abraham Lincoln und zeitgenössischen Größen wie Albert Einstein. Seine Hypothese war, dass wir mehr aus der Betrachtung der gesamten, gesunden Persönlichkeit eines Menschen lernen und nicht etwa dadurch, dass wir uns auf seine Fehler konzentrieren. Er fand heraus, dass alle Menschen mindestens ein „Gipfelerlebnis" hatten, womit er Momente besonders intensiver Gefühle oder überwältigender Schönheit meinte.

Maslow glaubte, dass einige Menschen Transzendenz erleben und sich mit allem verbunden fühlen. Dadurch spüren sie, dass alles Leben eins ist. In den späten1960er Jahren war Maslow überzeugt, dass es eine Psychologie hinter der **Humanistischen Psychologie** gibt und eine Art zu leben, die über die Selbstverwirklichung hinausgeht. Er fing an, über die entlegendsten Bereiche der menschlichen Natur zu sprechen und zu schreiben und schuf die Transpersonale Psychologie. Sein Buch *Die Psychologie des Seins: Ein Entwurf* (Original 1968) legte den Grundstein für weitere Entwicklungen. Die Aufgabe der Transpersonalen Psychologie definierte er als die wissenschaftliche Untersuchung und Beschreibung der spirituellen Dimension, Mensch zu sein. Das Schicksal wollte es, dass Maslow nur zwei Jahre nach Aufstellung des Konzeptes während eines Spaziergangs in Kalifornien am Strand an einem Herzinfarkt starb.

Nach Maslows Tod griffen viele Psychologen den Transpersonalen Ansatz auf und schrieben eloquent über dessen Möglichkeiten. Anders als die Humanistische Psychologie umfasst die transpersonale Herangehensweise spirituelle Traditionen und Praktiken auch außerhalb der westlichen Kultur. Dieser Bereich ist breitgefächert und spricht dadurch Menschen in aller Welt an. Ende des 20. Jhd. wurde er folgendermaßen definiert: „Die Transpersonale Psychologie beschäftigt sich mit der Untersuchung des größten menschlichen Potenzials."

SIEHE AUCH Humanistische Psychologie (1961), Flow (1990), Positive Psychologie (2000)

Der Wanderer über vom Nebelmeer *vom deutschen Maler Caspar David Friedrich (1818).*

1969

Bindungstheorie

John Bowlby (1907-1990)

Tausende Kinder waren im Zweiten Weltkrieg durch die Bombardierung Londons und anderer englischer Städte von ihren Eltern getrennt worden – mit schwerwiegenden psychologischen Folgen. John Bowlby, ein junger Psychiater, der sich damit beschäftigt hatte, wie die kindlichen Erfahrungen in der Familie die Persönlichkeitsentwicklung beeinflussten, wurde 1946 Leiter der Abteilung für Kinder und Familien an der Londoner Tavistock Klinik. Bowlby wurde immer unzufriedener mit den psychoanalytischen Theorien über die kindlichen Ängste nach Trennungen. Da lernte er die Arbeit der Ethologen Nikolaas Tinbergen und Konrad Lorenz kennen, die das Eltern-Kind-Verhalten bei einer Vielzahl von Spezies untersucht hatten.

Der vergleichende Ansatz bot Bowlby neue Einsichten in die Bindung eines Kindes zu seiner Hauptbezugsperson. Die Ethologie zu Rate ziehend, glaubte Bowlby, dass diese Bindung dem evolutionär bedingten Schutzbedürfnis diente, die Überlebenschancen des Kindes wurden erhöht. Bowlby und sein Team testeten die ursprünglichen Thesen in ihren Forschungsprojekten. Die Forschungen der Entwicklungspsychologin Mary Ainsworth zeigten sich als die wichtigsten, da sie zu einer Reihe neuer Erkenntnisse führten, die unsere gegenwärtige Typologie einer sicheren, vermeidenden, ambivalenten und desorganisierten Bindung prägten. Bowlbys Team erweiterte die Theorie und bezog Heranwachsende und Erwachsene mit ein. In den 1950er und 60er Jahren veröffentlichte Bowlby eine große Anzahl von Artikeln. Er formulierte eine umfassende Bindungstheorie in seinem Buch *Bindung und Verlust*. Seine Arbeit ruhte auf einem beeindruckenden Forschungsfundament, das unser Verständnis von der menschlichen Entwicklung und den klinischen Auswirkungen, wenn etwas schief geht, verbessert hat. Die Theorie besagt, dass Sicherheit und Schutz das Herzstück der Bindung sind. Wenn sich ein Kind sicher fühlt, kann es auch die unmittelbare Umgebung erforschen. Ist das Gefühl der Sicherheit erst einmal verinnerlicht, schafft es die Möglichkeit einer lebenslangen sozialen, emotionalen und persönlichen Entwicklung. Bowlby glaubte, sein Bindungsmodell sei universell. Neueren Forschungen zufolge gibt es jedoch bedeutende kulturelle Abweichungen.

SIEHE AUCH Entwicklungsstörung (1945), König Salomons Ring (1952), Die fremde Situation (1969)

Mutter und Tochter auf der Roppongi Dori Avenue in Tokio, Japan, 2012.

1969

Die fremde Situation

Mary Dinsmore Salter Ainsworth (1913-1999)

Als die Entwicklungspsychologin Mary Ainsworth 1954 mit ihrem Ehemann nach Uganda reiste, hatte sie bereits weitreichende Arbeitserfahrungen mit John Bowlby und dessen Theorien über die Bindung in einer normalen Entwicklung gemacht. Ihre Mutter-Kind-Beobachtungen in Uganda überzeugten sie, dass diese Bindung eine wichtige evolutionäre Anpassung für die Erhaltung der Spezies Mensch war. Die Bindung gibt dem Kind die Sicherheit, die Welt zu erkunden. Ainsworth beobachtete, dass die Trennung von der Bezugsperson Angst hervorrief, die bei der Wiedervereinigung verschwand. 1969 machte Ainsworth einen zwanzig Minuten langen Laborversuch, den sie „fremde Situation“ nannte. Mutter und Kleinkind werden in einen ihnen unbekannten Raum geführt. Spielzeug ist über den ganzen Raum verteilt. Wenn das Kind sich an den Raum gewöhnt hat, kommt eine fremde Person herein und die Mutter geht hinaus. Die fremde Person behandelt das Kind freundlich, geht dann hinaus und die Mutter kommt zurück. Die Versuchsleiter interessierten sich dafür, wie das Kind den Raum erkundete, wenn die Mutter an- oder abwesend war, und vor allem, wie das Kind auf die zurückkehrende Mutter reagierte.

Ainsworth schloss aus dem Verhalten der Kinder, dass es drei Arten der Bindung gibt. Die sichere Bindung zeigt sich in der Erkundung der Umgebung durch das Kind, die Trennungsangst ist minimal, das Kind ist gleich nach der Rückkehr der Mutter beruhigt. Die unsicher-vermeidende Bindung ist gekennzeichnet durch die relative Gleichgültigkeit des Kindes, wenn die Mutter hinausgeht und ein ausweichendes Verhalten, wenn sie zurückkehrt. In der unsicher-ambivalenten Bindung wird das Kind durch das Weggehen der Mutter stark verunsichert, zeigt bei ihrer Rückkehr verschiedene Reaktionen, manchmal ausweichend, manchmal klammernd.

Das Musterbeispiel der fremden Situation wurde zum meist genutzten Instrument in der Geschichte der Entwicklungspsychologie. Die Ergebnisse flossen in die Politik ein und dienten zur Vorhersage der Art enger Beziehungen im Erwachsenenalter.

SIEHE AUCH Bindungstheorie (1969), Ökosystemischer Ansatz (1979)

Diese liebevolle Interaktion unterstreicht eine sichere Bindung zwischen Mutter und Kind.

1969

Die fünf Phasen der Trauer

Elisabeth Kübler-Ross (1926-2004)

Wenn uns der eigene Tod bevorsteht oder wir das Sterben einer nahestehenden Person miterleben, müssen wir einen Weg finden mit dieser Erfahrung umzugehen. Die wegweisende Psychiaterin Elisabeth Kübler-Ross formulierte in ihrem Buch *Interviews mit Sterbenden* ein leicht verständliches Modell mit fünf Phasen der Trauer – Nichtwahrhabenwollen, Zorn, Verhandeln, Depression und Akzeptanz.

Das Nichtwahrhabenwollen, die erste Phase, setzt ein, wenn wir zum ersten Mal erfahren, dass wir todkrank sind oder dass jemand, der uns nahesteht, sterben wird. Dadurch gewinnen wir Zeit, uns an die Situation zu gewöhnen. Bald realisieren wir, dass das nicht ausreicht und Zorn überkommt uns. Warum ich? Warum muss meine Freundin sterben? Auch das hilft uns vorübergehend, mit der Situation umzugehen.

Wenn wir merken, dass weder das eine noch das andere uns weiterhilft, verhandeln wir, manchmal begleitet von einem wiederaufkeimenden Glauben an eine höhere Macht, an die wir uns wenden, damit wir uns noch ein paar Jahre gewährt werden.

Erkennen wir die Wahrheit, kann große Trauer über uns kommen. Häufig mit ihr einhergehend sind Depression und Passivität, wir sind der Welt gegenüber nicht mehr so offen. Schließlich folgt die Akzeptanz. In dieser Phase nehmen wir die Wahrheit des anstehenden oder erfolgten Verlusts an. Das kann Frieden und neues Interesse an der Welt nach sich ziehen.

Ursprünglich ordnete Kübler-Ross dieses Modell ausschließlich dem Tod zu. Nach einer Weile zeigte sich, dass es auf jeden größeren Verlust anwendbar ist, wie Scheidung oder Verlust des Arbeitsplatzes. Die Öffentlichkeit macht eifrigen Gebrauch von diesem hilfreichen Modell, die wissenschaftliche Welt findet sie zu unpräzise.

SIEHE AUCH Stadien der kognitiven Entwicklung (1977), Theory of Mind (1978), Ökosystemischer Ansatz (1979)

Schmerz *vom französischen Bildhauer Ernest Hulin (1908).*

1969

Die Angst vor Erfolg

Matina Horner (1939)

Das theoretische Konstrukt der Frau, die „Angst vor dem Erfolg“ hat, stammt aus der Doktorarbeit der Psychologin Matina Horner, 1969 an der University of Michigan eingereicht. Vor dem Hintergrund, dass die Vorbereitung auf den Beruf bei Männern und Frauen immer ähnlicher wurde, interessierte Horner sich für den Konflikt, der aus dem traditionellen Frauenbild und der Wettbewerbsfähigkeit, Unabhängigkeit, Führungskraft und intellektuellen Errungenschaft entsteht – Attribute, die Frauen auf ihrem Weg in die Welt der bezahlten Arbeit zeigen mussten. Sie gab jeweils einer Gruppe von Männern und einer von Frauen einen Leitgedanken. Den Männern sagte sie: „Die Prüfungen haben ergeben, dass John der beste Medizinstudent ist.“ Die Frauen bekamen den gleichen Satz, nur dass John durch Ann ersetzt wurde. Dann bat sie die Teilnehmer, eine Geschichte über Ann oder John zu schreiben, die von Erfolgsvermeidung oder Erfolgswillen handeln sollte.

Horner berichtete, dass 90 % der Männer positiv auf den männlichen Erfolgshinweis reagierten, 65 % der Frauen schrieben über soziale Ablehnung, Verlust der Fraulichkeit oder persönliche Notlagen. Folgen der Erfolgsangst zeigten sich in weiteren Untersuchungen: Gerät das Frauenbild in Konflikt mit den Kompetenzen, passen viele Frauen ihr Verhalten an und entsprechen den verinnerlichten Stereotypen der Geschlechterrollen. „Die Angst vor dem Erfolg“ wurde von Feministinnen kontrovers aufgenommen, weil es das Problem des Konflikts mit den Geschlechterrollen angeblich individualisierte. Auch Wissenschaftler standen der Theorie teils negativ gegenüber, weil Horners Ergebnisse schwer zu replizieren waren und nie in einer Fachzeitschrift veröffentlicht wurden. Die Presse nahm den Gedanken der Erfolgsangst begeistert auf, besonders als Horner Präsidentin des Radcliffe College an der Harvard University wurde und damit die jüngste Frau, die diese Aufgabe übernahm – da war sie zweiunddreißig Jahre alt.

SIEHE AUCH Genderrollen (1944), Der Weiblichkeitswahn (1963)

In einem Schaufenster in St. Gallen, Schweiz, sieht man ein Foto mit einer Hausfrau der 1950er Jahre, die staunend vor der großen Auswahl an Staubsaugern und anderen Haushaltsgeräten steht.

Der Preis ist heiss!
229.
129.
rotel
CASTELLO
Jetzt brauchen Sie nicht viel Kohle!
Electrolux

1970

Schwarze Psychologie

Joseph L. White (1928), **Robert V. Guthrie** (1930-2005)

Der afroamerikanische Psychologe Joseph L. White prägte den Begriff der schwarzen Psychologie in einem Artikel, der 1970 in der Zeitschrift Ebony erschien. Damit beschrieb er eine neue Richtung, die dieses Fachgebiet – unter der Führung von afroamerikanischen Psychologen und der Gesellschaft der schwarzen Psychologen (ABPsi) – einschlug. Es gab eine lange Tradition der diskriminierenden Theorien und Praktiken in der Psychologie. Gängig war der Hinweis auf Defizite in schwarzen Familien, bei schwarzen Kinder und überhaupt schwarzen Menschen, wobei die sozialen Gefüge und die Klassenstrukturen mit ihren sehr unterschiedlichen Bildungsmöglichkeiten völlig ignoriert wurden. Intelligenztests dienten dazu, die angebliche geistige Überlegenheit der weißen Rasse festzustellen.

In seinem vielbeachteten Buch *Even the Rat Was White* (1976) dokumentierte der afroamerikanische Psychologe Robert Guthrie, dass Schwarze, Latinos, Asiaten und amerikanische Ureinwohner in der Psychologie völlig unterrepräsentiert waren. Die in den 1960er Jahren aufkommende schwarze Bürgerrechtsbewegung und die Arbeit von Persönlichkeiten wie Malcolm X, Stokely Carmichael, H. Rap Brown brachten Begriffe wie Black Power, Black Pride und Black is Beautiful auf. Sie standen für ein neues Bewusstsein voller Stolz und Erfolg. Die Bewegung inspirierte einige junge afroamerikanische Psychologen zur Entwicklung der schwarzen Psychologie. Die Grundlage waren positive Werte der afroamerikanischen Gemeinschaft, wie Widerstandsfähigkeit und sozialer Zusammenhalt.

Die Auswirkungen auf Theorie, Forschung und Praxis in der amerikanischen Psychologie waren enorm. Sie haben die psychologische Untersuchung der Identitätsformung zur schwarzen Identität bereichert. Afroamerikanische Psychologen haben wirkungsvolle Ansätze für die Psychotherapie formuliert, die auf die Erfahrung der schwarzen Bevölkerung in Amerika zurückgeht.

SIEHE AUCH Stress (1950), Black Intelligence Test of Cultural Homogeneity (1970), Resilienz (1973), Psychologische Widerstandsfähigkeit (1979)

Martin Luther King Jr. und Malcolm X treffen sich vor einer Pressekonferenz am 26. März 1964. Sie beide verfolgten die Senatsdebatte über das Bürgerrechtsgesetz. Es war das einzige Mal, dass die beiden Männer sich trafen – nur eine Minute lang.

1970

Black Intelligence Test of Cultural Homogeneity (BITCH Test)

Robert L. Williams (1930)

Die Zahl der schwarzen Psychologen stieg nach Jahrzehnten des Widerstandes durch das psychologische Establishment in den 1960er Jahren schließlich an. Dabei stießen sie auf einen besonders wunden Punkt ihrer Disziplin: die Intelligenztests. Sie dienten dazu, die Unterdrückung und den Mythos der Ungleichheit der Rassen fortzusetzen.

Der Verband der schwarzen Psychologen drückte 1968 seine Sorge über den Einsatz dieser Tests aus, da diese eine diskriminierende Politik unterstützten. Dabei griffen sie auf ihre Erfahrung und auch auf die Arbeit von afroamerikanischen und aus Mexiko stammenden Psychologen der 1920er und 30er Jahre zurück, wie Herman Canady, Albert Beckham und George Sanchez. Der angebliche Beweis der Rassenüberlegenheit mittels Intelligenztests wurde auf geschickte Art widerlegt. In den 1960er Jahren war die Atmosphäre kämpferischer. Robert Williams, Mitbegründer und zweiter Präsident des Verbandes schwarzer Psychologen, hatte am eigenen Leib die negativen Konsequenzen voreingenommener Intelligenztests erfahren.

Er entwickelte 1972 einen speziellen Test, den Black Intelligence Test of Cultural Homogeneity (BITCH). Williams führte aus, dass bei einem kulturspezifischen Test die Fähigkeiten des Prüflings getestet werden, symbolisch zu funktionieren und gemäß seines Verständnisses innerhalb seines Kulturkreises und seiner Umgebung zu agieren. Zweck war die Suche nach Auswirkungen kultureller Einflüsse auf die Testergebnisse. Schwarze Kinder schnitten bei BITCH besser ab als bei den gebräuchlichen Standardtests. Williams und weitere Kollegen, vor allem der afroamerikanische Psychologe Harold Dent, verfolgten die Sache mit den voreingenommenen Tests weiter. Ende der 1970er Jahre entschied das Berufungsgericht im Fall Larry P. gegen Riles, dass Kinder aus rassischen oder ethnischen Minderheiten nicht aufgrund der Ergebnisse von Intelligenztests auf Schulen für geistig Zurückgebliebene geschickt werden dürfen.

SIEHE AUCH Militärische Intelligenztests und Rassismus (1921), Schwarze Psychologie (1970)

Robert L. Williams und Michael Connor. Williams war Mitbegründer des Verbandes der schwarzen Psychologie, der Entwickler des BITCH-Tests und der Erfinder der Sprache Ebonics.

1970

Die Entdeckung des Unbewussten

Henri F. Ellenberger (1905-1993)

Die Entdeckung des Unbewussten (1970) von Henri Ellenberger gilt noch heute als die beste Einführung in die psychodynamische Psychotherapie – ein Begriff, der auf einige Theorien über unbewusste Verhaltensfaktoren hinweist. Kein anderes Buch kann die Entstehung und Entwicklung der Psychotherapie so klar und deutlich erklären.

Ellenberger war französisch-schweizerischer Herkunft und hatte seine Ausbildung in Frankreich absolviert. Während seines Medizinstudiums spezialisierte er sich auf die Psychiatrie. Seine Ausbildung fand in einer Zeit statt, in der die psychodynamische Therapie allgemein verfügbar wurde (der Begriff „psychodynamisch" bezieht sich hier sowohl auf die Behandlung gemäß Freud als auf die Tiefenpsychologie von Jung). In den 1950er Jahren arbeitete Ellenberger sechs Jahre an der Menninger Clinic in den USA. Dort begann er mit seiner Arbeit über die Geschichte der psychodynamischen Psychotherapie.

Die Entdeckung des Unbewussten ist aufgrund seiner Reichweite bemerkenswert. Ellenberger verweist auf Zusammenhänge zwischen Theorien und Behandlungen aus anderen Zeiten und Orten, um letztendlich bei der modernen Theorie und Psychotherapie zu enden. Er teilt die Geschichte nicht in eine präwissenschaftliche und wissenschaftliche Zeit ein, sondern betrachtet die Entstehung unserer Kenntnis über das Unbewusste als ein jahrtausendealtes Produkt therapeutischer und religiöser Arbeit. Auf diese Weise haben Schamanen, Mystiker, Hypnotiseure, Spiritualisten und Priester einen genauso wichtigen Beitrag geleistet wie Personen, die wir normalerweise in dieser Reihe erwarten, wie Ärzte, Psychiater und Psychologen.

Ellenberger vermittelt eine ausführliche Übersicht über Leben und Werk von Sigmund Freud. Er ordnet Freud der jüdischen Tradition des 19. Jhd. zu und schildert die vielen Einflüsse – intellektuell, politisch, gesellschaftlich, wirtschaftlich – auf Freuds intellektuelle und klinische Entwicklung. Des Weiteren bespricht er das Werk vieler anderer aus der modernen Zeit, wie Pierre Janet. Dies ist das Buch für jeden, der wissen will, wie die Behandlung von Geisteskrankheiten zustande gekommen ist.

SIEHE AUCH Schamanismus (10 000 v.Chr.), Psychoanalyse (1899), Die Emmanuelbewegung (1906), Jungianische Psychologie (1913)

Oberfläche und Tiefe. *Die Reflexion der Blätter auf dem Wasser symbolisiert die verschiedenen Schichten des Bewusstseins und die Idee, dass Sinn und Bedeutung nicht immer auf den ersten Blick erkennbar sind.*

1971

Das Stanford-Gefängnisexperiment

Philip G. Zimbardo (geb. 1933)

Eine lange Debatte innerhalb der amerikanischen Gesellschaftspsychologie dreht sich um die Frage ob das Verhalten einer Person von ihr selbst oder von der Situation bestimmt wird. Ein Experiment des Psychologen Phil Zimbardo an der Stanford University ließ das Pendel stark in Richtung Situation ausschlagen.

Im Sommer 1971 verhaftete die Polizei unerwartet zehn Studenten von Stanford. Man legte ihnen Handschellen an, nahm ihre Fingerabdrücke und brachte sie in Verwahrung. Der Gefängnisdirektor gab bekannt, dass bestraft würde, wer die Gefängnisregeln verletzen würde. Danach übergab er die Gefangenen den Wächtern. Die „Gefangenen" und die „Wächter" waren Teil einer Verhaltensstudie über die Macht der Situation.

Das „Gefängnis" befand sich im Keller der Psychologieabteilung von Stanford – es gab keine Fenster und die Teilnehmer konnten nicht sehen, ob es Tag oder Nacht war. Für die Gefangenen wurde die Situation schnell sehr schwer: Die Wächter verboten ihnen den Toilettenbesuch, weckten sie alle paar Stunden, schrien sie an und versuchten sie zu demütigen. Fünf Gefangene brachen bei dieser unmenschlichen Behandlung zusammen und mussten entlassen werden. Der Rest begann sich unterwürfig zu verhalten und wandte sich gegen die Mitgefangenen, um die Gunst der Wächter zu erlangen. Die Wächter lebten sich ganz in ihre Rolle ein und missbrauchten ihre Macht. Auch Zimbardo begann sich mit seiner Rolle als Gefängnisdirektor zu identifizieren. Später gab er zu, aus den Augen verloren zu haben, dass es um ein Experiment ging und nicht erkannt zu haben was er den Studenten angetan habe. Nach fünf Tagen wurde das Experiment abgebrochen und Zimbardo entschuldigte sich dafür, dass sein Experiment so aus den Fugen geraten war.

Als 2004 die Missstände im irakischen Gefängnis Abu Ghraib ans Licht kamen, kam Zimbardo auf die Konsequenzen seines Experiments zurück. In seinem Buch *The Lucifer Effect* (2007) untersuchte er erneut die Frage, ob die Person oder die Situation bestimmend ist für ein bestimmtes Verhalten. Er kam zu dem Schluss dass das Stanfordexperiment und die Zwischenfälle in Abu Ghraib angsteinflößende Mahnungen dafür sind, wozu Menschen in Extremsituationen in der Lage sind.

SIEHE AUCH Konformität und Selbstständigkeit (1951), Gehorsam (1963), Theorie der sozialen Identität (1979)

Rundgang der Gefangenen, *Vincent van Gogh (1890).*

1971

Universelle Gesichtsausdrücke von Gefühlen

Paul Ekman (geb. 1934)

Charles Darwin behauptete in *Der Ausdruck der Gemütsbewegungen bei dem Menschen und den Tieren* (1872), dass Gesichtsausdrücke bei menschlichen Gefühlen universell sind. In dem Buch untersuchte er, wie die verschiedenen menschlichen Ausdrücke von Gefühlen ihren Ursprung im tierischen Verhalten finden. Der Psychologe Paul Ekman griff Darwins Werk in den 1960er Jahren auf. Zusammen mit seinem langjährigen Kollegen Wallace Friesen veröffentlichte er 1971 die berühmte Studie „Constants across Cultures in the Face and Emotion“. Seither gilt Ekman als Experte für Gesichtsausdrücke und Gefühle.

Ekman, einst Student beim Psychologen Silvan Tomkins, der Gefühle und Persönlichkeitslehre erforschte, untersuchte die Universalität von Gefühlsausdrücken in seinem Labor in Kalifornien. Eine staatliche Förderung in Höhe von einigen Hunderttausend Dollar ermöglichte es ihm, die notwendige Praxisforschung zu betreiben, die er sich andernfalls niemals hätte erlauben können. Ekman reiste nach Papua-Neuguinea und forschte dort bei den Fore, einem Stamm, der damals noch fast keinen Kontakt mit der zivilisierten Welt hatte. Ekman wollte wissen, ob die Fore bestimmte Ausdrücke von Gefühlen auf Fotos erkennen würden. Er hatte die Fotos bereits Hunderten von Menschen aus verschiedenen Kulturen gezeigt. Das hatte zum Teil seine Theorie bestätigt, dass Gesichtsausdrücke von Gefühlen universell sind. Kritiker wiesen jedoch daraufhin, dass seine Teilnehmer alle über die Massenmedien den gleichen Reizen ausgesetzt gewesen waren. Die Tatsache, dass sie seine Gefühle zu deuten wussten, bedeute also vielleicht einfach nur, dass sie bestimmte kulturelle Erfahrungen teilten.

Der Stamm in Papua-Neuguinea verschaffte ihm den besten Beweis für seine Theorie, denn die Stammesmitglieder der Fore erkannten die meisten Gesichtsausdrücke. Es ließen sich sieben universelle primäre Gefühle unterscheiden: Trauer, Freude, Abscheu, Furcht, Angst, Wut, Überraschung und Verachtung.

SIEHE AUCH Dreieckstheorie der Liebe (1986)

Die Masken beim Venezianischen Karneval zeigen verschiedene menschliche Gefühle.

15,00

1971

von Freiheit und Würde

B.F. Skinner (1904-1990)

1968 bekam B.F. Skinner die National Medal of Science. Er war damit der zweite Psychologe, dem diese Ehre zuteil wurde. 1970 wurde er in der April-Ausgabe des Männermagazins *Esquire* zu den „hundert wichtigsten Menschen der Welt" gezählt, womit er sich in Gesellschaft von Männern wie Fidel Castro, Pablo Picasso und Richard Nixon befand. 1971 bekam er den Joseph P. Kennedy International Award für seine Rolle bei der Entwicklung der Verhaltensmodifizierung, einer Therapie, die den Lebensstandard von Menschen mit einer Entwicklungsstörung erheblich verbessern half.

Im gleichen Jahr kam Skinners kontroverses Buch *Jenseits von Freiheit und Würde* heraus, das 26 Wochen die Bestsellerliste der *New York Times* anführte. In dem Buch hielt er ein Plädoyer für die Idee, dass menschliches Verhalten vor allem von Umweltfaktoren bestimmt wird. Seiner Ansicht nach war dies eine feststehende Tatsache, und deren Leugnung sowie das Festhalten am Glauben an den freien Willen und die absolute Würde des autonomen Menschen wirkten nur hemmend auf unsere Fähigkeit, gesellschaftliche Probleme, wie Überbevölkerung, Umweltverschmutzung und einen drohenden Atomkrieg zu lösen. Skinners Aufruf, den freien Willen zugunsten eines extremen Ökologismus aufzugeben, stand im Widerspruch zu einigen wichtigen Werten der amerikanischen Demokratie und des Kapitalismus.

Skinners Buch führte zu heftigen Kontroversen und scharfen persönlichen Angriffen. Manche zweifelten an seinem gesunden Menschenverstand, andere verglichen ihn mit Adolf Hitler und Josef Stalin. Die Kontroverse wurde auch von den Medien aufgegriffen und Skinner wurde eine bekannte Persönlichkeit. Sein Foto erschien auf dem Cover der *Time* und er war regelmäßig zu Gast bei Fernsehtalkshows. Trotz dieses Interesses befürchtete Skinner, dass man seine Argumente nicht richtig verstand. Seine Ideen berührten schließlich nicht nur den des amerikanischen Wesens, sondern auch des gesamten Menschseins.

SIEHE AUCH *Rattus norvegicus* var. *albinus* (1929), Lernmaschine (1954), Das Token-System (1961)

Walden Pond in Concord, Massachusetts. Skinners Roman Walden Two *von 1948, auf dem viele Ideen in* Jenseits von Freiheit und Würde *basieren, handelt von einer Gemeinschaft, die das einfache Leben und die Autarkie des Transzendentalismus von Henry David Thoreau (1817-1862) anstrebt.*

1972

Ebenen der Informationsverarbeitung

Fergus I.M. Craik (geb. 1935), **Robert S. Lockhart** (geb. 1939)

Die Psychologie in Nordamerika orientierte sich immer mehr auf das Erkenntnisvermögen statt auf den Behaviorismus. Innerhalb der kognitiven Psychologie führte das zu Fragen darüber, wie das Gehirn Informationen speichert und verarbeitet. Es entstanden diverse Theorien über Gedächtnis, Speicherung und Erinnerung. Eine der am längsten gültigen Theorien über das Langzeitgedächtnis sind die Ebenen der Informationsverarbeitung, die 1972 von Fergus Craik und Robert Lockhart, zwei Psychologen aus Toronto, vorgestellt wurden. Nach Craik und Lockhart bildet das Gedächtnis Teil von normalen kognitiven Prozessen, wie Wahrnehmung, Verständnis und Kategorisierung. Die große Bandbreite an Wirkungen, die von bestimmten Reize aufgingen, versuchten sie über eine Tiefenmetapher zu erklären.

Kurz gesagt, verarbeitet das Langzeitgedächtnis Dinge auf verschiedenen Ebenen, von oberflächlich bis tief. Wenn wir die Sprachwahrnehmung als Beispiel nehmen, werden vordergründige Details – wie die Form eines Buchstaben – oberflächlich verarbeitet und schnell wieder vergessen. Der Klang eines Worts wird auf tieferer Ebene verarbeitet, und die Erinnerung daran bleibt etwas länger bestehen. Wenn ein Wort auf seine semantische Bedeutung hin analysiert wird, wird es auf tiefstem Niveau verarbeitet. Die Erinnerung bleibt am längsten hängen und kann auch schnell wieder zurückgeholt werden. Je tiefer das Verarbeitungsniveau, desto besser das Langzeitgedächtnis, fanden Craik und Lockhart bei ihren Versuchen heraus.

Die Ebenen der Informationsverarbeitung stellten sich für viele psychologische Disziplinen als relevante Theorie heraus. So werden Informationen über uns selbst auf tiefster Ebene verarbeitet und bleiben auch am längsten gespeichert: Schließlich erinnern wir uns an mehr Ereignisse in unserem eigenen als in anderer Leute Leben.

SIEHE AUCH Der Cocktailparty-Effekt (1953), Kurzzeitgedächtnis (1956), Zentrum für kognitive Studien (1960)

Frau auf einer der Fidschi-Inseln. *Eine alte Fototechnik, wie hier der Einsatz von Sepiafarben, kann nostalgische Erinnerungen wachrufen.*

1972

Frauen und Wahnsinn

Phyllis Chesler (geb. 1940)

Ist Wahnsinn geschlechtsspezifisch? Und wenn ja, in welcher Beziehung? Zwischen 1850 und 1900 waren die festen Rollenmuster in der Mittel- und Oberschicht dermaßen einengend für Frauen, dass sie oft psychische und körperliche Beschwerden entwickelten, um dagegen aufzubegehren. Ende des 20. Jhd. war es eine bekannte Tatsache, dass Frauen doppelt so oft unter einer Depression litten wie Männer.

1972 veröffentlichte die Psychologin und Feministin Phyllis Chesler ein kritisches, feministisches Buch, in dem sie Interviews mit Frauen über ihre Behandlung in der Psychiatrie wiedergab. Sein Titel lautete *Frauen – das verrückte Geschlecht?* Laut Chesler standen westliche Frauen vor einem Dilemma. Einerseits bildeten stereotypische Rollenmuster oft die Grundlage für bestimmte Diagnosen, wie die Histrionische Persönlichkeitsstörung (HPS), wodurch Frauen mit unkonventionellem Verhalten pathologisiert wurden. Auf der anderen Seite wurden Frauen, die dem stereotypen Rollenmuster nicht entsprachen, als abnormal oder widerspenstig verurteilt. Kurz, zu weibliches Verhalten oder Verhalten, das nicht weiblich genug war, waren gleichermaßen Anlass für psychopathologische Diagnosen.

Gemäß Chesler waren die Erfahrungen von Frauen mit der Psychiatrie, in der sich hauptsächlich Männer etabliert hatten, ein Abbild der ungleichen Verhältnisse zwischen den Geschlechtern in der Gesellschaft. Die Psychiatrie war für die Frau eine weitere Möglichkeit, mithilfe der „sachkundigen Dominanz" des Mannes „gerettet" zu werden. Cheslers Klassiker bildet Teil der starken Kritik des Feminismus an der Psychiatrie und der Psychologie, und dieser Kampf dauert an.

SIEHE AUCH Hysterie (1886), Amerikanische Klassifizierung psychischer Störungen (1918), Genderrollen (1944), Genderidentität (1963), „Gesund in kranker Umgebung" (1972)

Text auf dem Grabstein von Sylvia Plath, auf dem Friedhof Heptonstall in West Yorkshire, England: „Even amidst fierce flames, the golden lotus can be planted." („Selbst inmitten wilder Flammen kann der goldene Lotus gepflanzt werden"). Die berühmte Dichterin kämpfte ihr Leben lang mit Depressionen und beging 1963, im Alter von 30 Jahren, Selbstmord.

IN MEMORY
SYLVIA PLATH HUGHES
1932 – 1963
EVEN AMIDST FIERCE FLAMES
THE GOLDEN LOTUS CAN BE PLANTED

1972

„Gesund in kranker Umgebung“

David L. Rosenhan (1929-2012)

> Ich habe noch niemals die Diagnose „psychische Störung“ bekommen oder eine psychische Erkrankung erlitten. Als ich jedoch beim Aufnahmegespräch in einer psychiatrischen Klinik sagte, dass ich Stimmen höre und Wörter wie „leer“ und „hohl“ fallen ließ, wurde ich mit der Diagnose „Schizophrenie“ aufgenommen, einer psychischen Erkrankung, die durch den Verlust des Realitätssinnes gekennzeichnet ist.

Mit dieser List gelang es dem Psychologen David Rosenhan und sieben anderen, in einer psychiatrischen Einrichtung aufgenommen zu werden. Er wollte wissen, was passierte, wenn gesunde Menschen in eine Umgebung versetzt werden, die für Kranke bestimmt ist.

Die Gruppe bestand aus drei Psychologen, einer Hausfrau und je einem Maler, Kinderarzt, Psychiater und Studenten. Sie alle wurden ohne Weiteres in verschiedenen Kliniken aufgenommen und bekamen Medikamente verschrieben (die sie nicht einnahmen). Bei der Anamnese erzählten sie schlichtweg die Wahrheit. In der Einrichtung selbst verhielten sie sich vollkommen normal. Weder die Psychiater noch die Pfleger durchschauten den Betrug, aber viele Mitpatienten hatten ihre Vermutungen. Alle Pseudopatienten wurden schließlich aus der Einrichtung entlassen, allerdings erst nachdem sie ihre Diagnose „akzeptiert“ hatten.

Nachdem Rosenhan diese Studie 1972 veröffentlicht hatte, machte er eine vergleichende Studie, bei dem der Klinik mitgeteilt wurde, dass innerhalb von drei Monaten ein Pseudopatient versuchen würde, aufgenommen zu werden. Von den 193 Aufnahmen verdächtigte man 85, ein Pseudopatient zu sein. In Wirklichkeit gab es keinen einzigen.

Die Psychiatrie versuchte mit aller Macht die Ergebnisse der Studie in Misskredit zu bringen. Gemäß Rosenhan führten unpräzise Diagnosen oft zu langfristigen und negativen Folgen. Und das war deswegen gravierend, weil sich herausstellte, dass die Experten für geistige Gesundheit in vielen Fällen nicht zwischen geistig gesunden und kranken Menschen unterscheiden konnten.

SIEHE AUCH Amerikanische Klassifizierung psychischer Störungen (1918), Die Selbstdarstellung im Alltag (1959), *Frauen und Wahnsinn* (1972), DSM-III (1980)

Das St. Elizabeth's Hospital in Washington D.C. war eine der Einrichtungen, in denen Rosenhans Experiment stattfand.

1973

Resilienz (Belastbarkeit)

Norman Garmezy (1918-2009)

Das englische Wort *resilience* (Belastbarkeit) stammt aus der Technik und Materialkunde und deutet auf die Fähigkeit eines Materials hin, nach Ausübung von Druck in seine ursprüngliche Form zurückzufedern. Der heutige Begriff „Belastbarkeit" im Sinne psychischer Widerstandsfähigkeit datiert vom Ende der 1960er Jahre.

In diesen Jahren kamen zwei sehr unterschiedliche Strömungen in der amerikanischen Gesellschaft zusammen und führten zu einer Anerkennung der Bedeutung des Begriffs „Belastbarkeit". Die eine Strömung untersuchte den Zusammenhang zwischen Verhalten und Lebensstil einerseits und Gesundheitsbeschwerden (wie Rauchen und Lungenkrebs) andererseits. Die andere Strömung befasste sich mit der Idee, dass gesellschaftliche Probleme, insbesondere Rassismus, sehr hohe öffentliche und persönliche Gesundheitskosten mit sich brachten.

Diese beiden Strömungen wurden Ende der 60er Jahre im Werk von Norman Garmezy zusammengeführt. Er untersuchte Kinder, die anfällig für Schizophrenie waren (z. B. weil sie arm waren oder einen schizophrenen Elternteil hatten) und entdeckte, dass viele dieser Kinder diese Krankheit dennoch niemals bekamen. Garmezy sorgte sich vor allem um Kinder, die gesellschaftlich benachtigt waren, wie farbige Kinder in den Großstädten. Seine ersten Studien über solche Kinder wurden 1973 veröffentlicht, und damit wurde die Erforschung nach psychischer Belastbarkeit in Gang gesetzt. Fast gleichzeitig veröffentlichte eine Gruppe afroamerikanischer Psychologen Artikel über die positiven Eigenschaften, u. a. Resilienz, innerhalb von farbigen Familien und Gemeinschaften.

Seither sind viele charakteristische Faktoren von Resilienz ans Licht gekommen. Ein Forscher bezeichnete die psychische Widerstandsfähigkeit als „einfache Zauberkraft" – mit anderen Worten, Faktoren, die Anlass zur Belastbarkeit geben, sind schlichtweg Facetten des menschlichen Anpassungsvermögens an eine oft feindliche und bedrohliche Umwelt. Gute soziale Fähigkeiten, Selbstvertrauen und eine positive Erziehung gehören zu den Faktoren, die Schutz bieten. Jüngst stellte sich heraus, dass auch kulturelle Faktoren eine wichtige Rolle spielen.

SIEHE AUCH Stress (1950), Schwarze Psychologie (1970), Biopsychosoziales Gesundheitsmodell (1977), Psychologische Widerstandsfähigkeit (1979)

Menschen können, genau wie Tiere und Pflanzen, auch unter schwierigen Umständen gedeihen. Drei Generationen von psychologischen Studien haben das inzwischen nachgewiesen.

1974

Entscheidungsfindung bei Unsicherheit

Daniel Kahneman (geb. 1934), **Amos Tversky** (1937-1996)

Ein Freund schlägt Ihnen vor, sich zu einem Blind Date mit einer Person zu verabreden, die er als „besonders attraktiv, ruhig und freundlich" umschreibt. Wie bestimmen Sie, ob Sie mit dieser Person ausgehen möchten? Gemäß der kognitiven Psychologie folgen Sie bei Ihrer Entscheidungsfindung einigen heuristischen Schritten oder Gedankensprüngen. Die Psychologen Daniel Kahneman und Amos Tversky veröffentlichten 1974 in der Zeitschrift *Science* eine Analyse, wie die Heuristik bei Entscheidungen angewandt wird. Dank ihrer Arbeit begreifen wir heute besser, weshalb wir bei fehlerhaft urteilen machen. Im Zuge dessen wiesen sie nach, dass der Mensch nicht immer so rational vorgeht, wie die Wissenschaft uns Glauben macht, sondern trotz seiner Intelligenz oft falsche Entscheidungen aufgrund seiner Intuition trifft.

Später untersuchten sie die Entscheidungsfindung, was zur *Prospect Theory* („Neue Erwartungstheorie") führte. Folglich wendet der Mensch bei seinen Entscheidungen die Heuristik auf Basis einer Einschätzung der Chancen und Risiken und nicht auf Basis des Ergebnisses an. Die Theorie bildete den Ausgangspunkt für die moderne Verhaltensökonomie und brachte Kahneman 2002 den Nobelpreis für Wirtschaft ein (Tversky war 1996 gestorben und der Nobelpreis wird nicht posthum verliehen).

Hier ein Beispiel heuristischen Denkens: Sie fragen sich, ob Sie während des morgendlichen Berufsverkehrs schneller über die Bundesstraße oder via Autobahn zur Arbeit kommen. Um die beste Strategie zu bestimmen, erinnern Sie sich dabei an Ihre Erfahrungen auf dem Weg zur Arbeit. Falls Ihnen der Gedanke, über die Bundesstraße ginge es schneller, eher in den Kopf kommt, entscheiden Sie sich vermutlich auch dieses Mal für diese Strategie. Das wird „Verfügbarkeitsheuristik" genannt. Das braucht nicht notwendigerweise die beste Strategie zu sein – in Wirklichkeit ist die Autobahn wahrscheinlich schneller.

SIEHE AUCH Psychoanalyse (1899), Kognitive Dissonanz (1957)

OBEN: *800 Frauen nahmen 1962, zur Zeit der Kubakrise, an einer Friedensdemonstration auf der 47th Street, nahe des Hauptsitzes der Vereinten Nationen in New York teil.* RECHTS: *Präsident John F. Kennedy am 29. Oktober 1962, am Tag nach dem Ende der Kubakrise, in einer Besprechung mit Verteidigungsminister Robert S. McNamara im Westflügel des Weißen Hauses. Die fehlgeschlagene Invasion 1961 in der Schweinebucht in Kuba war ein berüchtigtes Beispiel für „Gruppendenken", wobei die Mitglieder der Kennedy-Regierung vor allem einen Konsens im Entscheidungsprozess erreichen wollten, statt kritisch alternative Standpunkte abzuwägen.*

1974

Messung von Androgynie

Sandra Bem (geb. 1944)

Der Begriff „Androgynie" wird bereits seit dem 17. Jhd. für Personen mit sowohl männlichen als auch weiblichen Körpermerkmalen und Verhaltensweisen verwendet. Sandra Bem führte diesen Begriff 1974 mit ihrer Theorie der androgynen Persönlichkeit in die Psychologie ein. Nach Bem werden maskuline und feminine Eigenschaften in unserer Gesellschaft als unvereinbar betrachtet, tatsächlich jedoch können Menschen beide in sich vereinen. Nach Bems Hypothese sind Menschen mit einer androgynen Persönlichkeit flexibler in ihrem Verhalten und somit geistig gesünder als Menschen, deren Persönlichkeit sich innerhalb strenger, geschlechtsgebundener Grenzen befindet.

Bem schlug einen Maßstab für Androgynie vor das Bem Sex-Role-Inventory (BSRI). Ihre Forschungsergebnisse veröffentlichte sie 1974. Das BSRI besteht aus einer Liste von verschiedenen Charaktereigenschaften, die die Teilnehmer beschreiben – manche Eigenschaften werden allgemein als wünschenswert für Männer (ehrgeizig, analytisch, selbstsicher), wünschenswert für Frauen (herzlich, sanft, verständnisvoll) oder neutral (gewissenhaft, aufrichtig, freundlich) betrachtet. Teilnehmer, die ebensoviele maskuline wie feminine Eigenschaften auf dem BSRI punkten, werden als androgyn eingestuft. In der Regel werden Männlichkeit und Weiblichkeit als gegensätzliche Werte auf einer eindimensionalen Skala betrachtet, aber Bem zweifelte das an. Ihre eigene Skalenverteilung stieß jedoch auch auf Kritik. Sie verstärke gerade die Begriffe „Männlichkeit" und „Weiblichkeit", indem sie sie anfechte. Forscher hatten gelegentlich auch Schwierigkeiten, Bems Forschungsergebnisse zu reproduzieren.

Nichtsdestotrotz führte die Theorie der psychologischen Androgynie zu vielen empirischen Studien, wodurch die Idee gefördert wurde, dass **Genderidentität** und biologisches Geschlecht gesonderte Kategorien sind und bei einer gesunden Person nicht immer grundsätzlich übereinzustimmen brauchen.

SIEHE AUCH Genderrollen (1944), Genderidentität (1963)

Ardhanarishvara, eine androgyne hinduistische Figur, ist eine Kombination des Gottes Shiva und seiner Ehefrau Parvati. Die ältesten Abbildungen von Ardhanarishvara datieren aus dem 1. Jhd. n.Chr., zur Zeit des Kuschanreichs.

1975

Psychoneuroimmunologie

Robert Ader (1932-2011), **Candace B. Pert** (1946-2013)

Das Immunsystem fungiert im Körper als Überwachungs- und Verteidigungsnetzwerk. Es bietet Schutz vor infektiösen Keimen und anderen Eindringlingen, spielt auf der anderen Seite jedoch auch eine Rolle bei Autoimmunkrankheiten. Die Psychoneuroimmunologie (PNI) untersucht die Interaktion zwischen Immunsystem, neuroendokrinen Prozessen und psychologischen Faktoren in Bezug auf Krankheit und Gesundheit. Dass psychologische Faktoren einen negativen Einfluss auf das Immunsystem haben können, wurde vor nicht allzu langer Zeit, 1975, vom Psychologen Robert Ader entdeckt. Er beobachtete dies bei Ratten. Die Nager lernten, gesüßtes Wasser zu vermeiden, wenn ihm ein Mittel hinzugefügt worden war, das Übelkeit erregte. Das Mittel unterdrückte zudem das Immunsystem. Adlers Forschungs-Team entdeckte, dass das Immunsystem danach selbst dann unterdrückt wurde, wenn die Ratten nur gesüßtes Wasser tranken. Das deutete daraufhin, dass psychologische Prozesse, wie die Lernfähigkeit, an das Immunsystem gekoppelt waren. Zehn Jahre später entdeckte die Neurowissenschaftlerin und Pharmakologin Candace Pert, dass es eine Wechselwirkung gibt zwischen Neurotransmittern und dem Immunsystem. Weitere Studien wiesen einen Zusammenhang zwischen dem emotionalen Zustand und der Immunfunktion nach. Ihre Arbeiten zeigen, dass möglicherweise eine wichtige Verbindung zwischen klinischen Angststörungen, schweren Depressionen und der körperlichen Gesundheit besteht.

Stressoren – von täglichen Mühsalen, wie der Suche nach einem Parkplatz, bis hin zu großen Naturkatastrophen – können einen negativen Effekt auf die Immunkompetenz (die Fähigkeit zu normalen Immunreaktionen) haben. Die Kernfrage ist, ob der psychologische Effekt von Stressoren auf das Immunsystem die Gesundheit insgesamt beeinflusst. Es hat sich herausgestellt, dass Menschen unter **Stress** anfälliger sind für ansteckende Krankheiten, wie Erkältung, Grippe oder Windpocken. Chronische Krankheiten wie Herz- und Gefäßerkrankungen, können sich durch stressbedingte Veränderungen im Immunsystem verschlimmern. Vor allem Depressionen können die Immunkompetenz negativ beeinflussen. Die PNI-Studie hat im 21. Jhd. ganz deutlich nachgewiesen, dass Körper und Geist eng miteinander zusammenhängen.

SIEHE AUCH Psychosomatik (1939), Stress (1950), Resilienz (1973), Biopsychosoziales Gesundheitsmodell (1977), Psychologische Widerstandsfähigkeit (1979), Mind-Body Medizin (1993)

Ein Surfer im Tunnel einer Welle. Studien zeigen dass es eine starke Wechselwirkung zwischen psychologischen und biologischen Faktoren – unter anderem dem Immunsystem – gibt. Sie sorgt dafür, dass wir gesund bleiben.

1975

Erlernte Hilflosigkeit

Martin P. Seligman (geb. 1942)

Melancholie, oder Depression, gehört offensichtlich zum Menschen, denn dieser Zustand wird schon seit jeher beschrieben. Die Ideen über die Ursache haben sich im Laufe der Jahrhunderte geändert, von einem Zuviel an einem der vier Körpersäfte bis hin zu der psychoanalytischen Erklärung, dass die Aggression gegen das eigene Selbst dabei eine Rolle spielt. Ende des 20. Jhd. meinte der Psychologe Martin Seligman, dass eine Depression entsteht, wenn jemand glaubt, er sei machtlos oder nicht in der Lage, Aspekte seines Lebens zu ändern. Dadurch entwickelt jemand negative Verhaltensmuster und Überzeugungen, wie ein Gefühl der Hilflosigkeit und Passivität, wenn er mit etwas Schwierigem konfrontiert wird. Das wird eine Art selbsterfüllende Prophezeiung, denn die negativen Erwartungen bewahrheiten sich oft, wodurch das Gefühl der Machtlosigkeit weiter verstärkt wird.

Seligman war experimenteller Psychologe. Am Anfang seiner Karriere erforschte er Verhaltensstörungen bei Tieren, die mit den psychischen Störungen bei Menschen korrespondierten. Die Experimente, die zu der Theorie der erlernten Hilflosigkeit führten, wurden mit Hunden gemacht. Die Tiere wurden in einen Käfig gesperrt, dessen eine Hälfte am Boden mit einem Metallgitter versehen war und unter Strom gesetzt werden konnte. In der Mitte des Käfigs befand sich eine Trennwand, sodass das Tier nicht auf die sichere Seite des Käfigs gelangen konnte. Nachdem die Tiere wiederholt elektrischen Schocks ausgesetzt worden waren, versuchten sie nicht einmal mehr in Sicherheit zu gelangen, als die Trennwand weg war. Nach Seligman handelt es sich um erlernte Hilflosigkeit, wenn die Machtlosigkeit, einer Situation zu entfliehen sich auf Situationen übertragen hat, in denen ein Entkommen möglich ist.

Die Tierexperimente, die zur erlernten Hilflosigkeit führten, korrespondieren mit einer klinischen Depression beim Menschen. Seligman beschrieb diesen Zusammenhang 1975 in seinem Buch *Erlernte Hilflosigkeit*. Später berichtigten Seligman und Kollegen diese Theorie. Nicht die Erfahrungen selbst, über die jemand keine Kontrolle hatte, waren die Ursache einer Depression, sondern die Art und Weise, in der jemand diese Erfahrungen erklärte. Daraus ergaben sich verschiedene Behandlungsmethoden, die darauf abzielten, der depressiven Person zu helfen, ihre Überzeugungen und Erwartungen anzupassen.

SIEHE AUCH *Die Anatomie der Melancholie* (1621), Kognitive Therapie (1955), Positive Psychologie (2000)

Melancholie, *von der französischen Kunstmalerin Constance Marie Charpentier (1801).*

1975

Sikolohiyang Pilipino

Alfredo Lagmay (1919-2005), **Virgilio Enriquez** (1942-1994)

Die Philippinen waren 300 Jahre lang eine Kolonie Spaniens und von 1898 bis 1946 war das Land amerikanischer Hand. Nach der amerikanischen Herrschaft wollten viele Philippiner, dass ihre eigenen Normen und Werte in ihren Organisationen und Arbeitsweisen zum Ausdruck kamen. Innerhalb der Psychologie wurde diese Bewegung von Alfredo Lagmay und Virgilio Enriquez angeführt. Lagmay war Leiter der Abteilung Psychologie der University of the Philippines in Manila. Enriquez war gerade aus den USA zurückgekehrt, wo er promoviert hatte. Zusammen gründeten die beiden die Sikolohiyang Pilipino („philippinische Psychologie"), mit dem Hauptziel der „Entkolonialisierung" der philippinischen Psyche nach einer langen Periode der westlichen Herrschaft. Der offizielle Startschuss fiel 1975 auf dem ersten nationalen Kongress der philippinischen Psychologie. Vorsitzender war Enriquez.

Lagmay und Enriquez gründeten ein Institut für Forschung und Ausbildung. Dort arbeiteten Hunderte von Studenten an Sikolohiyang Pilipino. Eine ihrer bemerkenswertesten Innovationen ist die Entwicklung von Forschungsmethoden, die zur philippinischen Kultur passen. Enriquez entwarf eine „abtastende" Technik, bei der während eines Projekts ein passendes Konzept und eine Methodologie gesucht, anstatt anhand einer festgelegten Strategie und Fragestellung gearbeitet wird. Sikolohiyang Pilipino ist mittlerweile fest in der philippinischen Geschichte und Kultur verankert. Das Gegenüber muss primär als menschliches Wesen – und nicht als Forschungsobjekt – betrachtet werden. Es muss Vertrauen aufgebaut werden, bevor mit der Datensammlung begonnen wird.

Enriquez und Lagmay bestanden darauf, dass die philippinischen Normen und Werte im Zentrum der Sikolohiyang Pilipino stehen. Werte wie Anstand (*hiya*), Dankbarkeit und Solidarität (*utang na loob*) und vor allem gemeinsame Identität (*kapwa*) waren wichtig. *Kapwa* führt z. B. dazu, dass der andere respektvoll als Mitmensch behandelt wird. Ob diese Person ein Insider oder Outsider ist, bestimmt die Art der Interaktion und ihren Umfang. Sikolohiyang Pilipino ist noch immer ein fruchtbarer Ansatz auf den Philippinen.

SIEHE AUCH Konfuzianische Psychologie (500 v.Chr.), Kulturgebundene Syndrome (1904), Kulturrelativismus (1928)

Gemeinsam wird ein Haus an einen anderen Ort gebracht – diese Art von Zusammenarbeit ist in der philippinischen Gemeinschaft immer noch wichtig. Das Foto illustriert das enge Verhältnis zwischen Kultur und psychologischen Denkbildern bei Sikolohiyang Pilipino.

1977

Biopsychosoziales Gesundheitsmodell

George Engel (1913-1999)

Anfang des 20. Jhd. drehten sich die Gesundheitsmodelle ausschließlich um die Biochemie. In Europa und Nordamerika war die Physiologie einer Krankheit der wichtigste Faktor. Dennoch gab es seinerzeit auch Menschen, die die Medizin um gesellschaftliche und psychosoziale Faktoren zu erweitern versuchten. 1977 führte der Arzt George Engel das biopsychosoziale Gesundheitsmodell ein. Engel war von der langen Zusammenarbeit mit dem Psychiater John Romano und der Forschungsarbeit des Endokrinologen Hans Selye über die Auswirkungen von **Stress** auf den menschlichen Körper beeinflusst. Zudem führte Engel die allgemeine Systemtheorie des Biologen Ludwig von Bertalanffy fort.

Engel hatte eine ärztliche Ausbildung absolviert und stand den „lächerlichen" Ideen der **Psychosomatik** aus den 1930er Jahren sehr skeptisch gegenüber. Nach einigen Jahren der Zusammenarbeit mit Romano akzeptierte er jedoch, dass psychologische Faktoren bei manchen Krankheiten sehr wohl eine Rolle spielen. Die erste Theorie, die für sein späteres Werk relevant war, *conversation-withdrawal*, entwickelte er in den 1950er Jahren. Nach diesem Modell können Dinge, die für einen Organismus bedrohlich sind – vor allem zwischenmenschliche Bedrohungen, wie der Verlust von Beziehungen – Immobilität und Rückzug zur Folge haben und eine Depression nach sich ziehen. Eine gestörte Beziehung kann eine schwere Krankheit verursachen.

Trotz der Mängel des Modells hielt Engel weiterhin an der Idee fest, dass Beziehungen wichtig sind für die Gesundheit. Nicht nur die persönlichen Beziehungen des Patienten waren wichtig, sondern auch jene zwischen Arzt und Patient und auf einer höheren Ebene auch jene zur der Klinik, Nachbarschaft, Gemeinde, usw. Seiner Ansicht nach haben alle diese Beziehungen Einfluss auf die Gesundheit des Menschen. Engel veröffentlichte sein Gesundheitsmodell 1977 in der Zeitschrift *Science* und löste damit sofort Kontroversen aus. Schließlich jedoch wurde das Modell von vielen Professionellen im Gesundheitswesen anerkannt, insbesondere von Psychologen moderner Ausrichtungen wie der Gesundheitspsychologie und der *Behavioral Medicine*.

SIEHE AUCH Psychosomatik (1939), Stress (1950), Mind-Body Medizin (1993)

Migrant Mother, *das berühmte Foto von der bettelarmen Landarbeiterin Florence Owens Thompson und ihrer Familie aus dem Jahr 1936. Das Foto zeigt die Auswirkungen, die die Große Depression auf die einfache Bevölkerung Amerikas hatte.*

1977

Stadien der kognitiven Entwicklung

K. Warner Schaie (geb. 1928)

Im 20. Jhd. konzentrierte sich die Forschung innerhalb der Entwicklungspsychologie hauptsächlich auf Babys und Kinder. Als die amerikanischen Babyboomer Eltern wurden, wuchs auch das Interesse an der Entwicklung im Erwachsenenalter. Ende des 20. Jhd. hatten Untersuchungen uns gelehrt, dass jede Lebensphase eine eigene Entwicklung durchmacht. Ein Beispiel für eine solche Studie ist das Werk des Psychologen und Sozialgerontologen Warner Schaie. 1977 beschrieb Schaie die Art und Weise, wie das Denkvermögen sich ändert, je älter der Mensch wird. Grob gesagt, ändert sich unser Denken von „Was muss ich wissen?“ über „Wie muss ich das anwenden, was ich weiß?“ hin zu „Warum muss ich es wissen?“

Von unseren ersten Lebensjahren an und während der gesamten **Adoleszenz** sammeln wir Kenntnisse. Beim Erwachsenwerden ändert sich unser Denken. Schaie beschrieb sechs Stadien der kognitiven Entwicklung beim Erwachsenen. Als junger Erwachsener befinden wir uns im *ausführenden Stadium*, in dem wir unsere intellektuellen Fähigkeiten einsetzen, um unsere Ziele zu erreichen, z. B. einen Beruf zu erlernen und auszuüben. Im mittleren Alter werden Karriereziele mit gesellschaftlichen Verantwortlichkeiten integriert, z. B. eine Familie zu gründen. Dies ist das *verantwortliche Stadium*. Manche Erwachsene erreichen im mittleren Alter das *unternehmende Stadium*, in dem sie Verantwortlichkeiten für große soziale Systeme auf sich nehmen, die komplexes Denken erfordert, etwa um eine Universität oder einen Konzern zu leiten.

Im Alter, dem *reintegrativen Stadium*, richtet das Denken sich mehr auf den Sinn des Lebens; der Mensch versucht die vielen Aufs und Abs innerhalb dieses Rahmens einzuordnen. Das *reorganisierende Stadium* erfolgt nach der Pensionierung und das Denkvermögen orientiert sich dann auf die Neueinrichtung des Lebens, z. B. aufgrund einer schlechteren Gesundheit oder geringerer finanzieller Mittel. Schließlich kommt für einige noch das *Nachlassstadium*, in dem man sich auf den Tod einstellt. Das Denken richtet sich dann insbesondere darauf, ein Erbe zu hinterlassen, indem Memoiren verfasst, Aktionfonds angelegt oder die Spende des eigenen Körpers an die Wissenschaft geplant werden. Das Werk von Schaie und anderen hat zu einer Anpassung der amerikanischen Sozialpolitik geführt, die besser zur immer älter werdenden Bevölkerung passt.

SIEHE AUCH Adoleszenz (1904), Moralische Entwicklung (1958), Lebensphasen (1978), Ökosystemischer Ansatz (1979), *Stufen des Glaubens* (1981)

Ein älteres Ehepaar genießt die einfachen Dinge des Lebens. Gemälde aus dem Jahr 1904 vom tschechischen Maler Jaroslav Špillar.

1978

Lebensphasen

Daniel Levinson (1920-1994)

„Was habe ich aus meinem Leben gemacht? Welche zentralen Werte habe ich und wie äußere ich diese in meinem Leben?" Solche Fragen stellte Psychologe Daniel Levinson in seinem einflussreichen Buch *Das Leben des Mannes: Werdenskrisen, Wendepunkte, Entwicklungschancen* (1978). In einer Longitudinalstudie mit 40 Männern entdeckte Levinson, dass solche Fragen rund um das 40. Lebensjahr aufkommen. In späteren Studien zeigte sich, dass das auch für Frauen gilt. Die Schlussfolgerung Levinsons war, dass diese Fragen und die zugrundeliegenden psychologischen Themen Menschen mittleren Alters dazu veranlassen können, einschneidende Entscheidungen zu treffen. Manche Menschen kündigen z. B. ihren Job werfen ihre gesamte Karriere um. Andere lassen sich scheiden und heiraten einen anderen Partner, wieder andere entscheiden sich für ein neuen Lebensentwurf und andere spirituelle Werte.

Levinsons Studie sowie weitere Arbeiten über sich wandelnde Lebensphasen von Erwachsenen erfolgten aus wissenschaftlichem Interesse. Doch das Thema fand auch Anklang in der breiten Öffentlichkeit, u. a. durch das Buch *Passages* (Lebensphasen, 1976) von Gail Sheehy. Für manche erwachsene Amerikaner kann das mittlere Alter am besten als „Midlifekrise" beschrieben werden. Um 1980 war viel Literatur auf dem Markt, sowohl wissenschaftliche als auch populärwissenschaftliche. Darin wurde der sich verändernde Lebenslauf von Babyboomern beschrieben. Studien ergaben, dass nur etwa 12 % der amerikanischen Männer das mittlere Alter als eine existenzielle Krise erfahren, die sie zu einer einschneidenden Veränderung antrieben. 30 % waren mit ihrem Leben unzufrieden, gaben jedoch anderen die Schuld daran.

Auffallend war, dass Frauen das mittlere Alter oft nicht als kritische Phase betrachteten, sondern gerade als eine Periode, die neue Chancen bot, da die Kinder ihre eigenen Wege gingen und zuhause weniger Verantwortung auf ihnen lastete.

Jüngst wurden noch andere Ideen über die Lebensphasen von Erwachsenen aufgeworfen. Viele Forscher behaupten, dass der Mensch in den Phasen seines Lebens vor einer der vier folgenden Entscheidungen steht: eine positive erwachsene Entwicklung, eine ungesteuerte Veränderung, Stagnation oder Verfall. Diese Entwicklungen sind nicht unvermeidlich, sondern ergeben sich eher aufgrund einer Vielzahl von Entscheidungen, die man im Laufe seines Lebens trifft.

SIEHE AUCH Stadien der kognitiven Entwicklung (1977), Ökosystemischer Ansatz (1979)

Ein Mann mittleren Alters in einem roten Cabriolet – der Prototyp der Midlifekrise in der amerikanischen Kultur.

1978

Der goldene Käfig

Hilde Bruch (1904-1984)

Im Mittelalter galt Fasten als eine asketische Prüfung, um Gott näher zu kommen. Der moderne Grund hängt mit einer idealisierten Körperform zusammen. Anorexia nervosa (Magersucht) und Bulimia nervosa (Ess-Brechsucht) sind die bekanntesten Essstörungen. Beide kommen öfter bei Frauen als bei Männern vor. Die Störung beginnt meistens zwischen dem 15. und 24. Lebensjahr. Die Häufigkeit ist seit den 1950er Jahren in den westlichen Ländern dramatisch gestiegen.

Wichtige Merkmale der Magersucht sind obsessive Diäten, die Einnahme von Abführmitteln, sich übergeben, Darmspülungen und viel körperliche Bewegung. Das führt zu Untergewicht, oft einhergehend mit Gesundheitsproblemen und einem verzerrten Körperbild. Bei der Bulimie wechseln sich Perioden mit Essanfällen mit der Einnahme von Abführmitteln, absichtlich herbeigeführtem Übergeben und anderen extremen Mitteln ab. Etwa 4 % der Frauen in westlichen Ländern entwickeln eine Essstörung, die so schwer ist, dass professionelle Behandlung erforderlich ist.

Es ist nicht bekannt, wie sich diese weit verbreiteten Essstörungen entwickelt haben, aber das Medienbild der superschlanken Frau und der Frau als Sexualobjekt spielen sicherlich eine Rolle. Die deutsch-amerikanische Ärztin Hilde Bruch war eine der ersten, die eine Erklärung und eine Behandlung für Essstörungen fand. Ihre Umschreibung von jungen Frauen, die an einer Essstörung leiden, ist berühmt geworden: „Vögel in einem goldenen Käfig“. Dieses Bild kam von einer ihrer Patientinnen, die beschrieb, sie fühle sich wie ein „Spatz im goldenen Käfig“ und sie sei ihrer reichen Familie unwürdig. Nach Bruch ist eine der wichtigsten Ursachen der Magersucht, dass die Patientin meint, weder die eigenen, noch die elterlichen Erwartungen erfüllen zu können. Durch ihre Studien kam Bruch zu der Überzeugung, dass vor allem Mädchen mit einer fügsamen Persönlichkeit in Familien, in denen bestimmte Erwartungsmuster herrschen, anfällig für Essstörungen sind. Wenn das Mädchen das Gefühl hat, diese Erwartungen nicht erfüllen zu können, äußert sie ihre Unabhängigkeit auf die ihr einzige Möglichkeit: eine extreme Kontrolle über Nahrung. Die Behandlung von Bruch besteht darin, der Patientin und den Eltern mehr Einsicht in die Familiendynamik zu vermitteln und die Familie gesünder funktionieren zu lassen. Kognitive Psychotherapie und Familientherapie erzielen gute Erfolge bei Essstörungen.

SIEHE AUCH Familientherapie (1950), Kognitive Therapie (1955)

Die Zahl der Mädchen mit Essstörungen, wie Anorexia nervosa, ist seit den 1950er Jahren im Westen enorm gestiegen, insbesondere aufgrund des Idealbilds der superschlanken Frau, das in den Medien bejubelt wird.

35
36
37
12
13
14
15
16
17
18
19
20
21
39
40
41
42
43

1978

Theory of Mind (ToM)

David Premack (geb. 1925)

Eine der wichtigsten Errungenschaften innerhalb der sozialen Entwicklung ist die Fähigkeit, sich in das einzuleben, was andere Menschen fühlen und denken und entsprechend zu reagieren. Diese Fähigkeit wird bereits seit 30 Jahren in der modernen Entwicklungswissenschaft bei Babys, Kindern, Schimpansen und sogar bei Nagetieren untersucht.

Entwicklungspsychologen nennen diese Fähigkeit *Theory of Mind* (ToM). Das Konzept findet sich in verschiedenen großen Weltreligionen wieder, aber in der Psychologie wurde ToM erst 1978 von David Premack und Guy Woodruff eingeführt. ToM betrifft die Erkenntnis des Kindes, dass andere Menschen auch Gedanken, Meinungen, Wünsche und Gefühle haben. Ohne ToM wäre das Kind nicht in der Lage, soziale Zeichen von anderen zu interpretieren – **autistische** Kinder können das beispielsweise nicht oder nur bedingt.

ToM ist ein Entwicklungsprozess, der bei einem normal entwickelten Kind im Alter von vier bis fünf Jahren vollständig funktioniert. Studien haben ergeben, dass die ersten Anzeichen von ToM bereits im Alter von sieben bis neun Monaten entstehen. Das Baby fängt an zu entdecken, dass es die Aufmerksamkeit einer Person wecken kann, wenn es auf etwas zeigt. Im Alter von einem Jahr entdeckt das Kind, dass Menschen Absichten haben. Aber erst um das vierte oder fünfte Lebensjahr bemerkt es, dass es einen Zusammenhang zwischen dem gibt, was jemand denkt oder fühlt und seinem Handeln.

Neurowissenschaftler haben mithilfe von bildgebenden Verfahren nachgewiesen, dass in diesem Alter der präfrontale Kortex rapide wächst. Bei autistischen Kindern ist das nicht der Fall, obgleich Behandlungen möglich sind, um die Reaktionen des Gehirns bei diesen Kindern zu verbessern.

ToM ist extrem wichtig, um Empathie und Gefühle zeigen zu können. Unsere sozialen Fähigkeiten hängen damit zusammen. Studien nach ToM haben einen großen Beitrag zu unserer Kenntnis über die soziale Entwicklung sowie die emotionale und kognitive Entwicklung eines Kindes geleistet. Außerdem spielt ToM bei der Reaktion der Spiegelneuronen eine Rolle.

SIEHE AUCH Genetische Epistemologie (1926), Spiegelneuronen (1992)

Normalerweise lernen Kinder im Alter von vier bis fünf Jahren, dass das Verhalten eines anderen damit zusammenhängt, was er fühlt und denkt – ein sehr wichtiger Schritt bei der Entwicklung von Empathie und sozialen Fähigkeiten.

1979

Ökosystemischer Ansatz

Urie Bronfenbrenner (1917-2005)

Einst wurde die amerikanische Entwicklungspsychologie wie folgt umschrieben: „Die Wissenschaft, die in sehr kurzer Zeit das seltsame Verhalten von Kindern in seltsamen Situationen mit seltsamen Erwachsenen erforscht." Der, der das sagte – Urie Bronfenbrenner – bot auch eine Alternative für diese fragwürdige Methode.

Bronfenbrenner, einer der wichtigsten amerikanischen Psychologen des 20. Jhd., wurde in Russland geboren und „entwickelte sich" in den USA. Ende der 1960er Jahre begann er sich über die engstirnige und künstliche Arbeitsweise der amerikanischen Entwicklungspsychologie zu ärgern. Für das, was er die „Ökologie des Kindes"' nannte, übernahm er Ideen aus der Systemtheorie, die besagt, dass bei der Erforschung eines bestimmten Phänomens auch der breitere Kontext berücksichtigt werden muss. Die Ergebnisse seiner Studie wurden 1979 unter *Die Ökologie der menschlichen Entwicklung* veröffentlicht.

Der ökosystemische Ansatz von Bronfenbrenner besagt, dass die menschliche Entwicklung innerhalb von vier separaten Systemen stattfindet, die jedoch auch in Beziehung zueinander betrachtet werden können. Das *Mikrosystem* ist die persönliche Umgebung des Kindes und besteht aus seinen Eltern, Altersgenossen und den Einrichtungen, mit denen es unmittelbar zu tun hat. Das *Mesosystem* ist das System von Interaktionen zwischen den diversen Elementen des Mikrosystems: Eltern und Lehrer, Eltern und Altersgenossen oder die Familie und eine religiöse Einrichtung. Die nächsthöhere Ebene ist das *Exosystem*. Dies hat zwar Einfluss auf die Entwicklung des Kindes, aber es besteht keine unmittelbare Interaktion. Ein Beispiel ist die Berufssituation der Eltern – sie beeinflusst das Kind insofern, als dass möglicherweise eine Betreuung gesucht werden muss oder dass ein Elternteil viel auf Geschäftsreisen ist. Schließlich gibt es das *Makrosystem*: die kulturelle oder nationale Situation, in der sich das Kind befindet. Z. B. hat eine Studienfinanzierung Einfluss auf die Ausbildungswahl des Kindes.

Der ökosystemische Ansatz bietet eine reiche Metaperspektive der menschlichen Entwicklung. Die Komplexität und die Vielschichtigkeit des menschlichen Lebens können damit in einen breiten Kontext gesetzt werden.

SIEHE AUCH Psychologischer Lebensraum (1935), Vorsprung durch Head Start (1965), Stadien der kognitiven Entwicklung (1977), Lebensphasen (1978)

Präsident George Bush mit Kindern in einem Klettergerüst im Emily Harris Head Start Center in Catonsville, Maryland. Bush sagte hier 1992 zu, dass das Programm Head Start 600 Mio. Dollar zusätzliche Subventionen bekommen werde. Head Start begann 1965 und ist ein gutes Beispiel für die verschiedenen Einflüsse und ihr Zusammenhang auf die Entwicklung eines Kindes gemäß dem ökosystemischen Ansatz.

1979

Theorie der sozialen Identität

Henri Tajfel (1919-1982)

Woher kommen Vorurteile? Entstehen sie individuell oder spielen Gruppen und kollektive Identität eine größere Rolle? Für den Sozialpsychologen Henri Tajfel ist die Zugehörigkeit zu einer sozialen Gruppe entscheidend für die Bildung von Vorurteilen. Der Pole Tajfel, Sohn einer jüdischen Familie, studierte in Paris und absolvierte seinen Wehrdienst zu Anfang des Zweiten Weltkriegs in der französischen Armee. Er wurde Kriegsgefangener und war bis Kriegsende in einem deutschen Konzentrationslager. Nach dem Krieg erfuhr er, dass seine Familie von den Nazis ausgelöscht worden war. Daraufhin begann er, das Verhalten von Gruppen und die Entstehung von Vorurteilen zu erforschen.

Ausgehend von seinen Kriegserfahrungen vermutete Tajfel, dass Vorurteile und Hassgefühle durch die Zugehörigkeit zu sozialen Gruppen beeinflusst werden. Anfangs untersuchte er diverse Kategorisierungen und stellte fest, dass die Angehörigen einer Gruppe alle anderen Mitglieder ihrer eigenen Gruppe, oft zu Unrecht, als Ihresgleichen betrachteten, während Unterschiede zu anderen Gruppen übertrieben wurden. Tajfel forschte weiter und bemerkte bei Gruppenmitgliedern die Neigung, die Überlegenheit der eigenen Gruppe zu betonen und die Bedeutung anderer herabzustufen. 1979 publizierten Tajfel und sein Schüler John Turner eine Theorie der sozialen Identität in „An Integrative Theory of Intergroup Conflict". Nach Tajfels Tod fügte Turner neues Forschungsmaterial von Tajfel hinzu und publizierte es 1986 unter dem Titel „The Sozial Identity Theory of Intergroup Relations".

Ausgehend von seinen Untersuchungen argumentierte Tajfel, dass unsere soziale Identität aus der Zugehörigkeit zu einer sozialen Gruppe stammt. So haben wir ein positiveres Selbstbild vor allem wegen dieser Zugehörigkeit. Dies bildet sich, indem wir uns Gruppen anschließen, die uns eine positive Identität vermitteln. Oder wir behaupten, dass Gruppen, denen wir angehören, besser sind. Um das positive Selbstbild noch zu stärken, neigen wir dazu, Unterschiede zwischen unseren Gruppen und denen anderer zu vergrößern. Die Zugehörigkeit zu einer Gruppe wirkt also positiv auf unser Selbstbild. Sie kann aber auch zur Diskriminierung von Mitgliedern anderer Gruppen und zu Vorurteilen ihnen gegenüber führen.

SIEHE AUCH Konformität und Selbstständigkeit (1951), Kontakthypothese (1954)

Ein endloser Zug von deutschen Kriegsgefangenen marschiert im Oktober 1944 durch die Straßen der verwüsteten Stadt Aachen. Die persönliche Erfahrung als Kriegsgefangener war für den Sozialpsychologen Henri Tajfel der Auslöser für seine Studien zu Gruppenverhalten und Vorurteilen.

1979

Psychologische Widerstandsfähigkeit

Suzanne Kobasa Ouellette (geb. 1947)

In den 1970er Jahren stieg das Interesse an der Beziehung zwischen Persönlichkeit und Gesundheit. Suzanne Kobasa von der Universität Chicago untersuchte die Relation zwischen Persönlichkeit, **Stress**, Gesundheit und Krankheit. Dabei bezog sie sich auf Theorien, wie die physiologische Basis von Gefühlen (William James), produktive Orientierung (Erich Fromm), die vollständig funktionierende Person (Carl Rogers), die sich selbst aktualisierende Persönlichkeit (Abraham Maslow) und persönliche Kompetenz (Robert White). Laut Kobasa spielt die Charaktereigenschaft der Widerstandsfähigkeit eine entscheidende Rolle für die Gesundheit. Ihr Artikel „Stressful Life Events, Personality, and Health: An Inquiry into Hardiness" (1979) führte zu etlichen Untersuchungen zur Rolle der Persönlichkeit im Umgang mit Stress.

Als die amerikanische Regierung die Aufteilung der American Telephone & Telegraph Company (AT&T) in regionale Betriebe anordnete, darunter auch die Illinois Bell Telephone (IBT), konnte diese Annahme genauer untersucht werden. Kobasa befragte IBT-Manager nach ihrem Umgang mit der Reorganisation, wobei diese auch viel Personal entlassen mussten. Sie stellte große Unterschiede im Umgang mit stressvollen Ereignissen fest, je nach Persönlichkeit. Laut Kobasa werden die Folgen von Stress durch eine bestimmte Haltung oder den Charakter abgefedert. Weitere Forschungen ergaben, dass psychologische Widerstandsfähigkeit in Kombination mit sozialer Unterstützung und Bewegung vor stressbedingten Gesundheitsproblemen schützt.

Kobasa glaubte, dass die Persönlichkeit in allen Bereichen des Lebens eine große Rolle spielt. Psychologische Widerstandsfähigkeit umfasst laut Kobasa drei Merkmale: Bindung, Kontrolle und Herausforderung. Bindung bedeutet, man fühlt sich nicht entfremdet und isoliert, sondern mit den jeweiligen Lebenssituationen und mit anderen Menschen verbunden. Kontrolle beinhaltet, dass man nicht passiv ist, sondern das eigene Leben zu gestalten sucht. Herausforderung steht für das Lernen aus Erfahrungen, auch wenn sie nicht immer positiv sind. Mit der Theorie der psychologischen Widerstandsfähigkeit hat Kobasa wesentlich zum Wissen über den Einfluss der Persönlichkeit auf die Gesundheit beigetragen.

SIEHE AUCH Resilienz (1973), Psychoneuroimmunologie (1975), Biopsychosoziales Gesundheitsmodell (1977), Mind-Body Medizin (1993)

Südafrikas Ex-Präsident Frederik Willem de Klerk (links) und sein Nachfolger Nelson Mandela warten auf den Moment einer Ansprache vor einer Menschenmenge in Philadelphia 1993. Es gibt nur wenige Menschen, die den Begriff der „psychologischen Widerstandsfähigkeit" so gut verkörpern wie Nelson Mandela.

1980

Fürsorglicher Führungsstil

J.B.P. Sinha (geb. 1936)

In der westlichen Psychologie gab es im Laufe der Jahrhunderte etliche Forschungen über verschiedene Führungsstile. Dabei wurden vor allem die vorzüglichen Eigenschaften demokratischer Führungsstile herausgestellt. Als sich die Psychologie nach dem Zweiten Weltkrieg über die ganze Welt verbreitete, gab es daran jedoch immer mehr Zweifel. In vielen Ländern entstanden Strömungen, die besser zur eigenen Kultur und Geschichte passten, darunter das Konzept des **Sikolohiyang Pilipino** auf den Philippinen.

In Indien wurde ein Führungsmodell entwickelt, das auf den indischen Sozial- und Familienverhältnissen basierte. Jai B.P. Sinha publizierte dieses Modell 1980 als The Nurtant-Task Leader (sorgsame und steuernde Führung). Sinha hatte an der Universität von Ohio promoviert, wo er sich mit der Tradition der amerikanischen Sozialpsychologie eingehend befasst hatte. Wieder zurück in Indien, erwies er der indischen Psychologie große Dienste. Er stellte fest, dass die kulturellen Traditionen seiner Heimat eine bessere Basis für nuancierte psychologische Theorien bot und mehr zur indischen Arbeitswelt passte als importierte westliche Ideen. Laut Sinha ist die Sinnhaftigkeit des Lebens in Indien unlösbar mit dem Verhältnis zu anderen verbunden. Das Ziel des Lebens ist es, in Harmonie mit der Natur und der Gesellschaft zu leben. Hierin liegt auch die Basis für das Verhältnis Führung – Mitarbeiter.

Ab den 1970er Jahren richtete Sinha seine Forschungen auf die Führungsqualitäten und deren Bedeutung für indische Unternehmen. Sein Team konnte zeigen, dass Inder vor allem bei fürsorglicher und klar strukturierter Führung gedeihen, wobei die Führungskraft hohe Produktionserwartungen mit einem fürsorglichen Verhältnis zum Arbeitnehmer kombiniert. Die Führungskraft fördert so die Motivation des Arbeitnehmers und macht ihn selbständiger. Laut Sinha ist diese Führungsweise eine bessere Wiedergabe der Abhängigkeitsmuster in der indischen Kultur und des Statusbewusstseins sowie der Neigung, Beziehungen persönlich zu gestalten. Er konnte beweisen, dass dieser Führungsstil zu einer höheren Produktivität der indischen Arbeitskräfte führt.

SIEHE AUCH Kulturrelativismus (1928), Sikolohiyang Pilipino (1975)

Standbild von Mahatma Gandhi in Washington D.C. (2008).

1980

DSM-III

1974 erschien eine revidierte Version der zweiten Ausgabe des *Diagnostic and Statistical Manual of Mental Disorders*, kurz DSM-II, in der Homosexualität den sexuellen statt den psychischen Störungen zugeteilt war. Die American Psychiatric Association (APA), die größte Berufsvereinigung von Psychiatern, entschied sich daraufhin, das Diagnose- und Klassifikationssystem psychischer Erkrankungen gänzlich umzukrempeln. DSM-III (1980) war völlig anders als die zwei vorigen Ausgaben. Der konkrete Grund war der, dass das Fachgebiet der Psychiatrie sich mehr auf die Forschung konzentrierte. Das Handbuch sollte dagegen vor allem Richtlinien für Forschung und Diagnose vorgeben. Von diesem Zeitpunkt an wurde bei jeder neuen Ausgabe großer Wert auf die Forschung über die verschiedenen psychischen Störungen gelegt. Ein anderer Grund lag darin, dass die APA unter Druck gesetzt wurde, das Handbuch besser das Pendant der Weltgesundheitsbehörde, der *International Statistical Classification of Diseases and Related Health Problems* (ICD) abzustimmen.

Für die Revision der dritten Ausgabe fiel die Wahl auf den Psychiater Robert Spitzer. Er zog etliche Untersuchungen von Fachkollegen der Washington University (Saint Louis) heran, die eine führende Rolle in der neuen Laborpsychiatrie spielten. Schon ab 1960 verkündete eine wachsende Gruppe junger Psychiater, dass die Psychiatrie sich mehr von der psycho-dynamischen, das heißt der freudianischen, Auslegung lösen müsse, wenn sie als Disziplin bestehen bleiben wollte. So wurde der vage Begriff der „Neurose", der seit gut einem Jahrhundert grassierte, verworfen, es sei denn im erweiterten Sinn bei einer Reihe von Störungen.

Als die Konzeptversion des Handbuchs vorlag, prüfte das National Institute of Mental Health diese auf ihre Vertrauenswürdigkeit. Laut dem Forschungszentrum waren die meisten Störungen unzureichend theoretisch gestützt. Dennoch setzte die APA ihren Plan durch und führte lediglich einige sprachliche Änderungen aus. In der erneuerten Ausgabe von 1980 wurden ganze 265 Diagnosen hinzugefügt, von denen ein Großteil nicht wissenschaftlich untermauert war. Das traurige Resultat dessen war, so Spitzer später, dass viele Menschen, die keineswegs an einer psychischen Störung litten, dennoch ins Netz der Psychiatrie gerieten. Bei jeder Revision – DSM III-R (1987), DSM-IV (1994) und DSM-5 (2013) – wurde das Handbuch um immer mehr Aspekte des täglichen Lebens erweitert.

SIEHE AUCH Amerikanische Klassifizierung psychischer Störungen (1918)

Wenn Ärzte sich nicht einig sind, *von Louis Dalrymple (1898). Diese Illustration zeigt den uralten Konflikt zwischen einem Arzt der alten Schule (mit Pillen und Tropfen) und der neuen Garde (mit Theorien bewaffnet).*

"WHEN DOCTORS DISAGREE."

MEDICINE MAN. —There ought to be a law passed to squelch you humbugs!
MENTAL HEALER. —I'm no more a humbug than you are. Neither of us is infallible; but I do far less harm than you do!

1980

Posttraumatische Belastungsstörung (PTSS)

„Der bewaffnete Kampf verursacht solch enormen Stress, dass seine psychischen Spuren nur durch Zeit und Konfrontation zu löschen sind." Dies wurde über Soldaten gesagt, die im Vietnamkrieg gekämpft hatten. Diese Aussage kann jedoch ganz allgemein auf alle Kriege bezogen werden. Im ersten Weltkrieg wurde die ernsthafte psychische Not, an der Tausende Soldaten auf beiden Seiten litten, „**shell shock**" genannt. Während des Zweiten Weltkriegs hatten Hunderttausende junge amerikanische Soldaten eine Kriegsneurose oder *combat fatigue*. Dennoch schienen die Probleme der Vietnamveteranen schwerwiegender. Zudem hielten sie noch Jahre nach ihrer Heimkehr an. Drogenmissbrauch, häusliche Gewalt, Scheidungen und Selbstmord – die Zahlen hierzu liegen bei Vietnamveteranen deutlich höher als bei Soldaten aus früheren Kriegen.

Leider wollten professionell mit der geistigen Gesundheit befassten Experten und Institutionen nicht anerkennen, dass die Vietnamveteranen nach so langer Zeit noch an den Kriegsfolgen litten. In der damaligen Ausgabe des *Diagnostic and Statistical Manual of Mental Disorders* (DSM) passte keine einzige Störung zu den Symptomen von Menschen mit schwerwiegenden Traumata, sei es durch Kriegsgewalt oder von einer Naturkatastrophe verursacht. Das Leid Tausender Vietnamveteranen war deutlich, auch dass sie ihren Familien Schmerz zufügten und die sozialen Strukturen des Landes untergruben. So hatte beispielsweise ein Vietnamveteran einen Flashback in einem Einkaufszentrum – er sah nordvietnamesiche Soldaten angreifen und wollte den Angriff vereiteln. In Wirklichkeit erschoss er einige Polizisten und brachte sich anschließend selbst um.

Ende der 1970er Jahre taten sich Kriegsveteranen und Überlebende des Holocaust und anderer Gräueltaten zusammen, um die Experten für geistige Gesundheit zu überzeugen, dass eine neue diagnostische Kategorie nötig war, die sowohl Forschung und effektive Behandlung ermöglichte. Die posttraumatische Belastungsstörung (PTSS) wurde zum ersten Mal im **DSM-III** (1980) aufgenommen.

SIEHE AUCH Hysterie (1886), Shell shock (1915), Stress (1950), DSM-III (1980)

Ein beeindruckendes Foto vom Juni 1968: D.R. Howe behandelt die Wunden von D.A. Crum, Gefreiter des United States Marine Corps, in der Schlacht um Hue. Die psychischen Probleme amerikanischer Soldaten in Folge der Kriegsgewalt werden „posttraumatische Belastungsstörung" genannt.

1981

Stufen des Glaubens

James W. Fowler (geb. 1940)

Nach seiner Begegnung mit Gott im brennenden Dornbusch wurde Moses zu einer Art Führer. Hat die religiöse Erleuchtung immer die Form einer dramatischen Wende? Oder entwickelt sich der Glaube im Laufe des Lebens und ändert sich dessen Verständnis und Äußerung stetig? In seinem Buch *Stages of Faith* (1981) legte der Entwicklungspsychologe James Fowler eine Theorie vor, die die dramatischen und die alltäglichen Aspekte der Glaubensentwicklung umfasste. Laut Fowler gibt es sechs Entwicklungsstadien des Glaubens.

Das intuitive, projektive Stadium beginnt im Alter von 2 bis 6 Jahren. Hier spielt die Fantasie in der Glaubensäußerung eine große Rolle: Gott wird als magisches Wesen angesehen. Im mythischen, wörtlichen Stadium (6-12 Jahre) werden Mythen und Geschichten aus der Bibel wörtlich interpretiert. Für viele Menschen ist das dritte Stadium, die synthetische konventionelle Phase, die letzte Entwicklungsstufe. In dieser Phase werden die Erwartungen der sozialen Umwelt einbezogen, wodurch die eigene Identität entsteht. Im individualisierten reflexiven Stadium ist der Glaube die Äußerung von selbständigem Denken und Moralität; so kann ein weißer Mann aus den Südstaaten Amerikas den Rassismus in seiner Kultur verwerfen und sich als Aktivist für Rassengleichheit einsetzen. Die fünfte Phase, das Stadium des integrierten Glaubens, ist von größerer kognitiver Komplexität. Nun können Paradoxe akzeptiert werden, während der Glaube bestehen bleibt. Dieses Stadium wird normalerweise erst im mittleren Alter erreicht.

Nur Einzelne entwickeln einen auf Universalität gerichteten Glauben, der die Regeln und Gesetze der eigenen Religion übersteigt. Die Äußerung des Glaubens kann in diesem Stadium zu extremer Selbstaufopferung führen, selbst zum Martyrium, im Dienst höherer Ideale. Mutter Teresa, Jesus von Nazareth und andere fromme Figuren sind Vorbilder für jene Menschen, die dieses sechste Stadium erreicht haben.

Untersuchungen über die Entwicklung des invididuellen Glaubens zeigten, dass sie mit der Identitätsentwicklung des Selbst in der **Adoleszenz** verbunden ist. Ferner wurde deutlich, dass Menschen in einem fortgeschrittenen Glaubensstadium besser mit einer lebensbedrohlichen Krankheit umgehen können. 1993 befragten Clifford Swensen, Steffen Fuller und Richard Clements etliche Patienten. Diejenigen mit sehr starkem Glauben schätzten ihre Lebensqualität höher ein als Patienten mit weniger ausgeprägtem Glauben.

SIEHE AUCH Adoleszenz (1904), Genetische Epistemologie (1926), Lebensphasen (1978)

Gotische Kirche auf einem Felsen am Meer, *vom Kunstmaler und Architekt Karl Friedrich Schinkel (1815).*

1982

Die andere Stimme

Carol Gilligan (geb. 1936)

Wie gehen Menschen mit moralischen Dilemmas um? Diese Frage beschäftigte Carol Gilligan, als sie Ende der 1970er Jahre als Psychologie-Dozentin nach Harvard kam. Ihr Interesse wurde durch Lawrence Kohlbergs Forschung zur **moralischen Entwicklung** geweckt. Laut Kohlbergs Stadiumtheorie ist die höchste Stufe der Moralität – jene, die sich an der Rechtschaffenheit orientiert – bei Frauen weniger häufig ausgebildet als bei Männern. Für ihre Forschung wählte Gilligan jedoch einen anderen Blickwinkel als Kohlberg. Wo Kohlbergs Probanden auf hypothetische moralische Dilemmas reagieren sollten, interviewte Gilligan Frauen mit einem echten Dilemma, nämlich: ob sie abtreiben sollten oder nicht.

Während dieser Untersuchung machte sie eine aufsehenerregende Entdeckung: Frauen schnitten in Kohlbergs System schlechter ab, da nur Forschungsresultate mit Männern einbezogen waren, während das System dennoch als universeller Standard galt. Indem er nur Männer befragte, hatte Kohlberg nie andersartige Beweggründe einbezogen. Gilligan bezeichnete die Argumentation, die sie bei ihren Probanden feststellte, als „Sorge-Ethik“ (englisch: ethic of care). Beim Abwägen des Pro und Contra einer Abtreibung zogen die betroffenen Frauen auch in Betracht, ob ihre Entscheidung eine bestehende Beziehung gefährden oder anderen Leid zufügen könnte.

Gilligans Studie und ihre Schlussfolgerungen daraus wurden 1982 in ihrem bahnbrechenden Buch *Die andere Stimme. Lebenskonflikte und Moral der Frau* veröffentlicht. Laut Gilligan konnte der moralische Entscheidungsprozess von Frauen nicht durch psychologische Theorien beschrieben werden, die in einem rein männlichen Kontext durchgeführt waren. In ihrem Buch erklärte sie die Sorge-Ethik in groben Zügen, und obwohl diese Moralität vor allem für Frauen relevant ist, meinte Gilligan, müsse man dieser Ethik einen prominenteren Platz in der Entwicklung aller Menschen einräumen. Gilligans Werk ist noch immer wichtig für die Diskussion über Gender und Genderunterschiede. Zudem, und vielleicht noch wichtiger, verdeutlichte ihre Werk, dass viele psychologische Theorien bis zu dem Zeitpunkt vor allem für Männer galten.

SIEHE AUCH Moralische Entwicklung (1958), Genderidentität (1963)

Rêverie, *vom deutschen Kunstmaler und Architekten Heinrich Vogeler (ca. 1900). Carol Gilligan führte eine – inzwischen umfangreiche – Forschung nach Genderunterschieden in der Entwicklung durch, vor allem hinsichtlich Moralaspekten.*

1983

Multiple Intelligenz

Howard E. Gardner (geb. 1943)

Eine der ältesten Fragen der modernen Psychologie ist die, ob es nur eine Art von Intelligenz gibt – „allgemeine Intelligenz" oder „Faktor G" (G = *General*) genannt – oder mehrere, unterschiedliche Erkenntnisformen. In Amerika herrschte beinahe das ganze 20. Jahrhundert über die Vorstellung, es gebe nur eine einzige, allgemeine Form von Intelligenz. Der Psychologe Howard Gardner änderte diese Haltung grundlegend mit seinem bahnbrechenden Werk *Abschied vom IQ: Die Rahmen-Theorie der vielfachen Intelligenzen* (1983). Durch seinen Musikunterricht kamen Gardner Zweifel an der Idee von nur einer Art von Intelligenz. Er schloss sich dem Projekt Zero an, einem Programm der Harvard Graduate School of Education, das den Kunstunterricht verbessern und ihn als Lehrmethode zur Orientierung in der Welt propagieren wollte. Später führte er Gehirnuntersuchungen bei Personen mit Gehirnverletzungen durch und einen Zusammenhang zwischen der kognitiven Entwicklung, künstlerischer Begabung und der Arbeitsweise des Gehirns aufzeigen. Daraus leitete er sieben Arten von Intelligenz ab: die musikalisch-rhythmische, logisch-mathematische, verbal-linguistische, visuell-räumliche, körperlich-kinästhetische, interpersönliche (soziale Fähigkeiten) und innerpersönliche (Selbstkenntnis) Intelligenz. 1999 fügte er drei Unterarten hinzu: moralische, existentielle und naturalistische Intelligenz. Jede Unterart verfügt über ein eigenes neurologisches Netzwerk. Dies ergibt sich aus der Tatsache, dass jemand mit einer Gehirnverletzung eine bestimmte Art von Intelligenz verlieren kann, während andere Arten völlig intakt sind.

Hierbei spielt auch die Kultur eine wichtige Rolle. In manchen Gesellschaften, wie in Afrika südlich der Sahara, werden soziale Fähigkeiten hoch geschätzt – eine sehr soziale Person verfügt dort also über eine starke interpersönliche Intelligenz. In westlichen Ländern wird auf die verbal-linguistische Intelligenz großen Wert gelegt, weshalb hier jemand, der sprachlich bewandert ist, als sehr intelligent gilt.

Gardners Theorie hatte großen Einfluss auf den Unterricht in Amerika, der auf die persönlichen Bedürfnisse des Kindes abgestimmt wurde. Dieser gelungene Anschlag auf die traditionelle Auffassung von nur einer Art Intelligenz führte auch zu anderen Intelligenzsystemen, wie der emotionalen Intelligenz von Daniel Coleman.

SIEHE AUCH Soziale Ontogenese (1992)

Ballet, von einer Loge aus gesehen, *vom französischen Maler Edgar Degas (1885). Für die minutiösen Tanzschritte und schwierigen Techniken des Ballett, wie Spitzentanz, ist jahrelanges Training und eine ausgezeichnete kinästhetisch-rhythmische Intelligenz nötig.*

1984

Der Flynn-Effekt

James R. Flynn (geb. 1934)

Wird die Menschheit immer schlauer? 1984 behauptete der Neuseeländer James Flynn, Professor für Politologie auf der Basis seiner Untersuchungen, dass die Resultate von IQ-Tests weltweit immer höher ausfielen. Viele Wissenschaftler waren skeptisch, spätere Forschungen und etliche Folgestudien bestätigten jedoch Flynns Behauptung. Der Intelligenzquotient (IQ) scheint etwa drei Punkte pro Jahrzehnt gestiegen zu sein. Dies gilt sowohl für Wohlfahrtsländer als auch für unterentwickelte Länder.

Dieser Anstieg ist nicht mit einer Änderung im Genom zu erklären – Evolution funktioniert nun mal nicht so schnell. Gene tragen zwar zur Intelligenz bei, sie erklären jedoch nicht den sogenannten Flynn-Effekt. Es gibt keinen Konsens über das Wie und Warum dieses Effektes – eine Erklärung lautet, dass immer mehr Menschen weltweit Unterricht hatten und diverse Tests kennen. Höchstwahrscheinlich liegt die Hauptursache für steigende IQ-Werte in einer sich wandelnden Umwelt. So wurden in vielen Teilen der Welt entscheidende Fortschritte erzielt, zum Beispiel hinsichtlich der Ernährung und der medizinischen Versorgung. Damit können zwar die höheren Werte in jenen Gegenden der Welt erklärt werden, wo tatsächlich Verbesserung stattgefunden haben – es erklärt aber nicht, warum die IQ-Werte gleichermaßen in Entwicklungs- und in Wohlfahrtsländern steigen. Dass jede neue Generation in einer Umwelt aufwächst, wo immer mehr Informationen verfügbar sind, ist eine mögliche Erklärung. Unsere Kultur ist fortgeschrittener und komplexer denn je zuvor. Im Laufe unseres Lebens werden wir mit etlichen Themen konfrontiert, die aus den unterschiedlichsten Perspektiven betrachtet werden.

Natürlich war der Flynn-Effekt ein kontroverses Thema. Weitere Forschungen führten zu gemischten Resultaten. Einige Ergebnisse aus Großbritannien zeigen beispielsweise eine Minderung der IQ-Werte bei Heranwachsenden seit den 90er Jahren, während die Werte bei Kindern unter zehn Jahren deutlich anstiegen. Auch wenn der Flynn-Effekt inzwischen bewiesen ist, so gibt es doch noch vieles über das Verhältnis zwischen Intelligenz und veränderlichen kulturellen und demografischen Normen.

SIEHE AUCH Psychologische Tests (1890), Binet-Simon-Test (1905), Wechsler-Intelligenztest (1939), Verhaltensgenetik (1942), Vorsprung durch Head Start (1965)

Kathleen Sebelius, die amerikanische Ministerin für Gesundheit und Soziales, liest vor Kindern einer Head Start-Gruppe an einer Grundschule im Jahr 2011 in Adelphi, Maryland. Über die Gründe steigender IQ-Werte herrscht noch immer ein erbitterter Streit, wobei die Einführung von Programmen wie Head Start sicher ihren Beitrag geleistet haben.

News and Announcements.
Good morning boys and girls.
Today is
The weather is
sunny windy rainy cloudy
will share today.
write the letter
mM

1986

Berührungstherapie

Tiffany Field (geb. 1941)

Seit es Menschen gibt, berühren sie einander. Dass Streicheln und andere Berühungen ein essentieller Bestandteil alter Heilweisen ist, zeigte die Anthropologin Ashley Montagu in ihrem Buch *Touching: The Human Significance of the Skin* (*Körperkontakt. Die Bedeutung der Haut für die Entwicklung des Menschen*) (1971). Im Mittelalter dachte man, dass die Könige von England und Frankreich Kranke heilen konnten, indem sie sie berührten – *Royal Touch* genannt. Dass Berührung für unsere Gesundheit und unser Überleben wichtig ist, wurde erst in neueren Forschungen erwiesen.

Das erste Kind der Psychologin Tiffany Field war zu früh geboren. Field entdeckte, dass ihre Tochter besser wuchs und gedieh, wenn sie sie streichelte. Ihre Neugier war geweckt und sie fing an, die Effekte von Berührungen genauer zu untersuchen. Ihre erste große Studie aus dem Jahr 1986 über die Effekte von Berührungen bei Frühgeborenen zeigte, dass Babys, die massiert wurden, durchschnittlich 47% an Gewicht zulegten. Diese Babys waren auch aktiver und aufmerksamer, wenn sie wach waren. Zudem verfügten sie über ein größeres Verhaltensrepertoir als Neugeborene, die nicht massiert wurden. Field führte ihre Forschungen weiter und veränderte damit die bestehenden Theorien über die Kraft von Berührungen radikal.

Im Jahr 1982 wurden zu früh geborene Babys in westlichen Ländern noch in Brutkästen gelegt und, von der notwendigen Versorgung abgesehen, in Ruhe gelassen. Man dachte, dass Berührung die Babys überreizen könnte. Durch Fields Forschungen änderte sich diese Ansicht. Eine der ersten Studien von Field und ihren Kollegen richtete sich auf den Effekt von Babymassage, wobei der Rücken, die Beine und Ärmchen der Babys dreimal täglich sanft gestreichelt wurden. Sie entdeckten, dass die frühgeborenen Babys fast 50% mehr an Gewicht zulegten als Babys, die nicht massiert wurden. Zudem wurde deutlich, dass die Massage auch einen positiven Effekt auf die Entwicklung des Nervensystems hat – dieser Effekt war nachhaltig. Die Resultate führten zu einer grundlegenden Änderung der Behandlung im Krankenhaus: Gegenwärtig werden Eltern ermutigt, ihr (neugeborenes) Baby in den Arm zu nehmen und zu massieren.

Seitdem ist auch erwiesen, dass Berührungstherapie die Konzentration verbessern, Depressionen und Schmerzen lindern und sogar das Immunsystem stärken kann. Somit steht fest, dass Berührung für Menschen lebensnotwendig ist.

SIEHE AUCH (Ersatz-) Mutterliebe (1958), Bindungstheorie (1969), Die fremde Situation (1969)

Die Psychologin Tiffany Field zeigte, dass Babymassage viele heilsame Effekte hat, wie Gewichtszunahme, Stärkung des Immunsystem und vermehrte körperliche Aktivität.

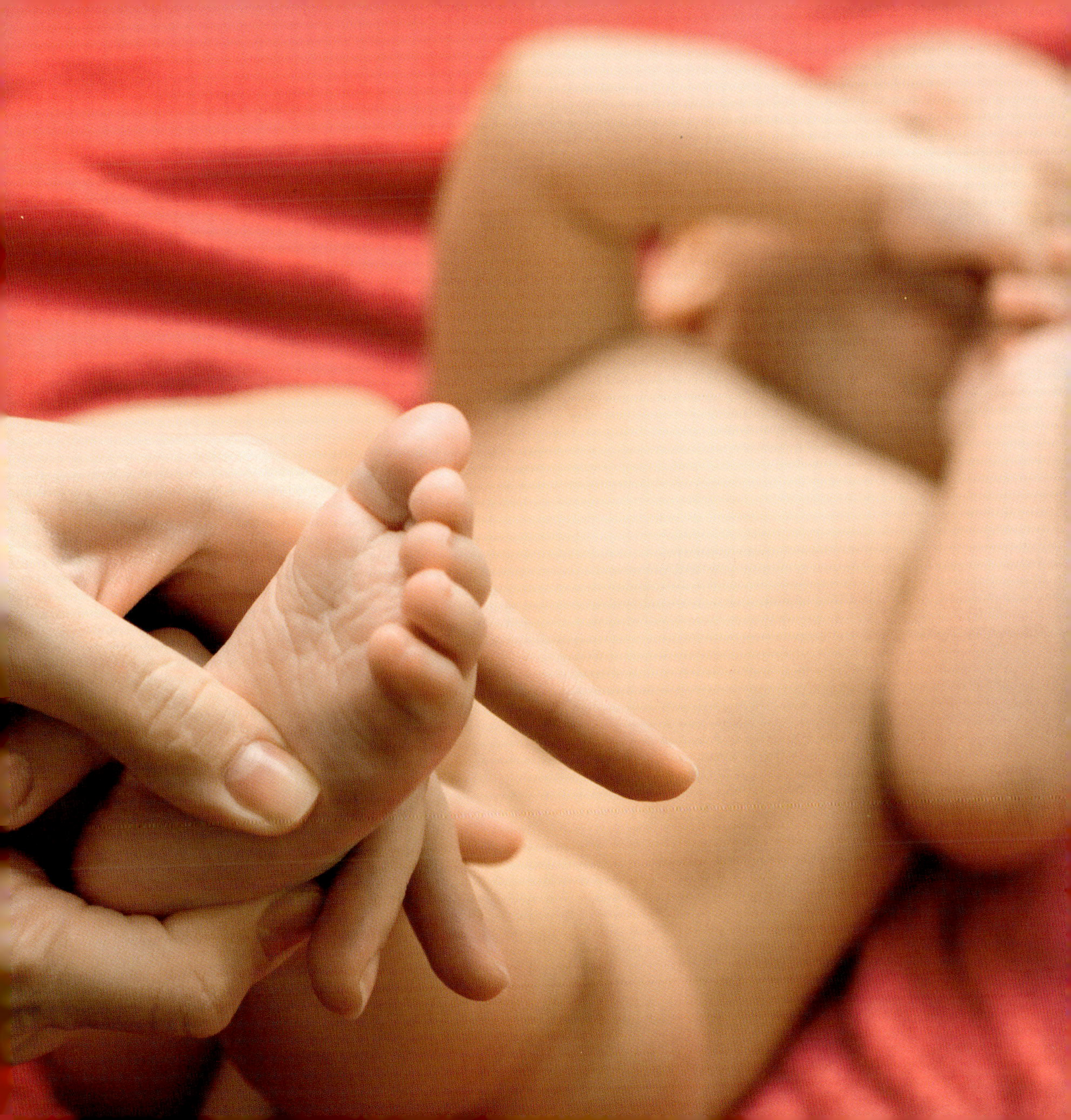

1986

Dreieckstheorie der Liebe

Robert J. Sternberg (geb. 1949)

Schon seit Menschengedenken steht das Thema „Liebe“ in allen Kulturen im Mittelpunkt des Interesses. In der westlichen Psychologie wurde es jedoch bis Mitte des 20. Jhd. nur selten wissenschaftlich erforscht. Unsere moderne Idee von Liebe und Heirat ist eine gänzlich westliche Idee und zudem auch noch ziemlich jung. Das westliche Konstrukt der romantischen Liebe ist das Ergebnis von gut 2000 Jahren an philosophischen, religiösen und kulturellen Einflüssen, wobei eine perfekte Liebesbeziehung als höchstes Ideal gilt. Andere Kulturen kennen die romantische Liebe ebenfalls, sehen sie aber oft nicht als Basis für die Ehe. So wählen in der hinduistischen Gesellschaft meist die Eltern einen Partner für ihr Kind, in der Annahme, dass sich die Liebe mit der Zeit von selbst einstellt.

Im Mittelalter galt Verliebtheit als etwas Ungünstiges – Paare sollten ihre Aufmerksamkeit lieber auf wichtigere Verbindungen richten, wie die mit der Kirche, den Eltern und der Gesellschaft. Beim Adel war Fremdgehen seinerzeit die höchste Form der Liebe. Unsere heutige Einstellung zur Liebe ist noch ziemlich jung.

1986 formulierte der Psychologe Robert Sternberg die Dreieckstheorie der Liebe. Sein Modell umfasst drei Aspekte von Liebe: Intimität, Leidenschaft und Bindung. Intimität ist ein wesentlicher Aspekt, denn jemanden gut kennen, ist die Basis für Liebe. Leidenschaft – Verlangen und sexuelle Lust – ist auch essentiell. Das Versprechen gegenseitiger Treue ist die kognitive Basis für Bindung und anhaltende Liebe. Laut Sternberg können diese einzelnen Liebesaspekte im Laufe der Zeit wechselnd zu- und abnehmen. Die sexuelle Anziehungskraft ist entscheidend für das Gelingen einer Beziehung, zumindest am Anfang. Wie ein Psychologe so treffend formulierte: „Liebe besteht zu 90% aus sexuellem Verlangen, das noch nicht befriedigt ist.“

Die Dreieckstheorie der Liebe gilt im Wesentlichen für alle Arten der Liebe. So ist die romantische Liebe eine Kombination aus Intimität und Leidenschaft, freundschaftliche Liebe eine Kombination aus Intimität und Bindung, während die eheliche Liebe aus allen drei Arten besteht.

SIEHE AUCH Universelle Gesichtsausdrücke von Gefühlen (1971)

Romantische Liebe, festgehalten in Der Kuss, *einem Werk des italienischen Kunstmalers Francesco Hayez (1859).*

1989

Psychologie der Befreiung

Paulo Freire (1921-1997), **Ignacio Martín-Baró** (1942-1989)

Mitte des 20. Jahrhunderts entstand in der lateinamerikanischen römisch-katholischen Kirche die Theologie der Befreiung als Reaktion auf Armut, soziale Unterdrückung, Ungleichheit und ökonomische Ungerechtigkeit. Diese Strömung entstand zugleich mit theologischen Entwicklungen, wobei auch die Sozialwissenschaften herangezogen wurden, um Gleichheit und Rechtschaffenheit in der Gesellschaft zu schaffen. Viele Psychologen beteiligten sich an dieser Entwicklung, so auch der Jesuitenpater Ignacio Martín-Baró als bedeutendster Protagonist. Seiner Meinung nach sollte sich die Wissenschaft mit der Beseitigung von gesellschaftlicher Unterdrückung beschäftigen. Derlei psychologisches Wissen sei eine Kraft, die befreiend wirkt, so Martín-Baró.

Martín-Baró schöpfte aus dem früheren Werk des Brasilianers Paulo Freire, seinen Ideen zur kritischen Pädagogik und seinem Konzept, wie politische Macht zur Unterdrückung von Menschen benutzt wird. Die Anerkennung derlei Unterdrückung kann zu persönlichem und geistigem Wachstum und zum Streben nach sozialer Gerechtigkeit führen. So entstehen neue Möglichkeiten, nicht nur für Individuen, sondern für die ganze Gesellschaft. Das Regime in El Salvador sah Martín-Baró als Bedrohung, weshalb er 1989, mit sechs anderen Jesuitenpatern, von einem in den USA ausgebildeten salvodorianischen Todesschwadron ermordet wurde. Sein Werk aber spielt weltweit weiterhin eine wichtige Rolle.

In der Nachfolge Martín-Barós setzte sich die Psychologie der Befreiung für die Bedürfnisse des kleinen Mannes ein. Die Kraft von Martín-Barós Ideen ist an der Tatsache seiner Ermordung abzulesen. Psychologie sollte sich, seiner Meinung nach, mit den ernsten sozialen Missständen in Lateinamerika befassen. In einem Essay schrieb er:

> Wenn wir Psychologen zu den gesellschaftlichen Entwicklungen in Lateinamerika beitragen wollen, dann müssen wir unsere theoretischen und praktischen Werkzeuge auf unser Volk abstimmen, auf dessen Leid, Ambitionen und Kampf. Eine Psychologie, die zur Befreiung des Volkes beitragen kann, muss eine „Psychologie der Befreiung" sein.

SIEHE AUCH Schwarze Psychologie (1970), Sikolohiyang Pilipino (1975)

Gedenktafel für Segundo Montes und Ignacio Martín-Baró, zwei Jesuitenpater aus dem spanischen Valladolid, die am 16. November 1989 in San Salvador für ihre Ideale von Gerechtigkeit, Freiheit und Frieden starben.

SEGUNDO MONTES MOZO
IGNACIO MARTIN-BARO
SACERDOTES JESUITAS, CATEDRATICOS
DE LA UNIVERSIDAD DE "EL SALVADOR"
MURIERON POR SUS IDEALES, JUSTICIA,
LIBERTAD Y PAZ EN SAN SALVADOR, EL
DIA 16-11-1989
RECUERDO DE SU CIUDAD NATAL
AYUNTAMIENTO DE VALLADOLID

1990

Tiergestützte Therapie (AAT)

Der Einsatz von Tieren als mentale und körperliche Hilfen stammt wahrscheinlich noch aus der Prähistorie. Die Domestizierung von Haustieren, wie Hunden und Katzen, bot Menschen Freude und Zuneigung und verminderte **Stress.** In alten Berichten aus Nervenheilanstalten und Einrichtungen liest man, dass schon damals Tiere eingesetzt wurden, um die geistige Gesundheit von Patienten zu verbessern. So setzte William Tuke, Gründer des York Retreat in England (1792), Tiere vom Bauernhof bei der Behandlung seiner Patienten ein. 1990 wurde die Delta Society (später Pet Partners) gegründet, um den Einsatz von Haustieren für therapeutische Zwecke zu professionalisieren. Die Liste von Tieren, die hierfür eingesetzt werden, ist beeindruckend: Hunde, Katzen, Vögel, Elefanten, Kaninchen, Pferde und Delfine, um nur einige zu nennen.

Aus früheren Forschungen war lange schon bekannt, dass Haustiere Gesundheit und emotionales Wohlbefinden positiv beeinflussen. Dieses Wissen führte zu verschiedenen therapeutischen Ansätzen. Es gibt beispielsweise positive Resultate bei Menschen mit **Autismus**. Auch werden Tiere bei älteren Menschen mit großer Angst vor der Krankenhausaufnahme oder bei Kindern mit Verhaltensstörungen eingesetzt.

Die tiergestützte Therapie wird, nach dem englischen *Animal-Assisted Therapy*, abgekürzt mit AAT. Ein AAT-Therapeut ist ein professioneller Helfer, der die jeweilige Behandlung und Therapieziele auf die persönlichen Bedürfnisse des Patienten abstimmt. Die Behandlungen selbst sind sehr unterschiedlich: Teils fungiert das Tier als „Co-Therapeut" und ist dann nur während der Behandlung anwesend. So werden Haustiere eingesetzt, um Angst und Stress vor einem medizinischen Eingriff zu reduzieren, z. B. wenn ein Kind operiert werden soll. Das Kind darf das Tier in der Sitzung streicheln und mit ihm spielen, was die Angst mindert. Auch der Ort der Behandlung kann variieren – vom Behandlungszimmer bis zum psychiatrischen Krankenhaus, Gefängnis, der Schule oder einem Heim.

Tiere werden auch eingesetzt, um die Lebensqualität von Pflegeheimbewohnern zu verbessern. Freiwillige Helfer bringen dann ihr Haustier mit, sodass Bewohner es streicheln oder mit ihm spielen können. Es gibt zudem ein verwandtes Arbeitsfeld, bei dem das Tier selbst im Fokus steht: Dabei werden Tierverhaltenstherapeuten herangezogen, um Probleme im Verhalten der Tiere zu beeinflussen.

SIEHE AUCH Autismus (1943), Stress (1950), Mind-Body Medizin (1993)

Siobhan McConnell streichelt Laura Lee, während sie im Militärkrankenhaus darauf wartet, ihren Sohn Derek McConnell zu sehen (2011). Laura Lee ist einer von drei Therapiehunden, die in dem Krankenhaus arbeiten und für Patienten, Familien und Personal da sind.

1990

Flow

Mihaly Csikszentmihalyi (geb. 1934)

Was haben hingebungsvolle Gartenarbeiten und die äußerste Konzentration während eines Basketballturniers gemeinsam? Beide können einen Zustand von „Flow" („Strömen") erzeugen – ein mentaler Zustand, in dem der Mensch völlig im Moment aufgeht. Dieses Phänomen beschrieb der Psychologe Mihaly Csikszentmihalyi, der darin ein Merkmal für ein gutes Leben sah. Flow ist mit der Peak-Erfahrung von Abraham Maslow zu vergleichen.

Die Forschung, die zum Begriff „Flow" führte, hatte bereits in den 1960er Jahren begonnen. Csikszentmihalyi untersuchte seinerzeit den kreativen Prozess bei bildenden Künstlern. Er sah, dass sie oft mit enormem Durchsetzungsvermögen arbeiteten und Gefühlen von Müdigkeit oder Hunger standhielten. Wenn das Kunstwerk jedoch fertig war, sank ihre Aufmerksamkeit. Es schien, als ob sie das Aufgehen im Bild selbst schon als Belohnung für die harte Arbeit erfuhren. Csikszentmihalyi untersuchte diese Hypothese und entdeckte, dass die Erfahrung bei fast jeder Aktivität auf beinahe allen Gebieten – den Künsten, Sport, Medizin – vorkommt.

Seine Studie ergab, dass zwei Bedingungen erfüllt sein müssen, um in den Flow zu kommen. Erstens muss die Aktivität anspruchsvoll, aber nicht zu schwierig sein, um sie erfolgreich auszuführen. Die Anstrengung muss gerade eben noch zu meistern sein. Und zweitens muss ständig ein direktes Feedback möglich sein, sodass die Aktivität jederzeit angepasst werden kann. Sind beide Voraussetzungen erfüllt, dann kann man in einen Zustand geraten, in dem man völlig in der Aktivität aufgeht. Die Zeit scheint schneller zu vergehen, da man „sich selbst vergisst".

Daraufhin wurde versucht, eine Umgebung so einzurichten, dass die Wahrscheinlichkeit für Flow-Erlebnisse steigt. Die Key School im amerikanischen Indianapolis kreierte ein Flow Activities Center, wo Schulkinder sich mit Dingen beschäftigten, die sie interessierten, ohne dass die Lehrer oder andere Erwachsene ihnen alles Mögliche auferlegten. Eine Studie des Zentrums bewies, dass die Motivation im Unterricht bei den teilnehmenden Kindern stieg. Mittlerweile gibt es verschiedene Institutionen, die nach diesen Prinzipien eingerichtet sind, darunter das Getty Museum in Los Angeles, eine Montagefabrik Fahrzeugherstellers Nissan und eine Praxis für Psychotherapie in Mailand.

SIEHE AUCH Bedürfnishierarchie (1943), Humanistische Psychologie (1961), Positive Psychologie (2000)

Das Getty Museum in Los Angeles, wo architektonische Elemente einen Zustand von Flow fördern sollen.

1992

Spiegelneuronen

Giacomo Rizzolatti (geb. 1937)

Äffen Affen andere Affen nach? Die Antwort auf diese Frage lautet: „Ja". Denn Affen verfügen, ebenso wie Menschen, Vögel und andere Tierarten, über spezialisierte Nervenzellen, die sehr empfindsam darauf reagieren, was andere tun. Diese Nervenzellen – Spiegelneurone genannt – sind ein spektakuläre Entdeckung des 21. Jahrhunderts innerhalb der psychologischen Wissenschaft. Der Neurowissenschaftler Giacomo Rizzolatti und seine Kollegen an der Universität von Padua waren die ersten, die die Spiegelneuronen erkannten. Der erste Anlauf zur Publikation ihrer Befunde schlug fehl, da die Zeitschrift sie als für andere Wissenschaftler nicht relevant bezeichnete. Das Werk wurde schließlich 1992 publiziert.

Rizzolatti hatte entdeckt, dass diese Neuronen immer dann aktiviert werden, wenn ein Mensch oder Tier einem Artgenossen bei einer Aktivität zusieht. So entstand auch die Bezeichnung „Spiegelneurone": Sie spiegeln die Handlungen anderer Neuronen und werden aktiviert, als führten sie die Handlung selbst aus. Sehen wir jemanden, der nach einem Keks greift, dann reagiert unser Gehirn, als würden wir selbst den Keks nehmen. Das beweist, dass es im Gehirn Verbindungen zwischen unserer Wahrnehmung und unserem Handeln gibt. Es wird vermutet, dass das System der Spiegelneuronen sich beim Menschen im ersten Lebensjahr entwickelt – und zwar im Zusammenhang mit der Neigung von Kindern, ihre Bezugspersonen zu imitieren und sich mit ihnen auszutauschen. Wie man jetzt weiß, hat die Wirkung der Spiegelneurone viele Facetten. So steht die Intensität, mit der sie aktiviert werden, im Verhältnis zu den motorischen Fertigkeiten des Beobachters. Bei einem ausgezeichneten Tennisspieler werden die Neuronen im Spiegelnetzwerk des Gehirns intensiver aktiviert, wenn er den Anführer der Tennis-Weltrangliste Roger Federer spielen sieht, als bei jemandem, der nicht so gut Tennis spielt.

Wissenschaftler und Philosophen sind von den Spiegelneuronen besonders begeistert. Möglicherweise können wir, dank der Forschung zu diesen spezialisierten Nervenzellen, auch komplexe Phänomene wie Empathie, Autismus, Sprache und die Intentionen anderer zukünftig besser begreifen.

SIEHE AUCH Theory of Mind (1978)

Die Spiegelneuronen werden aktiviert, wenn ein Mensch oder Tier einen Artgenossen bei einer Aktivität beobachtet. Dieser Prozess spielt in der sozialen Entwicklung und in der Funktion von ToM eine wichtige Rolle.

1992

Soziale Ontogenese

A. Bame Nsamenang (geb. 1951)

Die afrikanische Psychologie war lange Zeit ein Spiegelbild der westlichen, individualistisch ausgerichteten Psychologie – bis in den 1980er Jahren is das Werk von Professor A. Bame Nsamenang und seine Mitstreitern erschien. Die Entwicklungstheorie von Nsamenang fußte auf dem sozial ausgerichteten Weltbild, das die meisten afrikanischen Gesellschaften kennzeichnet. In seinem Buch *Human Development in Cultural Context: A Third World Perspective* (1992) erläuterte Nsamenang, dass afrikanische Theorien über die menschliche Entwicklung die soziale Ontogenese hervorheben – das heißt, ein Mensch entwickelt sich, indem er oder sie an kulturellen Aktivitäten der Gemeinschaft teilnimmt.

Die afrikanische Sicht von Entwicklung umfasst sowohl metaphysische als auch erfahrungsorientierte Phasen. Das spirituelle Selbst beginnt bei der Zeugung und endet mit der Namensgebung. Das erfahrungsorientierte Selbst übernimmt dann bis hin zum Tod. Die letzte Phase ist das urväterliche Selbst – das Selbst, das in den Erinnerungen und Ritualen der Lebenden fortbesteht. In manchen Kulturen kann das Selbst auch wiedergeboren werden. Das erfahrungsorientierte Selbst ist das Feld der sozialen Ontogenese. Es besteht aus sieben Stadien: das Neugeborene, die Periode der sozialen Vorbereitung, darauf folgt eine soziale Lernphase, dann die Einführung in die Gesellschaft, soziale Integration, das Erwachsensein und schließlich der Tod. Jede Phase hat ihre eigenen Entwicklungsaufgaben im Rahmen der kulturellen Erwartungen. Die Entwicklung ist relationell, die Verbindung mit der Gemeinschaft essentiell. In diesem Modell braucht der Mensch gesellschaftliche Verantwortlichkeiten, um zu einer vollständigen Persönlichkeit heranzureifen – das Kind wird begleitet, um gesellschaftlich relevantes Verhalten zu entwickeln.

Wie wird Intelligenz festgestellt? Während der Entwicklung bekommt das Kind eine Aufgabe, die der Gemeinschaft nützt. Erwachsene und ältere Kinder bestimmen, wann das Kind reif für komplexere Aufgaben ist. Die Intelligenz wird auf sozialem Gebiet umschrieben. Sie entscheidet viel mehr über das Maß an gesellschaftlicher Verantwortlichkeit als ein abstrakter Wert beim IQ-Test.

Anfang des 21. Jahrhunderts gab es viele psychologische Theorien, Forschungsergebnisse und Anwendungen in Subsahara-Afrika. Viele davon richteten sich auf die menschliche Entwicklung in der sich rapide verändernden Gesellschaft.

SIEHE AUCH Genetische Epistemologie (1926), Theory of Mind (1978), Multiple Intelligenz (1983)

Junger Massai in Seneto Cultural Boma, Tansania (2013). Die Massai sind ein Hirtenvolk aus Ostafrika. Die gesellschaftliche Einteilung ist altersgebunden: Junge Menschen gleichen Alters nehmen eine kollektive Identität an.

1993

Mind-Body Medizin (MBM)

Bill Moyers (geb. 1934)

Schon aus alten Schriften geht hervor, dass Körper und Geist als untrennbar verbunden betrachtet wurden. Die traditionelle chinesische Heilkunde mit Konzepten von Qi oder Yin und Yang, das indische Ayurveda und die Unani-Heilkunde sind Beispiele hierfür. Erst in den Schriften des Philosophen René Descartes im 17. Jahrhundert wurden Körper und Geist als voneinander getrennt aufgefasst. So konnten Einwände der Kirche gegen die gesonderte Untersuchung der Funktionen von Körper oder Geist entkräftet werden. Erst später lebte mit der amerikanischen **Mind-Cure**-Bewegung das Interesse am Verhältnis zwischen Körper und Geist wieder auf.

Seit den 1990er Jahren gilt der Begriff „Mind-Body Medizin“ (MBM) für Untersuchungen und Anwendungen, bei denen verschiedene Techniken kombiniert werden, um die Person als Ganzes zu behandeln. Bill Moyers‘ Buch und seine Fernsehserie mit dem Titel *Healing and the Mind* (1993) machten Millionen Menschen auf unterhaltsame Weise mit MBM bekannt. Beide boten einem großen Publikum Informationen über **Stress**reduktion, Meditationstechniken, die Kraft des **Placebo-Effekts**, nichtwestliche Heilmethoden und verschiedener esoterischer Themen.

Die Fernsehserie hatte enorm viele Zuschauer, das Buch wurde ein Bestseller. *Healing and the Mind* hatte großen Einfluss darauf, wie Amerikaner die Bedeutung des Geistes für Gesundheit und Krankheit sahen. Moyers stellte ihnen das Werk von Jon Kabat-Zinn vor, einem Molekularbiologen und Professor an der University of Massachusetts Medical School. Kabat-Zinn hatte dort 1979 die Stress Reduction Clinic gegründet. Er unterwies Patienten in Mindfulness-Techniken, basierend auf dem Zen-Buddhismus, um ihnen so einen anderen Umgang mit ihren Problemen zu zeigen. Mindfulness ist in vielen Bereichen des Gesundheitswesens bereits Allgemeingut geworden, auch in der kognitiven Verhaltenstherapie. Vor allem dank Moyers‘ Einfluss stimmte der amerikanische Kongress zu, dass das National Institutes of Health ein Forschungszentrum für alternative Heilweisen einrichtete. Ende des 20. Jahrhunderts wurde auch offiziell anerkannt, dass psychologische Faktoren eine wichtige Rolle für die Gesundheit spielen.

SIEHE AUCH Mind-Cure (1859), Psychosomatik (1939), Stress (1950), Placebo-Effekt (1955), Biopsychosoziales Gesundheitsmodell (1977)

Theorien zur Beziehung zwischen Körper und Geist im Zusammenhang mit Krankheit und Gesundheit datieren bereits aus 600 v.Chr., als in den Yoga Upanischaden auf die Chakren als Zentren des geistigen Bewusstseins verwiesen wurde. Erst im 8. Jhd. n.Chr. beschrieben tantrische Schriften die hierarchischen Chakren, die vom unteren Rücken entlang der Wirbelsäule bis zum Scheitel verlaufen.

1974

Fehlinformationseffekt

Elizabeth Loftus (geb. 1944)

Im Rahmen einer Studie der Psychologin Elizabeth Loftus sahen Teilnehmer einen Film von einem Autounfall. Die Hälfte der Teilnehmer erhielt danach irreführende Informationen zu dem Geschehen, wie den Hinweis auf das Schild „Vorfahrt achten", obwohl dort in Wirklichkeit ein Stoppschild stand. Die Teilnehmer mit falschen Informationen sagten später, ein Vorfahrtsschild gesehen zu haben. Einige fügten weitere Informationen hinzu – sie erinnerten sich an gesplittertes Glas und Verwundete.

Nach der Beobachtung dieses sogenannten Desinformationseffekts untersuchte Loftus, was im Gedächtnis passiert, wenn wir falsche Informationen bekommen. Bei einem anderen Experiment fragte sie Probanden, ob sie sich daran erinnerten, dass sie als Kind ihre Eltern in einem Einkaufszentrum verloren und ein freundlicher, älterer Herr ihnen geholfen hatte, sie wiederzufinden. Tatsächlich war diese Geschichte frei erfunden. Einige Tage später glaubten sich die Personen dennoch an den Vorfall zu erinnern, als wäre er wirklich passiert. Es hätte eine nette Studie bleiben können, wäre Amerika nicht mit Meldungen von sexuellem Missbrauch an Kindern durch Eltern, Familienangehörige und andere Bezugspersonen überschüttet worden. Ganze Familien wurden auseinandergerissen, nachdem ein zu Unrecht Verdächtigter verurteilt war oder sogar Selbstmord begangen hatte.

Später kam heraus, dass viele Therapeuten mit der *Recovered Memory Therapy* (RMT) Erwachsene mit bestimmten Symptomen – Depression, Kopfschmerzen, Übergewicht, Angst – dazu gebracht hatten, an ihren Missbrauch als Kind zu glauben. Der Therapeut half, diese verdrängte Erinnerung „wiederzufinden".

Wahrscheinlich haben viele Therapeuten unbeabsichtigt falsche Erinnerungen ins Gedächtnis ihrer Patienten gepflanzt. In vielen Fällen waren die Patienten nie sexuell missbraucht worden, während ihre Familienmitglieder und andere unschuldige Menschen aufgrund dieser „wiedergefundenen" Erinnerungen im Gefängnis saßen.

1994 veröffentlichte Loftus ihre Ergebnisse zur Erinnerungsverfälschung und deren Folgen in *The Myth of Repressed Memory*. Darin beschrieb sie, wie ein Therapeut Erinnerungen an sexuellen Missbrauch kreieren kann, der nie stattgefunden hat. Das Buch war sehr umstritten und Loftus bekam sogar Morddrohungen von Therapeuten, die fürchteten, ihre Reputation zu verlieren und arbeitslos zu werden.

SIEHE AUCH Erinnern und Vergessen (1932), Ebenen der Informationsverarbeitung (1972)

Verkehrsunfall im deutschen Pinneberg (2010). Loftus zeigte Menschen einen Film von einem Autounfall und gab einigen Teilnehmern irreführende Informationen. Sie entdeckte, dass falsche Informationen enormen Einfluss auf die Erinnerung der Teilnehmer an das zuvor Gesehene hatten.

Media Markt

1995

Looping-Effekt

Ian Hacking (geb. 1936)

Wie entstehen bestimmte Typen oder Kategorien von Menschen, wie der Homosexuelle, die multiple Persönlichkeit oder der Autist? Wie beeinflussen solche Klassifikationen das Verhalten und die Selbstanalyse der so Kategorisierten, und die Reaktionen anderer auf sie? Der kanadische Wissenschaftsphilosoph Ian Hacking erforschte diese Fragen anhand einer Reihe von Beispielen aus der Geschichte der Humanwissenschaften und bewies den „Looping-Effekt von Menschen-Typen".

Laut Hacking entstehen Klassifikationen bestimmter Menschen-Typen vor allem durch die Zuweisung bestimmter Namen oder Begriffe, welche sich einprägen und „hängen bleiben". Der „Homosexuelle" entstand beispielsweise Ende des 19. Jahrhunderts – nicht, weil es vor dieser Zeit keine Homosexualität gab, sondern weil die Einteilung in homosexuell oder heterosexuell erst zu diesem Zeitpunkt relevant wurde. Dadurch entsteht wiederum die Möglichkeit, sich selbst als bestimmten Personentyp zu identifizieren. Der Prozess, in dem Menschen sich mit einer Kategorie identifizieren und diese danach wieder wechseln, wird „Looping-Effekt" genannt. 1995 veröffentlichte Hacking eine ausführliche Studie dieses Prozesses in *Rewriting the Soul: Multiple Personality and the Sciences of Memory*. In dem Buch rekonstruiert er den historischen Prozess, in dem der Zustand „Dissoziation" in die psychiatrische Kategorie „multiple Persönlichkeitsstörung" mündete, sowie den Effekt, den diese neue Kategorie auf unser Verständnis und Verhalten hatte.

Der Looping-Effekt von Menschenarten hat wichtige Implikationen für die Psychologie. Da der Mensch in der Lage ist, Klassifikationen zu reflektieren, zu ändern und neue Lebensweisen zu realisieren, verändern sich die Studiengebiete von Psychologen fortlaufend. Da Psychologen auch selbst neue Klassifikationen kreieren, sind sie vielfach direkt an diesem Prozess beteiligt.

SIEHE AUCH Amerikanische Klassifizierung psychischer Störungen (1918)

Jupiter küsst Ganymed, *Fresko des deutschen Kunstmalers Anton Raphael Mengs oder dessen Freund, dem berüchtigten italienischen Schürzenjäger Giacomo Casanova (1758). Es zeigt ein altgriechisches päderastisches Verhältnis – eine erotische Beziehung zwischen einem erwachsenen Mann und einem heranwachsenden Jungen.*

1995

Bedrohung durch Stereotype

Claude Mason Steele (geb. 1946)

Warum schneiden viele Frauen bei Rechentests schlechter ab als Männer, auch wenn sie den Stoff eigentlich genauso gut beherrschen? Warum brechen mehr intelligente und talentierte afro-amerikanische Studenten ihr Studium ab als Studierende europäischer Herkunft? 1995 nannte der amerikanische Sozialpsychologe Claude Steele die Bedrohung durch Stereotype als mögliche Erklärung.

Sozialpsychologen definieren die Bedrohung durch Stereotype als „die Angst, das negative Stereotyp anderer über eine Gruppe, zu der man selbst gehört, zu bestätigen". Es zeigt, dass die Ursache des Scheiterns oder schlechter Leistungen in der sozialen Umgebung und nicht beim Individuum liegt. Das stereotype Bild, dass Männer besser rechnen können als Frauen, kann die Leistungen von Frauen negativ beeinflussen. Das geschieht vor allem dann, wenn das Stereotyp vor dem Test genannt wird. Der negative Effekte der Bedrohung durch Stereotype ist in verschiedenen Gebieten erwiesen, wie im Sport, im Unternehmertum und beim Schachspiel.

Steele erforschte vor allem den Effekt der Bedrohung durch Stereotype bei talentierten afro-amerikanischen Studenten. In den USA herrscht ein negatives Bild von den intellektuellen Fähigkeiten dieser Gruppe. In einer Reihe von Experimenten bekamen intelligente weiße und schwarze Studenten einen schwierigen englischen Test vorgelegt. Wurde vor dem Test mitgeteilt, dass er sich auf die verbalen Kapazitäten richtete (Bedrohung durch Stereotype), dann schnitten farbige Studenten schlechter ab als weiße. Wurde der Test präsentiert als Studie nach Lösungsmöglichkeiten für schwierige Probleme (eine Nicht-Bedrohung durch Stereotype) und nicht als Studie über die intellektuellen Fähigkeiten, dann schnitten beide Gruppen von Studenten gleich gut ab. Steele schlussfolgerte, dass die explizite Mitteilung, es handle sich um einen rassisch fairen Test, wichtig ist – dies stärkt das Vertrauen farbiger Studenten und kann die Bedrohung durch Stereotype verringern.

SIEHE AUCH Militärische Intelligenztests und Rassismus (1921), Die Puppen-Studien (1943), Kontakthypothese (1954)

Die Angst dieses Mannes, zu versagen, ist vielleicht zum Teil der Bedrohung durch Stereotype zuzuschreiben.

1996

Relationale Autonomie

Çiğdem Kağitçibaşi (geb. 1940)

Westliche Forscher neigen dazu, „das Selbst" kulturell in ein „autonomes Selbst" (westlich) und ein „kollektivistisches Selbst" (östlich) einzuteilen. Ein Kind, das in den USA aufwächst, wird also erwartungsgemäß individualistisch eingestellt und selbständig sein, während ein in Indien aufwachsendes Kind seine Identität mehr an Familienbeziehungen ausrichtet. Solch eine Unterteilung ist natürlich sehr vereinfachend.

Die türkische Entwicklungspsychologin Çiğdem Kağitçibaşi schlug darum eine dritte, komplexere Annäherung vor: das relational-autonome Selbst. Sie wies darauf hin, dass die meisten Entwicklungsmodelle davon ausgehen, das Ziel der Entwicklung sei ein autonomes (oder unabhängiges) erwachsenes Selbst. Diese Annahme basiert jedoch, aus ihrer Sicht, auf westlichen Ideen. Sie forderte, dass Wissenschaftler Veränderungen in der Entwicklung in einem breiteren, kulturellen Kontext beurteilen müssten. Durch die Modernisierung haben sich die autonome und die kollektivistische Orientierung in den letzten hundert Jahren einander angenähert. Die Globalisierung führte dazu, dass Familien in Entwicklungsländern in vielem mit westlichen Familien übereinstimmen. Dank der Kraft ihrer kulturellen Traditionen sind die engen Familienbande jedoch erhalten geblieben. In älteren Untersuchungen wurden das autonome und das relationale Selbst oft als unvereinbare Gegenpole angesehen. Neuere Forschungen zeigten jedoch, dass Autonomie und Beziehung harmonische Aspekte des Menschseins sind. Zusammen mit Kompetenz bilden sie die drei Grundbedürfnisse des Menschen, um sich optimal entwickeln zu können.

Studien aus der ganzen Welt haben die Bedeutung von sozialen Netzwerken für die geistige und körperliche Gesundheit betont. Studien mit Ausländern und Flüchtlingen haben gezeigt, dass der Mensch zur Selbstbestimmung befähigt ist und zugleich von engen Familienbanden abhängig sein kann. Diese Kombination von Autonomie und Beziehung kann Emigranten helfen, Anpassungsprobleme zu meistern, vor allem bei sehr großen Unterschieden zwischen der neuen Kultur und der Herkunftskultur.

Kağitçibaşi brachte ihre Theorie zur Beziehungsautonomie 1996 heraus. Seither haben andere Studien in sehr verschiedenen Kulturen, wie der japanischen und der niederländischen ihren Ausgangspunkt bestätigt.

SIEHE AUCH Kulturgebundene Syndrome (1904), Kulturrelativismus (1928), Die Selbstdarstellung im Alltag (1959)

Immigrantenfamilie, *Bronzeskulptur des amerikanischen Bildhauers Tom Otterness (geb. 1958), in Toronto, Kanada.*

1996

Das emotionale Gehirn

Joseph LeDoux (geb. 1949)

Die Geburt Ihrer Tochter. Der Tag, an dem Sie fast auf eine Klapperschlange traten. Der Moment, in dem Ihr Partner auf der Pont Neuf in Paris um Ihre Hand anhielt. Solche Erinnerungen sind in unser Gedächtnis eingemeißelt, können leicht abgerufen werden und beschäftigen uns oft. Wie funktioniert das? Neurowissenschaftler sind immer mehr davon überzeugt, dass die Amygdala, eine Struktur im Gehirn, eine zentrale Rolle bei emotionalen Erinnerungen spielt – und bei der Tatsache, dass wir sie überhaupt haben. 1996 publizierte der Neurowissenschaftler Joseph LeDoux sein einflussreiches Werk *The Emotional Brain*. Es umfasst eine Übersicht dessen, was zum damaligen Zeitpunkt über die Rolle der Amygdala für unser emotionales Leben bekannt war. LeDoux schöpfte aus gut 100 Jahren Forschung über Amygdala und Gefühle, darunter auch die berühmte Studie des Psychologen Carlyle Jacobsen mit den Schimpansen Becky und Lucy. An Becky wurde die weltweit erste Lobotomie durchgeführt, wodurch sie weniger aggressiv war. Diese Technik wurde wenig später auch bei Tausenden von Menschen angewendet.

Die Amygdala scheint in der Lage, den emotionalen Aspekt von Situationen wahrzunehmen und zu – negativen oder positiven – Gefühlen zu verarbeiten. Hunderte experimenteller Studien zeigten, dass die Amygdala bei Angstreaktionen eine Rolle spielt. Durch die vielen neuronalen Verbindungen mit dem Hirnstamm wird bei der Wahrnehmung von Angstreizen Vermeidungsverhalten aktiviert. Es gibt auch Verbindungen zwischen Amygdala und Frontallappen, wo der kognitive Teil emotionaler Verarbeitung stattfindet. Jüngere Untersuchungen zeigten, dass die Amygdala auch für die Wahrnehmung und Verarbeitung positiver Emotionen wichtig ist, wie die, die mit Nahrung oder sexuellem Verhalten verbunden sind.

Das Wichtigste aber sind die vielen Verbindungen mit dem nahen Hippocampus, der das Speichern von Erinnerungen steuert. Dabei spielt die Amygdala eine große Rolle beim Entstehen des Gedächtnisses. Mittlerweile ist bekannt, dass emotionale Stimulation – durch die Amygdala übertragen – zu einem besseren Langzeitgedächtnis führt.

SIEHE AUCH Psychochirurgie (1935), Universelle Gesichtsausdrücke von Gefühlen (1971)

Das einflussreiche Buch von LeDoux befasste sich mit der Rolle der Amygdala (markiert) bei der Bildung von emotionalen Erinnerungen.

2000

Das Konzept vom Hüten und Befreunden (tend and befriend)

Shelley E. Taylor (geb. 1946)

Laut dem Physiologen Walter Cannon kann die normale Reaktion auf Bedrohung und Stress als Kampf-oder-Fluchtreaktion umschrieben werden. Der Endokrinologe Hans Selye warnte davor, dass die lange Konfrontation von Menschen mit gefährlichen Situationen zu Stress, Anpassungsproblemen, Erschöpfung und sogar zum Tod führen kann. Beide Theorien waren sehr nützlich für das Verständnis der menschlichen Gesundheit und für die Entwicklung von effektiven Behandlungen. Dennoch wird bei keiner der beiden Konzepte die psychologische Erfahrung von Bedrohung und Stress explizit genannt.

Die Psychologin Shelley Taylor beschrieb 2000 in einem Artikel in der *Psychological Review* das psychologische Konzept *tend and befriend* (Hüten und Befreunden), das auf jahrelangen Forschungen über psychologische Gesundheitsfaktoren bei Frauen basierte. Das Modell erwies seinen Nutzen für das Verständnis des Verhaltens von Mensch und Tier in stressigen und bedrohlichen Situationen. Eine fundamentale psychologische Reaktion auf solche Umstände besteht laut dem *tend and befriend*-Prinzip darin, einander näher zu kommen und auf diese Weise Hilfe und Versorgung zu erhalten. Wenn beispielsweise ein Orkan Häuser zerstört, bekommen die Betroffenen finanzielle Hilfe, Obdach und Trost.

Auffallend an der *tend and befriend*-Theorie ist, dass eine solche Reaktion eher ein weibliches als ein männliches Phänomen ist. So drängen sich weibliche Ratten aneinander, um Schutz zu suchen, wenn sie Angst haben. Die Männchen tun dies nicht. Laut Taylor ist dies evolutionär in der Sorge und dem Schutz für Nachkommen festgelegt – bei Bedrohungen sind sie am meisten schutzbedürftig. Bei vielen Arten kümmert sich die Mutter oder ein anderes Weibchen um die Nachkommen.

Eine biologische Reaktion auf stressbehaftete Situationen ist die Ausschüttung des Hormons Oxytocin, dessen günstiger Effekt noch durch das Hormon Östrogen verstärkt wird. Oxytocin ist dafür bekannt, Verbundenheit und Freundschaft anzuregen, was vor allem bei Müttern erwiesen ist. Untersuchungen zeigten, dass Frauen in Zeiten von Stress eher nach Zusammenhörigkeit suchen als Männer, und dass sie in solchen Zeiten eine mehr unterstützende Rolle annehmen.

SIEHE AUCH Stress (1950), Resilienz (1973)

Zwei kleine Mädchen, die sich am Strand aneinanderschmiegen (2003).

2000

Positive Psychologie

Martin E.P. Seligman (geb. 1942), **Mihály Csíkszentmihályi** (geb. 1934)

Ist es besser Schaden zu beheben oder ihm vorzubeugen? Kann ein Mensch besser anhand seiner Schwächen oder anhand seiner Stärken definiert werden? Das sind für Psychologen wichtige Fragen. Lange Zeit hat sich die amerikanische Psychologie auf die Katalogisierung psychischer Störungen konzentriert und nicht auf die positiven menschlichen Fähigkeiten. Dies hat sich mit der Einführung der positiven Psychologie zu Anfang des 21. Jhd. geändert.

Zwei Psychologen haben dabei die Vorreiterrolle gespielt: Martin Seligman und Mihály Csíkszentmihályi. Seligman arbeitete zunächst in der experimentellen Psychopathologie und versuchte sich mit Hilfe von Tiermodellen Einsicht in psychische Störungen des Menschen zu verschaffen. Daraus entstand die Theorie der **erlernten Hilflosigkeit**. Anfang der 1990er Jahre erklärte er, dass auch Optimismus erlernt werden kann. Der Psychologe Csíkszentmihályi wurde im heutigen Rijkea (Kroatien), das damals zu Italien gehörte, geboren und untersuchte jahrelang Kreativität sowie optimale Erfahrungen. Das Ganze nannte er **Flow**. Er lernte Seligman 1998 auf Hawaii kennen als dieser ihn – so jedenfalls lautet die Legende – aus dem Meer rettete. Im Januar 2000 veröffentlichten die beiden in einer Sonderausgabe des *American Psychologist* wissenschaftliche Artikel über – wie sie es nannten – positive Psychologie.

Damit haben sie eine neue Strömung innerhalb der Psychologie geschaffen, die die Aufmerksamkeit wieder auf die menschlichen Stärken lenkt. Im Rahmen der positiven Psychologie wurden rund 20 Stärken und positive Eigenschaften des Menschen aufgelistet. Zu ihnen zählen Weisheit, Mut und Freundlichkeit. Kreativität und Talent gehören ebenfalls dazu. Sie fragten danach, was den Menschen glücklich macht und erforschten die Kraft von Optimismus und die daraus resultierende „gute Arbeit". Diese Strömung unterstreicht die Notwendigkeit bürgerlicher Tugenden und gesunder Gesellschaften.

Die psychologische Forschung und Praxis hat der positiven Psychologie viel zu verdanken. In Zukunft kann sie uns vielleicht dabei helfen, uns an eine Welt mit schwindenden Ressourcen und steigender Konkurrenz anzupassen.

SIEHE AUCH Humanistische Psychologie (1961), Schwarze Psychologie (1970), Erlernte Hilflosigkeit (1975), Flow (1990)

Das Salk Institute for Biological Studies im kalifornischen La Jolla gehört zu den weltweit führenden biomedizinischen Forschungsinstituten für Neuro- und Verhaltenswissenschaften. Das Gebäude wurde vom Architekten Louis Kahn entworfen. An beiden Seiten des Innenhofes fällt warmes, natürliches Licht ein – eine treffende Referenz an den Optimismus der positiven Psychologie.

2004

Erwachende Reife

Jeffrey J. Arnett (geb. 1955)

1904 stellte der Psychologe G. Stanley Hall die These auf, dass die physiologischen und psychologischen Eigenschaften eines Menschen in der Teenagerzeit so einzigartig sind, dass sie als eine gesonderte Lebensphase aufgefasst werden sollten: die **Adoleszenz**. Ein halbes Jahrhundert später erklärte der Psychologe Erik Erikson, dass die Adoleszenz eine psychosoziale Phase ist, in der die eigene Identität gebildet und der Mensch auf die erwachsenen Aufgaben von Intimität und Berufswahl vorbereitet wird.

Am Ende des 20. Jhd. fiel es zahlreichen Sozialwissenschaftlern in den reichen Ländern des Westens auf, dass junge Erwachsene sich nicht gemäß den Ideen von Hall und Erikson entwickelten. Es sah so aus, als befänden sie sich vielmehr in einer Übergangsphase mit sowohl adoleszenten Merkmalen (Identitätsbildung) als auch erwachsenen Merkmalen (Sex vor der Ehe).

Der Psychologe Jeffrey Arnett arbeitet an der Clark University, wo Stanley Hall einst der erste Vorsitzende war. Arnett begann in den 1990er Jahren mit einer Studie über junge Erwachsene. Er kam zu der Überzeugung, dass die Bezeichnung „junge Erwachsene" nicht korrekt ist. Der Begriff suggeriert seiner Ansicht nach nämlich, dass die Reife erreicht ist, obwohl viele für das Erwachsensein typische Lebensentscheidungen noch nicht getroffen wurden. Er bezeichnete diese Lebensphase stattdessen als „Erwachende Reife" (*Emerging Adulthood*) und arbeitete dieses Konzept im gleichnamigen Buch (2004) weiter aus.

In der Phase der Erwachenden Reife ist der Mensch gänzlich mit der Herausbildung der eigenen Identität, mit Schule, Ausbildung und Berufswahl beschäftigt. Im Gegensatz zu Menschen, die vor 50 Jahren im gleichen Alter waren, sind die meisten Menschen gegenwärtig in dieser Phase noch nicht verheiratet und haben auch noch keine Kinder. In den USA sind 80 % der Menschen in dieser Lebensphase sexuell aktiv, über die Hälfte haben einen festen Partner, mit dem sie zusammenleben.

SIEHE AUCH Adoleszenz (1904), Identitätskrise (1950)

Der Psychologe Jeffrey Arnett bezeichnete den Zeitraum nach der Adoleszenz als „Erwachende Reife". In den reichen Ländern des Westens haben die Menschen dann den Schulabschluss der "Mittleren Reife" absolviert, sind aber noch immer auf der Suche nach der eigenen Identität und entscheiden sich erst später definitiv für einen Lebenspartner und einen Beruf.

2008

Sexual Fluidity

Lisa Diamond (geb. 1971)

Nehmen wir an, dass Claudia mit 18 ihr Coming-out als Lesbe hat. Bedeutet das, dass ihre sexuelle Orientierung für den Rest ihres Lebens feststeht? Viele Homosexuelle plädieren seit Jahren für ein Modell, in dem die sexuelle Orientierung biologischen Ursprungs und somit unveränderlich ist. Das würde für Claudia bedeuten, dass ihre sexuelle Orientierung ein für allemal festgelet ist.

Die Psychologin Lisa Diamond machte mit dieser Auffassung 2008 kurzen Prozess. Sie berichtete in einer Artikelserie und später in ihrem Buch *Sexual Fluidity* über eine Studie unter 79 Frauen, darunter lesbische und bisexuelle Frauen sowie Frauen, die sich selbst nicht festlegen wollten. Es stellte sich heraus, dass sich die sexuelle Orientierung bei etwa zwei Dritteln der Befragten im Laufe der Studie verändert hatte. Diamond erklärte, dass diese Veränderung, die im Laufe der Zeit stattgefunden hatte, der auffallendste Aspekt der weiblichen-sexuellen Identität sei. Bei Frauen liegt die sexuelle Identität mehr noch als bei Männern auf der Schnittstelle von Biologie, Milieu, Zeit und Kontext. Viele Studienteilnehmerinnen gaben an, dass die Beziehung einen wichtigen Teil der Anziehung ausmacht.

Diamond formulierte dementsprechend die These, dass die sexuelle Identität ein Entwicklungsprozess ist. Wenn sich jemand zum ersten Mal zu einer Person des gleichen Geschlechts hingezogen fühlt, ist das für ihn zunächst oft schockierend. Mit zunehmendem Alter jedoch ist die sexuelle Anziehungskraft weniger wichtig und die Aufmerksamkeit verschiebt sich auf den Aufbau einer Beziehung. Diese Veränderung nennt Diamond *Sexual Fluidity* („sexuelle Fluidität").

Diamond geht davon aus, dass die sexuelle Orientierung für Frauen kein feststehender Referenzpunkt ist – es gibt möglicherweise gar keinen Referenzpunkt. Laut Diamond ist „nicht-exklusive Anziehungskraft" der bessere Begriff für Menschen, deren sexuelle Identität sich im Laufe der Zeit verschiebt. Ihre Veröffentlichungen haben eine wahre Forschungslawine zur weiblichen Sexualität ins Rollen gebracht, deren Schwerpunkt auf sexueller Fluidität liegt.

SIEHE AUCH Die Kinsey Reports (1948-1953), Sexuelles Empfinden (1966)

Sappho geht zu Bett (1867), *ein Aktgemälde des Kunstmalers Charles Gleyre. Die bekannte griechische Dichterin Sappho ist berühmt für ihre Poesie und ihre Bisexualität. Der Begriff „lesbisch" für Frauen, die Frauen lieben, wurde von Sapphos Geburtsort Lesbos abgeleitet.*

2013

BRAIN Initiative

Barack Obama (geb. 1961)

Am 2. April 2013 gab der amerikanische Präsident Barack Obama den Startschuss für das Projekt „BRAIN Initiative“. BRAIN ist das Akronym für Brain Research through Advancing Innovative Neurotechnologies. Projektziel ist es, die wissenschaftlichen Kenntnisse über das Gehirn erheblich zu erweitern. Präsident Obama und die Wissenschaftler dieses Programms hoffen, dass die Forschung weitere Einsichten in die Funktionsweise des Gehirns bringt und zu neuen, besseren Behandlungs- und Heilungsmethoden sowie Präventionsmöglichkeiten von Gehirnerkrankungen (z. B. Alzheimer, Gehirnverletzungen durch Unfälle) führt. Die Initiative wird mit 100 Millionen Dollar von den National Institutes of Health (NIH), der Defense Advanced Research Projects Agency (DARPA) und der National Science Foundation (NSF) unterstützt. Auch private Stiftungen spielen bei der Projektfinanzierung eine wesentliche Rolle – zu ihnen zählen das Allen Institute for Brain Science, das Howard Hughes Medical Institute, das Salk Institute for Biological Studies und die Kavli Foundation.

BRAIN hat sich zum Ziel gesetzt, die Gehirnaktivität in Echtzeit zu erfassen. In der Planungsphase wurde das Projekt dementsprechend „Brain Activity Map“ genannt. Bei der Bekanntgabe des Forschungsvorhabens 2013 war die Wissenschaft in der Lage, die Kommunikation von einigen hundert Neuronen gleichzeitig zu erfassen. Ziel des Projekts ist jedoch die Auflistung und Erfassung der Kommunikation von hunderttausenden Nervenzellen. Man erhofft sich von dieser Forschung, komplexe neuronale Kreisläufe in Echtzeit – mit anderen Worten: genauso schnell, wie Gedanken stattfinden – erfassen zu können. Sollte dies gelingen, so könnte dieses Wissen möglicherweise zu Anwendungen führen, mit denen eine bestimmte Gehirnfunktion direkt mit spezifischen Verhaltensweisen und Lernkapazitäten in Verbindung gebracht werden. Auf diese Weise kann dann eine Behandlung für die schwerwiegendsten Gehirnerkrankungen entwickelt werden.

Das Projekt erfordert neue Techniken und Technologien. Die Projektleitung geht davon aus, dass die Erfolgschancen am größten sind, wenn die verschiedenen Wissenschaftsbereiche (Mathematik, Informatik, Genetik und Molekularbiologie) interdisziplinär zusammenarbeiten.

SIEHE AUCH Lokalisierung der Gehirnfunktionen (1861), Gehirnbilder (1924)

Das Projekt BRAIN Initiative soll eine dreidimensionale Karte entwerfen, auf der die Gehirnaktivität in Echtzeit erfasst wird. Damit könnte die Funktion von komplexen neuronalen Kreisläufen bestimmten Verhaltensweisen und Lernleistungen zugeordnet werden.

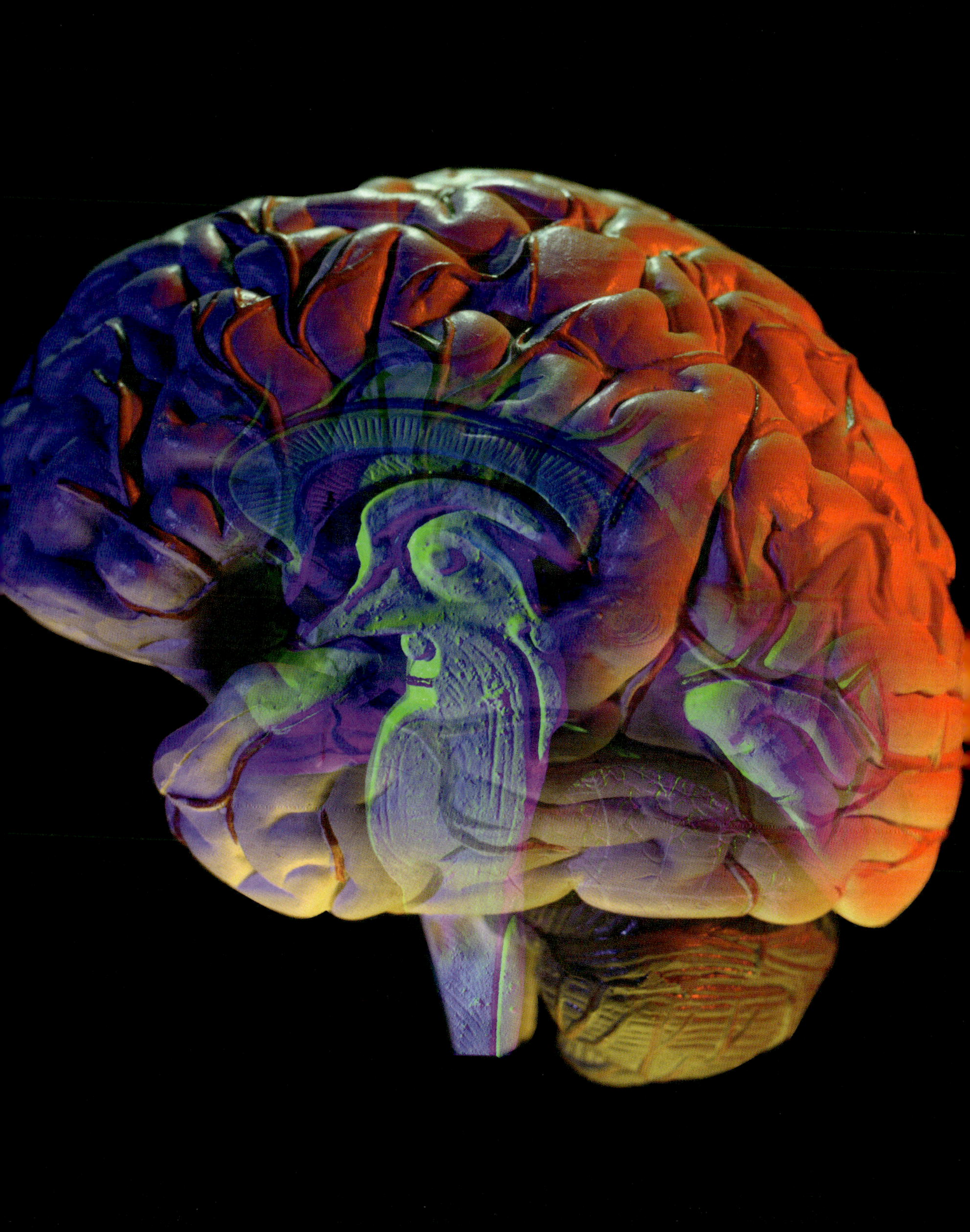

Bibliografie

Allgemein

Baker, D.B. (Red.), *Oxford Handbook of the History of Psychology: Global Perspectives*. New York: Oxford, 2012.

Fancher, R.E. & Rutherford, A., *Pioneers of Psychology, 4th Edition*. New York: Norton, 2012.

Ferngren, G.B., *The History of Science and Religion in the Western Tradition*. New York: Garland, 2000.

Freedheim, D.K. (Red.), *Handbook of Psychology. Volume 1: History of Psychology* (2e druk.). New York: Wiley, 2013.

Grob, G.N., *The Mad Among Us: A History of the Care of America's Mentally Ill*. New York: Free Press, 1994.

Mazlish, B., *The Uncertain Sciences*. New York: Transaction, 2007.

Mitchell, S.A. & Black, M.J., *Freud and Beyond: A History of Modern Psychoanalytic Thought*. New York: Basic Books, 1996.

Porter, R., *The Greatest Benefit to Mankind: A Medical History of Humanity*. New York: Norton, 1990.

Rao, K.R., Paranjpe, A.C. & Dalal, A.K. (Red.), *Handbook of Indian Psychology*. New Delhi: Foundation, 2008.

Shorter, E., *A History of Psychiatry*. New York: Wiley, 1997.

Smith, R., *Norton History of the Human Sciences*. New York: Norton, 1997.

Smith, R., *Between Mind and Nature: A History of Psychology*. Londen: Reaktion Books, 2013.

10 000 v.Chr.: Schamanismus

Kakar, S., *Shamans, Mystics and Doctors: A Psychological Inquiry into India and its Healing Traditions*. Chicago: University of Chicago Press, 1991.

Ellenberger, H.F., *The Discovery of the Unconscious*. New York: Basic Books, 1970.

6500 v.Chr.: Trepanation

Gross, C.G., *A Hole in the Head: More Tales in the History of Neuroscience*. Cambridge: MIT Press, 2009.

5000 v.Chr.: Handlesen

Albanese, C., *A Republic of Mind and Spirit: A Cultural History of American Metaphysical Religion*. New Haven: Yale University Press, 2007.

700 v.Chr.: Astropsychologie

North, J., *Cosmos: An Illustrated History of Astronomy and Cosmology*. Chicago: University of Chicago Press, 20087.

500 v.Chr.: Buddhas Vier Edle Wahrheiten

Mishra, P., *An End to Suffering: The Buddha in the World*. New York: Picador, 2005.

500 v.Chr.: Konfuzianische Psychologie

Bond, M.H., *Oxford Handbook of Chinese Psychology*. New York: Oxford University Press, 2010.

350 v.Chr.: Aristoteles' *De anima*

Robinson, D., *An Intellectual History of Psychology*. Madison: University of Wisconsin Press, 1995.

350 v.Chr.: Asklepios und die Heilkunde

Porter, R., *The Greatest Benefit to Mankind: A Medical History of Humanity*. New York: Norton, 1999.

200 v.Chr.: Bhagavad Gita

Doniger, W. (2010). *The Hindus: An Alternative History*. New York: Penguin.

160 n.Chr.: Humoralpathologie

Porter, R., *The Greatest Benefit to Mankind: A Medical History of Humanity*. New York: Norton, 1999.

900 n.Chr.: *Nahrung für Körper und Seele*

Fakhry, M., *Islamic Philosophy: A Beginner's Guide*. London: Oneworld Publications, 2009.

1025: *Kanon der Medizin*

Nasr, S.H. & Leaman, O. (Red.), *History of Islamic Philosophy*. New York: Routledge, 2001.

1357: Bedlam

Porter, R., *A Social History of Madness: The World through the Eyes of the Insane*. New York: Plume, 1989.

1489: Da Vinci über Neurowissenschaft

Capra, F., *The Science of Leonardo: Inside the Mind of the Great Genius of the Renaissance*. New York: Anchor, 2008.

1506: „Psychologie" als Begriff

Vidal, F., *The Sciences of the Soul: The Early Modern Origins of Psychology*. Chicago: University of Chicago Press, 2011.

1517: Das protestantische Ich

Taylor, C., *Sources of the Self: The Making of the Modern Identity*. Cambridge: Harvard University Press, 1992.

1538: *De anima et vita libri tres*

Noreña, C.G., *Jean Louis Vives*. Den Haag: Martinus Nijhoff, 1970.

1580: Montaignes *Essays*

Bakewell, S., *How to Live: Or A Life of Montaigne in One Question and Twenty Attempts at an Answer*. New York: Other Press, 2010.

1621: *Die Anatomie der Melancholie*

Radden, J. (Red.), *The Nature of Melancholy: From Aristotle to Kristeva*. New York: Oxford University Press, 2000.

1637: Körper-Geist-Dualismus

Smith, R., *The Norton History of the Human Sciences*. New York: Norton, 1997.

1651: *Leviathan*

Bagby, L.M., *Hobbes's Leviathan: Reader's Guide*. New York: Continuum, 2007.

1664: *Cerebri anatome*

Richards, G., *Mental Machinery: Origins and Consequences of Psychological Ideas from 1600-1850*. Amherst: Prometheus Books, 1992.

1690: Tabula rasa

Smith, R., *The Norton History of the Human Sciences*. New York: Norton, 1997.

1719: Der persönliche Brief und der Roman

Watt, I., *The Rise of the Novel: Studies in Defoe, Richardson and Fielding*. Berkeley: University of California Press, 1957.

1747: *L'homme machine*

Wellman, K., *La Mettrie: Medicine, Philosophy, and Enlightenment*. Durham: Duke University Press, 1992.

1759: *Theorie der ethischen Gefühle*

McLean, I., *Adam Smith, Radical and Egalitarian: An Interpretation for the 21st Century*. Edinburgh: Edinburgh University Press, 2004.

1762: Rousseaus Edler Wilder

Porter, R., *The Enlightenment*. New York: Palgrave Macmillan, 2001.

1766: Mesmerismus

Lamont, P., *Extraordinary Beliefs: A Historical Approach to a Psychological Problem*. New York: Cambridge University Press, 2013.

1775: Physiognomie

Collins, A.F., „The Enduring Appeal of Physiognomy: Physical Appearance as a Sign of Temperament, Character, and Intelligence". In *History of Psychology*, 2, 251-276, 1999.

1781: Ist Psychologie eine Naturwissenschaft?

Goodwin, C.J., *A History of Modern Psychology* (4. Druck). New York: Wiley, 2011.

1788: Moralische Behandlung

Scull, A., *Most Solitary of Afflictions: Madness and Society in Britain, 1700-1900*. New Haven: Yale, 2005.

1801: Victor von Aveyron

Benzaquen, A.S., *Encounters with Wild Children: Temptation and Disappointment in the Study of Human Nature*. Montréal: McGill-Queen's University Press, 2006.

1811: Das Bell-Magendie-Gesetz

Young, R.M., *Mind, Brain, and Adaptation in the Nineteenth Century: Cerebral Localization and Its Biological Context from Gall to Ferrier*. New York: Oxford, 1990.

1832: Die Phrenologie erobert Amerika

Stern, M., *Heads & Headlines: The Phrenological Fowlers*. Norman: University of Oklahoma Press, 1971.

1834: Wahrnehmbarkeitsschwelle

Heidelberger, M., *Nature from Within: Gustav Theodor Fechner and his Psychophysical Worldview*. Pittsburgh: University of Pittsburgh Press, 2004.

1835: Moralischer Wahnsinn (Psychopathie)

Shorter, E., *A History of Psychiatry: From the Era of the Asylum to the Age of Prozaca*. New York: Wiley, 1998.

1838: Münchhausen-Syndrom

Carson, R.C., Butcher, J. & Mineka, S., *Abnormal Psychology and Modern Life* (11. Druck). Needham Heights: Allyn & Bacon, 2000.

1840: Kindergarten

Brosterman, N., *Inventing Kindergarten*. New York: Harry N. Abrams, 1997.

1843: Können Maschinen denken?

Woolley, B., *The Bride of Science: Romance, Reason, and Byron's Daughter*. New York: McGraw-Hill, 1999.

1848: Der seltsame Fall des Phineas Gage

Macmillan, M., *An Odd Kind of Fame: Stories of Phineas Gage*. Cambridge: Bradford Books, 2002.

1851: *La folie circulaire*

Jamison, K.R., *Touched with Fire: Manic-Depressive Illness and the Artistic Temperament*. New York: Free Press, 1993.

1859: Mind-Cure

Taylor, E., *Shadow Culture: Psychology and Spirituality in America*. Washington: Counterpoint, 1999.

1859: *Über die Entstehung der Arten*

Browne, J., *Darwin's Origin of Species: A Biography*. Londen: Atlantic Books, 2006.

1861: Lokalisierung der Gehirnfunktionen

Young, R.M., *Mind, Brain, and Adaptation in the Nineteenth Century: Cerebral Localization and Its Biological Context from Gall to Ferrier*. New York: Oxford, 1990.

1866: Down-Syndrom

Wright, D., *Downs: The History of a Disability*. New York: Oxford University Press, 2011.

1867: Prosopagnosie

Sacks, O., *The Man Who Mistook His Wife For A Hat: And Other Clinical Tales*. New York: Touchstone, 1985.

1867: Sinnesphysiologie

Cahan, D., *Hermann von Helmholtz and the Foundations of Nineteenth- Century Science*. Berkeley: University of California Press, 1993.

1871: Synästhesie

Cytowic, R.E., *The Man Who Tasted Shapes*. Cambridge: MIT Press, 2003.

1872: Phantomschmerzen

Ramachandran, V.S. & Blakeslee, S., *Phantoms in the Brain: Probing the Mysteries of the Human Mind*. New York: William Morrow, 1998.

1874: Gene oder Umwelt

Segal, N.L., *Born Together-Reared Apart: The Landmark Minnesota Twin Study*. Cambridge: Harvard University Press, 2012.

1874: Experimentelle Psychologie

Goodwin, C.J., *A History of Modern Psychology* (4e druk). New York: Wiley, 2011.

1877: Babybiographien

Darwin, C.R., A Biographical Sketch of an Infant. *Mind*, 2, 285-294, 1877.

Lamiell, J.T., *William Stern (1871-1938): A Brief Introduction to His Life and Works*. Berlin: Pabst Science Publishers, 2010.

1879: Mentale Chronometrie
Schmidgen H., 'Physics, Ballistics, and Psychology: A history of the Chronoscope in/as Context, 1845-1890'. In *History of Psychology*, 8, 46-78, 2005.

1880: Anna O.
Kimball, M.M., 'From Anna O. to Bertha Pappenheim: Transforming Private Pain into Public Action'. In *History of Psychology*, 3, 20-43, 2000.

1885: Syndrom von Gilles de la Tourette
Sacks, O., *An Anthropologist on Mars: Seven Paradoxical Tales*. New York: Picador, 1995.

1885: Multiple Persönlichkeits-störung
Hacking, I., *Rewriting the Soul: Multiple Personality and the Sciences of Memory*. Princeton: Princeton University Press, 1995.

1886: Hysterie
Scull, A., *Hysteria: The Disturbing History*. New York: Oxford, 2012.

1886: Experimentelle Hypnose
Gauld, A., *A History of Hypnotism*. Cambridge: Harvard University Press, 1992.

1886: *Psychopathia sexualis*
Bullough, V.L., *Science in the Bedroom: A History of Sex Research*. New York: Basic Books, 1995.

1890: *The Principles of Psychology*
Menand, L., *The Metaphysical Club*. New York: Farrar, Straus & Giroux, 2002.

Richardson, R.D., *William James: In the Maelstrom of American Modernism*. New York: Mariner, 2007.

1890: Psychologische Tests
Sokal, M.M. (Red.), *Psychological Testing and American Society, 1890-1930*. New Brunswick: Rutgers University Press, 1987.

1892: American Psychological Association
Capshew, J., *Psychologists on the March: Science, Practice, and Professional Identity in America, 1929-1969*. New York: Cambridge University Press, 1999.

1896: Funktionale Psychologie
Dalton, T.C., *Becoming John Dewey: Dilemmas of a Philosopher and a Naturalist*. Bloomington: Indiana University Press, 2002.

1897: Ödipuskomplex
Gay, P., *Freud: A Life for Our Time*. New York: Norton, 2006.

1898: Torres Strait Expedition
Herle, A. & Rouse, S., *Cambridge and the Torres Strait*. London: Cambridge University Press, 1998.

1898: Die Puzzlekiste
Joncich, G., *The Sane Positivist: A Biography of Edward L. Thorndike*. Middletown: Wesleyan University Press, 1968.

1899: Pelman-Methode
Thomson, M., *Psychological Subjects: Identity, Culture, and Health in Twentieth-Century Britain*. New York: Oxford, 2006.

1899: Psychoanalyse
Fine, R., *The History of Psychoanalysis*. Northvale: Jason Aronson, 1979.

1900: *Die Traumdeutung*
Freud, S. & Brill, A.A., *The Basic Writings of Sigmund Freud*. New York: Modern Library, 1995.

1902: Psychologie von Zeugenaussagen
Loftus, E.R., *Eyewitness Testimony*. Cambridge: Harvard University Press, 1902.

1903: Psychotechnik
Pickren, W.E. & Rutherford, A., *A History of Modern Psychology in Context*. New York: Wiley, 2010.

1903: Klassische Konditionierung
Todes, D., *Pavlov's Physiology Factory: Experiment, Interpretation, Laboratory Enterprise*. Baltimore: Johns Hopkins, 2001.

1904: Adoleszenz
Harter, S, *The Construction of the Self*. New York: Guilford, 2012.

1904: Kulturgebundene Syndrome
Kleinman, A., *Patients and Healers in the Context of Culture*. Berkeley: University of California Press, 1981.

1905: Psychosexuelle Entwicklung
Freud, S., *Three Essays on the Theory of Sexuality*. Vertaald vanuit het Duits door James Strachey. New York: Basic Books, 1905/1962.

1905: Binet-Simon-Test
Wolf, T.H., *Alfred Binet*. Chicago: University of Chicago Press, 1973.

1906: Die Emmanuelbewegung
Caplan, E., *Mind Games: American Culture and the Birth of Psychotherapy*. Berkeley: University of California Press, 1998.

1907: Geburtenreihenfolge
Isaacson, C.E., *The Birth Order Effect: How to Better Understand Yourself and Others*. Fairfield: Adams Media Corporation, 2002.

1907: Minderwertigkeitskomplex
Hoffman, E., *The Drive for Self: Alfred Adler and the Founding of Individual Psychology*. New York: Addison-Wesley, 1994.

1907: Casa dei Bambini
Kramer, R., *Maria Montessori*. Chicago: University of Chicago Press, 1976.

1908: Yerkes-Dodson-Gesetz
Maisel, E., *Performance Anxiety*. New York: Back Stage Books, 2005.

1908: Schizophrenie
Green, M.F., *Schizophrenia Revealed: From Neurons to Social Interactions*. New York: Norton, 2003.

1909: Affen und Sprache
Savage-Rumbaugh, S. & Lewin, R., *Kanzi: The Ape at the Brink of the Human Mind*. New York: Wiley, 1996.

1911: Psychologie der Musik
Levitin, D.J., *This Is Your Brain on Music: The Science of a Human Obsession*. New York: Plume/Penguin, 2007.

1912: Gestaltpsychologie
Ash, M.G., *Gestalt Psychology in German Culture, 1890-1967: Holism and the Quest for Objectivity*. New York: Cambridge University Press, 1995.

1912: Experimentelle Neurose
Liddell, H.S., *Emotional Hazards in Animals and Man*. Springfield: Charles Thomas, 1956.

1912: Eugenetik und Intelligenz
Zenderland, L., *Measuring Minds: Henry Herbert Goddard and the Origins of American Intelligence Testing*. New York: Cambridge University Press, 2001.

1913: Jungianische Ppsychologie
Jung, C.G., *The Red Book*. Übersetzung S. Shamdasani, M. Kyburz & J. Peck. New York: Norton, 2009.

1913: Der Lügendetektor
Bunn, G., *The Truth Machine: A Social History of the Lie Detector*. Baltimore: Johns Hopkins, 2012.

1913: Behaviorismus
O'Donnell, J.M., *The Origins of Behaviorism: American Psychology, 1870-1920*. New York: New York University Press, 1985.

1914: Variabilitätshypothese
Haraway, D., *Primate Visions: Gender, Race, and Nature in the World of Modern Science*. New York: Routledge, 1989.

Shields, S.A. (1982). „The Variability Hypothesis: The History of a Biological Model of Sex Differences in Intelligence". In Signs, 7, 769-797, 1982.

1915: Shell shock
Shepard, B., *War of Nerves*. Cambridge: Harvard University Press, 2000.

1915: Moderne Psychologie in Indien
Sinha, D., *Psychology in a Third World Country: The Indian Experience*. Delhi: Sage, 1986.

1918: Amerikanische Klassifizierung psychischer Störungen (DSM)
Grob, G.N., *The Mad Among Us: A History of the Care of America's Mentally Ill*. New York: Free Press, 1994.

1921: Militärische Intelligenztests und Rassismus
Sokal, M.M. (Red.), *Psychological Testing and American Society, 1890-1930*. New Brunswick: Rutgers University Press, 1987.

1921: Projektive Tests (Rorschachtest)
Butcher, J.N., 'Personality Assessment from the nineteenth to the early twentyfirst Century: Past Achievements and Contemporary Challenges'. In *The Annual Review of Clinical Psychology*, deel 6, 1-20, 2010.

1921: Neurotransmission
Carter, R., *Mapping the Mind*. Berkeley: University of California Press, 2010.

1922: Psychologie der Frau
Horney, K., *Feminine Psychology*. New York: Norton, 1993.

1923: Capgras-Syndrom
Ramachandran, V.S. & Blakeslee, S., *Phantoms in the Brain: Probing the Mysteries of the Human Mind*. New York: William Morrow, 1998.

1924: *Im Dutzend billiger*
Lancaster, J., *Making Time: Lillian Moller Gilbreth – A Life Beyond 'Cheaper by the Dozen'*. Boston: Northeastern University Press, 2004.

1924: Gehirnbilder
Dumit, J., *Picturing Personhood: Brain Scans and Biomedical Identity*. Princeton: Princeton University Press, 2004.

Schoonover, C., *Portraits of the Mind: Visualizing the Brain from Antiquity to the 21st Century*. New York: Abrams, 2010.

1925: Somatotypen
Sheldon, W., *Atlas of Men: A Guide for Somatotyping the Adult Image of All Ages*. New York: Macmillan, 1970.

1926: Genetische Epistemologie
Mooney, C.G., *Theories of Childhood: An Introduction to Dewey, Montessori, Erikson, Piaget & Vygotsky*. St. Paul: Redleaf, 2000.

1927: Wachstumforschung
Parke, R.D., Funder, D.C. & Block, J., *Studying Lives Through Time*. Washington: American Psychological Association, 1993.

1927: Hawthorne-Effekt
Gillespie, R., *Manufacturing Knowledge: A History of the Hawthorne Experiments*. Cambridge: Cambridge University Press, 1991.

1927: Zeigarnik-Effect
Ash, M.G., *Gestalt Psychology in German Culture, 1890-1967: Holism and the Quest for Objectivity*. New York: Cambridge University Press, 1995.

1928: Kulturrelativismus
Lutkehaus, N., *Margaret Mead: The Making of an American Icon*. Princeton: Princeton University Press, 2008.

1929: *Rattus norvegicus* var. *Albinus* (Neobehaviorismus)
Mills, J.A., *Control: A History of Behavioral Psychology*. New York: NYU Press, 1998.

Smith, L.D., *Behaviorism and Logical Positivism: A Reassessment of the Alliance*. Stanford: Stanford University Press, 1986.

1930: Operante Konditionierung (Skinner-Box)
Rutherford, A., *Beyond the Box: B.F. Skinner's Technology of Behavior from Laboratory to Life, 1950s-1970s*. Toronto: University of Toronto Press, 2009.

1931: „Superschmecker"
Stuckey, B., *Taste: Surprising Stories and Science about Why Food Tastes Good*. New York: Atria Books, 2013.

1932: Erinnerung und Vergessen
Bartlett, F.C., *Remembering: A Study in Experimental and Social Psychology*. Cambridge: Cambridge University Press, 1932.

1933: Marienthal-Studie
Rutherford, A., Unger, R. & Cherry, F., 'Reclaiming SPSSI's Sociological Past: Marie Jahoda and the Immersion Tradition in Social Psychology'. In *Journal of Social Issues*, 67 (1), 42-58, 2011.

1934: Archetypen

Shamdasani, S., *Jung and the Making of Modern Psychology: The Dream of a Science*. New York: Cambridge University Press, 2003.

1934: Zone der proximalen Entwicklung

Mooney, C.G., *Theories of Childhood: An Introduction to Dewey, Montessori, Erikson, Piaget & Vygotsky*. St. Paul: Redleaf, 2000.

1935: Thematischer Apperzeptionstest (TAT)

Robinson, F., *Love's Story Told: A Biography of Henry Murray*. Cambridge: Harvard University Press, 1992.

1935: Psychochirurgie

Pressman, J.D., *Last Resort: Psychosurgery and the Limits of Medicine*. New York: Cambridge University Press, 1998.

1935: Psychologischer Lebensraum

Lamiell, J.T., *William Stern (1871-1938): A Brief Introduction to His Life and Works*. Berlin: Pabst Science Publishers, 2010.

1936: Abwehrmechanismen

Freud, A., *The Ego and the Mechanisms of Defense*. New York: International University Press, 1936/1979.

1936: [B = f(P, E)] = Der Lebensraum

Marrow, A.J., *The Practical Theorist: The Life and Work of Kurt Lewin*. New York: BDR Learning, 1984.

1937: Sensorische Deprivatione

Zubek, J. (Red.), *Sensory Deprivation: Fifteen Years of Research*. New York: Appleton Century Crofts, 1969.

1937: Turingmaschine

Leavitt, D., *The Man Who Knew Too Much: Alan Turing and the Invention of the Computer*. New York: Norton, 2006.

1938: Der Ames-Raum

Gregory, R.L., *Eye and Brain: The Psychology of Seeing*. Princeton: Princeton University Press, 1997.

1938: Elektroschocktherapie

Valenstein, E., *Great and Desperate Cures: The Rise and Decline of Psychosurgery and Other Radical Treatments for Mental Illness*. New York: Basic Books, 1986.

1939: Psychosomatik

Shorter, E., *From Paralysis to Fatigue: A History of Psychosomatic Illness in the Modern Era*. New York: Free Press, 1991.

1939: *Der Aufbau des Organismus* (Geist und Körper)

Harrington, A., *Re-enchanted Science: Holism in German Culture from Wilhelm II to Hitler*. Princeton: Princeton University Press, 1939.

1939: Wechsler-Intelligenztest

Fancher, R., *The Intelligence Men: Makers of the I.Q. Controversy*. New York: Norton, 1987.

1939: Frustration und Agression

Drake, S.C. & Cayton, H.R., *Black Metropolis: A Study of Negro Life in a Northern City*. Chicago: University of Chicago Press, 1945/1993.

Joseph, P.E., *Waiting 'Til the Midnight Hour: A Narrative History of Black Power in America*. New York: Henry Holt and Company, 2006.

1940: Minnesota Multiphasic Personality Inventory (MMPI)

Buchanan, R.D., 'The Development of the Minnesota Multiphasic Personality Inventory'. In *Journal of the History of the Behavioral Sciences*, 30, 148-161, 1994.

1941: Psychische Entladungen (kortikale Stimulation)

Penfield, W., *The Mystery of the Mind: A Critical Study of Consciousness and the Human Brain*. Princeton: Princeton University Press, 1975.

1942: Verhaltensgenetik

Dewsbury, D.A., 'John Paul Scott: The Study of Genetics, Development and Social Behavior'. In W.E. Pickren, D.A. Dewsbury & M. Wertheimer (Red.) *Portraits of Pioneers in Developmental Psychology* (229-248). New York: Psychology Press, 2012.

1943: Kybernetik

Gardner, H., *The Mind's New Science: A History of the Cognitive Revolution*. New York: Basic Books, 1987.

1943: Die Puppen-Studien

Markowitz, G. & Rosner, D., *Children, Race, and Power: Kenneth and Mamie Clark's Northside Center*. New York: Routledge, 2000.

1943: Bedürfnishierarchie

Maslow, A.H., *Motivation and Personality* (2e druk). New York: Harper & Row, 1954/1970.

1943: Myers-Briggs-Typenindikator (MBTI)

Kiersey, D., *Please Understand Me II: Temperament, Character, Intelligence*. New York: Prometheus, 1998.

1943: Autismus

Grandin, T., *The Way I See It: A Personal Look at Autism and Asperger's* (2. Druck). Arlington: Future Horizons, 2011.

1944: *Personality and the Behavior Disorders*

Nicholson, I.A.M., *Inventing Personality: Gordon Allport and the Science of Selfhood*. Washington: American Psychological Association, 2003.

1944: Genderrollen

Broverman, I.K., Vogel, S.R., Broverman, D.M., Clarkson, F.E. & Rosenkrantz, P.S., 'Sex Role Stereotypes: A Current Appraisal'. In *The Journal of Social Issues*, 28, 59-78, 1972.

Unger, R.K., *Resisting Gender: Twentyfive Years of Feminist Psychology*. London: Sage, 1998.

1945: Entwicklungsstörung
Spitz, R.A., 'Hospitalism: A Follow-up Report on Investigation Described in Volume I, 1945'. In *The Psychoanalytic Study of the Child*, 2, 113-117, 1946.

1946: Logotherapie
Frankl, V., *Man's Search for Meaning*. New York: Washington Square, 1962.

1947: Klientenzentrierte Therapie
Rogers, C., *On Becoming a Person: A Therapist's View of Psychotherapy*. London: Constable, 1961.

1948: Selbsterfüllende Prophezeiung
Sugrue, T.J., *The Origins of the Urban Crisis: Race and Inequality in Postwar Detroit*. Princeton: Princeton University Press, 1996.

1948: Neuroplastizität
Ramachandran, V.S., *The Tell-Tale Brain: A Neuroscientist's Quest for What Makes Us Human*. New York: Norton, 2012.

1948-1953: Die Kinsey Reports
Hegarty, P., *Gentlemen's Disagreement: Alfred Kinsey, Lewis Terman, and the Sexual Politics of Smart Men*. Chicago: University of Chicago Press, 2013.

1949: Die „Big Five"
Harris, J.R., *No Two Alike: Human Nature and Human Individuality*. New York: Norton, 2007.

1949: *Der Heros in tausend Gestalten*
Campbell, J. & Moyers, B., *The Power of Myth*. New York: Anchor, 1991.

1950: Stress
Becker, D., *One Nation Under Stress: The Trouble with Stress as an Idea*. New York: Oxford University Press, 2013.

Goodwin, C.L. & Dewe, P.J., *Stress: A Brief History*. New York: Wiley-Blackwell, 2004.

1950: Angst- und spannungslösende Medikamente
Tone, A., *The Age of Anxiety: A History of America's Turbulent Affair with Tranquilizers*. New York: Basic Books, 2008.

1950: Identitätskrise
Erikson, E., *Childhood and Society*. New York: Norton, 1950/1993.

1950: *Die Autoritäre Persönlichkeit*
Jay, M., *The Dialectical Imagination: A History of the Frankfurt School and the Institute of Social Research 1923-1950*. London: Heinemann, 1973.

1950: Familientherapie
Weinstein, D., *The Pathological Family: Postwar America and the Rise of Family Therapy*. Ithaca: Cornell University Press, 2013.

1950: Gehirnwäsche
Taylor, K.E., *Brainwashing: The Science of Thought Control*. New York: Oxford University Press, 2004.

1951: Gestalttherapie
Stevens, B., *Don't Push the River: It Flows by Itself*. Gouldsboro: Gestalt Journal Press, 1970/2005.

1951: Konformität und freie Meinungsbildung
Greenwood, J.D., *The Disappearance of the Social in American Social Psychology*. New York: Cambridge University Press, 2004.

1952: König Salomons Ring
Vicedo, M., *The Nature and Nurture of Love: From Imprinting to Attachment in Cold War America*. Chicago: University of Chicago Press, 2013.

1952: Antipsychotika
Healy, D., *The Creation of Psychopharmacology*. Cambridge: Harvard University Press, 2004.

1952: Das Leben, wie man es lebt
White, R.W., *Lives in Progress: A Study of the Natural Growth in Personality*. New York: Holt, Rinehart & Winston, 1952, 1966, 1975.

1953: Der Fall des H.M.
Hilts, P.J., *Memory's Ghost: The Nature of Memory and the Strange Tale of Mr. M*. New York: Simon & Schuster, 1996.

1953: Der Cockatilparty-Effekt
Boden, M., *Mind as Machine: A History of Cognitive Science*. New York: Oxford University Press, 2008.

1953: REM-Schlaf
Hobson, A., *Dreaming: A Very Short Introduction*. New York: Oxford University Press, 2011.

1954: Lust- und Schmerzzentren
Olds, J., 'Pleasure Center in the Brain'. In *Scientific American*, 195, 105-116, 1956.

1954: Kontakthypothese
Allport, G., *The Nature of Prejudice*. New York: Basic Books, 1954/1979.

1954: Robbers Cave (Gruppenkonflikte)
Deutsch, M., *The Resolution of Conflict: Constructive and Destructive Processes*. New Haven: Yale University Press, 1977.

1954: Lernmaschine
Benjamin, L.T., 'A history of Teaching Machines'. In *American Psychologist*, 43, 703-712, 1988.

1955: Kognitive Therapie (CTG)
Beck, A.T., Rush, A.J., Shaw, B.F. & Emery, G., *Cognitive Therapy of Depression*. New York: Guilford Press, 1979.

Ellis, A., *A Guide to Rational Living*. Englewood Cliffs: Prentice-Hall, 1961.

1955: Der Placebo-Effekt
Harrington, A., *The Cure Within: A History of Mind-Body Medicine*. New York: Norton, 2008.

1956: Das Kurzzeitgedächtnis
Crowther-Heyck, H., 'George A. Miller, Language, and the Computer Metaphor of Mind'. In *History of Psychology*, 2, 37-64, 1999.

1956: Doppelbindungstheorie
Bateson, G., Jackson, D.D., Haley, J. & Weakland, J., 'Towards a Theory of Schizophrenia'. In *Behavioral Science*, 1, 251-264, 1956.

1956: Der Logic Theorist
Crowther-Heyck, H., *Herbert A. Simon: The Bounds of Reason in Modern America*. Baltimore: Johns Hopkins University Press, 2005.

1957: Antidepressiva
Healy, D., *The Anti-Depressant Era*. Cambridge: Harvard University Press, 1999.

1957: Kognitive Dissonanz
Tavris, C. & Aronson, E., *Mistakes Were Made (But Not by Me): Why We Justify Foolish Beliefs, Bad Decisions, and Hurtful Acts*. New York: Mariner Books, 2008.

1957: *Das Zeitalter der Psychologie*
Havemann, E., *The Age of Psychology*. New York: Simon & Schuster, 1957.

May, E.T., *Homeward Bound: American Families in the Cold War Era*. New York: Basic Books, 1988.

1957: Unterschwellige Botschaft
Gregory, R.L., *Eye and Brain: The Psychology of Seeing*. Princeton: Princeton University Press, 1997.

1957: Homosexualität ist keine Krankheit
Minton, H.L., *Departing from Deviance: A History of Homosexual Rights and Emancipatory Science in America*. Chicago: University of Chicago Press, 2001.

1958: Fundamentaler Attributionsfehler
Heider, F., *The Psychology of Interpersonal Relations*. New York: Wiley, 1958.

1958: (Ersatz-) Mutterliebe
Vicedo, M., *The Nature and Nurture of Love: From Imprinting to Attachment in Cold War America*. Chicago: University of Chicago Press, 2013.

1958: Moralische Entwicklung
Snarey, J., 'Lawrence Kohlberg: Moral Biography, Moral Psychology, and Moral Pedagogy'. In W.E. Pickren, D.A. Dewsbury & M. Wertheimer (Red.). *Portraits of Pioneers in Developmental Psychology*. New York: Psychology Press, 2012.

1958: Das richtige Holz
Santy, P., *Choosing the Right Stuff: The Psychological Selection of Astronauts and Cosmonauts*. New York: Praeger, 1994.

1958: Systematische Desensibilisierung
Liebgold, H., *Freedom from Fear: Overcoming Anxiety, Phobias, and Panic*. New York: Citadel, 2004.

1959: Persönlichkeitstyp A
Friedman, M., *Treating Type A Behavior – And Your Heart*. New York: Fawcett, 1985.

1959: *Die Selbstdarstellung im Alltag*
Friedman, M., *Treating Type A Behavior – And Your Heart*. New York: Fawcett, 1985.

1960: Burnout
Maslach, C., *Burnout: The Cost of Caring*. Cambridge: Malor Books, 2003.

1960: Die visuelle Klippe
Gibson, E.J. & Walk, R.D., 'The Visual Cliff'. In *Scientific American*, 202, 64-71, 1960.

1960: Zentrum für kognitive Studien
Gardner, H., *The Mind's New Science: A History of the Cognitive Revolution*. New York: Basic Books, 1987.

1961: Angereicherte Umgebung
Doige, N., *The Brain That Changes Itself: Stories of Personal Triumph from the Frontiers of Brain Science*. New York: Penguin, 2007.

1961: Das Token-System
Rutherford, A., *Beyond the Box: B.F. Skinner's Technology of Behavior from Laboratory to Life, 1950-1970s*. Toronto: University of Toronto Press, 2009.

1961: Biofeedback
Robbins, J., *A Symphony in the Brain: The Evolution of the New Brain Wave Biofeedback*. New York: Grove Press, 2008.

1961: Bobo Doll (Nachahmungslernen)
Bandura, A., *Self-Efficacy: The Exercise of Control*. New York: W.H. Freeman, 1997.

1961: Humanistische Psychologie
Grogan, J., *Encountering America: Humanistic Psychology, Sixties Culture, and the Shaping of the Modern Self*. New York: Harper, 2012.

1962: Split-Brain-Studien
Rose, N. & Abi-Rached, J.M., *Neuro: The New Brain Sciences and the Management of the Mind*. Princeton: Princeton University Press, 2013.

1963: *Der Weiblichkeitswahn*
Friedan, B. *The Feminine Mystique*. New York: Norton, 1963.

Coontz, S., *A Strange Stirring: 'The Feminine Mystique' and American Women at the Dawn of the 1960s*. New York: Basic Books, 2011.

1963: Genderidentität
Butler, J., *Gender Trouble: Feminism and the Subversion of Identity*. New York: Routledge, 1990.

Fausto-Sterling, A., *Sexing the Body: Gender Politics and the Construction of Sexuality*. New York: Basic Books, 2000.

Stolorow, R., *Sex and Gender: On the Development of Masculinity and Femininity*. New York: Science House, 1968.

1963: Gehorsam
Blass, T., *The Man Who Shocked the World: The Life and Legacy of Stanley Milgram*. New York: Basic Books, 2004.

1964: Zuschauereffekt
Manning, R., Levine, M. & Collins, A., 'The Kitty Genovese Murder and the Social Psychology of Helping: The Parable of the 38 Witnesses'. In *American Psychologist*, 62, 555-562, 2007.

1965: Head Start
Zigler, E. & Muenchow, S., *Head Start: The Inside Story of America's Most Successful Educational Experiment*. New York: Basic Books, 1994.

1965: Spracherwerbsmechanismus
Chomsky, N., *Aspects of the Theory of Syntax*. Cambridge: MIT Press, 1965.

1966: Sexuelles Empfinden

Masters, William H. & Johnson, Virginia E., *Human Sexual Response.* Boston: Little Brown, 1966.

1967: Psychologie und soziale Gerechtigkeit

King Jr., M.L., 'The Role of the Behavioral Scientist in the Civil Rights Movement'. In *American Psychologist*, 23, 180-186, 1968.

1968: Transpersonale Psychologie

Maslow, A.H., *The Farther Reaches of Human Nature.* New York: Viking, 1971.

1969: Bindungstheorie

Bowlby, J., *Attachment and Loss.* New York: Basic Books, 1969.

Vicedo, M., *The Nature and Nurture of Love: From Imprinting to Attachment in Cold War America.* Chicago: University of Chicago Press, 2013.

1969: Die fremde Situation

Ainsworth, M.D.S., 'Attachment, Exploration, and Separation: Illustrated by the Behavior of One-year-olds in a Strange Situation'. In *Child Development*, 41, 49-67, 1070.

1969: Die fünf Phasen der Trauer

Kübler-Ross, E., *On Death and Dying.* New York: Routledge, 1969.

1969: Die Angst vor Erfolg

Horner, M.S., 'Toward an Understanding of Achievement-related Conflicts in Women'. In *Journal of Social Issues*, 28 (2), 157-175, 1972.

1970: Schwarze Psychologie

Guthrie, R.V., *Even the Rat Was White* (2e druk). Boston: Allyn & Bacon, 1998.

1970: Der BITCH-Test

Williams, R.L., *History of the Association of Black Psychologists.* Bloomington: Author-House, 2008.

1970: *Die Entdeckung des Unbewussten*

Ellenberger, H., *The Discovery of the Unconscious: The History and Evolution of Dynamic Psychiatry.* New York: Basic Books, 1970.

1971: Das Stanfordgefängnis-experiment

Zimbardo, P., *The Lucifer Effect: Understanding How Good People Turn Evil.* New York: Random House, 2008.

1971: Universelle Gesichts-ausdrücke von Gefühlen

Ekman, P., *Emotions Revealed: Recognizing Faces and Feelings to Improve Communication and Emotional Life* (2. Druck). New York: Holt, 2007.

1971: *Jenseits von Freiheit und Würde*

Bjork, D.W., *B.F. Skinner: A Life.* Washington: American Psychological Association, 1997.

Skinner, B.F., *Beyond Freedom and Dignity.* New York: Alfred A. Knopf, 1971.

1972: Ebenen der Informations-verarbeitung

Danziger, K., *Marking the Mind: A History of Memory.* New York: Cambridge University Press, 2008.

1972: *Frauen und Wahnsinn*

Chesler, P., *Women and Madness.* New York: Doubleday, 1972.

1972: „Gesund in kranker Umgebung“

Rosenhan, D.L., „On Being Sane in Insane Places“. In *Science*, Teil 179, 379-399, 1972.

1973: Resilienz

Werner, E.E. & Smith, R.S., *Overcoming the Odds: High Risk Children from Birth to Adulthood.* Ithaca: Cornell University Press, 1992.

1974: Entscheidungsfindung bei Unsicherheit

Kahneman, D., *Thinking Fast and Slow.* New York: Farrar, Straus & Giroux, 2013.

1974: Messung von Androgynie

Bem, S., „The Measurement of Psychological Androgyny“. In *Journal of Consulting and Clinical Psychology*, 42, 155-162, 1974.

Bem, S.L., *An Unconventional Family.* New Haven: Yale, 2001.

1975: Psychoneuroimmunologie

Sternberg, E.S., *The Balance Within: The Science Connecting Health and Emotions.* New York: Freeman, 2001.

1975: Erlernte Hilflosigkeit

Seligman, M.E.P., *Helplessness: On Depression, Development, and Death.* New York: Freeman, 1992.

1975: Sikolohiyang Pilipino

Enriquez, V., „Developing a Filipino Psychology“. In U. Kim & J.W. Berry (Red.). *Indigenous Psychologies* (152-169). Newbury Park: Sage, 1993.

1977: Biopsychosoziales Gesundheitsmodell

Engel, G.L., „The Need for a New Medical Model: A Challenge for Biomedicine“. In *Science*, 196: 129-136, 1977.

1977: Stadien der kognitiven Entwicklung

Vaillant, G.E., *Aging Well: Surprising Guideposts to a Happier Life from the Landmark Harvard Study of Adult Development.* Boston: Little, Brown, 2003.

1978: Lebensphasen

Levinson, D.J., *Seasons of a Man's Life.* New York: Ballantine Books, 1986.

1978: Der goldene Käfig

Bruch, H., *The Golden Cage: The Enigma of Anorexia Nervosa.* Cambridge: Harvard University Press, 1978/2001.

1978: Theory of Mind (ToM)

Tomasello, M., *The Cultural Origins of Human Cognition.* Cambridge: Harvard University Press, 1999.

1979: Ökosystemischer Ansatz

Rogoff, B., *The Cultural Nature of Human Development.* New York: Oxford University Press, 2003.

1979: Theorie der sozialen Identität

Tajfel, H., *Differentiation between Social Groups: Studies in the Social Psychology of Intergroup Relations.* Londen & New York: Academic Press, 1978.

1979: Psychologische Widerstandsfähigkeit

Maddi, S.R., *Hardiness: Turning Stressful Circumstances into Resilient Growth*. New York: Springer, 2013.

1980: Sorgsame und steuernde Führung

Budhwar, P.S. & Varma, A., *Doing Business in India*. New York: Routledge, 2010.

1980: DSM-III

Frances, A., *Saving Normal: An Insider's Revolt against Out-of-Control Psychiatric Diagnoses, DSM-5, Big Pharma, and the Medicalization of Ordinary Life*. New York: William Morrow, 2013.

1980: Posttraumatische Gehirn (PTBS)

Young, A., *The Harmony of Illusions: Inventing Post-Traumatic Stress Disorder*. Princeton: Princeton University Press, 1997.

1981: *Stufen des Glaubens*

Fowler, J.F., *Stages of Faith: The Psychology of Human Development and the Quest for Meaning*. New York: HarperCollins, 1981.

1982: *Die andere Stimme*

Gilligan, C., *In a Different Voice: A Psychological Theory of Women's Development*. Cambridge: Harvard University Press, 1982.

Robb, C., *This Changes Everything: The Relational Revolution in Psychology*. New York: Picador, 2006.

1983: Multiple Intelligenz

Gardner, H., *Multiple Intelligences: New Horizons in Theory and Practice*. New York: Basic Books, 2006.

1984: Der Flynn-Effekt

Flynn, J.R., *What Is Intelligence?: Beyond the Flynn Effect*. New York: Cambridge University Press, 2009.

1986: Berührungstherapie

Field, T., *Touch*. Cambridge: MIT Press, 2001.

1986: Dreieckstheorie der Liebe

Sternberg, Robert J., *The Triangle of Love: Intimacy, Passion, Commitment*. New York: Basic Books, 1988.

1989: Psychologie der Befreiung

Martín-Baró, I., *Writings for a Liberation Psychology*. Cambridge: Harvard University Press, 1996.

1990: Tiergestützte Therapie (AAT)

Becker, M., *The Healing Power of Pets: Harnessing the Amazing Ability of Pets to Make and Keep People Happy and Healthy*. New York: Hyperion, 2002.

1990: Flow

Csikszentmihalyi, M., *Flow*. New York: Harper & Row, 1990.

1992: Spiegelneuronen

Iacoboni, M., *Mirroring People: The New Science of How We Connect with Others*. New York: Farrar, Straus & Giroux, 2008.

1992: Soziale Ontogenese

Nsamenang, A.B., *Human Development in Cultural Context: A Third World Perspective*. Newbury Park: Sage, 1992.

1993: Mind-Body Medizin (MBM)

Moyers, B., *Healing and the Mind*. New York: Doubleday, 1995.

1994: Fehlinformationseffekt

Loftus, E. & Ketcham, K., *The Myth of Repressed Memory*. New York: St. Martin's Press, 1994.

1995: Looping-Effekt von Menschenarten

Hacking, I., „The Looping Effects of Human Kinds". In D. Sperber, D. Premack & A. Premack (Red.). *Causal Cognition: An Interdisciplinary Approach* (351-383). Oxford: Oxford University Press, 1995.

Hacking, I., *Historical Ontology*. Cambridge: Harvard University Press, 2002.

1995: Bedrohung durch Stereotype

Steele, C.M. & Aronson, J., „Stereotype Threat and the Intellectual Test Performance of African Americans". In *Journal of Consulting and Clinical Psychology*, 69, 797-811, 1995.

1996: Relationale Autonomie

Kagitçibasi, Ç., „The Autonomousrelational Self: A New Synthesis". In *European Psychologist*, 1, 180-186, 1996.

1996: *Das emotionale Gehirn*

Ledoux, J.E., *The Emotional Brain: The Mysterious Underpinnings of Emotional Life*. New York: Simon & Schuster, 1996.

2000: Das Konzept von Hüten und Befreunden

Taylor, S.E., *The Tending Instinct: How Nurturing Is Essential to Who We Are and How We Live*. New York: Times Books, 2002.

2000: Positive Psychologie

Snyder, C.R. & Lopez, S.J. (Red.), *Handbook of Positive Psychology*. New York: Oxford University Press, 2002.

2004: Erwachende Reife

Arnett, Jeffrey J., *Emerging Adulthood: The Winding Road from the Late Teens Through the Twenties*. Oxford: Oxford University Press, 2004.

2008: *Sexual Fluidity*

Diamond, L., *Sexual Fluidity: Understanding Women's Love and Desire*. Cambridge: Harvard University Press, 2008.

2013: BRAIN Initiative

Siehe *http://www.nih.gov/science/brain/*.

Rose, N. & Abi-Rached, J.M., *Neuro: The New Brain Sciences and the Management of the Mind*. Princeton: Princeton University Press, 2013.

Register

Fotoverantwortung

Mit Dank an den Autor: 31, 33, 45, 61, 101, 109, 135, 167, 201, 207, 267, 293, 389, 423, 467, 509

Mit Dank an National Archives and Records Administration (NARA): 155, 189, 221, 223, 225, 265, 307, 321, 337, 375, 397, 401, 441, 461, 463, 471

Mit Dank an National Library of Medicine (NLM), National Institutes of Health (NIH): 72, 73, 77, 81, 83, 95, 118, 121, 140, 157, 166, 169, 178, 203, 209, 210, 251, 255, 261, 272, 284, 295, 329, 344, 345, 383

Mit Dank an Prints and Photographs Division, Library of Congress: S. 113 LC-DIGhec-11308; S. 127 LC-DIG-ds-04518; S. 131 The Donaldson Lithographing Company, Newport, KY; S. 137 LC-DIGggbain-36662; S. 138 LC-USZ62-94957; S. 148 LCDIGggbain- 06516; S. 151 LC-DIG-ppmsca-10504 DLC; S. 171 LC-USZ62-126207; S. 191 LC-DIGppmsca-07205; S. 197 LC-DIGppmsca-01589; S. 219 LC-USZC4-6231; S. 228 LC-USZ62-120226; S. 237 LC-DIGnpcc-20061; S. 243 LC-USF34-T01-031938-D; S. 279 LC-USZ62-112521; S. 291 LC-DIGppmsca-19004; S. 317 LC-USZ62-129059; S. 327 LC-DIG-ppmsca-12818; S. 357 LC-DIGhighsm-13090; S. 363 LC-DIGppmsca- 25923; S. 381 HABS MASS, 9-CAMB, 25-2; S. 395 LCDIG-fsac-1a34951; S. 421 LC-USZ6-1847; S. 440 LC-USZ62-128465; S. 451 LC-DIG-fsa-8b29516; S. 465 LC-DIGhighsm-16040; S. 469 LC-DIGppmsca-28689

Mit Dank an Stephanie Machiwita: 17, 311, 425, 433

Shutterstock.com: S. 27 © tamir niv; S. 29 © Panos Karas; S. 68 © Georgios Kollidas; S. 103 © CLIPAREA/Custom media; S. 119 © Michelle D. Millman; S. 133 © Tereshchenko Dmitry; S. 141 © Neftali; S. 147 © James Horning; S. 181 © Everett Collection; S. 195 © Andresr; S. 235 © Christopher Meade; S. 263 © mast3r; S. 285 © A pyro Design; S. 298 © justaa; S. 309 © Stokkete; S. 331 © Blend Images; S. 343 © CLIPAREA/Custom media; S. 347 © agsandrew; S. 365 © Im Perfect Lazybones; S. 371 © maxim ibragimov; S. 393 © albund; S. 415 © 2xSamsara.com; S. 445 © EpicStockMedia; S. 455 © racorn; S. 457 © Sylvie Bouchard; S. 459 © MNStudio; S. 481 © Olinchuk; S. 491 © Blue Iris; S. 493 © Papa Bravo; S. 495 © shooarts; S. 501 © Lisa F. Young; S. 505 © CLIPAREA/Custom media; S. 511 © Aleshyn_Andrei; S. 515 © James Steidl

Sonstige Abbildungen: S. 5 The Yorck Project; S. 18 Rama/Wikimedia; S. 19 Museo del Prado/ Wikimedia; S. 21 Dorotheum/Wikimedia; S. 23 National Library of Australia; S. 25 Mit Dank an Gillian Fernandopulle; S. 35 Mit Dank an Dover Publications; S. 37 *Dschingis Khan und seine Erben*/Wikimedia; S. 39 © The Art Gallery Collection/Alamy; S. 41 The Yorck Project; S. 42 Web Gallery of Art/Wikimedia; S. 43 Louvre Museum/ Wikimedia; S. 47 Frick Collection/ Wikimedia; S. 49 © Mary Evans Picture Library; S. 50 Wikimedia; S. 51 The Montaigne Project/Wikimedia; S. 53 Wikimedia; S. 55 Rama/Wikimedia; S. 57 Rare Book & Special Collections Division, Library of Congress; S. 59 © Dr. Michel Royon/Wikimedia; S. 63 Old Book Art Image Gallery/Wikimedia; S. 65 Patafi sik & Elena Tartaglione/Wikimedia; S. 67 Pete/ Flickr; S. 69 DesertEagle/Wikimedia; S. 71 Plínio Ganzer Moreira/Wikimedia; S. 75 © rook/ age fotostock; S. 79 Jastrow/Wikimedia; S. 82 Minivalley/Wikimedia; S. 84 Wikimedia; S. 85 J.E. Kunte, *Gustav Theodor Fechner*. Leipzig: Breikopf & Hartel, 1892; S. 87 Stefano Bolognini/ Wikimedia; S. 89 Wikimedia; S. 91 Dorotheum/ Wikimedia; S. 93 © Image Asset Management Ltd./Alamy; S. 94 Fotosammlung Gage family of Texas/Wikimedia; S. 96 Cacophony/Wikimedia; S. 97 The Yorck Project; S. 98 sevenroads.org/ Wikimedia; S. 99 Daderot/Wikimedia; S. 100 Wikimedia; S. 105 *Illustrated London News*, 11. März 1854; S. 107 Hampel Auctions/Wikimedia; S. 108 BenRG/Wikimedia; S. 111 Mouagip/ Wikimedia; S. 115 Petr Kratochvil/Pixabay; S. 117, 120 Virtual Laboratory, Max Planck Institute; S. 123 © Mary Evans Picture Library/ Alamy; S. 124 BIU Santé/Wikimedia; S. 125 Hans-Peter Haack/Wikimedia; S. 127 Joseph. valet/Wikimedia; S. 134 Houghton Library/ Wikimedia; S. 139 Namiba/Wikimedia; S. 143 Mit Dank an Dover Publications; S. 144 Cambridge University, Museum of Archaeology and Anthropology (MAA), 1898; S. 145 Nicolas Guérin/Wikimedia; S. 149 *Vanity Fair*, 4. Juli 1900; S. 153 Museu Nacional d'Art de Catalunya/ Wikimedia; S. 158 Perry Point VA Hospital, Perry Point, MD; S. 159 Tekashifuka/Wikimedia; S. 161 Museum Kunstpalast/Wikimedia; S. 163 Dominik Schwarz/Wikimedia; S. 165 Anagoria/ Wikimedia; S. 173 Ariadne3/Wikimedia; S. 174 Svajcr/Wikimedia; S. 175 Daniel Case/ Wikimedia; S. 176 *Berliner Illustrierte Zeitung*, 1936; S. 177 Brigitte Werner/Pixabay; S. 179 Metropolitan Museum, New York; S. 183 Wikimedia; S. 185 Virtual Laboratory, Max Planck Institute; S. 187 Mit Dank an Cornell Rare Books and Manuscripts; S. 193 DENker/ Wikimedia; S. 199 © IWM (Q 3990); S. 205 *Report to the Surgeon General*, National Academy; S. 211 *Ravnen (Der Rabe)*, 17. Februar 1901; S. 213 Städelsches Kunstinstitut und Städtische Galerie/Wikimedia; S. 215 Swtch/Wikimedia; S. 217 Mco44/Wikimedia; S. 227 Dorotheum/ Wikimedia; S. 229 National Library of New Zealand, 1890; S. 231 Janet Stephens, National Cancer Institute, 1992; S. 233 York University Archives; S. 239 David Shankbone/Wikimedia; S. 241 Boberger/Wikimedia; S. 245 *The Book of Knowledge*, Teil XVII, 1919; S. 247 Museo del Prado/Wikimedia; S. 249 Cliff/Flickr; S. 253 Dirk Schumacher/Pixabay; S. 257 National Security Agency; S. 259 © Stephanie Pilick/ AFP/Getty Images; S. 269 Rama/Wikimedia; S. 271 Ben Franske/Wikimedia; S. 275 'Leading Breeds of Dogs', F.E. Wright, 1910; S. 277 Aaron Parecki/Flickr; S. 281 Factoryjoe/Wikimedia; S. 283 RIbberlin/Wikimedia; S. 287 Museo Thyssen-Bornemisza/Wikimedia; S. 289 U.S. Department of Defense; S. 297 Universität Toronto; S. 301 Vincent Steenberg/Wikimedia; S. 303 © Paul D. Stewart/Science Source; S. 305 Sotheby's (N08826)/Wikimedia; S. 313 Wikimedia; S. 315 John Atherton/Flickr; S. 319 Jacob Baart de la Faille, *The Works of Vincent van Gogh. His Paintings and Drawings*, Amsterdam: J.M. Meulenhoff, Nr. 499, 1928; S. 322 Max-Planck-Gesellschaft; S. 323 © Superbass/CC-BY-SA-3.0 (via Wikimedia Commons); S. 333 The Yorck Project; S. 335 © Tomas Castelazo; S. 339 Thomas & Dianne Jones/Flickr; S. 341 Silly rabbit/Wikimedia; S. 349 Wikimedia; S. 351 Morn/Wikimedia; S. 353 liz west/Flickr; S. 355 © Bettmann/Corbis; S. 359 Piotr Wojtkowski/ Pixabay; S. 361 Grzegorz Wysocki/Wikimedia; S. 367 gandhiserve.org/Wikimedia; S. 369 NASA; S. 373 Gerd Altmann/Pixabay; S. 377 George Hodan/Pixabay; S. 379 Mit Dank an Cornell Rare Books and Manuscripts; S. 385 VICTOR VIC/Flickr; S. 387 Cromemco/Wikimedia; S. 391 Harvey W. Cohen/Wikimedia; S. 396 Amphis/Wikimedia; S. 399 Israel National Photo Collection; S. 403 Archives of American Art; S. 405 Kunsthistorisches Museum/ Wikimedia; S. 407 Wikimedia; S. 409 mit Dank an Society for Psychological Study of Social Issues (SPSSI); S. 411 Cybershot800i/Wikimedia; S. 413 Mit Dank an Barry Applebee; S. 417 Vassil/ Wikimedia; S. 419 © Christoph Michels; S. 427 The Yorck Project; S. 429 Dagoos/Wikimedia; S. 431 ptwo/Flickr; S. 435 jprw/Wikimedia; S. 437 Tomf688/Wikimedia; S. 439 Konrad Summers/Flickr; S. 443 Yann/ Wikimedia; S. 447 Musée de Picardie/Wikimedia; S. 449 Bonvallite/ Wikimedia; S. 453 Buchhändler/Wikimedia; S. 473 Alte Nationalgalerie/Wikimedia; S. 475 *Künstlerkolonie Worpswede*/Wikimedia; S. 477 The Yorck Project; S. 479 U.S. Department of Health & Human Services (HHS); S. 483 The Yorck Project; S. 485 Lucien leGrey/Wikimedia; S. 487 U.S. Navy; S. 489 © Remi Mathis; S. 497 Huhu Uet/Wikimedia; S. 499 James Steakley/Wikimedia; S. 503 © Tom Otterness/ tomotterness.net; S. 507 © Nevit Dilmen; S. 513 Wikimedia